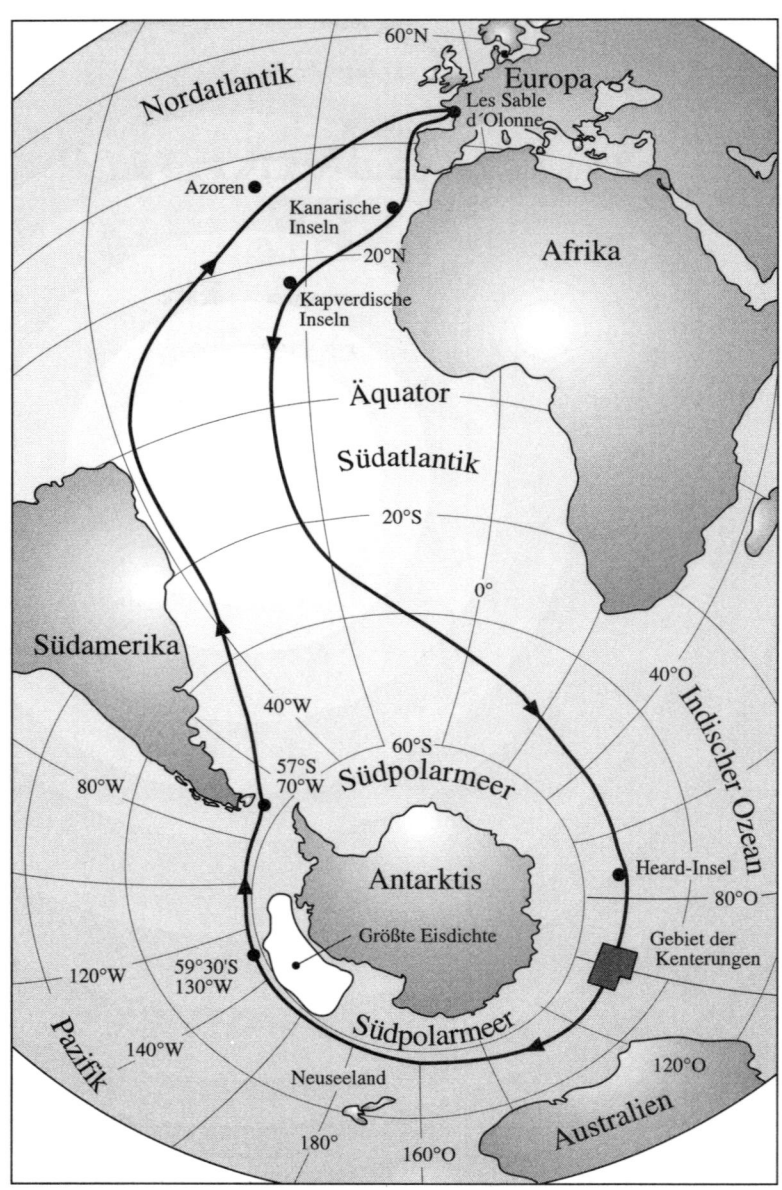

Der Kurs des Vendée Globe-Rennens: eine Umseglung der Antarktis südlich der „drei Sturmkaps".

Derek Lundy

GNADENLOSE SEE

Ein Yachtrennen am Ende der Welt

Delius Klasing Verlag

Copyright © 1998 by Derek Lundy
Die amerikanische Originalausgabe mit dem Titel
GODFORSAKEN SEA – RACING THE WORLD'S MOST DANGEROUS WATERS
erschien 1998 bei Alfred A. Knopf Canada, a division of Random House of Canada Limited, Toronto, Canada.

Die Deutsche Bibliothek – CIP-Einheitsaufnahme
Lundy, Derek.
Gnadenlose See: ein Yachtrennen am Ende der Welt / Derek Lundy.
[Aus dem Amerikan. von Klaus Berger]. - 1. Aufl. - Bielefeld:
Delius Klasing, 1999
Einheitssacht.: Godforsaken sea <dt.>
ISBN 3-7688-1146-8

1. Auflage
ISBN 3-7688-1146-8
Die Rechte für die deutsche Ausgabe liegen beim Verlag
Delius, Klasing & Co., Bielefeld
Aus dem Amerikanischen von Klaus Berger
Abbildungen:
Titelfoto: Blick von Pete Goss' AQUA QUORUM auf die sturmgepeitschte See. DPPI.
Umschlagfoto hinten: Gerry Roufs an Bord seiner GROUPE LG 2. Jacques Vapillon.
S. 2 SAIL Publications © 1998
S. 15 *The Atlantic Crossing Guide*, 3. Auflage, A. Hammick
(International Marine, Rockport, ME, 1993), McGraw-Hill.
S. 34, 184, 208 Canapress Photo Service
S. 76, 78, 156 Jacques Vapillon
S. 110 Y. Salmon, S. 116, 145 Derek Lundy
S. 120 YACHTING WORLD, © YACHTING WORLD
S. 135 Groupe Finot, Zeichnung Pierre Forgia
S. 244, 327 Gérard Beauvais
S. 308 Gilles Martin-Raget, S. 325 *Le Figaro*
Umschlaggestaltung: Gabriele Engel
Druck: Graphischer Großbetrieb Pößneck
Printed in Germany 1999

Alle Rechte vorbehalten! Ohne ausdrückliche Erlaubnis des Verlages darf das Werk, auch nicht Teile daraus, weder reproduziert, übertragen noch kopiert werden, wie z. B. manuell oder mit Hilfe elektronischer und mechanischer Systeme inklusive Fotokopieren, Bandaufzeichnung und Datenspeicherung.

Delius Klasing Verlag, Siekerwall 21, D - 33602 Bielefeld
Tel.: 0521/559-0, Fax: 0521/559-113
e-mail: info@delius-klasing.de
http://www.delius-klasing.de

Für Alexander Dickson Lundy (1921 - 1995)
- Er war ein Seemann. -

*Es gibt eine Poesie des Segelns,
so alt wie die Welt.*

ANTOINE DE SAINT-EXUPÉRY

Inhaltsverzeichnis

Anmerkung des Verfassers 8

Dramatis Personae 9

1 Der Planet Ozean 11

2 Im Rachen des Meeres 14

3 Das Tigerherz 24

4 Wo alle Sterne des Westens ins Meer tauchen 43

5 Ans Ende der Welt 85

6 Die Seele einer neuen Maschine 129

7 Düstere See, weinender Himmel 150

8 Ein Schauspiel für die Götter 175

9 Das Reich des Unbekannten 211

10 Entlegenste, wildeste Meere 234

11 Der verwundete Chirurg 272

12 Dunkle, traurige Zeit 299

Epilog 328

Danksagungen 336

Anmerkung des Verfassers

Mit Meilen sind immer Seemeilen gemeint. Eine Seemeile entspricht 1,85 Kilometern. Geschwindigkeiten und Windstärken werden in Knoten (kn), also Seemeilen pro Stunde, angegeben. 29 Knoten sind z.B. 46 Stundenkilometer (km/h). 50 kn sind 93 km/h. Zum Orkan (Windstärke 12) wird der Wind (wetter-) amtlich, wenn er mit über 64 Knoten, d.h. 118 Stundenkilometern, bläst.

Anmerkung des Übersetzers

Zur Vermeidung von Mißverständnissen scheinen mir folgende Hinweise angebracht:

1.)
Mit „Südozean" sind hier zusammenfassend die südlichen Teile von Atlantik, Pazifik und Indischem Ozean zwischen 40° Südbreite und der Antarktis gemeint. Der Begriff beschreibt also ein viel größeres Gebiet als das Südpolarmeer oder Südliche Eismeer, denn darunter versteht man im Allgemeinen die See zwischen etwa 55° Süd und dem Antarktischen Kontinent. Zwar ist die Bezeichnung „Südozean" für die hohen Südbreiten - auf Englisch: "Southern Ocean" - im Deutschen kaum gebräuchlich, meiner Meinung nach aber zweckmäßig und zumindest in diesem Buch unentbehrlich.

2.)
Mit Seglern, Skippern und anderen männlichen Bezeichnungen sind selbstverständlich immer auch Seglerinnen u.s.w. gemeint. Mit klobigen Formulierungen wie „Einhandweltumsegler und Einhandweltumseglerinnen" o.ä. kann ich mich beim besten Willen nicht anfreunden.

3.)
Literaturzitate, die im Text oder als Motto vor den Kapiteln stehen, sind, soweit deutsche Übersetzungen existieren und auffindbar sind, meist daraus entnommen.

Dramatis Personae

Vendée Globe 1996 - 1997 (16 Teilnehmer am Start)
Philippe Jeantot, Regattaleiter und Organisator

Die Segler
Christophe Auguin, *Géodis*
Isabelle Autissier, *PRB*
Tony Bullimore, *Exide Challenger*
Catherine Chabaud, *Whirlpool Europe 2*
Bertrand de Broc, *Votre nom autour du monde-Pommes Rhône Alpes*
Patrick de Radiguès, *Afibel*
Raphaël Dinelli, *Algimouss*
Thierry Dubois, *Pour Amnesty International*
Eric Dumont, *Café Legal le Goût*
Nandor Fa, *Budapest*
Pete Goss, *Aqua Quorum*
Hervé Laurent, *Groupe LG Traitmat*
Didier Munduteguy, *Club 60e Sud*
Yves Parlier, *Aquitaine Innovations*
Gerry Roufs, *Groupe LG2*
Marc Thiercelin, *Crédit Immobilier de France*

1

Der Planet Ozean

Die Handschrift aller Dinge bin ich hier zu lesen,
Seelaich und Seetang...
JAMES JOYCE
Ulysses

Bis zum Weihnachtstag 1996 war das Rennen zwar rauh wie die früheren Vendée Globe- und BOC- Regatten gewesen, hatte die Teilnehmer aber eher geschont. Diesmal hatte keine der Kollisionen mit Treibgut oder Eis einen Segler in Lebensgefahr gebracht. Wohl hatte sich der Südozean - das Südpolarmeer und die angrenzenden weiteren Seegebiete - aufgeführt wie üblich: eine Kette von Tiefdruckgebieten war gnadenlos über die Rennyachten hinweggezogen. Stürme, oft in Orkanstärke, hatten 15, ja 18 Meter hohe Wellenberge aufgetürmt. Zeitweise waren die Boote mit 30 Knoten die Wellen hinabgesurft und hatten dabei kaum noch dem Ruder gehorcht. Nach plötzlichen Winddrehungen hatten sie sich durch gefährlich wirre Kreuzseen gekämpft und waren häufig vom Seegang mit dem Mast bis aufs Wasser gedrückt worden. Mehrere Wochen ertrugen die Segler die Strapazen durch Wind und Kälte, Eis und Brecher, während sie, immer haarscharf an der Katastrophe vorbei, ihren gewundenen Weg durch die große Wildnis, die weite Einöde des Südozeans suchten.

Sicher, bis Kap Horn war es noch weit. Die meisten hatten den größeren Teil des Südozeans noch vor sich. Es konnte noch viel passieren. In jeder dieser Hochseeregatten steht irgendwann das Leben eines Seglers auf dem Spiel, hängt nur noch am seidenen Faden. Manchmal verlischt ein Leben. Erst schließt man es nur aus dem Abreißen der Funkverbindung; später, wenn die Stille lange genug gedauert hat oder ein unbemannt treibendes Boot auftaucht, wird die Vermutung zur Gewißheit. Einige Namen: Jaques de Roux (1986), Mike Plant

(1992), Nigel Burgess (1992), Harry Mitchell (1995). Das sind nur einige derjenigen, die spurlos von unserem Planeten gewischt wurden. Wer konnte wissen, wie es passiert war? Wobei? Kentern durch eine Monstersee, ein übermächtiges Wellenungetüm? Eis? Oder plötzliches Überbordfallen nach einem Fehltritt, danach das Ende in den kalten Wogen - ein, zwei Minuten Wassertreten, dabei das Boot im Blick (schicksalsergeben? wütend? entsetzt?), wie es, nur auf den Wellenkämmen sichtbar, mit perfekt funktionierender Selbststeueranlage weiter und weiter surft.

Im gegenwärtigen Vendée Globe war so etwas noch nicht vorgekommen. Aber das Unheil lauerte. Das „Heulen und Zähneklappern" stand unmittelbar bevor. Die zwölf Tage nach Weihnachten änderten diese Wettfahrt von Grund auf.

Ungefähr auf der anderen Seite der Erde, etwa so weit nördlich des Äquators, wie die Vendée Globe-Teilnehmer sich südlich davon befanden, verfolgte ich 800 km vom Atlantik entfernt das Rennen, während der Winter sich über Kanada senkte. Dann und wann gab es gekabelte Meldungen in den Zeitungen von Toronto, kaum etwas im Fernsehen. Die Medien in der Provinz Quebec, besonders die französischsprachigen, berichteten ausführlicher, weil das Rennen seinen Ursprung in Frankreich hatte. Und wichtiger noch - einer der Skipper, Gerry Roufs, stammte aus Quebec. Er war in Montreal aufgewachsen und hatte im Hudson Yacht Club, der direkt vor der Stadt lag, gesegelt. Als großes Talent in der Jolle war er Jugendmeister und mehrere Jahre Mitglied der kanadischen Segel-Olympiamannschaft gewesen.

Mich fesselte das Vendée Globe aus mehreren Gründen: Ich war seit Jahren begeisterter Segler, wenn auch nur Amateur, und konnte mich der Faszination dieser wagemutigen Wettfahrt nicht entziehen, bei der auf die schwierigste Art (einhand) und in der denkbar extremsten Weise (nonstop und ohne Hilfe von außen) die gefährlichsten Gewässer der Welt (der Südozean, die hohen Breiten um die Antarktis herum) durchsegelt wurden.

Auch die Person von Gerry Roufs verband mich mit dem Rennen. Er war der erste kanadische Teilnehmer eines Vendée Globe und hatte gute Siegeschancen. Zwischen uns gab es auch eine kleine, aber auffallende Ähnlichkeit. Genau wie ich hatte Gerry studiert, um Rechtsanwalt zu werden, dann aber etwas anderes mit seinem Leben angefangen. Sein neuer Lebensinhalt aber war unsicher und riskant, nicht zu vergleichen mit der Sicherheit und dem Wohlstand eines Juristen. Nach einem Jahr verließ er seine Kanzlei, um Berufssegler zu werden, und verbrachte die folgenden zwanzig Jahre damit, sich in die Elite der Einhand-Weltumsegler hochzuarbeiten.

Die herkömmlichen Informationsquellen über Segelregatten, europäische, amerikanische und kanadische Yachtzeitschriften, waren jedesmal schon beim Erscheinen um Monate überholt. Die wahre Goldgrube war das Internet. Die Organisatoren des Vendée Globe hatten eine Website eingerichtet. Sie bot gute Hintergrundinformationen über die Regatta, die Segler und ihre Yachten. Das Beste war der ununterbrochene Strom von Lagemeldungen, die das Wettfahrtbüro jeden Tag herausgab, manchmal fünf oder sechs innerhalb von 24 Stunden. Sie waren alle auf französisch, allerdings wurde ungefähr einmal täglich eine gestutzte Zusammenfassung auf englisch herausgegeben, oft in einer rührend verschrobenen Übersetzung. Die Skipper selbst sendeten von Bord aus per Satellitenfax, E-Mail oder SSB-Funk (Kurzwelle/Grenzwelle) immer wieder kurze Mitteilungen über die Erlebnisse des Tages, und regelmäßig kamen Meldungen mit der Position jeder Yacht nach Länge und Breite. Wie einige andere Teilnehmer richtete auch Roufs seine eigene Website ein, auf der er in Abständen Tagebucheintragungen auf Französisch und Englisch erscheinen ließ, die beschrieben, was er tat.

Jeden Tag konnte ich alltägliche Einzelheiten über das Bordleben auf diesen schnellsten aller Hochseerennyachten lesen, über das Wetter, das die einzelnen Schiffe durchmachten, wie sie vorankamen - durch die Biskaya, die Roßbreiten und den Kalmengürtel, dann im langen Bogen um das südatlantische Hoch herum, schließlich nach Südosten, südlich am Kap der Guten Hoffnung vorbei und in die Brüllenden Vierziger hinein. Ich schwelgte in elektronischen Informationen.

„Auf See sind wir schon beinahe in einer anderen Welt," schrieb die Dichterin Anne Stevenson. Sie nannte das Meer „Planet Ozean". Ich beobachtete die Vendée Globe-Teilnehmer bei ihrer schweren, gefahrvollen Reise über die barbarische See vom sicheren Planeten Erde aus.

2

Im Rachen des Meeres

Wer schildert, außer wer es selbst erprobt,
Indem er fuhr, wo wild die Welt tobt,
Des Lebens Lust, der Pulse heiße Glut,
Die uns durchbebt auf grenzenloser Flut.
LORD BYRON
Der Korsar

Jedesmal, wenn ich mich nach achtern umsah, schreckte ich auf. Der dunkle Umriß auf der Heckreling kam mir wie ein menschliches Wesen vor - ein kleiner, untersetzter Mann, der dort heimtückisch kauerte, bereit, mich anzuspringen. Etwa alle zehn Sekunden blickte ich nach hinten, um Höhe und Geschwindigkeit der mitlaufenden Wellen abzuschätzen. Ich hielt die Pinne mit beiden Händen und versuchte das Boot genau vor Wind und See zu halten. Um im Dunkeln auf Kurs zu bleiben, mußte ich den Wind im Gesicht spüren und die brechenden Wellenkämme am Meeresleuchten erkennen. Jedesmal, wenn ich hinsah, erschreckte mich der „Mann". Zwischendurch vergaß ich ihn immer wieder. Eine halbe Stunde lang umsehen, erschrecken, vergessen, umsehen, erschrecken, ... 500 Meilen von Land entfernt bildete ich mir ein, am Horizont die Lichter einer großen Stadt zu sehen.

Das Boot lenzte unter doppelt gereffter Fock, kaum drei Quadratmeter bretthart stehender Segelfläche direkt vor dem Mast, nach Südosten. Der Wind trieb uns mit fast sechs Knoten Fahrt voran, so schnell wie unser kleines Schiff konnte. Der Widerstand der Bugwelle, die das Boot durch seine Fahrt aufwarf, und die Reibung zwischen Rumpf und Wasser setzten unserer Geschwindigkeit eine Grenze, die wir theoretisch nicht überschreiten konnten. Manchmal aber durchbrachen wir die unwandelbaren Gesetze der Strömungslehre, wenn das Boot beim Surfen vor einer knapp vier Meter hohen Atlantiksee beschleunigte.

Zum ersten Mal im Leben waren wir, meine Frau und ich, mit unserem neuneinhalb Meter langen, fünfeinhalb Tonnen schweren

Segelboot auf dem offenen Ozean. Ich war schon fast mein Leben lang gesegelt, jedoch selten außer Landsicht. Diese Reise war etwas anderes: Kein Schlag auf den Großen Seen bis zum nächsten Yachthafen, kein Küstentörn zum nächsten behaglichen Ankerplatz. Wir hatten den Golfstrom überquert und hielten jetzt mit Südostkurs so schnell wir konnten quer über die Sargassosee auf die Mitte des Bermudadreiecks zu, fort von den gefährlichen Breiten der Dezemberstürme. Wir würden diesen Kurs bis zum Erreichen von 65° westlicher Länge beibehalten. Dieser Längengrad wird im Scherz wie eine Autobahn „1-65" genannt, weil dort der Yachtverkehr nach Süden, in die Karibik strömt. Dann würden wir genau auf Südkurs gehen, um den stetigen Nordostpassat zu finden, der uns geradewegs nach Charlotte Amalie oder Jost van Dyke (Jungferninseln) bringen sollte.

Nach dem Auslaufen aus der Bucht von Charleston waren wir mehrere Stunden mit einer sanften Südwestbrise gesegelt. Eben vor Sonnenuntergang, das Land war nur noch ein dunkler Strich achteraus, sahen wir ungefähr 15 Meter an Backbord Delphine. Sie schossen übermütig springend auf uns zu und taten, was Delphine so tun:

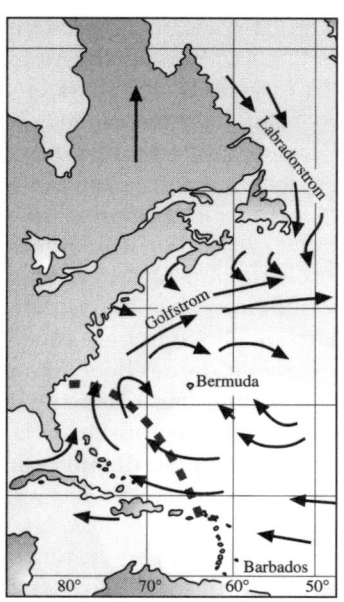

Der westliche Nordatlantik mit dem Seetörn des Verfassers von Charleston zu den Jungferninseln.

Sie schnatterten, tauchten, sprangen, und sie ritten auf unserer Bugwelle. Als unsere drei Knoten sie langweilten, rauschten sie ab ins Blaue, um interessantere Betätigungsfelder zu suchen. Der Übermut und die Unbekümmertheit der wilden Delphine, die hier so ganz in ihrem Element waren, schlugen uns in ihren Bann. Die Tiere besänftigten unsere Angst vor den 1.300 Seemeilen, die vor uns lagen. Wenn solche Geschöpfe im Meer lebten, mußte es freundlich, gütig und begreifbar sein. Alles wäre am Ende wieder gut.

Aber ganz so kam es nicht. Vier Tage später war keineswegs alles gut. Neben vielen anderen Eigenschaften hat die See eine unfehlbare Fähigkeit, Schwächen aufzudecken. So hatte sie eine unserer Schwächen gefunden. Ich hatte das Zündschloß und die Armaturen unserer Maschine, die etwa in Schienbeinhöhe in einer der Plichtseitenwände eingelassen waren, nicht richtig abgedichtet. In dieser Nacht wurde mir auf Wache plötzlich klar, daß das unterbrochene Tuckern, das ich zwischen den Wind- und Seegangsgeräuschen gehört hatte, unser Dieselmotor war, der selbsttätig zu starten versuchte. Seewasser, vom stampfenden Vorschiff an Deck geschaufelt, war auf dem Luv-Seitendeck bis ins Cockpit gelaufen, wo es mit glitzerndem Meeresleuchten durch die Lenzrohre wieder verschwand. Von diesem Wasser war etwas in das Zündschloß eingedrungen und hatte es kurzgeschlossen, mit demselben Effekt, als hätte jemand den Zündschlüssel gedreht. Die Maschine versuchte anzuspringen, wurde aber durch das Getriebe mit eiserner Hand daran gehindert, denn es war eingekuppelt, damit die Schraube sich beim Segeln nicht frei mitdrehe. Daher waren die Batterien bald erschöpft. Was vor sich ging, bemerkte ich erst, als sie völlig leer waren. Wir benutzten den Hilfsmotor zum Anlaufen und Verlassen von Häfen und Ankerplätzen, um begrenzte Flauten zu überwinden und um die Batterien des Bordnetzes aufzuladen. Die Maschine konnte manchmal auch auf See von Nutzen sein, wenn sie uns bei schwerem Wetter half, das Boot besser in der Gewalt zu behalten. Sonst aber war der Motor auf See nur ein unbeteiligter Fahrgast.

Wir hatten Werkzeug und Ersatzteile, um fast alles an Bord reparieren zu können. Aber unsere Grundhaltung, autark und vielfach abgesichert zu sein, bezog sich allein auf Gegenstände, nicht auf Energie. Jetzt brauchten wir die beiden Dinge, die wir nicht zweifach hatten. Um die Batterien aufzuladen, benötigten wir die Maschine.

Ohne Strom ließ sie sich theoretisch mit einer Handkurbel anwerfen, wollte jetzt aber auf diese Weise nicht anspringen. Ohne Maschine konnten wir die Batterien nicht laden, und ohne Batterien hatten wir keinen Strom, um die Maschine anzulassen. Ohne Strom hatten wir auch kein elektrisches Licht unter Deck (allerdings hatten wir Petroleumlampen als Reserve), kein Log (das uns Geschwindigkeit und abgelaufene Distanz angibt), keine Kompaßbeleuchtung. Ohne Maschine waren wir ein reines Segelfahrzeug. Wir würden in den unvermeidlichen Windstillen der Roßbreiten auf Wind warten müssen. Der Dieseltreibstoff, den wir als Reserve mitführten, um durch die Flauten zu kommen, war jetzt nutzloser Ballast.

Viele Leute segeln Boote ohne Motor, und in der Theorie hatte das sogar für mich einen Reiz. Allein auf den Wind angewiesen, erlebt der Segler den Vorgang in der ästhetisch vollkommensten Form - die nüchterne Reinheit der Luft, die über das Profil des Segels wie über einen senkrecht stehenden Flugzeugflügel streicht und das Boot voranzieht, wie die Luft ein Flugzeug trägt. Aus praktischen Gründen aber wollte ich dort draußen auf der zerfurchten See nicht auf diesen verfluchten Motor verzichten. Er bedeutete mehr als Elektrizität und das Überwinden von Flauten. Er stand für Bequemlichkeit und Sicherheit durch Technik. Ohne Maschine waren wir mit einem Schlag um hundert Jahre in die Zeit „eiserner Männer auf hölzernen Schiffen" zurückversetzt. Wir fühlten uns aber alles andere als eisern.

Und wenn die Maschine einfach so ausfallen konnte, nur weil ich vergessen hatte, mit Kunststoff und Dichtungsmasse im Wert von zehn Cents einen Schalter zu schützen, was würde als Nächstes passieren? Welche andere bisher unentdeckte Nachlässigkeit lag auf der Lauer, den Mast von oben kommen zu lassen, die Selbststeueranlage lahmzulegen oder den Ozean ins Boot eindringen zu lassen und damit die wichtigste Regel der Seefahrt - der Ozean gehört nach draußen - zu verletzen?

Fast mein ganzes Leben lang hatte ich davon geträumt, eine solche Fahrt zu unternehmen. Aber die Erfüllung eines Traums hat immer ihren Preis, wird durch Enttäuschung oder anderes Leid aufgewogen. Jetzt zahlten wir den Preis für meinen Traum. Vier Tage hatten wir das Boot hart überliegend seewärts geknüppelt. Dabei hatte ich fast keinen Schlaf bekommen, und Christine war es kaum besser ergangen. Daß ich nicht schlafen konnte, lag zum Teil an den wilden Schiffsbewegungen, hauptsächlich aber am Krach. Die Seen hörten sich wie Rammböcke an, wenn sie auf den Rumpf trafen. Noch schlimmer war, daß alles an Bord ächzte und knarrte. Das war nach meiner Überzeugung der hörbare Beweis, daß Holz- und Glasfasermoleküle zerrissen wurden. Während meiner Freiwachen lag ich in der Koje und wartete darauf, daß irgendetwas brach. Vor der Reise hatte ich das Boot kräftig aufgemöbelt, hatte die Einrichtung herausgerissen und alles Mögliche und Unmögliche verstärkt. Aber ich hatte den größten Teil meines Lebens am Schreibtisch verbracht und mich zum ersten Mal mit solchen Arbeiten befaßt. Ich war nicht sicher, alles richtig gemacht zu haben. War wirklich alles stark und fest genug? Es schien mir nur realistisch, eine Katastrophe zu erwarten.

Um etwas gegen meine Unruhe zu tun, verbrachte ich viel Zeit damit, alles zu kontrollieren. Das mußte ich sowieso tun. Segler und Seeleute sind mit allem an Bord pingelig bis zur Besessenheit. Die kleinste Nachlässigkeit - wie die ungeschützten Armaturen unserer Maschine - könnte im besten Fall zu Unbequemlichkeiten führen, im schlimmsten Fall der Anfang vom Ende sein. Nichts darf dem Zufall überlassen werden. Die See nutzt jede Schwäche aus. Bei jeder Wache (wir wechselten uns rund um die Uhr alle drei Stunden ab, drei Stunden Wache, drei Stunden Freiwache) überprüfte ich das Schiff deshalb gründlich.

Zuerst waren Mast und Segel dran. Unsere Yacht war eine hübsche Slup. Sie trug also wie die meisten Segelboote einen einzigen Mast, daran das Großsegel und davor ein Vorsegel. Das Unterliek des Großsegels, seine untere Kante, war am Großbaum befestigt, der aus einem Aluminiumprofil bestand wie der Mast, aber leichter und viel kürzer war. Genau genommen hatte ich das Boot zum Kutter umgetakelt, als ich zusätzlich, zwischen Mast und Vorstag, ein zweites, inneres Vorstag (Babystag) angebracht hatte, um dem Mast noch mehr Halt zu geben und daran ein weiteres Vorsegel (Babystagsegel) anschlagen und setzen zu können. Dieses Vorsegel war bei Starkwind sicherer zu handhaben, weil es näher am Mast gefahren wurde als die Fock, die ganz vorn am ungeschützten Bug über dem bei schlechtem Wetter überspülten, glitschigen und bockenden Vorschiff gesetzt wurde, das dann das reinste Niemandsland war. Da wir aber immer unter Großsegel und diesem Vorsegel oder Fock liefen, niemals mit beiden Vorsegeln gleichzeitig, galt unser Rigg offiziell noch immer als Sluptakelung.

Der Mast wurde von dem üblichen Satz Stahldrähte gehalten: Ein Vorstag und ein Achterstag liefen vom Bug bzw. Heck zum Masttopp, die Fock wurde mit Metallhaken, sogenannten Stagreitern, am Vorstag gesetzt. Die Wanten, drei auf jeder Seite, führten vom Mast seitlich zu den Bordwänden hinab. Die Wanten und Stage, die den Mast aufrecht und gerade hielten, wurden unter dem Begriff „stehendes Gut" zusammengefaßt. All diese Drähte verdienten es, genau überprüft zu werden - auf Spannung, Abnutzung, Korrosion und auf jedes Anzeichen von Verfall, Zersetzung und Heimtücke. Daß der Mast stehenblieb, war schließlich von größter Wichtigkeit.

Und dann der Rumpf selbst. Seine Unversehrtheit war das höchste Gut. Innen im tiefsten Teil des Rumpfes lag die Bilge, ein Hohlraum ganz unten im lang durchlaufenden Kiel. Dort würde sich einsickerndes und erst recht einströmendes Wasser zuerst sammeln. Wir waren immer glücklich und zufrieden, wenn die Bilge bei der Überprüfung trocken oder nicht nasser als während der vorangegangenen Wache war. Wir hatten mehrere Bilgepumpen, alle handbetrieben, mit denen wir das Boot wenn nötig auspumpen konnten. Eine davon war ein Riesending mit einem Schlauch so dick wie ein Abwasserrohr. Damit konnte man bei jedem Pumpenschlag rund zwei Liter Wasser hinausbefördern.

Meine liebevollste Zuwendung aber galt der Wind-Selbststeueranlage. Das ist eine ausgeklügelte Vorrichtung, ohne die man das Segeln allein oder zu zweit kaum genießen könnte. Ohne die Anlage müßte das Boot auf See so gut wie ständig von Hand gesteuert werden. Der Wind trifft auf eine tuchbespannte oder Sperrholz-Wetterfahne, bewegt sie und betätigt durch einen Übertragungsmechanismus das Hauptruder der Yacht oder ein Hilfsruder, das Teil der Selbststeueranlage ist. Werden Windfahne und Ruder sorgfältig eingestellt, segelt das Boot in einem gleichbleibenden Winkel zur Windrichtung. (Ein Autopilot dagegen wird elektrisch betrieben und steuert unabhängig von der Windrichtung einen Kompaßkurs.) Zwar mußten wir die Windfahne oft nachstellen, wenn der Wind drehte, die meiste Zeit aber konnten wir uns zurücklehnen und beobachten, wie unser Boot hartnäckig und entschlossen allein seinen Weg über und durch die Wellen suchte - das tapfere kleine Schiffchen. Während unserer 16 Seetage steuerten wir weniger als zwölf Stunden von Hand. Wenn unser Boot einen Gott hätte, dann wäre es die Windsteueranlage. Ich erwies ihr bei jeder Wache die Ehre einer genauen Untersuchung.

In unserer vierten Nacht auf See frischte der Wind auf 30, in Böen bis 40 Knoten auf, knapp unter Sturmstärke. Für uns Hochseeneulinge war es ein Sturm. Das Schiff schien kaum beherrschbar. In den Wellentälern mühten wir uns ab, das Meeresleuchten auf den Kämmen zu erkennen. Von einem Bootsdeck aus Wellenhöhen einzuschätzen ist so schwer, wie einen Schiedsrichterspruch gegen die eigene Mannschaft zu beurteilen: Man ist einfach zu sehr beteiligt, um objektiv zu sein. Beim Seegang irren Beobachter sich aufgrund ihres Blickwinkels und der Wellenform im besten Glauben. Nach einer Faustregel sollte man das, was man zu sehen meint, annähernd halbieren. In jener Nacht glaubte ich, siebeneinhalb Meter hohe Wellen zu sehen und hin und wieder so große, daß ich die Höhe nicht zu schätzen wagte.

Wir kuppelten die Windfahne aus. Ich begann von Hand zu steuern und versuchte, die Seen mehr oder weniger genau von achtern zu nehmen. Das war der Zeitpunkt, als ich zu halluzinieren begann, daß der Zwerg auf dem Heckkorb drauf und dran sei, mir den Garaus zu machen. Natürlich war da etwas, die Kanister mit dem jetzt nutzlosen Dieseltreibstoff, der Behälter mit der Rettungsboje und der an der Reling befestigte Beiboot-Außenborder. Zusammen ergab das im Dunkeln einen entfernt menschenähnlichen Umriß. Ich war so müde, daß ich nicht länger als wenige Sekunden behalten konnte, was mich erschreckt hatte und daß mich überhaupt etwas erschreckt hatte. Als meine Halluzinationen mich sogar die ausgewachsene Stadt am Horizont sehen ließen, wurde uns klar, daß wir fertig waren. Wir drehten bei, um zu stoppen und, wenn möglich, etwas Schlaf zu bekommen.

Beidrehen ist ein schönes, althergebrachtes Manöver, das die Seefahrer seit Jahrhunderten geschickt dazu benutzen, ein Segelfahrzeug zu „parken", um schlechtes Wetter vorbeiziehen zu lassen, zu schlafen, zu navigieren oder etwas zu reparieren. Es gibt verschiedene Verfahren, die von der Rumpfform und Takelung des Schiffs abhängen. Immer aber werden dabei die Kräfte der Segel und die Gegenkraft des Ruders so ins Gleichgewicht gebracht, daß sie den Bug soweit wie möglich gegen Wind und Seegang halten. Bei einer gängigen Methode werden zwei Sturmsegel gesetzt und auf den gegenüberliegenden Seiten des Bootes dichtgeholt. Der Zug beider Segel hebt sich dabei ungefähr auf, und das Schiff bleibt fast auf der Stelle. Das Ruder wird dann so festgelegt, daß das Boot ziemlich gleichbleibend im Winkel von etwa 45 - 60° zur Richtung von Wind und Wellen liegt, wobei es mit etwa einem Knoten vorwärts treibt. Das Ergebnis ist ein gespanntes Gleichgewicht, bei dem das Boot dem Sturm seine stärkste Seite - den Bug - darbietet. Die Änderung beim Übergang vom Segeln zum Beiliegen — „beidrehen" bezeichnet den Vorgang, „beiliegen" oder „beigedreht liegen" den Zustand — ist bemerkenswert: die heftigen Schaukelbewegungen lassen nach, ebenso der Lärm, das Zermürbendste bei schwerem Wetter auf See. Das Boot steigt und fällt auf den Wellen, die dann sofort kleiner und nicht mehr wie Raubtiere erscheinen.

Ein Fahrzeug kann endlos lange beiliegen, wenn es Seeraum hat, also keine Landbrocken dort im Weg liegen, wohin es im Winkel zur Windrichtung treibt, und solange der Sturm nicht allzu stark wird. In diesem Fall kann es dazu kommen, daß das beigedrehte Boot hin und her geigt und zuviel Fahrt voraus aufnimmt. Es wird mit der immer rauheren See nicht mehr fertig, z.B. beginnen Brecher das Deck zu überspülen. Dann muß das Boot sich vom Sturm abwenden, es muß abfallen (vor den Wind drehen) und lenzen (vor dem Sturm ablaufen), indem es vor Topp und Takel (ohne Segel) oder nur unter einem kleinen Fetzen Segelfläche vor Sturm und See davonläuft und dabei die Seen mit dem Heck nimmt. Wenn der Wind noch weiter zulegt, wird Sturmtaktik zur Überlebenstaktik, und der Ausgang hängt davon ab, wie gut das Schiff konstruiert und gebaut ist, von den Fähigkeiten der Besatzung und sehr weitgehend vom Glück. Wir waren nicht sicher, wann der Wendepunkt für unsere kleine Yacht kam. Mit Sicherheit konnten wir bei 35, 40, vielleicht sogar 50 Knoten Windgeschwindigkeit bequem beigedreht liegen. Bei noch mehr Wind würden wir aber wohl abdrehen und lenzen müssen. Man weiß nie im voraus, wann man nicht mehr beiliegen kann. Ich hoffte, es nie herausfinden zu müssen.

Diesmal aber gingen die Böen selten über 40 Knoten hinaus, und wir blieben gemütlich beigedreht. Zwölf Stunden lang ruhten wir aus, aßen Trockenfrüchte und Müsliriegel und ließen das Getöse des halbwegs schweren Wetters über uns ergehen. Aber, obwohl wir auch ein wenig schliefen, jedenfalls genug, um nach unserem Sturm wieder in Gang zu kommen, stand das psychologische Muster für den weiteren Verlauf unserer ersten Hochseeangfahrt fest: Es war eine Qual, die durchgestanden werden mußte.

Später schlingerten und rollten wir zwei Tage auf einer ölig glatten Dünung und warteten auf Wind. Ich verbrachte die Zeit damit, mir originelle Schimpfworte für unsere widerspenstige Maschine auszudenken. Einige Tage nachdem der Wind wiedergekommen war, begann sich direkt über uns ein Tiefdrucksystem zu entwickeln. Es zog nach Nordosten ab, bevor es zum ausgewachsenen Sturm wurde. Die Kaltluftmassen aber, die dem Zentrum des Tiefs folgten, überquerten uns. Als die Front - seine Vorderkante - vorbeizog, bekamen wir eine zweite Zuteilung von Starkwind (35 Knoten) und rauher See. Diesmal zögerten wir nicht, sondern drehten 24 Stunden lang bei, bis die Lage sich besserte.

Während wir weiter nach Süden ins Passatgebiet gelangten, erlebten wir zeitweise die Poesie der Bewegung, von der wir gelesen hatten. Unsere Sloop wedelte unter der kräftiger werdenden Tropensonne über tiefblaue, schaumgekrönte Wogen. Das Auf und Ab der Yacht, die sich von selbst über eine gutmütige See steuerte, die leuchtenden Farben und kräftigen Schatten, das rhythmische Zischen der Bugwelle, die uralte Harmonie zwischen windgetriebenem Schiff und der See - das alles begeisterte uns. Wir sahen fliegende Fische den Meeresspiegel durchbrechen und mit glitzernden Flügeln 15 Meter oder weiter durch die Luft gleiten. Wir beobachteten Sonnenaufgänge und -untergänge, die uns trotz unserer Erschöpfung während kurzer Augenblicke einen Eindruck von der fugenlosen Einheit der Schöpfung gaben oder davon, wie die Welt einmal war. Unsere Angst schwand und wir bekamen täglich etwas Schlaf.

Dennoch blieben meine Sorgen, daß irgendetwas brechen könnte. Wir hatten keinen weitreichenden Funksender, nur einen Kurzwellenempfänger, der Seewetterberichte für den Atlantik empfing, die in Fort Collins, Colorado, weit im Binnenland, gesendet wurden. Wenn irgend etwas schiefging, konnten wir niemanden erreichen, der weiter als etwa 40 Meilen entfernt war, denn das war die Reichweite unseres UKW-Funkgeräts. Keiner von uns beiden war je zuvor so allein, so fern vom Rest der Welt und so völlig auf die eigene Kraft angewiesen gewesen. Zwar waren wir stolz auf unsere Unabhängigkeit von anderen, den Grund für diese Autarkie aber, unsere Abgeschiedenheit, ertrugen wir nur knapp.

Wenige Tage nach unserem Sturm sah ich einen Vogel vorüberfliegen. Es war ein Brauntölpel, kein besonders seltener Seevogel. Er war das erste Lebewesen, das wir seit zwei Tagen, als ein anderer Seevogel vorbeigeflogen war, gesehen hatten. Ich ging unter Deck und notierte im Logbuch, daß ich einen Vogel gesehen hatte. Dann fiel mir auf, in was für einer verlassenen Gegend wir waren - wo ein Vogel eine Notiz wert war.

Fest abgestützt im Cockpit schaute ich, der Junge aus der Stadt, über die nervtötende Leere der See. Das Meer kam mir so fremd vor wie der Mond oder wie eine zum Übelwerden wogende Sahara. Es war eine ebenso faszinierende wie schreckenerregende Einöde. Für uns bedeutete die Überfahrt ein Durchkämpfen durch die leere, abgeschiedene Wildnis der See.

3

Das Tigerherz

Der Unterschied zwischen einem gewöhnlichen Sturm und dem, was man einen „survival"-Sturm zu nennen pflegt, in dem es also nur noch um die Frage des Überlebens geht, besteht darin, daß Skipper und Besatzung in einem normalen Sturm, bei 8 oder vielleicht 9 Windstärken (etwa 30 bis 40 Knoten mittlerer Windgeschwindigkeit), Herr der Lage bleiben und Maßnahmen ergreifen können, die sie für angemessen halten, während es in einem „survival"-Sturm, bei 10 und mehr Windstärken, und Böen, die vielleicht Orkanstärke erreichen, der Wind und die See sind, die die Herrschaft ergreifen.
K. ADLARD COLES
Schwerwettersegeln

Die Heftigkeit des Sturms überraschte.
Catherine Chabaud, die 400 Meilen hinter Raphaël Dinelli segelte, bekam das von Westen nach Osten ziehende Wetter zuerst ab. Über Funk beschrieb sie ihm und den anderen vor ihr liegenden Skippern Windstärke und -richtung in den Tiefs, die sie, eins nach dem anderen, überholten. Diesmal, unmittelbar vor Weihnachten, nach sieben Wochen Wettfahrt, riet sie Dinelli, sich für die Nacht auf ein Tief mit 40 bis 45 Knoten Wind und dem üblichen Windsprung von Nordwest nach Südwest bei Durchgang der Kaltfront gefaßt zu machen. Es war nichts Besonderes, ein gewöhnliches, mäßig starkes Tief der hohen Südbreiten.
Statt dessen aber geschah etwas Ungewöhnliches und Schreckenerregendes.
Als das Tiefdrucksystem über Dinelli hinwegzuziehen begann, drängte sich eine Warmluftmasse mit hohem Luftdruck von Norden herab. Die beiden Druckgebilde quetschten sich zusammen. Die Kaltluft des Tiefs schob sich unter die Warmluft des Hochs und drückte

sie nach oben. Die Luft, die schon ins Zentrum des Tiefs hineinwehte, wurde noch beschleunigt, schoß aufwärts und strömte weiter oben in der Atmosphäre spiralig auseinander. Während weitere Luft über dem Meeresspiegel verdrängt wurde, sank der Druck dort noch weiter. Wind ist die Luft, die aus Gebieten mit hohem Druck in Richtung des Luftdruckgefälles, also des Gradienten, in Gebiete mit niedrigem Druck fließt. Das ist genau derselbe Vorgang, als wenn Wasser von oben nach unten läuft. Je größer der Druckunterschied, desto schneller bewegt sich die Luft, desto stärker ist also der Wind. Während der Annäherung des Tiefs vergrößerte sich sein Druckgradient unheildrohend.

Als das Gebilde Dinelli überholte, nahm der Wind zu, bis er annähernd mit Orkanstärke blies - 64 Knoten und darüber, in Böen bis zu 80 Knoten. Schnell peitschte er die ewige Dünung des Südozeans zu gewaltigen Seen hoch. Dinellis Yacht begann, auf Wellen zu surfen, die 17 bis an die 20 Meter hoch waren, groß wie sechsstöckige Betongebäude, die sich schnell bewegten und ständig überkippten. Es war eine apokalyptische Segelei.

Dinelli konnte nicht an Deck bleiben, weil es dort zu gefährlich war. Aus der Kajüte heraus versuchte er, Form und Steilheit der Wellen zu erkennen und einzuschätzen, und tat sein Bestes, um das voranjagende Boot durch geschickte Bedienung des Autopiloten in der Gewalt zu behalten. Aber das war unmöglich. Die ALGIMOUSS kippte um. In wenigen Sekunden kenterte sie durch. Der ungeheure Stoß stauchte den Mast so, daß er das Deck durchbohrte. Der Baum krachte durch eines der großen Kajütfenster, und Wasser strömte ein. Es war Weihnachtsmorgen.

In einem Überlebensanzug, der bei der Kenterung eingerissen war, keilte Dinelli sich in einer Ecke seiner kopfstehenden Kajüte ein. Nach und nach verdrängte das Wasser die im Rumpf eingeschlossene Luft. Während der Kenterung war der Mast kaum einen Meter über Deck gebrochen. Das stehende Gut hielt ihn aber mehr oder weniger an seinem Platz, so daß er wie eine Art Kiel wirkte und die ALGIMOUSS in ihrer umgedrehten Lage hielt. Nachdem das Boot mit seinem wilden Schlingern und Stampfen aber drei Stunden lang am Mast herumgerissen hatte, brach er ganz weg. Ohne den Widerstand von Mast und Takelung gewann die Hebelwirkung der drei Tonnen schweren Bleibombe am Ballastkiel wieder die Oberhand, und das Boot richtete sich wieder auf. Durch das Gewicht des eingedrungenen Wassers wälzte es sich nur schwerfällig herum. Dabei bewegte Dinelli sich, überwiegend unter Wasser, halb schwimmend, halb gehend vom Kajütdach an den Bordwänden herunter, bis er wieder auf dem Fußboden stand. Jetzt konnte er seine Satelliten-Seenotfunkbojen aktivieren. Vorher hatte er sie nicht eingeschaltet, weil das Signal den kieloben liegenden Kohlefaserrumpf der Yacht nicht hätte durchdringen können.

Nach wenigen Stunden war das Schiff fast ganz voll Wasser. Die Seen krachten mit solcher Gewalt durch das tischgroße Loch im Deck, daß sie die wasserdichten Schotten des Rumpfes eindrückten. Jede am Vendée Globe teilnehmende 60-Fuß-Yacht mußte drei solcher Schotten haben, die das Bootsinnere in wasserdicht verschließbare Räume teilte, um Wassereinbrüche eindämmen zu können. Aber kein Material konnte der Gewalt dieser Brecher widerstehen. Bald stand das Wasser in Deckshöhe. Jede riesige Welle schien entschlossen, das Boot zu versenken.

Dinelli stieg an Deck, band sich mit seiner Sicherheitsleine am Maststumpf fest und hatte bei dem Stampfen und Schlingern alle Mühe, auf den Beinen zu bleiben. Die Wellen schlugen ständig über ihn hinweg. Sein zerrissener Überlebensanzug war bald voll Wasser. Der Rumpf der ALGIMOUSS war völlig überspült, das Deck im Schaum der Brecher kaum zu sehen. Abwechselnd im eiskalten Wasser und im eisigen Wind, spürte Dinelli bei einer gefühlten Temperatur deutlich unter null Grad, wie seine Körpertemperatur abzusinken begann. Hier im Sommer der hohen südlichen Breiten stand er den ganzen restlichen Weihnachtstag, die Nacht und den ganzen folgenden Tag an Deck, und der Wind ging nie unter Sturmstärke zurück. Hier trieb er auf annähernd 50° Südbreite, 1.200 Meilen südlich von Australien, näher an der Antarktis, am Rande des Südpolarmeers - so einsam und schutzlos wie es ein Mensch auf Erden nur sein konnte. Als die zweite Nacht sich senkte, war der 28jährige Segler erschöpft und unterkühlt. Er wußte ohne jeden Zweifel, daß er es nicht schaffen würde, bis zum nächsten Morgen zu überleben. Der Tod war sehr nahe.

Zunächst: Der Südozean. Um diesen Bericht zu verstehen, muß man dieses Seegebiet begreifen und was es heißt, dieses Meer mit einem Segelboot zu befahren. Die riesige Fläche des Südozeans besteht eigentlich aus den südlichsten Teilen des Pazifik, des Indischen Ozeans und des Südatlantik. Seine offizielle Nordgrenze liegt bei 40° Südbreite. Er umfaßt die Breiten, denen die Seeleute schon vor langer Zeit die Spitznamen Brüllende Vierziger, Wütende Fünfziger und Heulende Sechziger gegeben haben. Das ist ein Gebiet mit fast ständigem Starkwind und häufigen Stürmen, die oft über Orkanstärke hinausgehen. In den Stürmen wächst und wächst der Seegang bis zu fast unvorstellbaren Höhen. Die höchste Welle, die man jemals verläßlich aufgezeichnet hat, wurde mit fast 41 Metern hier gemessen. Die Wellen des Südozeans rollen, unbehindert durch Land, rund um die Welt. Im kalten Wasser treiben große und kleine Eisberge. Jahrhundertelang war das Gebiet ein Seemannsfriedhof. Die Seeleute auf den Rahseglern nannten die Strecke nach Kap Horn die „Totenstraße". Darin steckt, was Melville „das Bewußtsein von der ganzen Schrecklichkeit der See" nannte.

Im Südozean befindet sich auch der landfernste Punkt der Erde. Er liegt mitten zwischen Cape Dart in der Antarktis und der Insel Pitcairn, dem letzten Zufluchtsort der Bounty-Meuterer, und ist von beiden Punkten 1.660 Meilen entfernt. Viele der Vendée Globe-Teilnehmer segeln auf dem Weg nach Kap Horn dicht an dieser Stelle vorbei oder sogar zufällig genau hindurch. Nur ein paar Astronauten sind schon weiter vom Land entfernt gewesen als ein Mensch an Bord eines Schiffes auf dieser Position. Aber das beschreibt noch lange nicht, wie abgelegen dieser Teil unseres Planeten ist. Manche Seeleute nennen ein großes Gebiet des Südozeans „das Loch". Es ist so weit entfernt, daß sogar Langstreckenflugzeuge es nicht erreichen können, vorausgesetzt sie wollen wieder zurück an Land. Auf Karten, die entstanden, als die Europäer in weite Landgebiete noch nicht eingedrungen waren, schrieben die Kartographen in die ausgedehnten unbekannten Flächen: „Hic sunt dracones" - „Hier sind Drachen." Diese überzeugte Prophezeiung unvorhersehbarer, fürchterlicher Gefahren trifft für den Südozean noch heute zu.

Wir können uns nur schwer vorstellen, daß Teile unseres Planeten noch immer im urzeitlichen Zustand der Wildheit und Abgeschiedenheit sind. Es gibt nur noch wenige Gegenden auf der Erde, bei denen es schon eine Leistung ist, sie zu durchqueren: Die Antarktis, sei es zu Fuß oder im Schneemobil; die Sahara abseits der ausgetretenen, gekennzeichneten Pfade; der Südozean per Segelboot. Die Wildnis, sei es Eis, Sand oder Wasser, ist ein furchtbares Reich, wo die Natur die Kraft behalten hat, den Menschen zu schrecken und klein zu machen, eine Macht, die sie in unserer Geschichte bis vor ganz kurzer Zeit überall hatte.

Zwei Einhandrennen um die Welt führen die teilnehmenden Segler mitten durch den Südozean. Das „Around Alone-Rennen" (früher BOC Challenge genannt) findet in vier Einzeletappen statt. Drei Aufenthalte sind unterwegs eingeplant, und die Teilnehmer können ohne Disqualifikation auch außerplanmäßig Schutz suchen, um etwas zu reparieren oder Ersatz für beschädigte Ausrüstungsteile zu beschaffen. Im Vendée Globe hingegen müssen die Skipper ohne Zwischenstopp und ohne Hilfe von außen durchkommen. Es ist die extremste der Langstreckenwettfahrten. Nach den entwaffnend einfachen Regeln wurde sie geschaffen, „um dem Bedürfnis der Segler zu entsprechen, die ihre äußersten Grenzen erreichen wollen." Es gibt keine komplizierten Ausgleichsformeln oder undurchschaubaren Regeln wie in kürzeren Wettbewerben. Im Vendée Globe gewinnt derjenige, der zuerst die Ziellinie überquert - ein Mensch, ein Boot, zuerst am Ziel.

Für die Konkurrenten steht und fällt alles mit dem Südozean. Er macht fast die Hälfte der gesamten 27.000 Meilen Rennstrecke aus, und es erfordert sechs bis acht Wochen ungeheurer Anstrengung, ihn zu bewältigen - wenn nichts schiefgeht. Die anderen Abschnitte der Strecke stellen ihre eigenen hohen Anforderungen und sind nicht ohne Gefahren, aber mit den meisten kann man fertigwerden. Wenn die Segler aber im Südozean sind, kann alles geschehen: Es gibt dort unten Wind- und Seegangsbedingungen, die selbst das beste Boot vernichten können und den Skipper, der das Pech hat, hineinzugeraten. Oft geht es um Leben und Tod: Wind und See werden übermächtig und ergreifen die Herrschaft, so daß der Segler nur durchhalten und das Beste hoffen kann. Die Wettfahrt zerfällt wahrhaftig in drei Teile: Atlantik, Südozean, Atlantik. Todbringend ist der Mittelteil.

„Danach ist es die reinste Erholung," sagte der Vendée Globe Teilnehmer Christophe Auguin.

Als ich in die Karibik segelte, kam mir der stark befahrene Teil des Ozeans, den wir überquerten, wie eine Einöde vor, die mich zu Tode ängstigte. Ich empfand, daß wir jederzeit von den Naturgewalten vernichtet werden konnten. Es war nicht einfach eine Hochseereise von Charleston zu den Jungferninseln. Ich glaubte nicht, daß der Ausgang feststand. Wir würden nur ankommen, wenn der Ozean uns ließ. Im Rückblick und mit mehr Erfahrung erscheint mir diese Einstellung melodramatisch. So groß waren die Gefahren gar nicht, und ein Desaster war in Wirklichkeit sehr unwahrscheinlich. Dennoch, immer wenn ich mit einem Boot auf See war, war noch ein wenig von diesem Argwohn und dieser Angst da. Selbst wenn der Meeresspiegel ruhig daliegt, kann ich wie Melville „das Tigerherz, das darunter pocht," nicht vergessen. Auf hoher See scheint der Seefahrer nur durch dünne Fäden mit der Menschheit verbunden. Der Südozean spannt diese Fäden bis zum Zerreißen. Manchmal reißen sie wirklich. Wenn sie Hilfe brauchen, sind die Segler weit mehr auf die Verbindungen untereinander angewiesen, als sie auf ungewisse Hilfe von weit entfernten Küsten hoffen können. Einige Skipper sind von anderen Wettfahrtteilnehmern buchstäblich aus dem Wasser gezogen worden. Die meisten von ihnen hätten nicht überlebt, bis zu Hilfe geschickte Schiffe sie abgeborgen oder Flugzeuge ihnen Rettungsmittel abgeworfen hätten - wenn die Yachten überhaupt in deren Aktionsradius gewesen wären. Einige Boote und Segler sind auch spurlos und ohne Nachricht verschwunden.

Aber die Rennteilnehmer sind in das weltweite computer- und satellitengestützte Nachrichtennetz eingebunden. Die mit Satelliten arbeitenden Navigations-, Kommunikations- und Wettervorhersagesysteme werden durch Computer an Bord der Yachten zusammengeführt. Damit können die Segler Faxe und E-Mails versenden, Sprechfunkverbindungen über Kurz- oder Langstrecken herstellen und jederzeit genaue Wetterfax-Karten empfangen. Selbst in den hohen Südbreiten, wo die Wettervorhersagen nur oberflächlich und wenig verläßlich sind, können die Segler das Wetter, das sie verprügeln will, oft schon anmarschieren sehen und ihm manchmal sogar ausweichen, um dem Gröbsten zu entgehen.

Die Yachten haben hochentwickelte, leistungsfähige Navigations- und Sicherheitstechnik. Alle Systeme sind wie bei einem Apollo-Mondflug mehrfach vorhanden. In den Kajüten sieht es aus wie in

Elektronikläden. Die Konkurrenten stehen ständig mit der Wettfahrtleitung in Frankreich oder Amerika in Verbindung. Die Leitung wiederum weiß ständig bis auf wenige Meilen genau, wo sich jedes einzelne Boot gerade befindet, denn auf jeder Yacht funkt ein ARGOS-Sender ein Dauersignal an Satellitenempfänger. Wenn eine Yacht in Schwierigkeiten gerät, etwa von einem gewaltigen weißmähnigen Brecher überrollt und entmastet wird, kann der erschöpfte, unterkühlte Segler auf seinem halb voll Wasser gelaufenen Schiff eine „EPIRB" (emergency position indicating radio beacon) genannte Seenotfunkboje einschalten, die sich dann bei den Satelliten bemerkbar macht. Innerhalb weniger Minuten wissen Rennleitung und Seenotleitstellen, daß das lauernde Unheil zugeschlagen hat. Sofort laufen dann Such- und Rettungsaktionen an. Es kann aber Tage dauern, bis die Helfer an dem genau bekannten Schiffsort eintreffen. Wenn kein anderer Rennteilnehmer die Position erreichen kann, kann es eine Woche dauern, bis ein entsandtes Kriegsschiff oder ein umgeleitetes Frachtschiff sich zu der havarierten Yacht durchgeschlagen hat. Handelsschiffe befahren regelmäßig die hohen Südbreiten. Tanker, Massengutfrachter oder Containerschiffe sind in beiden Richtungen auf dem Weg um Kap Horn, aber es sind wenige, und sie halten sich an eng begrenzte Wege. Manchmal können sogar diese großen Schiffe nicht richtig suchen, weil sie sich durch Suchmanöver bei schwerer See selbst in Gefahr bringen.

Auf jeden Fall muß sich die EPIRB-Boje auf der Meeresoberfläche befinden, um senden zu können, denn ihr Funksignal durchdringt weder die Außenhaut des Bootes noch eine Wasserschicht von mehreren Fuß. Wenn die Yacht kopfüber liegenbleibt wie Dinellis Schiff, muß der Segler einen Weg finden, die Funkboje aus dem Boot hinaus an die Oberfläche schwimmen zu lassen, ohne daß sie sich löst und wegtreibt. Bei den neuesten und genauesten EPIRB-Geräten halten die Batterien 36 bis 72 Stunden, je nach der Temperatur. Je kälter es ist, desto kürzer ihre Lebensdauer. Wenn sie den Dienst eingestellt haben, läßt sich die Position des Havaristen nur noch durch Ermittlung seiner Drift feststellen – bei den unwägbaren Launen von Wind und Wellen ein reines Ratespiel.

Anfang Januar 1997 hatte sich das Feld der dreizehn Einhandsegler des Vendée Globe über 6.000 Meilen Südozean hinweg, von Südaustralien bis fast nach Kap Horn, auseinandergezogen. Die Segler waren schon über zwei Monate auf See. Von den sechzehn Teilnehmern am Start waren nur noch zehn offiziell im Rennen. Drei weitere segelten noch mit, waren aber disqualifiziert worden, weil sie zu Reparaturen unterwegs Häfen angelaufen hatten, was die Wettfahrtregeln streng untersagten. Dinelli war außer Konkurrenz gestartet, weil er keine Zeit für den als Qualifikation zum Vendée Globe geforderten 2.000-Meilen-Törn gehabt hatte. Zwei Teilnehmer hatten kurz nach dem Start am 3. November des vorangegangenen Jahres aufgrund von Sturmschäden in der Biskaya aufgegeben.

Im Südozean hatten die weit verteilten Boote mit unterschiedlichen, aber nirgendwo angenehmen Wetterbedingungen zu tun. Bestenfalls liefen sie ungemütlich, aber gefahrlos vor den Sturmtiefs her, die pausenlos die hohen Südbreiten durchziehen. Andere Schiffe hatten nicht genug Wind, um mit dem Seegang fertigzuwerden, der das Nachlassen des ursächlichen Sturms einige Zeit überdauert. Die Boote stolperten durch Wellen, die ohne den starken Wind als Zuchtmeister kreuz und quer durcheinanderliefen.

Wieder andere Skipper gerieten in besonders heftige Tiefdrucksysteme mit Stürmen, gegen die unser karibischer „Sportseglersturm" nur eine ganz kurze, gutmütige Bö war. Sie mühten sich ab, ihre Yachten in der Gewalt zu behalten, wenn sie bei orkanartigem Sturm mit halsbrecherischen 25 oder mehr Knoten haushohe Wellen hinabjagten.

Bei genau solchen Bedingungen kenterten in der Nacht vom 4. auf den 5. Januar zwei der 60 Fuß (18,3 m) langen Vendée Globe-Boote. Sie standen 1.400 Meilen südwestlich von Kap Leeuwin, der äußersten Südwestspitze Australiens, auf ungefähr 51° südlicher Breite, also eben innerhalb der Wütenden Fünfziger. Diese Schiffe lagen weniger als 40 Meilen auseinander, ziemlich am Ende des langgestreckten Feldes.

Auf der EXIDE CHALLENGER, einer hochentwickelten Ketsch (eine zweimastige Takelungsart), hörte Tony Bullimore einen lauten Knall, und das trotz des kreischenden Lärms, mit dem sein Schiff durch den Sturm jagte. Die Kielflosse aus Kohlefaserlaminat war durch die pausenlosen Bewegungen der Yacht ermüdet, plötzlich abgebrochen und auf den Grund des Ozeans gefallen. Der lag in diesem verhältnismäßig flachen Seegebiet auf dem Indisch-Antarktischen Rücken gut 900 Meter tief. Plötzlich ohne seine viereinhalb Tonnen Ballast, schlug das jetzt topplastige Boot ungeheuer schnell um. Es dauerte nur zwei oder drei Sekunden. Unmittelbar vorher hatte der 57jährige Bullimore noch festgekeilt in seiner Kajüte gestanden, eine Tasse Tee getrunken, die er auf seinem kardanisch aufgehängten einflammigen Kocher zustandegebracht hatte, und eine seiner selbstgedrehten Zigaretten geraucht. Als das Boot umschlug, taumelte er mit herum, um sich gleich danach auf der Kajütdecke stehend wiederzufinden, die jetzt den Fußboden darstellte.

Die Plötzlichkeit, mit der es passierte, verblüffte Tony. Er blickte nach unten durch die großen Kajütfenster, die jetzt den Schiffsboden bildeten, und sah Seewasser wie einen schnell strömenden Fluß unter seinen Füßen vorbeirauschen. Das Heulen von 70 Knoten Wind in den beiden Masten und der Takelung hatte aufgehört. Es war tatsächlich fast still, allerdings schlingerte und bockte das Boot noch immer. Bullimores Teetasse war verschwunden, aber die Zigarette hatte er noch immer in der Hand. Er stand in seinem umgedrehten Boot auf der Innenseite des Kajütdachs, zog ein paarmal an seiner Zigarette und überdachte phlegmatisch seine Lage. Viel könne er nicht tun, meinte er. Daher ging er einfach Soll und Haben seiner Situation durch und versuchte zu überlegen, wie er am Leben bleiben könnte. Er mußte versuchen, der Außenwelt ein EPIRB-Signal zu senden. Vielleicht könnte er mit seinem Werkzeug ein Loch in den Rumpf schneiden. Dann bemerkte er den schweren Großbaum, der in einem Gewirr von Masten und Takelwerk unter dem Schiff hing. Von Wasserwirbeln hin- und herbewegt, klopfte der Baum an eines der großen Kajütfenster.

Plötzlich zertrümmerte er mit einem heftigen Stoß das Fenster. Brüllend wie die Niagarafälle schoß die See ins Boot. Die elektrische Beleuchtung, die auch nach der Kenterung bis dahin noch funktioniert hatte, verlosch jetzt. Innerhalb weniger Sekunden füllte sich die düstere Kajüte mit Wasser, das beinahe null Grad kalt war. Dadurch blieb unter der Decke, die eigentlich der Kajütfußboden war, nur etwa ein Meter Luft. Bullimore fror bald erbärmlich. Jetzt watete er durch das brusthohe Wasser, fand seinen Überlebensanzug und schaffte es, ihn über sein kaltes, durchnäßtes Unterzeug zu ziehen, nachdem er sein Ölzeug ausgezogen hatte. Es war ein Anzug, der Hände und Füße frei ließ, so daß Tony nichts anderes übrigblieb, als seine schon eiskalten Füße wieder in die klatschnassen Seestiefel zu stecken.

Proviant und Trinkwasser waren vollständig verschwunden, abgesehen von etwas Schokolade und einigen winzigen Folienbeuteln mit Wasser, zusammen kaum mehr als eine Tasse. Wie der größte Teil der Ausrüstung in der Kajüte war das meiste von dem kräftigen Unterdruck der abziehenden Wellen durch das zerbrochene Fenster hinausgesogen worden.

Jetzt war es nicht mehr nötig, ein Loch in den Rumpf zu schlagen, um ein Signal mit der Funkboje zu geben, das hatte schon der Baum besorgt. Bullimore aktivierte eines seiner ARGOS-Geräte und band es an eine Leine. Dann tauchte er in das eiskalte Wasser hinab und schob das Gerät durch das zerbrochene Fenster hinaus, damit es - hoffentlich - zur Wasseroberfläche aufschwamm. Leicht hätte die Boje draußen aber auch in dem Durcheinander von Riggtrümmern und anderen Resten hängenbleiben können. Bullimore war alles andere als sicher, daß sein Notruf die Außenwelt tatsächlich erreichte.

Ob EXIDE CHALLENGER weiter schwimmen würde, hing von den wasserdichten Querschotten ab, besonders von dem vorderen Schott, das das Wasser daran hinderte, ins Vorschiff einzudringen. Sollten die Schotten jedoch nicht halten, würde Tony seine Rettungsinsel brauchen, die im Cockpit festgelascht war. Mehrmals tauchte er mit vor Kälte schmerzenden Augen und Ohren hinab und durch den Niedergang hinaus, um die Rettungsinsel loszuschneiden. Sie war aber zu sperrig und ließ sich nicht bewegen, weil sie durch den eigenen Auftrieb an den Boden der umgedrehten Plicht gedrückt wurde. Beim letzten Tauchgang wurde die Luke vom Unterstrom einer Welle erfaßt und schlug über seiner Hand zu. Sie hackte seinen linken Zeigefinger am unteren Knöchel ab. In dem eisigen Wasser hörte der Stumpf bald auf zu bluten, und die Kälte betäubte den rasenden Schmerz.

Bullimore kroch auf ein schmales Bord hoch oben unter der neuen Kajütdecke, wo es vorläufig einigermaßen trocken war. Aber das Wasser stieg und überspülte ihn in seinem letzten Zufluchtsort immer wieder. Er fühlte sich zum Verzweifeln kalt und müde. Er wußte, daß er am ehesten auf Rettung durch die Australier hoffen konnte, aber sie würden bis zu ihm wenigstens vier bis fünf Tage brauchen, und auch das nur, wenn die Funkboje wirklich an die Oberfläche gekommen war und ihr Signal überhaupt irgendjemanden erreicht hatte.

Thierry Dubois, der sich am Ruder seines gekenterten Bootes festhält.

Thierry Dubois' POUR AMNESTY INTERNATIONAL wurde zuerst entmastet. Bei Wind, der nie unter 65 Knoten (Orkanstärke) zurückging, und 17 bis 18 Meter hohen Seen kenterte die Yacht. Sie richtete sich sofort wieder auf, aber der Mast war eingeknickt und in drei Teile zerbrochen. Die beiden Maststücke, die im Wasser lagen, wurden von den Wellen immer wieder an den Rumpf geschlagen und drohten ihn zu durchlöchern. Dubois mußte die Drähte des Riggs mit einer Eisensäge durchtrennen und die Masttrümmer dadurch vom Boot lösen. Während er unter Deck war, um sich aufzuwärmen und zu verschnaufen, wurde sein Boot erneut von einer gewaltigen, steilen Welle überrollt und um 360° herumgeworfen. Trotz dieser Durchkenterung schaltete Dubois seine EPIRB-Boje nicht ein. Er würde ein Notrigg takeln, also aus gebrochenen Teilen und Ersatzmaterial Mast und Segel improvisieren. In der Tradition des ganz auf die eigenen Fähigkeiten vertrauenden Seefahrers war er entschlossen, aus eigener Kraft einen australischen Hafen zu erreichen.

Am folgenden Tag, fast zur selben Zeit, als Bullimore kenterte, wurde das Boot wieder von einer großen Welle auf den Kopf geworfen, während Dubois erschöpft unter Deck schlief. Diesmal blieb das Schiff umgedreht liegen und trieb ziellos im langen, wild rollenden Seegang des Südozeans umher. Jetzt schaltete Thierry seine Notfunkboje ein.

Auch nach etwa zwei Stunden machte das Boot keine Anstalten, sich wieder aufzurichten. Trotz des Kielgewichts und selbst ohne den Widerstand des Mastes unter Wasser schien Dubois' Boot ganz bequem und stabil kieloben zu liegen. In seinem Überlebensanzug zwängte sich der Skipper durch eine kleine Fluchtluke im Spiegel (senkrechter oder annähernd senkrechter Abschluß des Hecks) hinaus. Nach mehreren Versuchen, auf die schlüpfrige, abgerundete Außenhaut der umgedrehten Yacht zu kriechen, schaffte er es mit Hilfe einer Welle, die ihn hinaufspülte. Er klammerte sich an eines der beiden langen, schmalen Ruder. Der Wind blies immer noch mit über 50 kn. Ungeheure Seen, so hoch wie das Boot lang war, erhoben sich über den schutzlosen Mann und seine Rennmaschine. Der nächste Wettfahrtteilnehmer stand 1.200 Meilen östlich und konnte unmöglich so weit gegen Sturm und Seegang zurücksegeln. Dubois und Bullimore lagen am Ende des Feldes und waren dadurch besonders einsam. Ihre einzige Hoffnung war ein australisches Schiff. Während Dubois versuchte, auf der glitschigen Oberfläche des kieloben schlingernden Bootskörpers die Balance zu halten, wobei die Seen ihn immer wieder überspülten und der eisige Sturm ihn stark auskühlte, glaubte er, daß sein Leben vorüber wäre. Die einzige Ungewißheit war, wieviele Stunden oder vielleicht nur Minuten ihm noch blieben.

Ungefähr 1805 stellte der Brite Sir Francis Beaufort, Admiral der Royal Navy, eine Tabelle auf, die Windstärke und Seegang zueinander in Bezug setzte. 1830 machte die Navy die Beaufort-Skala zum festen Bestandteil ihrer seemännischen Grundlagen. In abgewandelter Form gehört diese Skala seither fast überall zum Handwerkszeug der

Seefahrer. Sie beschreibt wütendes Wetter knapp und klinisch-nüchtern, bietet aber einen guten Maßstab, um den Wind nach seinen Auswirkungen auf die See einzuschätzen. Die Windgeschwindigkeiten von 65 bis 70 Knoten, die Bullimore und Dubois erlebten, lagen knapp oberhalb der 64-Knoten-Grenze (118 km/h) des Orkans - Windstärke 12, die höchste Stufe der Tabelle. Auf See bedeutet das, so schrieb Beaufort: „Die Luft ist mit Schaum und Gischt angefüllt. Die See ist vollständig weiß von treibender Gischt. Die Sicht ist sehr stark herabgesetzt." Der Seegang wird als „äußerst schwer" beschrieben, was Wellenhöhen von über zwölf Metern bedeutet. Über die Auswirkungen dieser Windstärke an Land notierte der Admiral: „An Land sehr selten vorkommend; gewöhnlich mit ausgedehnten Schäden einhergehend."

Ein Erwachsener hat beim Gehen große Schwierigkeiten, gegen einen Sturm von 70 Knoten anzukommen. Ein unachtsamer Fußgänger kann dabei umgeweht werden. Bei Wind von vorn fällt das Atmen schwer. Gischt, die auf See von so starkem Wind getrieben wird, schmerzt und kann das ungeschützte Auge schädigen. In Stürmen von Orkanstärke müssen Segler oft Taucherbrillen oder -masken tragen. An Deck muß man kriechen und sich dabei ständig festhalten.

Wenn der Wind auf Totschlag aus ist, sind die vom Orkan aufgeworfenen Wellen im Südozean mörderisch. An jenem Tag hatten Bullimore und Dubois (wie Dinelli zehn Tage vorher) mit Seen gekämpft, die so hoch wie fünfstöckige Häuser waren und manchmal noch bis zu 50 Prozent höher, also fast wie achtstöckige Gebäude. Aber es geht um mehr als die Wellenhöhe. Die Wellenenergie bewegt sich im Wasser erstaunlich schnell fort. Die Geschwindigkeit einer Welle hängt von ihrer Länge ab, dem Abstand zwischen den Wellenkämmen. Je größer die Länge, desto schneller die Welle. Wellen, deren Kämme z.B. neun Meter Abstand haben, bewegen sich mit acht Knoten, bei 90 Metern Abstand sind es 25 Knoten. In den hohen Südbreiten aber hat der Seegang buchstäblich die ganze Welt als Anlaufstrecke, um immer länger und höher zu werden. Dort sind die Wellen daher sehr lang, die Kämme liegen oft 180 Meter oder noch weiter auseinander. Eine so lange See läuft an die 35 Knoten.

Um sich ein Bild zu machen, was Bullimore und Dubois mit ihren Booten aushalten mußten, sollten Nichtsegler versuchen, sich eine endlose Reihe von fünf- oder sechsstöckigen Häusern mit schrägen

Beaufortskala der Windstärken

Beaufortgrad	Windgeschwindigkeit in 10 m Höhe über offenem, flachen Gelände			Bezeichnung	Auswirkungen des Windes auf die See
	m/s	km/h	Knoten		
0	0,0-0,2	0-1	0-1	still	Spiegelglatte See.
1	0,3-1,5	1-5	1-3	leiser Zug	Kleine schuppenförmig aussehende Kräuselwellen ohne Schaumkämme.
2	1,6-3,3	6-11	4-6	leichte Brise	Kleine Wellen, noch kurz, aber ausgeprägter. Die Kämme sehen glasig aus und brechen nicht.
3	3,4-5,4	12-19	12-19	schwache Brise	Die Kämme beginnen zu brechen. Der Schaum ist glasig. Vereinzelt können kleine weiße Schaumköpfe auftreten.
4	5,5-7,9	20-28	11-16	mäßige Brise	Die Wellen sind zwar noch klein, werden aber länger. Weiße Schaumköpfe treten schon ziemlich verbreitet auf.
5	8,0-10,7	29-38	17-21	frische Brise	Mäßige Wellen, die eine ausgeprägte lange Form annehmen. Weiße Schaumkämme bilden sich in großer Zahl (vereinzelt kann schon etwas Gischt vorkommen).
6	10,8-13,8	39-49	22-27	starker Wind	Die Bildung großer Wellen beginnt. Überall treten ausgedehnte weiße Schaumkämme auf (üblicherweise kommt Gischt vor).
7	13,9-17,1	50-61	28-33	steifer Wind	Die See türmt sich. Der beim Brechen der Wellen entstehende weiße Schaum beginnt sich in Streifen in Windrichtung zu legen.
8	17,2-20,7	62-74	34-40	stürmischer Wind	Mäßig hohe Wellenberge von beträchtlicher Länge. Die Kanten der Kämme beginnen zu Gischt zu verwehen. Der Schaum legt sich in gut ausgeprägten Streifen in Windrichtung.
9	20,8-24,4	75-88	41-47	Sturm	Hohe Wellenberge; dichte Schaumstreifen in Windrichtung. Das bekannte „Rollen" der See beginnt. Der Gischt kann die Sicht beeinträchtigen.
10	24,5-28,4	89-102	48-55	schwerer Sturm	Sehr hohe Wellenberge mit langen überbrechenden Kämmen Die entstehenden Schaumflächen werden in so dichten weißen Streifen in Richtung des Windes geweht, daß die Meeresoberfläche im ganzen weiß aussieht. Das Rollen der See wird schwer und stoßartig. Die Sicht ist beeinträchtigt.
11	28,5-32,6	103 -117	56-63	orkanartiger Sturm	Außergewöhnlich hohe Wellenberge (kleine und mittelgroße Schiffe können zeitweise hinter den Wellenbergen aus der Sicht verloren werden). Die See ist völlig von den langen weißen Schaumflächen bedeckt, die in Richtung des Windes verlaufen. Überall werden die Kanten der Wellenkämme zu Gischt verweht. Die Sicht ist herabgesetzt.
12	32,7 und mehr	118 und mehr	64 und mehr	Orkan	Die Luft ist mit Schaum und Gischt angefüllt. Die See ist vollständig weiß von treibender Gischt. Die Sicht ist sehr stark herabgesetzt.

Wänden unterschiedlicher Steigungen vorzustellen, dazwischen hier und da anderthalbmal so hohe Gebäude, wobei das Ganze sich mit über 60 Stundenkilometern auf den Beobachter zubewegt. Zeitweise brechen die obersten ein oder zwei Stockwerke der Häuser zusammen und fallen einem auf den Kopf. Der Anprall von Seewasser ist kaum weniger heftig als der von Beton. Dazu denke man sich die Einsamkeit und den Lärm - das Donnern und Brüllen der See, das schauerliche, ohrenbetäubende, nervtötende Kreischen des Windes in Mast und Rigg, die ihm im Weg sind. Dann dürfte das Bild klarer werden.

Und nun zu Kap Horn. Um den Südozean zu verstehen, muß man auch Kap Horn begreifen. Von seiner Form und Funktion her erfüllt es denselben einfachen Zweck wie alle Kaps: Eine Landspitze, ein Vorgebirge, das eine Wasserfläche von einer anderen trennt. Kap Horn aber ist einzigartig. Es liegt sehr weit südlich, auf 57°. Um es zu umfahren, müssen die Schiffe weit in den Südozean vorstoßen. Von Kap Horn sind es über die Drakestraße nur 600 Meilen bis zur Antarktis. Wind und Wellen, die rund um den Globus ungehindert Anlauf genommen haben, zwängen sich in diesen verhältnismäßig schmalen Sund zwischen der Spitze Südamerikas und dem antarktischen Kontinent und werden dabei noch stärker und heftiger.

Kap Horn ist der wirkliche und gewiß der psychologische Wendepunkt jeder Seereise oder jedes Rennens durch den Südozean. Eigentlich ist es nichts als eine hohe Felsinsel dicht vor der Spitze des Kontinents, hat aber für Seeleute eine einzigartige, geradezu mythische Bedeutung als Symbol von Mühsal, Leid und Tod. In den Tagen der Rahsegler versuchten die Schiffe manchmal wochenlang, das Kap von Ost nach West gegen den vorherrschenden Wind, Seegang und Strom zu umrunden. Blighs BOUNTY kämpfte 29 lange Tage mit Kap Horn, bevor sie aufgab und nach Osten ablief. Bligh erreichte die Südsee schließlich durch den Indischen Ozean und die engen Meeresstraßen Südostasiens. Mit grausamer, gedankenloser Scheinheiligkeit verzieh seine Besatzung ihm weder die Entbehrungen und den Schrecken jenes Monats, noch daß er danach den Schwanz eingekniffen hatte.

In seinem Buch „Two Years before the Mast" beschreibt Richard Henry Dana das Martyrium, als sein Schiff im eisigen Südwinter des

Jahres 1836 mit einer Ladung kalifornischer Häute versuchte, Kap Horn von Westen nach Osten zu runden. Das sollte eigentlich der leichte Weg mit achterlichem Wind sein. Doch das Schiff brauchte bei Gegenwind, dort ungewöhnlichen Flauten und Oststürmen zwei Wochen. Oft lagen Eisfelder im Weg. Als sie das Kap schließlich erreichten, sah es trostlos und verlassen aus, schrieb Dana. Aber für die erschöpfte und halb erfrorene Mannschaft war es auch ein willkommener Anblick. Es war das Zeichen, daß man dem Südozean vielleicht endlich die Stirn bieten würde.

Mein Urgroßvater sah Kap Horn einmal, als er als Matrose auf einem Getreide fahrenden Rahsegler auf dem Weg nach Liverpool daran vorbeirauschte. Er erzählte meiner Urgroßmutter nur, daß es für ihn wie ein kleiner gezackter Hügel im Meer ausgesehen habe und daß er es haßte und fürchtete.

Für den krankhaft abenteuerlustigen Segler ist eine Umrundung von Kap Horn das Größte. Es kann allerdings ein kurzlebiger Triumph sein, gerade weil es so viel bedeutet. Der argentinische Einhandsegler Vito Dumas segelte 1934 von Chile nach Buenos Aires und wurde als Held in Empfang genommen. Aber seine Gedanken waren nicht bei der jubelnden Menge. Sein großer Augenblick sei gekommen und gegangen, schrieb er später. Alles, was er erhoffen konnte, war, „irgendwo auf See, an einem fernen Ort ein zweites Kap Horn zu finden".

Die zwiespältige Anziehungskraft des Kaps wirkt noch immer stark. 1985 segelten David und Daniel Hays, Vater und Sohn, mit dem kleinsten Boot, mit dem Amerikaner je dorthin gesegelt waren – einem in England entworfenen 25-Fuß-Boot (7,62 m) – um Kap Horn. Die beiden waren ihr Leben lang Segler gewesen, für die Kap Horn „die große Sache" war. In dem Buch „My Old Man and the Sea" schreibt David, der Vater, Segeln sei „unbestreitbar ein Akt der Wahrheit". Weil das Meer ihm diese Wahrheit geschenkt hatte, glaubte er, etwas schuldig zu sein. Um zu bezahlen, durfte er von der See nicht nur das sommerliche Vergnügen des Küstensegelns entgegennehmen, sondern alles, was sie zu geben hatte. Und das war ohne Frage Kap Horn. Als Vater und Sohn Monate später das Kap umrundeten, dachten beide gleichzeitig an den einzig möglichen Trinkspruch zu einem Fingerbreit Kaffeebrandy für jeden: „Auf die Männer, die hier starben."

Für Segler ist Kap Horn zu einer umfassenden Metapher geworden:

Es ist zugleich ihr Waterloo, ihr Ithaka und Jerusalem. Der Langstrecken-Einhandsegler und Romantiker Bernard Moitessier, einer der Pioniere des Einhandsegelns, schrieb: „Die Geographie des Seglers stimmt nicht immer mit derjenigen des Kartographen überein, für den ein Kap einfach ein Kap mit seiner Länge und Breite ist. Für den Segler ist ein großes Kap ein ganz einfaches und doch äußerst komplexes Ganzes von Felsen, Strömungen, Brechern und riesigen Wellen, günstigen Winden und Stürmen, Freuden und Ängsten, Erschöpfung, Träumen, schmerzenden Händen, leerem Magen, wunderbaren Augenblicken und Leid." Die Vendée Globe-Teilnehmer freuten sich auf Kap Horn als Markstein ihrer Rückkehr in die Welt, in die Zivilisation. Christophe Auguin rief im Vendée Globe einige Tage vor der Umrundung des Kaps aus, wie er sich nach „la sortie d'enfer" sehne, dem „Ausgang aus der Hölle".

Am 6. Januar, zwei Tage nachdem Bullimore und Dubois gekentert waren, schickte Gerry Roufs eine seiner regelmäßigen E-Mails auf seine Website. Er beschrieb den Orkan, mit dem er eine Woche zuvor zu kämpfen gehabt hatte. „Fergus", nicht einfach ein Sturm der hohen Südbreiten mit Wind in Orkanstärke, sondern ein echter tropischer Wirbelsturm, war von der üblichen Zugbahn der südpazifischen Wirbelstürme abgewichen und bis über den fünfzigsten Breitengrad hinaus nach Süden gefetzt. Bei den gewöhnlichen Stürmen des Südozeans, die von Westen kommen, haben es die Vendée Globe-Teilnehmer mit der Wahl ihrer Sturmtaktik leicht. Sie lenzen, laufen also, das Heck genau gegen die See gerichtet, vor dem Wind ab und jagen dabei nach Osten, in Richtung Kap Horn. Roufs aber war in einem Gebiet erwischt worden, wo Fergus mit seinem Sturmwirbel Südwind brachte. Roufs mußte die tobenden Seen mit dem Hinterteil der GROUPE LG 2 nehmen und dazu nach Norden von seinem Kurs abweichen, bis der Sturm vorüber war. Gerry lag immer noch an zweiter Stelle im Rennen, aber der erzwungene Umweg hatte seinen Abstand zu dem an der Spitze liegenden Christophe Auguin erheblich vergrößert.

„Es ist eine Sache, sich mit einer Serie von Tiefs zu arrangieren, die zwischen dem 40. und 50. Breitengrad herumziehen," schrieb er.

„Aber wie weicht man einem Sturmtief aus, das von Norden herankommt und dessen Zentrum einen trifft wie die Faust aufs Auge? Dann ist es wie bei der Sintflut. Tobender Sturm, sehr gefährlicher Seegang, der das Boot leicht zum Kentern bringen könnte ... Ich mußte vor 55 bis 62 Knoten Windgeschwindigkeit davonfliegen. Für Landratten: Bei dieser Windstärke würden Kinder unter zwölf Jahren weggeblasen!"

In einem Sturm wie Fergus „wird die Bedeutung des Rennens zweitrangig. Man könnte sagen: Es geht ums Überleben," fügte er hinzu.

Er hatte von den Notsignalen der anderen Segler gehört. Das ließ ihn wieder darüber nachdenken, wie gefahrvoll der Südozean war. Je länger man sich dort aufhielt, desto größer die Wahrscheinlichkeit einer Katastrophe. Es war zugleich schön und furchteinflößend.

„Aber ich bin lange genug hier gewesen ... Bei einem Durchschnitt von zehn Knoten müßte Kap Horn in anderthalb Wochen oder noch eher am Horizont auftauchen ... Das Boot jedenfalls ist mein bester Freund, weil es meine Rückfahrkarte ist ... Was mich ärgert ist nur, daß ein Brecher in die Plicht eingestiegen ist und meine beiden Eimer weggerissen hat, obwohl sie gesichert waren."

Roufs' Boot war genau wie die anderen Rennmaschinen vollgestopft mit Technik, die Inneneinrichtung aber war spartanisch. Er hatte mit einem Schlag seine Toilette und seine Spüle verloren.

Am Tag nach dieser E-Mail-Nachricht wurden Roufs und die Französin Isabelle Autissier (neben Catherine Chabaud die zweite Frau im Rennen), die mit etwa 30 Meilen Abstand segelten, von einem außergewöhnlichen Sturm überfallen. Diesmal war es nur ein äußerst heftiges Exemplar der üblichen Sturmtiefs der Südbreiten. Das Unwetter entwickelte sich sehr schnell, der Wind nahm innerhalb von ungefähr drei Stunden von 35 auf 70 Knoten zu. Weil der Sturm keine Zeit hatte, die 12 bis 15 Meter hohen Wellen auseinanderzuziehen, waren sie ziemlich steil und folgten dicht aufeinander, was für kleine Fahrzeuge besonders gefährlich ist. Für Autissier war das Eindrucksvollste, daß die Wellen nicht von Himmel und Wolken zu unterscheiden waren.

„Die Luft war voller Wasser und die Wolken so dicht über der See, daß alles grau war," berichtete sie mir. „Es war wie eine gewaltige graue Masse - weiß und grau wegen der Wellen. Es war grauenhaft, schreckenerregend."

Im Laufe dieses Tages wurde Autissiers Boot sechsmal flachgelegt (von einer Welle auf die Seite geworfen, so daß der Mast waagerecht über dem Wasser lag). Zweimal wurde die Spitze des über 24 Meter langen Mastes unter Wasser gedrückt. Bei einem dieser Vorfälle brach Autissier sich einen Finger, als sie an die Kajütdecke des beinahe auf dem Kopf liegenden Bootes geschleudert wurde.

Während dieses schweren Sturms, 30 Stunden nachdem Roufs seine E-Mail gefunkt hatte, hörte die ARGOS-Positionsfunkboje auf seinem Boot plötzlich auf zu senden. Nachdem das Gerät kurz vorher noch ständig die laufend wechselnde Position der Yacht durchgepiept hatte, war es von einer Sekunde auf die andere verstummt. Vielleicht war es nur das Gerät selbst. Roufs hatte möglicherweise gar nicht gemerkt, daß es nicht mehr sendete. Er war weit draußen im Südozean, im „Loch". Von Land aus konnte kein Flugzeug oder Schiff diese Position erreichen. Nur andere Schiffe auf See waren vielleicht nahe genug, um ihm zu helfen, falls wirklich etwas schiefgegangen war.

Am folgenden Tag meldete Autissier, die noch immer in Roufs' Nähe segelte, daß sie keine Funkverbindung mit ihm bekommen hätte. Vielleicht war ja nur sein Bordnetz zusammengebrochen, und er segelte ohne Verbindung mit der Außenwelt weiter. Aber der Wind in diesem Seegebiet hatte Orkanstärke. Isabelle Autissier kämpfte selbst ums Überleben. Roufs' Boot blieb stumm. Keiner der Überwachungssatelliten hatte ein EPIRB-Signal von der GROUPE LG 2 aufgefangen. Dennoch ordnete in der Regattaleitung in Rennes (Bretagne) ein besorgter Philippe Jeantot, der Wettfahrtleiter des Vendée Globe, eine Suchaktion nach Roufs an.

4

Wo alle Sterne des Westens ins Meer tauchen

Vom Reisen kann ich nicht lassen:
Das Leben will ich auskosten bis zur Neige...
Kommt Freunde, eine neue Welt zu suchen,
dazu ist's nicht zu spät.
Stoßt ab, sitzt in fester Ordnung
und bezwingt des Meeres Furchen;
denn es bleibt mein Ziel,
über den Ort hinauszufahren,
wo die Sonne untergeht
und alle Sterne des Westens ins Meer tauchen.
TENNYSON – Ulysses

Das dritte Vendée Globe-Rennen begann am 3. November 1996 unter einem tiefhängenden grauen Himmel, durch den nur gelegentlich Sonnenstrahlen drangen. Obwohl die Saison der Winterstürme im Nordatlantik schon begonnen hatte, war der Wind mit 10 bis 15 Knoten mäßig, ein Südwest, der von einem Tief übriggeblieben war, das am Tag zuvor über die Biskaya und die Küste der Vendée gejagt war. Die Organisatoren der Wettfahrt hatten Glück. Bei dem relativ ruhigen Wetter würde es die große Zuschauerflotte, die jeden Start einer Langstreckenregatta begleitet, leichter haben. Für die Teilnehmer waren die Bedingungen ideal. Sie hatten gerade genug Wind, um an der Startlinie vernünftig zu manövrieren, und sie konnten schnell die freie See erreichen, um den Gefahren der felsigen Küste und den unbeholfen fuhrwerkenden Booten der Fans und Bewunderer zu entkommen, denn nur zu oft kollidierten im Durcheinander des Starts Rennyachten und Zuschauerfahrzeuge. Aber das gute Wetter würde nur einen Tag anhalten. Vom Atlantik fegte schon ein weiteres, schnellziehendes Tief heran. Der Wetterbericht sagte für den 4. November stürmische Winde und schwere See voraus. Im

November kommt niemand ungeschoren über die Biskaya.

Die zwei vorangegangenen Vendée Globe-Regatten waren 1989/90 und 1992/93 veranstaltet worden. Das BOC-Challenge, das zweite Einhandrennen um die Welt — das allerdings nicht ganz so anspruchsvoll ist, weil es in vier Etappen gesegelt wird — fand viermal zwischen 1982/83 und 1994/95 statt. Die nächste Auflage, jetzt „Around Alone race" genannt, beginnt im September 1998. In beiden Wettfahrten ist der Zeitpunkt des Starts entscheidend, denn dadurch kommen die Teilnehmer im Sommer der Südhalbkugel durch den Südozean. Im Winter hindurchzusegeln wäre selbstmörderisch.

Nur das Vendée Globe wird ohne Unterbrechung und ohne Hilfe von außen gesegelt. Von Les Sables-d'Olonne geht der Kurs durch die Biskaya und den Atlantik hinunter nach Süden, dann im Bogen nach Südosten, um das Kap der Guten Hoffnung herum und weiter nach Süden in die hohen Breiten zwischen 40° und 60°, den Südozean. Dann stürmen die Teilnehmer auf das ferne Kap Horn zu, wobei sie sich südlich von Kap Leeuwin (Südwestaustralien), von Tasmanien und Neuseeland halten. Eigentlich ist die Route eine Umsegelung der Antarktis, die aber meist als Fahrt „südlich der drei Sturmkaps" (Kap der Guten Hoffnung, Kap Leeuwin und Kap Horn) bezeichnet wird. Sobald die Yachten Kap Horn passiert haben, gehen sie auf Heimatkurs nordwärts durch den Atlantik und zurück nach Frankreich.

Hier noch einmal die bestechend einfachen Regeln: Die Bahn verläuft von Les Sables-d'Olonne nach Les Sables-d'Olonne von West nach Ost ohne Zwischenaufenthalt vorbei an den drei Sturmkaps. Unterwegs müssen die Yachten die Kanarischen Inseln an beliebiger Seite passieren und die Antarktis an Steuerbord lassen. Ebenso an Steuerbord bleiben müssen die Heard Insel (ein Landklecks im Südozean, etwa 2.800 Meilen südwestlich des Kaps der Guten Hoffnung) und zwei Wegpunkte (Koordinaten aus Länge und Breite) im Südpazifik. Diese Punkte sollen dafür sorgen, daß die Boote die gefährlichsten südpolaren Eisberggebiete meiden.

Für Segelboote ist die kürzeste Entfernung zwischen zwei Punkten selten die gerade Linie oder der Großkreiskurs, wie die Navigatoren sagen. Zur Langstreckennavigation unter Segeln gehört ein schwieriges Kalkül, das von der Jahreszeit, den Auswirkungen des Windes und manchmal auch der Strömungen abhängt. Wind und Wasser werden von der Corioliskraft, einer Folge der Erddrehung, in weiträumige, regelmäßig gekrümmte oder kreisförmige Bahnen gezwungen. Der beste Kurs kann ein sorgfältig ausgewogener Kompromiß sein, eine möglichst kurze Strecke, die aber dennoch im Bogen an den windlosen Zentren dauerhafter Hochdruckgebiete vorbeiführen muß, damit die Schiffe in den stetigen Winden der breiten Randbereiche dieser Hochs bleiben. Manchmal aber hat man keine Wahl und muß Flauten- oder Leichtwindgebiete geradewegs durchqueren. So ist es bei den Kalmen oder Mallungen am Äquator und den Roßbreiten, die um etwa 30° nördlicher und südlicher Breite herum jeweils polwärts der Passatgebiete liegen.

Die Teilnehmer des Vendée Globe können nach dem Start an der französischen Westküste Anfang November mit Starkwind rechnen. Wenn sie nach Süden segeln, müssen sie am Rande des dauerhaften nordatlantischen Hochs (auch als Azorenhoch bekannt) entlang, indem sie sich östlich, nahe an der europäischen Küste halten. Wenn die Boote dann den Hochdruckgürtel der Roßbreiten durchqueren, haben sie leichte, wechselhafte Winde, bevor sie auf etwa 22° nördlich des Äquators allmählich in den Nordostpassat hineinkommen (ein Grad entspricht 60 Seemeilen oder 111 Kilometern). Dann müssen die Teilnehmer das Beste aus den idealen Segelbedingungen herausholen, die die Passatwinde bieten, und anschließend versuchen, die Mallungen an der schmalsten Stelle zu durchqueren. Wenn sie sich dann dem Äquator nähern und ihn überqueren, holen sie nach Westen, Richtung Brasilien aus, um die leichten Winde des südatlantischen (oder St. Helena-) Hochs zu meiden. Danach geht es wieder im großen Bogen nach Südosten, am Südrand des Hochs entlang. Dabei wächst die Sturmwahrscheinlichkeit wieder, und die Wahrscheinlichkeit wird zur Gewißheit, wenn die Yachten die hohen Südbreiten erreichen.

Bei praktisch jedem Rennen, das durch diese Wasserwildnis führt, gehen Boote und oft auch ein Menschenleben verloren. Während vieler einsamer Wochen droht ständig extremes Wetter. Die Segler müssen Kälte, Schnee, Nebel, Eis und die nicht endenwollende Belastung durch einen Sturm nach dem anderen ertragen. Während dieses Abschnitts laufen viele der Yachten ein gutes Stück innerhalb der nördlichen Eisberggrenze. Sie halten sich so weit südlich, wie sie es wagen. Je südlicher sie segeln, desto kürzer ist die Strecke nach Kap Horn, umso größer aber die Gefahr einer verhängnisvollen Kollision mit Eis. Normalerweise versuchen die Segler, nördlich der stürmischen Tiefdruckgebiete zu bleiben, um dem schlimmsten Wetter zu entgehen und die dort günstigere Windrichtung auszunutzen. Manchmal aber, wenn ein Tief nördlicher durchzieht als sonst, kommt es vor, daß die Segler das schwerste Wetter umgehen müssen, indem sie weit nach Süden ausweichen, fast bis zum 60. Breitengrad und bis ins Eis hinein. In diesem Teil der Wettfahrt ist die Wahrscheinlichkeit am größten, gewaltigen Sturmseen und Wellenungetümen zu begegnen, die sich dann bilden, wenn sich zwei oder mehr Seen zu einem einzelnen „Kaventsmann" auftürmen, der das Doppelte der mittleren Wellenhöhe erreichen kann.

Nachdem die Ozeanrenner Kap Horn umrundet haben, bleibt ihnen das typische Sturmwetter der hohen Breiten noch treu. Zum ersten Mal seit Wochen aber sind sie vor den ungebändigten Wellen etwas geschützt - der Kontinent gibt Landschutz. Dennoch müssen die Konkurrenten noch 1.000 Meilen zurücklegen, bevor sie den 40. Breitengrad als offizielle Grenze des Südozeans überqueren. Und die Gefahren sind noch nicht vorüber. Auch über dieses Seegebiet fegen Weststürme hin, und selbst die verhältnismäßig kleinen Wellen dicht vor der südamerikanischen Küste können grauenhaft gefährlich sein. Aufgrund der dortigen Meeresströmungen schwenkt die Nordgrenze der Eisbergdrift im Südatlantik nach Norden bis in die Nähe der Falklandinseln. Mit Radar können sich die Rennsegler das Leben etwas leichter machen, wenn die Geräte nach zweieinhalb harten Monaten auf See noch funktionieren, aber Eis läßt sich damit nur beschränkt aufspüren. Während das Radar große und mittlere Eisberge von den Seegangsechos unterscheiden kann, kann es sehr kleine Eisberge, Growler oder Eishümpel nicht erkennen. Ihnen auszuweichen ist mit oder ohne Radar Glückssache. Auf vielen der Boote hat das Radar oder das Bordnetz, aus dem das Gerät mit Strom versorgt wird, inzwischen auch den Geist aufgegeben. Nach der Umrundung des Kaps müssen die Skipper weiter Eiswache gehen und hoffen, daß das Glück ihnen treu bleibt, wenn sie nach Norden aus den Südbreiten hinaus Richtung Heimat stürmen.

Im Atlantik nehmen die Segler auf der Heimreise die Taktik der Anreise wieder auf. Sie laufen mit den Westwinden an der südamerikanischen Küste hinauf, arbeiten sich durch die südlichen Roßbreiten, dicht am Leichtwindgebiet des südatlantischen Hochs vorbei, bis ungefähr auf die Breite von Rio de Janeiro hoch. Dann geht es im weiten Schwung nach Nordosten, quer durch den Südostpassat, der die Schiffe flott bis in Äquatornähe bringt. Nach der Flautensegelei durch die Mallungen erreichen die Konkurrenten den Nordostpassat. So hoch am Wind wie möglich kreuzen sie dagegen an, um den nördlichen Westwindgürtel nach Möglichkeit östlich des nordatlantischen Hochs zu erreichen. Die Schlußetappe ist dann eine winterliche Sturmfahrt zurück zum Ausgangshafen in der Vendée. Im Nordatlantik müssen die erschöpften Segler ihre letzten Reserven mobilisieren, um auf den stark befahrenen Schiffahrtswegen Ausguck zu halten. Und selbst hier, weit vom Südozean, müssen sie auf die Wellen achten. Zwar ist der Seegang im Ostteil des Nordatlantik nicht ganz so schlimm wie weiter südlich, kann aber auch hier und besonders im Bereich der Biskaya verhänghisvoll werden. Bei winterlichen Weststürmen beginnen die Seen hier, nach einer Anlaufstrecke von 1.000 Meilen oder mehr, steiler zu werden und zu brechen, wenn sie in der Biskaya das flachere Wasser des europäischen Kontinentalschelfs erreichen. Kleinere, aber steile Wellen können manchmal mehr Schaden anrichten als größere, aber weniger steile Seen. Nach 105 bis 150 einsamen Tagen auf See können die Vendée Globe-Teilnehmer erst dann aufatmen, wenn sie hinter der Mole von Les Sables-d'Olonne sind, nicht eher.

„Die See ist immer noch die See," sagte Moitessier. „Das darf man nie vergessen."

Im Sommer ist das Seebad Les Sables-d'Olonne voller französischer Urlauberfamilien, die wegen der Strände und des sonnigen Wetters an die Vendée-Küste kommen. Im Winter sieht die Stadt meist so öde und verlassen aus wie alle Badeorte außerhalb der Saison. An diesem kalten Spätherbstsonntag aber drängten sich 60.000 Menschen, nach einigen Schätzungen sogar 100.000, dicht an dicht entlang der Wellenbrecher und Molen an der Seeseite der Stadt, um den Start des Vendée Globe mitzuerleben. Sie stürmten die Stege und Pontons des ganz hinten im Hafen versteckten Yachthafens Port Olona, wo die Hochseerenner vertäut lagen. Die Stadt war erfüllt von dem Wirbel und Trara eines Profi-Sportereignisses, bei dem es um großes Geld geht: Musikbands, Popcorn, Presse, Fernsehkameras, Autogrammjäger, Applaus und Jubel, Heldenverehrung.

Die Vendée Globe-Boote selbst kauerten an den Pontons des Yachthafens wie ungeduldige Vollblüter, die kaum die letzten Handgriffe und Anstachelungen durch ihre Jockeys ertrugen. Niemand konnte sich den geringsten Schwachpunkt in der komplizierten Bootstechnik, die geringste Blöße in der Rüstung, erlauben. Die See ist alles andere als gutmütig, sie findet die verwundbaren Stellen. Vor allem aber dachte jeder Skipper an den Südozean. Selbst wenn sie so gut wie möglich darauf vorbereitet waren, wußten alle, daß er sie dennoch erwischen konnte. Gründliche Vorbereitung aber würde die Chancen soweit wie möglich verbessern. Mit Katastrophen wäre dann nur noch bei unvorhersehbarem, unabwendbarem Pech zu rechnen: eine Monstersee, ein unsichtbarer Materialfehler im Rigg, Abrutschen vom eisglatten Deck, ein übersehener kleiner Eisberg, der die wenige Zentimeter starke Außenhaut des Leichtbaurumpfes aufschlitzt.

Die Segler und ihre Hilfsteams wimmelten auf den Yachten herum und versuchten, lange Listen abzuhaken, auf denen stand, was bis zum unmittelbar bevorstehenden Start noch alles zu tun war. Ein aussichtsloses Unterfangen, weil solche Listen nur theoretisch ein Ende haben. Es ist bei Langstreckenregatten ein ehernes Gesetz (eine Art nautisches Parkinson-Gesetz), daß die Menge an Arbeit, die noch zu erledigen ist, immer zu groß für die verbliebene Zeit ist. Es ist immer noch irgendetwas am Boot zu befestigen, Proviant und Ausrüstungsteile sind zu verstauen, elektronische Geräte zu programmieren. Beunruhigende kleine Schwächen, die sich während des Qualifizierungstörns oder der Probefahrten gezeigt haben, etwa bei einem Segel oder einem Block (die Rollen an Bord, die die Bedienung der Segel erleichtern) oder sogar Festigkeitsmängel des Bootes müssen noch behoben werden.

Es gab jedoch einige Ausnahmen von dieser Methode der Vorbereitung per Krisenmanagement. Besonders Christophe Auguin schien völlig chaosresistent zu sein. Seine Technikergruppe hatte monatelang an der GÉODIS gearbeitet. Sie hatten die Yacht, die schon 1994/95, als Auguin damit das BOC-Challenge gewann, nicht mehr nagelneu war, sauber eingetrimmt. Nach 50.000 Meilen kannte Christophe sein Schiff und dessen Technik wie seine Westentasche und hatte genügend Gelegenheit gehabt, alle Kinderkrankheiten auszumerzen. Im Gegensatz zu den anderen Skippern, die in den hektischen Monaten vor dem Start zusammen mit ihren Technikerteams an Bord arbeiteten, konnte Auguin alle Vorbereitungen seinen Leuten überlassen. Etwa zehn Tage vor dem Start traf er ein und stieg auf sein frisch aufpoliertes Boot, jeder Zoll der lässige Profi. Nur den neuen Schwenkkiel der GÉODIS hatte er noch nicht erproben können.

Der 36jährige Auguin, ein sehr lebhafter, kleiner, schlanker Mann mit drahtigem dunklen Haar, sonorer Stimme und einem drolligen Humor verbreitete zielstrebige Energie. Wie die meisten Konkurrenten hatte er schon von Kindesbeinen an gesegelt, das hieß bei ihm, seit er fünf war. Als Junge hatte er an der Küste der Normandie, woher er stammte, zehn Jahre lang Optimisten-Regatten gesegelt. Optimisten oder Optis sind knapp zweieinhalb Meter lange, früher meist hölzerne Ausbildungsjollen mit plattem Bug. Diese überall in Europa verbreiteten Nußschalen werden allein gesegelt, und Auguin liebte das Einhandsegeln von Anfang an. Dabei ist man für das Boot allein verantwortlich. Was könnte sich ein Kind mehr wünschen? Der junge Auguin machte seine Sache gut. Siege spornten ihn an, beim Rennsegeln zu bleiben. Bald bestritt er mit größeren Booten längere Wettfahrten. Sein gutes Abschneiden in der berühmten Figaro-Regatta, einer Einhandwettfahrt in vier Etappen entlang der französischen Küste mit Einheitsbooten (alle Yachten baugleich) beförderte ihn in die Elite der französischen Profisegler. 1984 wurde er Neunter, im folgenden Jahr Fünfter und dann Sieger. Er gab seine Arbeit als Fachschullehrer auf und ging auf die Jagd nach Sponsoren und größeren Rennen. Gemeinsam hatte er mit den meisten anderen Teilnehmern auch, daß die beiden Ikonen Bernard Moitessier und Eric Tabarly, der bretonische Hochseerennsegler, ihn inspiriert hatten. Auguin gehörte zu der Generation, die von diesen beiden legendären Gestalten zum Segeln gebracht worden war. In jungen Jahren hatte Christophe die Regattasiege Tabarlys und die weiten Fahrten Moitessiers genau verfolgt und davon geträumt, es den beiden gleichzutun.

Jetzt schien er auf seinem seglerischen Höhepunkt zu sein. Sollte er dieses Vendée Globe gewinnen, würde er selbst eine Art Heiliger werden. Mit den Siegen bei beiden vorangegangenen BOC Challenge-Rennen hatte er der Segelwelt schon einiges gezeigt. Im letzten BOC hatte er einen Geschwindigkeitsrekord für einhand gesegelte Einrumpfboote aufgestellt. (Das sind Yachten mit nur einem Rumpf wie alle Vendée Globe- und BOC-Renner, im Gegensatz zu Mehrrumpfbooten.) Im Südteil des Indischen Ozeans hatte er die GÉODIS (die damals SCETA CALBERSON hieß) in 24 Stunden 351 Meilen vorangetrieben, also mit einer Durchschnittsgeschwindigkeit von 14,6 Knoten. Mehrrumpfboote, d.h. Katamarane (zwei Rümpfe) oder Trimarane (drei Rümpfe), die bauartbedingt schneller sind, haben selbst mit kompletter Mannschaft und stündlicher oder halbstündlicher Ablösung des Rudergängers Rekordmale (24-Stunden-Strecken) zurückgelegt, die auch nur vier oder fünf Knoten mehr Stundendurchschnitt ergeben. Der berühmte Klipper CUTTY SARK hat einmal 363 Meilen in 24 Stunden geschafft, pro Stunde nur einen halben Knoten mehr als der Einhandsegler. Auguins Rekord war wirklich sehr eindrucksvoll, ein Triumph von Entschlossenheit, Mut und Zähigkeit - und etwas Glück war natürlich auch dabei.

Von den Einrumpfbooten konnten nur die Vendée Globe- oder BOC-Konstruktionen so hohe Dauergeschwindigkeiten laufen (oder die Yachten, die an den verschiedenen Weltumsegelungsregatten mit vollständiger Crew teilnahmen, wie am Whitbread-Rennen oder dem BT Challenge, die aber beide keine Nonstop-Wettfahrten sind). Die GÉODIS war durch das Konstruktionsteam Jean-Marie Finot und Pascal Conq bei der Groupe Finot außerhalb von Paris entworfen worden. In diesem Vendée Globe kamen am Ende sechs Finot-Schiffe zusammen, darunter alle Yachten, die eigens für dieses Rennen neu gebaut waren, und die Boote der meisten Favoriten: Auguin, Yves Parlier, Autissier und Roufs. Die Finot-Konstruktionen gehörten zu den extremsten Yachten im Rennen: Sie waren am breitesten, am leichtesten gebaut und hatten Kiele, die sich zur einen oder anderen Bootsseite schwenken ließen, um ihre Hebelwirkung zu vergrößern, so daß diese Schiffe die größte Segelfläche tragen konnten. Zusammen mit einem Entwurf des Konstruktionsbüros Joubert-Nivelt - POUR AMNESTY INTERNATIONAL von Thierry Dubois - würden diese Yachten später auch die ernstesten Sicherheitsfragen aufwerfen.

Auguin konnte sich eine verhältnismäßig ruhige Startvorbereitung leisten, weil er ein eingefahrenes Boot hatte, das er genau kannte, und einen stetigen Zufluß von Sponsorengeldern. Wenn ein Faktor wichtiger war, dann eher das Geld. In diesen Extremrennen war die Vorbereitung alles. Gründliche Vorbereitung war aber nur möglich, wenn man nicht die meiste Zeit damit zubringen mußte, Gelder aufzutreiben. Daß Auguin wohlhabend, gut vorbereitet, aber vergleichsweise gelassen war, hatte zusammen mit seinen eindrucksvollen Ergebnissen im BOC seit langem den Eindruck erweckt, daß er im Vorteil war. Er war der klare Favorit des Rennens, der Segler, den es zu schlagen galt.

Tatsächlich war Geld das wahre Problem. Egal, wie sehr die Franzosen Einhandregatten lieben, es ist nie leicht, einem Haufen von Firmen oder Bezirksregierungen zehn Millionen Franc abzuschmeicheln. Man muß nüchterne und verantwortungsvolle potentielle Sponsoren davon überzeugen, daß sie große Summen in ein höchst irrationales und riskantes Unternehmen stecken sollen. Die Segler müssen konzentriert und ausdauernd ihre Werbekampagnen betreiben. Dabei ist es ihr Geschäft, sich selbst als die Person zu verkaufen, die genau die richtige Mischung von solider Zuverlässigkeit und irrwitzigem Mut hat, um eines der modernsten segelnden Speedboote heil um die Welt zu jagen. Deshalb müssen die Skipper systematisch arbeitende, disziplinierte Geschäftsleute sein. Sie haben Organisationen zu leiten, müssen sich an Terminpläne halten und Präsentationen veranstalten.

Ein früherer BOC- und Vendée Globe-Teilnehmer witzelte einmal, daß das Schwierigste an diesen Rennen nicht das Segeln in den stürmischen Südbreiten sei, sondern das Geld aufzutreiben, um überhaupt erst ein Boot zu beschaffen und an den Start zu kommen. Obwohl anfangs 75 Segler dem Wettfahrtleiter Philippe Jeantot mitgeteilt hatten, daß sie Geld zu beschaffen versuchten, um ein Fahrzeug für das Rennen zu bauen oder zu kaufen, waren nur sechzehn davon in Les Sables-d'Olonne am Start erschienen. Alle übrigen hatten aus unterschiedlichen, meist aber finanziellen Gründen aufgegeben.

Zu denen, die nicht am Start waren, gehörten einige der bekanntesten Einhandsegler: der australische BOC-Veteran mit dem unvergeßlichen Namen Kanga Birtles; der Italiener Vittorio Malingri, dessen Ruder während des Vendée Globe 1992 im Südpazifik gebrochen war; Steve Pettengill, der Amerikaner, der 1994 im BOC Zweiter geworden war, und der berühmte Kanadier Mike Birch, Inhaber des Nordatlantik-Geschwindigkeitsrekordes und gleichzeitig Gerry Roufs Mentor.

Jeantot hatte für diese Auflage des Vendée Globe die Teilnahme zahlreicher nichtfranzösischer Segler erhofft. Er wollte eine international ausgewogenere Veranstaltung, mehr wie die BOC-Regatta. Anfang 1996 hatte er noch optimistisch vorhergesagt, daß elf „ausländische" Segler aus acht Ländern dabei sein würden. Am Ende waren es nur vier Segler aus vier Ländern außerhalb Frankreichs. Von diesen vier sprachen sowohl der in Montreal geborene Kanadier Roufs als auch der Belgier Patrick de Radiguès französisch und hatten französische Geldgeber.

Die Konkurrenz unter den Seglern war heftig, manchmal verbissen. Es war ein Spiel mit hohem Einsatz. Der Sieger würde in der internationalen Segelwelt berühmt werden und in den meisten Teilnehmerländern auch eine gewisse Anerkennung durch die allgemeine Öffentlichkeit erringen. Jeder, der die Regatta überhaupt nur durchstand, würde unter Seglern schon berühmt werden. Doch in Frankreich ist es noch etwas anderes: Die Teilnehmer des Vendée Globe und der verschiedenen weiteren Langstrecken-Einhandrennen werden einer sehr viel größeren Öffentlichkeit bekannt und von ihr gefeiert. Als Titouan Lamazou 1992 das Vendée Globe in der Rekordzeit von 109 Tagen gewann, bereiteten ihm bei seiner Rückkehr in die Bretagne an einem frostigen Tag mitten im Winter über 100.000 Menschen den Empfang. Diese öffentliche Aufmerksamkeit beschränkt sich nicht auf französische Segler. Der Kanadier Gerry Roufs baute seine Segelkarriere in Frankreich auf und errang, obwohl er schwer darum kämpfen mußte, ebenso großzügige Sponsorengelder wie nur irgendein französischer Segler - wenn auch nicht denselben rückhaltlosen öffentlichen Beifall.

Obwohl in Ländern wie Großbritannien, Australien und ganz besonders Neuseeland viel gesegelt wird, ist die öffentliche Begeisterung für das Langstrecken-Einhandsegeln in Frankreich weiter verbreitet als in jedem anderen Land. Diese Faszination geht weitgehend auf zwei Männer und ihre seglerischen Leistungen in den sechziger und siebziger Jahren zurück: Bernard Moitessier und Eric

Tabarly. Als ich die Vendée Globe-Skipper fragte, wer sie angeregt habe, mit dem Segeln anzufangen, besonders mit dem Einhandsegeln, erwähnten sie immer einen dieser legendären französischen Segler oder beide. Moitessier und Tabarly gingen aus sehr unterschiedlichen, sich jedoch nicht unbedingt ausschließenden Gründen auf See: Moitessier wollte seine Seele retten; Tabarly wollte Regatten gewinnen. Doch Tabarly war daneben auch Fahrtensegler, und Moitessier segelte auch Rennen. Beide Männer waren überragende Techniker und Neuerer. Moitessier war der Pionier einer umwälzend neuen Taktik bei Stürmen auf Leben und Tod. So etwas läßt sich nicht leicht ausprobieren - er konnte sich nicht einen einzigen Fehlschlag erlauben. Aber seine Methode ist für moderne Yachten bei sehr schwerem Wetter zur meistbenutzten Technik geworden und kann durchaus schon Menschenleben gerettet haben. Tabarly war derjenige, der mit seinen hochentwickelten Rennyacht-Konstruktionen und Verbesserungen der Ausrüstung die Professionalisierung des Wettsegelns in Gang setzte. Moitessier sprach die Franzosen an, weil er ein guter Schriftsteller mit lyrischem Stil war, der eine Hochseefahrt in die feierliche Verzückung einer mystischen Erfahrung kleiden konnte. Tabarly schrieb keine Bücher (außer seiner Autobiographie, die 1997 in Frankreich erschien)*). Stattdessen riß er die Franzosen durch sein Beispiel mit und begeisterte sie, indem er die Engländer auf ihrem eigenen Feld schlug.

1959 wettete ein pensionierter englischer Oberst der Royal Marines mit dem Namen „Blondie" Hasler mit Francis Chichester um zweieinhalb Shilling, daß er ihn bei einer Einhandwettfahrt über den Atlantik schlagen könne. Hasler hatte zu den „Cockleshell Heroes" (Nußschalenhelden) gehört, die im Zweiten Weltkrieg ein Don Quichote-haftes, aber erfolgreiches Kommandounternehmen durchgeführt hatten: Sie waren mit Kajaks viele Meilen die Gironde aufwärts bis in den Hafen von Bordeaux gepaddelt und hatten Haftminen an dort festgemachten deutschen Kriegsschiffen befestigt. Er war ein Mensch, der die Gefahr brauchte, um geistig gesund zu bleiben. Chichester, ein bahnbrechender Flugzeugkonstrukteur und Pilot, sollte später eine der großen Langstreckenreisen unternehmen, eine Rekord-Einhandweltumsegelung mit nur einem Hafen-

*) Anm. d. Übers.: Wohl doch! Siehe Tabarly: „Victoire en solitaire", deutsch: „Einhand zum Sieg".

aufenthalt. Aus der exzentrischen Wette wurde im Sommer 1960 die erste Einhand-Transatlantikregatta. Dabei waren die Angelsachsen beinahe unter sich. Einer der fünf Teilnehmer war allerdings Franzose. Er segelte das kleinste Boot und wurde letzter. 1964 wurde eine zweite Regatta veranstaltet. Sie hieß OSTAR - „Observer Singlehanded Transatlantic Race", nach der Zeitung, die das Rennen finanziell unterstützt hatte. Der Bretone Tabarly, ein junger Kapitänleutnant der französischen Marine, gewann die Wettfahrt auf seinem neuartigen Boot eigener Konstruktion mit Abstand. Die Franzosen waren hoch erfreut, daß ihr Landsmann Sieger des „Transat Anglaise" geworden war. In einem Ausbruch von Nationalstolz machten sie Tabarly über Nacht zum Helden und verliehen ihm den Orden der Ehrenlegion. In Europa hatte lange die Maxime gegolten, daß die göttliche Vorsehung Frankreich die Herrschaft über das Land und England die Seeherrschaft verliehen habe. Damit war es jetzt vorbei. Es sah so aus, als sei die britische Vorherrschaft auf See, die den Franzosen schon lange bevor die Royal Navy das napoleonische Europa fünfzehn Jahre lang blockiert hatte, ein Dorn im Auge gewesen war, endlich vorüber. Ein einziger Mann mit einem in Frankreich gebauten Sperrholzsegelboot hatte alles verändert. Die Engländer waren doch besiegbar! Vielleicht war es ein paar Jahrhunderte zu spät gekommen, aber es schien, als hätte Tabarly den Wiederaufstieg Frankreichs zur vorherrschenden Seemacht eingeleitet. (Im Juni 1998 blieb der 66jährige Segler vor der Küste von Wales auf See, als er auf einer Überfahrt nach Irland nachts beim Reffen des Großsegels vom Baum über Bord geschlagen wurde. Seine vierköpfige Besatzung konnte ihn nicht retten.)

Obwohl Tabarly das OSTAR bis 1976 nicht wieder gewann, gab die zielstrebige, konzentrierte, fast besessene Art, mit der er an das Rennen heranging, für die Zukunft die Richtung an. Um ihn zu schlagen, mußten andere Segler sich genauso vorbereiten wie er: ein maßgeschneidertes Boot und ebensolche Ausrüstung beschaffen, bei jedem Wetter segeln üben, sich körperlich fit machen, den Regattakurs und das dort vorherrschende Wetter studieren. Es war für ihn wie eine Olympiavorbereitung. Hasler hatte es noch ganz anders gehalten: Mal eben das Unterwasserschiff abschrubben, dann nach ein paar Bierchen im Pub ins Boot springen und ablegen.

Während Tabarly den ausgeprägten Nationalstolz ansprach, war die Anziehungskraft Moitessiers schwerer zu fassen. Er war 1925 in Vietnam geboren, das damals zu Indochina und damit zum französischen Kolonialreich gehörte. Sein Vater hatte dort ein kleines Importgeschäft gehabt. Moitessier fühlte sich immer mehr als Asiate denn als Franzose und teilte die Vorstellung vieler kolonialer Außenseiter, daß die See ein Ort ist, wo man einsam und eins mit der Natur sein kann. Er brachte den größten Teil seines Lebens damit zu, auf Segelbooten über Ozeane zu ziehen und über seine Erlebnisse zu schreiben. Wie Antoine de Saint-Exupéry über das Fliegen und die Wüste schrieb, schrieb Moitessier über das Segeln und das Meer. In seinen Büchern mischen sich Seefahrtsabenteuer mit den andächtigen Beschreibungen seiner engen Bindung zur Natur.

Moitessier gehörte zu den neun Seglern am Start des ersten ununterbrochenen Einhandrennens um die Welt, der Golden Globe-Wettfahrt von 1968. Der Engländer Robin Knox-Johnston, der eine leckende 9,75-Meter-Ketsch aus Holz segelte, gewann das Rennen am Ende, weil er von neun Teilnehmern am Start als einziger das Ziel erreicht hatte. Als Moitessier nach sechs Monaten auf See Kap Horn passierte, konnte er mit seinem größeren Boot aus Stahl sicher sein, Knox-Johnston zu überholen. Statt aber auf nördlichen Kurs zu gehen, der Ziellinie in England entgegen, schied Moitessier aus dem Rennen aus und segelte weiter nach Osten. Er erreichte schließlich Tahiti, nachdem er mehr als anderthalbmal die Welt umrundet hatte, zum großen Teil in den hohen Südbreiten. Unter anderem wollte er nicht zurück in das Getümmel der Zivilisation und damit die friedliche Einsamkeit aufgeben, die er auf seinem Boot gefunden hatte: „Das ist alles, was ich vom Leben erwarte," schrieb er, „– Sonne, Wolken, Zeit, die vorübergeht und doch andauert." Sein Boot war ein „kleiner rot-weißer Planet aus Raum, reiner Luft, Sternen, Wolken und Freiheit im tiefsten, natürlichsten Sinn."

Moitessiers Buch über das Rennen, „Der verschenkte Sieg", ist für viele Langstrecken-Einhandsegler eine Bibel, die laut Philippe Jeantot das Leben vieler Menschen in Frankreich verändert hat. Zwei der Vendée Globe-Teilnehmer berichteten in ihren regelmäßigen E-Mails aus dem Südozean an die Wettfahrtleitung, daß sie dabei seien, Moitessier erneut zu lesen. Gegen Ende der Regatta sagte Christophe Auguin, als würde er ihn laut vorlesen: „Ich werde diese letzten Augenblicke auf See in enger Gemeinschaft mit meinem Boot genießen." Und Marc Thiercelin erzählte nach der Umrundung von Kap Horn: „Was ich am meisten genossen habe, waren die Vierziger (die Brüllenden Vierziger, wo das Segeln schwierig, aber nicht selbstmörderisch ist), diese unberührte Gegend, wo ich so heiter und gelassen war."

Wenn Christophe Auguin am Starttag in Les Sables-d'Olonne der kühle, gut vorbereitete Aristokrat unter den Konkurrenten war, stand Raphaël Dinelli am anderen Ende der „Vorbereitungsskala". Seine Kampagne hatte etwas von hektischer Improvisation. Noch zwei Wochen vor dem Start hatten ihm mehr als eine Million Franc gefehlt, bis die Chemiefirma Prémac vertraglich sein Sponsor wurde. Er taufte daraufhin seine acht Jahre alte Yacht (die ehemalige CRÉDIT AGRICOLE IV, eine von Jeantots BOC-Siegeryachten) nach einem der Erzeugnisse von Prémac in ALGIMOUSS um. Vorher hatte Dinelli mit geringem Erfolg versucht, mit Hilfe von Publikumsspenden und Unterstützung durch kleine Firmen Geld aufzutreiben.

Aber der 28jährige aus der Landschaft Aquitaine oder Aquitanien in Südwestfrankreich - der jüngste Teilnehmer - hatte andere ernste Probleme. Ohne Geld hatte er sein Boot nicht überholen können, so daß er nicht in der Lage war, den vollen Qualifikationstörn zu segeln. Nach den Wettfahrtregeln mußten die Teilnehmer „eine nachgewiesene Einhand-Ozeanreise .... von nicht weniger als 2.000 Meilen ohne zu ankern oder einen Hafen anzulaufen" zurückgelegt haben. Weil die Zeit jedoch knapp war, gestattete der Wettfahrtausschuß Dinelli, sich auf 1.000 Meilen zu beschränken. Am 27. Oktober lief er aus seinem Heimathafen Arcachon in der Nähe von Bordeaux mit dem Ziel Fastnet Rock-Leuchtfeuer vor der Südküste Irlands aus. Selbst bei Glück mit dem Wetter würde er weniger als drei Tage vor dem Start des Vendée Globe zurück sein.

In der Nähe des Fastnetfelsens geriet er in einen schweren Sturm. In diesen nördlichen Gewässern war das ziemlich freundliche Sommerwetter schon vorbei. Dinelli konnte nicht die Sturmtaktik für den freien Ozean anwenden - vor dem Wind ablaufen -, weil er ohne Seeraum in den engen Gewässern der Westeinfahrt des Englischen

Kanals stand. Er mußte es mit dem Sturm von Angesicht zu Angesicht aufnehmen. Bei 55 Knoten Windgeschwindigkeit drehte Dinelli bei. Inmitten der Schiffahrtswege verbrachte er zwei qualvolle Tage damit, die Frachtschiffe im Auge zu behalten, die ringsum vorbeipflügten. Es war reines Glück, daß er nicht gerammt wurde, denn sein beigedrehtes Boot war nahezu manövrierunfähig. Das Wetter besserte sich ein wenig, wurde dann aber wieder übler, als ein zweites Tief auf ihn zukam. Es wäre Wahnsinn, hier zu bleiben, sagte er sich. Er konnte jederzeit von einem Schiff überrannt werden, und sicher würde es als Qualifikation für das Rennen ausreichen, solches Wetter abgeritten zu haben. Er ließ Fastnet Fastnet sein und lief zurück zur Küste der Vendée.

Der französische Seglerverband und die nationale Hochseeregattavereinigung hatten kein Verständnis für Dinellis Begründung mit dem Wetter und verweigerten ihm die offizielle Teilnahme an der Wettfahrt. Jeantot setzte sich dafür ein, daß Dinelli doch mitmachen dürfe; immerhin segelte der junge Mann das geliebte alte Boot des Veteranen, und Jeantot wußte, was ein Wintersturm zwischen den nördlichen Schiffahrtswegen bedeutet. Am Vortag des Starts gab er in einer Pressekonferenz bekannt, daß Dinelli mitmache, nur um seine Entscheidung zwei Stunden später unter dem Druck der Organisationen rückgängig zu machen. Dinelli würde außer Konkurrenz starten. Die französische Presse stempelten ihn zum „Piraten des Vendée Globe".

Dinelli ist etwa 1,80 Meter groß, hat dunkles Haar, das schon eine hohe Stirn freigibt, und eine lebhafte, ruhelose Intelligenz. Seine Großeltern waren als italienische Einwanderer nach Frankreich gekommen, und einige seiner Verwandten wohnen wenige Kilometer von meinem Haus in Toronto entfernt. Er ist redselig, spricht lange und eindringlich in schnell sprudelndem, eloquenten Französisch. Beim Essen und einem Médoc verteidigte er seinen abgekürzten Qualifikationstörn und bedauerte, daß die Medien ihm das Etikett des „Piraten" angeklebt hatten. Obwohl er seine Qualifikationsstrecke verkürzt hätte, sei er mit einem schweren Herbststurm in den engen Gewässern vor der westlichen Kanaleinfahrt fertiggeworden, während einige der Mitbewerber sich durch sommerliche Fahrten im freien Atlantik qualifiziert hätten. Wer sei wohl härter geprüft worden? Dennoch überquerte Dinelli am 3. November die

Startlinie nur als inoffizieller Teilnehmer, während über die dagegen eingelegte Berufung beim französischen Seglerverband noch verhandelt wurde.

Auf die Frage, was sie von dem Rennen erwarteten, antworteten mehrere Skipper mit kriegerischen Metaphern. Sie fieberten dem Kampf entgegen wie Soldaten, die den entscheidenden Augenblick der Feindberührung erwarten. Nandor Fa, der athletische ungarische „Segelprofessor" mit dem kantigen Unterkiefer, der sein Boot BUDAPEST selbst entworfen und gebaut hatte, hatte schon am vorangegangenen BOC und einmal am Vendée Globe teilgenommen. Bei solchen Bedingungen so lange auf See zu sein bedeutete für ihn eine tiefe philosophische Erfahrung. Er wollte sich prüfen, um herauszufinden, was er wert war. Er ginge keineswegs zum Vergnügen wieder hinaus auf See, sagte er. Es war für ihn der reine Kampf. Der in Algerien geborene Eric Dumont hatte den Atlantik schon 27-mal unter Segeln überquert. Im Vendée Globe, meinte er, seien die Segler wie Krieger. Es sei ein harter Spurt von dreieinhalb Monaten. Man solle sich nicht einbilden, die Teilnahme am Rennen sei eine Art Urlaub. Man ginge in eine Schlacht. Dann benutzte er das Bild vom Gipfelsturm, mit dem auch viele der anderen Teilnehmer die Regatta gern beschrieben. Im Alter von 35 Jahren segelte er sein erstes Vendée Globe, wie er sagte, „pour un Everest!"

Auf einige der Skipper schienen diese martialischen Gleichnisse haargenau zu passen. Pete Goss hatte neun Jahre bei den britischen Royal Marines zugebracht. Eingetreten war er im Alter von 18 Jahren, und die soldatischen Tugenden, die er über die Jahre hinweg verinnerlicht hatte, steckten wohl noch immer in ihm. Er würde diese Werte und Tugenden in der Wettfahrt beweisen: kühle, methodische Problembewältigung selbst unter Beschuß, stoisches Ertragen von Unbequemlichkeit und Lebensgefahr, die Bereitschaft, sein Leben für seine Kameraden einzusetzen. Er betrachtete sich als Frontkämpfer einer Einheit aus Konstrukteuren, Bootsbauern, Geldbeschaffern und all den technischen Spezialisten der Berufe rund um das Segeln. „Wir" würden uns rund um die Welt und durch den Südozean durchboxen, nicht „ich".

Wenn man jemanden für einen Werbefeldzug aussuchte,

um Segeln als reines Abenteuer anzupreisen, dann wäre Pete Goss die richtige Wahl. Als ich Goss auf der AQUA QUORUM in Southampton kennenlernte, dachte ich: „Das ist der Segler als Held." Er war groß, gutaussehend, bescheiden, freundlich, offen, humorvoll und redegewandt - es fehlte nichts. Nach den Maßstäben dieser Regatten hatte er es mit ein paar Groschen geschafft, an den Start zu kommen. Seine ganze Kampagne hatte weniger als 600.000 US-Dollar gekostet, vielleicht gerade 20 Prozent des Budgets einiger der betuchteren französischen Teilnehmer wie Auguin, Autissier und Parlier (die alle nicht zufällig zu den Favoriten gehörten). Goss' Kampagne hatte all die liebenswerten Merkmale angelsächsischen Amateurtums. Goss verkaufte sein Haus und quartierte seine Frau und seine drei Kinder in einem gemieteten Häuschen in St. Germans, Cornwall ein. Sobald das Projekt sich herumgesprochen hatte, klopften völlig unbekannte Menschen an die Tür der Bootswerft. Sie wollten als freiwillige Helfer Briefmarken kleben oder herumtelefonieren, um Spendengelder zu beschaffen. Die Schauspielerin Joanna Lumley, „die Freundin eines Freundes eines Freundes," bot sich an, die Yacht zu taufen, was zu starker Beachtung durch die Medien führte. Nachdem der Rundfunk einen Aufruf gesendet hatte, Bleischrott für den Zweieinhalbtonnen-Bleikiel des Bootes zu spenden, wurden aus ganz Devon und Cornwall Angelblei, Orgelgewichte aus einer Kirche, alte Bleirohre aus Badezimmern, Tauchergürtel und anderes Altblei beigesteuert. Trotzdem brauchte Goss noch das ganz große Sponsorengeld und schaffte es, 100.000 Pfund von der Firma „Creative Fragrances" zu bekommen („Aqua Quorum" gehört zu deren Produkten) und einen Zuschuß von 50.000 Pfund von der „Foundation for Sport and the Arts".

Er blieb dabei, daß sein 50-Fuß-Boot (15,24 m - das einzige im Rennen) die 60-Fuß-Yachten auf der langen Strecke aussegeln könne. Es wog weniger und würde schon bei leichterem Wind ins Surfen kommen und dabei schneller sein. Es war ein einfacheres Boot mit einem ebenso günstigen Leistungsgewicht wie die 60-Fuß-Yachten. Die AQUA QUORUM war ein leichtes, festes Surfbrett. Ohne Kiel hatte der Rumpf kaum 30 Zentimeter Tiefgang. Als das Schiff gebaut wurde, konnten sechs Männer die leere Schale in der Werkstatt von einem Platz an den anderen tragen. Doch Goss, der knapp bei Kasse war, hatte eine 50-Fuß-Yacht gebaut, weil er sich nichts Größeres leisten konnte, und machte das Beste daraus. Allerdings mußte er ebensoviel Ausrüstung und Vorräte mitführen wie die größeren Boote, und dieses Gewicht machte bei dem kleineren Schiff einen höheren Anteil der Verdrängung aus. Goss sparte Gewicht, wo immer er konnte, er schnitt dazu sogar die Hälfte seiner Zahnbürste ab. Aber das konnte jeder Skipper (und viele taten es auch). Es führte jedoch kein Weg daran vorbei, daß der höhere Anteil des Ausrüstungsgewichts am Gesamtgewicht die Leistungen der AQUA QUORUM beeinträchtigen würde. Auch waren kürzere Boote, außer beim Surfen, langsamer als längere Boote. Die Geschwindigkeit hängt unmittelbar von der Wasserlinienlänge ab - Länge läuft. Goss würde von Anfang an seine Mühe haben, mitzuhalten. Der ehemalige Soldat brauchte keine militärischen Anspielungen, um seine Beweggründe zu erklären:„Ich bin nicht dabei, um mich selbst zu verändern, zur Selbstfindung oder irgend so einem Mist." Er segelte einfach gern. Die Wettfahrt war eine erregende Herausforderung für ihn, genau wie damals, als er im Alter von zwölf Jahren mit seinem Vater zum ersten Mal über den Ärmelkanal gesegelt war. Es war „einfach Klasse!"

„Zum Vendée Globe kommt man Schritt für Schritt irgendwie unausweichlich," sagte er. „Zuerst macht man etwas, das den Horizont erweitert, dann tut man den nächsten Schritt; danach segelt man eine Transatlantikregatta, dann noch eine. Wenn du ein Mensch bist, der dranbleibt, findest du dich irgendwann beim Vendée Globe."

Manchmal glaubte er, ein bloßer Abenteurer zu sein, für den das Segeln nur Mittel zum Risiko war. Das Vendée Globe war fast reines Abenteuer. Es hatte so gut wie keine Regeln. Er haßte verzwickte Wettfahrtregeln wie z.B. die des America's Cup, bei denen man beinahe einen Juristen zur Auslegung brauchte. Wie die französischen Segler und ihr Publikum liebte auch Goss die Einfachheit des Vendée Globe: ein Boot, ein Segler, Erster am Ziel.

Der einzige weitere Engländer, der es schaffte, am 3. November im Yachthafen Port Olona am Start zu sein, war Tony Bullimore mit seiner 60-Fuß-Ketsch EXIDE CHALLENGER. Beim ersten Kennenlernen scheint Bullimore einfach nur ein „bloke", ein ganzer Kerl zu sein. Er hat noch immer den Londoner Akzent seines Geburtsorts Southend-on-Sea. Bevor er hauptberuflich Profisegler wurde, hatte er große Nachtclubs, ein Messezentrum und andere Geschäfte betrieben. Als ich ihn zu Hause in Bristol traf, bot der kleine, gedrungene, stiernackige Bullimore das Bild eines freundlichen, mit beiden Beinen auf der Erde stehenden, unverfälscht bescheidenen Mannes, das genaue Gegenteil des reservierten, blasierten Engländers. Wir gingen zum Mittagessen in ein nahegelegenes Imbißrestaurant, das voller Handwerker, Lkw-Fahrer und Straßenbauarbeiter war. Alle hatten gewaltige Teller Kartoffel-Fleischauflauf und Gemüse, Berge von Weißbrot mit Butter und dazu Tee vor sich. Die Burschen schienen das Zeug doppelt so schnell zu verschlingen, wie ich es fertigbrachte.

Bullimores Rolle als englischer „bloke" trügt. Man erinnert sich bei ihm an eine ältere Bedeutung des Wortes „bloke". So nannten die Seeleute auf den Rahseglern einen geachteten Kapitän („der Alte"). Tony ist ein intelligenter Mann mit Urteilsvermögen, der sich in einer Unterhaltung auch auf das Unausgesprochene einstellt - auf die Körpersprache und den Gemütszustand des Gesprächspartners. Seine Antworten auf meine Fragen waren durchdacht und wohlformuliert. Seine Ehefrau stammt aus Jamaika, und er benutzt seinen Ruhm als Hebel, um in Bristol ehrenamtlich bessere Beziehungen zwischen den Rassen zu fördern. Seine Frau hat nie versucht, ihn am Segeln zu hindern. Da sie aber selbst nicht segelt, liegt es auf der Hand, daß es für sie eine Belastung ist. Sie würde ihm besonders gern dieses Langstrecken-Einhandzeug ausreden, die Rennen rund um die Welt, für die er eine solche Leidenschaft entwickelt hat.

An seiner ersten Einhandwettfahrt über den Atlantik nahm Bullimore 1976 teil. 1985 wurde er in England „Segler des Jahres". Bis zum Vendée Globe hatte er schon eine Viertelmillion Seemeilen zurückgelegt und den Atlantik beinahe dreißigmal überquert, meist auf schnellen Mehrrumpfbooten von bahnbrechender Konstruktion. In seinem Wohnzimmer standen 150 Segeltrophäen. Er liebt das Segeln und die Regatten, aber er hat immer auch eine Leidenschaft für das Meer als solches gehabt und dafür, auf See zu sein, am liebsten allein. Seine Frau beschrieb ihn mit der Übersetzung eines Zitats, das überall in der französischen Presse stand, als „un bouledogue, un merveilleux bouledogue." Sein Aussehen hat durchaus etwas von einer Bulldogge, und in diesem Rennen würde seine menschliche Ausdauer etwas von der sagenhaften Stärke dieses Tieres widerspiegeln.

Bevor Bullimore an die Startlinie des Vendée Globe kam, mußte er wie üblich Geld zusammenkratzen, schließlich gewann er dann eine großzügige Firma als Sponsor. Aber er hatte andere Schwierigkeiten. Zwei Wochen vor dem Start verletzte er sich bei einem Autounfall ein Handgelenk und eine Schulter. Bei Beginn der Wettfahrt hatte er noch immer Schmerzen. Noch schlimmer war, daß er vor dem Unfall, während seiner 2.000 Meilen langen Qualifikationsfahrt, mit einem Fischerboot zusammengestoßen war. Der Schaden an der EXIDE CHALLENGER mußte schnell behoben werden, so daß die feinere Trimmarbeit zurückstehen mußte.

Auf See steckt der Teufel immer im Detail. Als die Regatta begann, brauchte Bullimore nicht lange zu warten, bis er den Preis für all die aufgeschobenen kleinen Arbeiten zahlen mußte.

Er betrachtete das Vendée Globe als höchste Herausforderung im Rennsegeln und als logischen nächsten Schritt seiner Karriere als Regattaprofi. Die gallische Eleganz des Rennens zog ihn ebenso an wie Goss. Er mochte die Art, wie alles nüchtern und einfach geregelt war: kein Aufenthalt, keine Hilfe, keine Beratung, unterwegs nichts an Bord nehmen. Man war ganz auf sich allein gestellt. Trotz all seiner Pokale konnten die Leute noch immer sagen: „Ja, schön und gut, aber was ist mit dem Vendée Globe?" Das meinte auch Bullimore. In dieser Wettfahrt würde das letzte Wort über seine seglerischen Fähigkeiten gesprochen werden. Danach würde er es nie mehr nötig haben, zu zeigen, was für ein Mann er war.

Die Wettfahrtregeln verbieten es den eleganten, aber spartanischen Vendée Globe-Vollblütern, Diesel-Hilfsmotoren zu benutzen, wie sie zu fast jedem Segelboot gehören. In der Enge des Yachthafens Port Olona und zwischen den langen Wellenbrechern der Einfahrt, die am Handelshafen vorbei auf See hinausführt, mußten die Yachten mit Hilfe von Motorbooten herumrangiert werden. Zodiac-Schlauchboote schoben die schnittigen Rennmaschinen ins Fahrwasser. Kutter der ortsansässigen Fischer schleppten die Yachten dann an den langen Molen vorbei, die den Hafen vor den Biskaya-Stürmen schützen. Zehntausende von Menschen, die entlang des schmalen Fahrwassers auf Brücken und Wellenbrechern standen, nur wenige Meter von den vorbeiziehenden Booten entfernt, jubelten und applaudierten. Ein einsamer Trompeter spielte wieder und wieder „Auld Lang Syne", und die Töne hallten deutlich über den Lärm der Menge. Mehrere Skipper zündeten - verbotenerweise - Notsignal-Handfackeln, die wie riesige orangerote Feuerwerkskörper Flammen spien. Sobald die Rennyachten den Hafen im Schlepp der Fischkutter hinter sich gelassen hatten, wurden die Schleppleinen losgeworfen. Familienangehörige oder Mitglieder der Unterstützungsmannschaften, die in letzter Minute zu Hilfeleistungen, Trost oder Beistand mitgekommen waren, mußten von Bord. Die einsamen Segler setzten Segel und fädelten sich zwischen den das Wasser aufwühlenden Zuschauerbooten hindurch der Startlinie entgegen, die drei Meilen vor der Küste durch zwei Bojen gekennzeichnet war. Sicher feierte die Menschenmenge mit dem lauten Jubel für die Vendée Globe-Segler wieder einmal den Start eines Extremsportabenteuers. Die Zuschauer zollten ihren berühmten und beliebten Heroen Beifall - die Namen Autissier, Auguin und Parlier kannte jeder. Das fachkundige französische Segelpublikum konnte sich gut vorstellen, was diesen Seglern in den nächsten drei oder vier Monaten bevorstand. Die Zaungäste hatten allen Grund anzunehmen, daß die Seeherrschaft ihres Landes gerade neu erstand, wenn auch nur in abgeschwächter, moderner Form durch Einhandrennsegler. Aber der Beifall wurde gerecht verteilt. Da die Menge sicher war, daß ein französischer Segler siegen würde, konnte sie sich auch Jubelrufe für englische, kanadische und ungarische Segler leisten. Die Rennsegler würden stellvertretend für das Publikum die rauhen Breiten südlich der Sturmkaps befahren.

Aber die Menge verabschiedete nicht nur eine Gruppe hochspezialisierter Sportler. Weil diese Männer und Frauen hinaus auf See gingen, ließ ihr Aufbruch die uralte Furcht vor dem immer wieder menschenverschlingenden Meer anklingen.

„Oh Herr, Dein Meer ist so groß, und mein Schiff ist so klein."

Einerlei, aus welchem Land die Teilnehmer kamen, für ihren Mut und ihre Kühnheit verdienten sie ein paar Stunden guter Wünsche und lärmender Hochachtung. Selbst heutzutage ist es noch ein

Anlaß für Feierlichkeiten und Ergriffenheit, wenn ein Schiff in See geht. Wir haben noch nicht die kollektive Erinnerung daran verloren, in welcher Gefahr unsere kleinen Schiffe auf dem weiten Ozean immer gewesen sind. Erst seit etwa hundert Jahren können wir unbesorgt davon ausgehen, daß ein auslaufendes Schiff tatsächlich sein Ziel erreichen wird. Vorher gingen die Menschen nur davon aus, daß es unterwegs wohl schlimm würde.

Wenn z.B. vor tausend Jahren die Wikingerflotten mit Schiffen voller Händler und Siedler westwärts nach Irland, Island, Grönland und Neufundland segelten, waren die einzelnen Boote bei der Abreise unterbemannt. Das „hafskip" oder Hochseeschiff der Wikinger war ein Fahrzeug, dessen Seetüchtigkeit für seine Größe bis in unser Jahrhundert unübertroffen war. Dennoch gingen diese Boote oft unter, und immer wenn eines verlorenging, füllten die Überlebenden, wenn man sie retten konnte, nach und nach die knappen Besatzungen der übriggebliebenen Boote auf. Es war schon eine gute Reise, wenn die halbe Flotte wieder zurückkam. Nach den Sagas liefen bei der zweiten Grönlandfahrt Eriks des Roten 35 Schiffe mit Siedlern aus; 14 kamen an. Als die Wikinger Grönland besiedelt hatten, gingen im Laufe der Zeit so viele ihrer Knorren (kleine Frachtschiffe) an Grönlands felsenstarrender Küste verloren, daß ein berufsmäßiger Leichensammler regelmäßig die Küste abfuhr, um Leichen von wrackgeschlagenen Schiffen zu bergen.

In den Jahrhunderten, bevor sich mit der Dampfmaschine und den Kanälen von Suez und Panama das Blatt wendete, säumten die Wracks Tausender von Segelschiffen die Küsten der Seehandelsländer. Mit tödlicher Regelmäßigkeit sanken die Schiffe oder wurden von der See überwältigt - in den Winterstürmen des Nordatlantik, in den jahreszeitlichen tropischen Wirbelstürmen, auf der Südroute nach Kap Horn und bei der Rundung des Kaps von Ost nach West. Noch Anfang des 20. Jahrhunderts litten Segelschiffe und ihre geplagten Besatzungen in den Gewässern um Kap Horn. In der Segelsaison 1905 z.B. erreichten von den 130 Rahseglern, die von Europa ausliefen, um auf dem Weg über Kap Horn an die amerikanische Westküste zu gelangen, nur 52 unbeschädigt den Hafen. Einer großen Reederei in Wales gehörten während der Jahre ihres Bestehens 36 Segelschiffe. Davon wurden zwanzig zum Wrack oder als verschollen erklärt, neun davon endeten vor Kap Horn. Bei 20 bis

30 Mann Besatzung pro Schiff - selten überlebte jemand - stieg die Zahl der Toten und Verschollenen in allen Flotten zusammengenommen über die Jahre hinweg in die Tausende und Zehntausende. Auch heute noch dezimieren Stürme weit von Kap Horn die Frachter und Fischereifahrzeuge der Welt, viel seltener zwar als früher, aber regelmäßig.

Die Segelregatten Vendée Globe und BOC Challenge sind mit ihrem ungewissen Ausgang ein Rückschritt in die Ära, als Seereisen immer riskant waren. In keinem dieser Rennen hat jemals die ganze Flotte oder auch nur annähernd die ganze Flotte das Ziel erreicht. Tatsächlich lag der „Schwund" wie bei den Wikingern zwischen 25 und 50 Prozent. In diesem Vendée Globe würden neun von sechzehn gestarteten Seglern die Ziellinie erreichen, nur sechs davon offiziell gewertet.

Weniger extreme Segelregatten, wie z.B. die verschiedenen Transatlantikwettfahrten, sind viel ungefährlicher. Selten kommt darin heutzutage jemand um. Zwar gehen in jedem dieser Rennen Boote verloren, das liegt aber meist an Kollisionen mit Treibgut oder daran, daß die Yachten von Frachtern durch Unaufmerksamkeit überlaufen werden. In den kürzeren Wettfahrten dicht an der Küste oder in Küstennähe sind sehr selten Verluste an Menschenleben oder Booten zu beklagen, mit einigen erschreckenden Ausnahmen. Davon ist das Fastnetrennen von 1979 die dramatischste - genauer gesagt, die schlimmste Katastrophe in der Geschichte des Wettsegelns. Dieses Desaster erinnert uns daran, daß auf die See kein Verlaß ist und Boote wie Besatzungen immer gefährdet sind.

Der 605 Meilen lange Kurs verläuft von Cowes auf der Insel Wight vor Southampton in England entlang der Küste nach Westen, um Land's End herum und dann hinüber zur irischen Küste, rundet dort den Leuchtturm auf dem Fastnet-Felsen, der acht Meilen vor der Südwestspitze Irlands steht, und führt danach zurück zum Ziel in Plymouth. Das Rennen stellt hohe Anforderungen, aber die Teilnehmer entfernen sich nie allzu weit von der Küste, und die Strecke kann in einigen Tagen zurückgelegt werden. Am 11. August 1979 starteten 303 Yachten, eine Rekordbeteiligung. Als das Feld in den offenen Gewässern zwischen Irland und der englischen Westküste stand, stürzte sich ein Tief auf die Boote, das sich plötzlich vertiefte und dramatisch zur „Wetterbombe" entwickelt hatte. 24 Stunden lang beharkte der Sturm die Yachten mit Böen bis Orkanstärke und bis zu zwölf Meter hohem, steilem Seegang. 77 Boote kenterten durch. Weitere 100 wurden mindestens einmal völlig auf die Seite geworfen. Viele Schiffe verloren ihr Ruder oder trugen andere schwere Schäden davon, mehrere gingen unter. Trotz der größten Rettungsaktion der britischen Geschichte in Friedenszeiten kamen 15 Männer in dem kalten, aufgewühlten Wasser um.

In einem Hafen an der Nordatlantikküste wie Les Sables-d'Olonne, wo es noch etwas Berufsfischerei gab, waren die Gefahren der See den Einwohnern wohl immer lebhaft bewußt geblieben, wenn auch nicht den Touristen, die nur wegen der Strände kamen. Immerhin ist die Seefischerei auf der Welt die gefährlichste Beschäftigung in Friedenszeiten, einfach deshalb, weil sie auf See ausgeübt wird. Und die Vendée Globe-Teilnehmer würden in diesem Rennen das äußerste Risiko eingehen. Saint-Exupéry nannte die Sahara „die nackte Rinde unseres Planeten", ein Ausdruck, der auch auf die Gegend passen würde, in die diese Segler sich aufmachten. Was könnte schlimmer sein als ein einsamer Zug über den Südozean, eine angsterregende, mühevolle Fahrt um den Rand der Welt herum? Eine Umsegelung der Antarktis: kalt, abgeschieden, erschöpfend, von Eis bedroht – eine freche Herausforderung der Natur. Die Zuschauer wußten, daß die Segler oft dasselbe erleiden würden, was die „eisernen Männer auf hölzernen Schiffen" durch Jahrhunderte ertragen mußten. Die Menge konnte auch sicher sein, daß einige der Boote nicht heimkehren würden, vielleicht auch ein oder zwei Skipper. Der Schauder am Start des Vendée Globe war also kein Wunder. Dahinter stand die gemeinsame Erinnerung an Gefahr und Tod auf hoher See, wiedererweckt von 16 Seglern, die in einer neuzeitlichen Version jenes ehrwürdigen, aber noch immer packenden Dramas mitspielten: Seeleute gegen die See.

Vorbereitung und Beginn einer Langfahrt sind für die meisten Segler mit Streß verbunden - Magengeschwüre drohen. Dagegen hilft selbst ein großes Maß an Erfahrung nicht unbedingt. Der englische Fahrtensegler Eric Hiscock, der sein Leben lang gesegelt und drei Weltumsegelungen auf dem Buckel hatte, war vor dem Auslaufen jedesmal nervös. Er konnte nicht schlafen, schwitzte und machte sich Sorgen. Weniger erfahrene Segler sollten einerseits glücklich sein, daß selbst der große Hiscock sich quälte, andererseits sollte es ihnen zu denken geben: Was, zum Teufel, machte jemandem wie Hiscock Sorgen? Wenn er schon Angst hatte, dann wären die anderen verdammt dumm, keine Angst zu haben.

Die Hiscocks lehrten die Segler in weiten Teilen der Welt in zwei umfassenden Lehrbüchern – „Segeln in Küstengewässern" und „Segeln über Sieben Meere" –, wie man eine Segelyacht seeklar macht und flott und gekonnt von A nach B bewegt - „Fahrtensegeln ohne Hektik und Getue". Die Seiten dieser enzyklopädischen Werke sind voller technischer Einzelheiten - wie man mit dem Sextanten arbeitet, wie man Knoten bindet, wo man Eier staut. Mit einer Art angelsächsisch nüchternen Orgie unterhaltsamer Belehrung brachte Hiscock es fertig, die Engländer zum Segeln anzuregen, etwa so wie Moitessier die Franzosen dazu brachte. Moitessier aber, der emotional immer ein wenig anders tickte als der Rest der Welt, fürchtete sich anscheinend nie vor dem Auslaufen. In Wirklichkeit war es jedesmal eine Erlösung für ihn. Nur auf See war er glücklich, und wie alle Mystiker kannte er bei der Suche nach seinem persönlichen Gleichgewicht keine Skrupel. Als er beim Golden Globe-Rennen 1968 zu seiner anderthalbmaligen Weltumsegelung aufbrach, brachten die Tränen seiner Frau und die Gedanken an seine vernachlässigten Kinder ihn aus der Fassung, aber nicht lange. Am Ende der Reise ließ er seine Familie im Stich. Als er am ersten Tag den Sonnenuntergang sah, atmete er den Hauch der weiten See ein. „Ich spüre mein Inneres aufblühen, und meine Freude steigt so hoch empor, daß nichts sie eindämmen kann."

Moitessier war immer gelassen, wenn er auf den freien Ozean hinausfuhr.

Die Vendée Globe-Teilnehmer, die sich mit über dreitausend Zuschauerbooten herumschlagen mußten, die die Startlinie belagerten, konnten nicht gelassen bleiben. Obwohl der Wind nicht stark genug war, um nennenswerten Seegang aufzuwerfen, war das Wasser durch die Heckwellen so vieler Boote im Startgebiet sehr rauh. Rund um die Startlinie war eigentlich eine Sicherheitszone vorgesehen, aber die meisten begeisterten Zuschauer und Jubler kümmerten sich nicht darum. Dennoch war es für die Rennsegler eine Erleichterung, aufs Wasser zu kommen. Nach den hektischen Monaten der Vorbereitung auf die See versprach die See selbst zumindest ein wenig Zeit und Raum. Noch ein paar Stunden, dann würde allmählich die Seeroutine einsetzen, schwierig und anstrengend zwar, aber ohne die Ablenkungen durch nicht endenwollende technische Vorbereitungen und das Klinkenputzen zur Geldbeschaffung. Statt Geldbeschaffern und Werbeleitern konnten sie jetzt wieder Segler sein.

Es macht den umsichtigen Seefahrer aus, daß er sich ständig sorgfältig um jede Kleinigkeit kümmert. Segler können gar nicht pingelig genug mit Boot und Ausrüstung sein. Nichts darf dem Zufall überlassen bleiben: eine abgenutzte Leine, ein überbeanspruchter Block, versagende Technik. Ein Fehler im eisern festgelegten Ablauf einer Wende oder Halse kann zu schweren Schäden führen. In Landnähe muß die Navigation absolut genau sein. Bei allem, was der Segler tut, um das Boot instand zu halten und von einem Ort zum anderen zu bewegen, können selbst kleine Fehleinschätzungen, etwas Übersehenes oder Aufgeschobenes, eine Kette von Ereignissen in Gang setzen, die in eine Katastrophe münden - im Südozean leichter als anderswo. Der Segler muß ordentlich und planvoll sein, der Flüchtling aus dem bürgerlichen Leben auf dem Weg in die Südsee ebenso wie der Hochseerennsegler. Der Romantiker Moitessier, der segelte, um seine Seele zu retten, war dennoch ein penibler und umsichtiger Seemann.

Jetzt, endlich auf dem Wasser und auf dem Weg zur Startlinie, waren für die Vendée Globe-Segler auch die gefürchteten Augenblicke der Trennung von ihren Familien, besonders von den Kindern, vorüber. Sie schienen nicht die gefühlsmäßige Unbekümmertheit Moitessiers zu teilen. Noch kurz zuvor hatte Christophe Auguin im Yachthafen Port Olona den Hinterkopf seines dreizehn Monate alten Sohnes Erwan eine halbe Minute lang zärtlich in der Hand geborgen, ein schmerzlicher Augenblick, bei dem die Zuschauer sich wie Voyeure vorkommen mußten. Die meisten der Skipper ließen Familien an Land zurück - Laurent ebenso wie Goss ihre Ehefrauen und drei Kinder, Parlier und Bullimore ihre Frauen, Dinelli seine künftige Frau und die sechzehn Monate alte Tochter.

Autissier und Chabaud waren unverheiratet, jedoch noch eng mit ihren Eltern verbunden. Gerry Roufs' siebenjährige Tochter Emma hatte ihm eine Stoffpuppe als Glücksbringer geschenkt. Später hatte sie geweint und ihn gebeten, sie nicht zu verlassen.

Auf dem Wasser wichen diese wehen Gefühle schon allmählich dem Startfieber und der Konzentration, die nötig war, um nichts zu rammen, bevor das ganze Unternehmen überhaupt angefangen hatte. Selbst bei dem verhältnismäßig leichten Wind waren die Renner schnell und die Reaktionszeiten daher kurz. Am Beginn einer Langstreckenwettfahrt voller wichtiger taktischer Entscheidungen mußten die Segler jetzt sofort eine, allerdings relativ unbedeutende, Wahl treffen. Sie konnten sich am Start wie am Beginn einer Nachmittagsregatta rund um die Bojen verhalten, also hart segeln, geschickt taktieren, um die Startlinie an günstiger Stelle und unmittelbar nach dem Startschuß zu überqueren; dabei riskierten sie Kollisionen mit anderen Teilnehmern oder mit den verflixten Zuschauerbooten. Gewinnen würde dieses Rennen nur jemand, der ständig mit Volldampf segelte, einiges wagte und das Beste hoffte. Das gehörte, wie man argumentierte, zum Geist des Vendée Globe, und jeder Skipper müsse von den ersten Augenblicken an wie der Teufel segeln. Stattdessen konnte er auch langfristig denken. Warum sollte man am Anfang einer 27.000 Meilen langen Wettfahrt etwas aufs Spiel setzen? Besser zurückbleiben, sich möglichst von allen anderen fernhalten, ungestörten Wind ohne die durch andere Yachten erzeugten Verwirbelungen suchen. Ein oder zwei Meilen zu verlieren, machte in diesem Stadium überhaupt nichts aus. Es war besser, auf Nummer Sicher zu gehen. Später würde man dann richtig loslegen.

In Wirklichkeit war das möglicherweise gar keine so unbedeutende Entscheidung. Vielleicht war ein aggressiver Start nötig, um sich psychologisch auf das ganze übrige Rennen einzustimmen. Und wichtiger noch, vielleicht war es gar nicht so gut, jetzt ein oder zwei Meilen zu verlieren. Oft hatten Konkurrenten im Vendée Globe oder im BOC am Ziel weniger als einen Tag, manchmal nur wenige Stunden auseinander gelegen, nur ein paar hundert Meilen oder noch weniger. In so einem Fall bedeutete es durchaus etwas, am Anfang der 27.000 Meilen ein oder zwei Meilen zu verschenken. Es könnte eine endgültig verlorene Meile sein, die das Boot nie wieder aufholen würde.

Außerdem ging es noch darum, gesehen zu werden. Es hatte seinen Sinn, daß zumindest einige Sponsoren auf einem dramatischen Start bestanden, um ihre Firmennamen und Markenzeichen im Fernsehen besser zur Geltung zu bringen. Schließlich war das Vendée Globe darin einzigartig, daß dieses kostspielige Sportereignis fast vollständig unter Ausschluß der Öffentlichkeit und der Medien stattfand. Zwar würden die Segler selbst einige Fotos elektronisch nach Hause senden; Presseflugzeuge oder -boote würden Gelegenheit haben, die Rennyachten dort zu fotografieren, wo sie dicht an der Küste vorbeikommen: vor Kap Finisterre an der Nordwestspitze Spaniens, bei den Kanarischen Inseln, am Kap der Guten Hoffnung oder bei Kap Horn, gutes Wetter vorausgesetzt. Rettungsflugzeuge oder -schiffe, die havarierten Yachten zu Hilfe kommen müßten, würden vielleicht einige Bilder schießen können. Gerade diese Fotos zeigen oft mehr als andere Abbildungen, wie grauenhaft Wetter und See sein können. Wenn es aber haarig wird, fummeln die Segler selbst nicht mit ihren Kameras herum, sondern konzentrieren sich lieber darauf, am Leben zu bleiben und ihre Boote über Wasser zu halten.

Hier handelte es sich um eine Sportveranstaltung, deren entscheidender Teil und Höhepunkt, das Herz der Wettfahrt, wenn die Boote südlich des 40. Breitengrades durch die stürmischen Südbreiten liefen, dunkel, schleierhaft und fern blieb. Die Fans mußten sich aus Faxen, E-Mails oder Funksprüchen zusammenreimen, was vor sich ging. Die Folge war, daß die wenigen Stunden vor und nach dem Regattastart eine seltene und für die Medien und Sponsoren wichtige Gelegenheit waren, die Boote tatsächlich segeln zu sehen und dabei aufnehmen zu können. Die Wettfahrtleitung verlängerte diese Gelegenheit, indem sie vor dem Strand von Les Sables zwei Regattabojen auslegte, die die Rennyachten runden mußten, bevor sie auf See hinaushielten. Es war paradox, daß Boote in einem Rennen rund um die Welt nach dem Überqueren der Startlinie wieder auf die Küste zuhielten, um sich den Zuschauern ein letztes Mal zu zeigen. Die Konkurrenten fühlten sich immer dem Druck ausgesetzt, am Start ein gutes Bild zu machen.

Wie bei jeder taktischen Entscheidung auf See ging es auch hier darum, die verschiedenen Risiken gegeneinander abzuwägen. Christophe Auguin und Gerry Roufs entschieden sich für die größtmögliche Ruhe und Gelassenheit. Beide refften ihre Großsegel und bummelten unter verkleinerter Segelfläche, weil sie vorhatten, zurückzubleiben und die Linie ein Stück hinter den führenden Yachten zu überqueren. Damit verzichteten sie freiwillig auf die günstige Seite der Startlinie, die den besten Kurs auf die erste Boje erlaubte. Wenn die Yachten einfach nur in die Biskaya hinausgesegelt wären, wäre es egal gewesen. Aber die wegen der Zuschauer vor dem Strand ausgelegten Bojen führten zu einer Situation wie bei einem typischen Regattastart, bei dem man auf den richtigen Kurs und den günstigsten Schlag (Richtung des Bootes im Verhältnis zum Wind) achten muß. Auguin und Roufs waren entschlossen, sich um all das nicht zu scheren.

Der favorisierte Auguin hielt nichts von den Theorie „nie eine Meile verlieren". Er hielt es für viel wichtiger, Schwierigkeiten im Gewühl vor und hinter der Startlinie zu vermeiden. Das Rennen war sehr lang; er wußte, daß er von Natur aus nicht geduldig war, und Ungeduld am Start würde Schwierigkeiten heraufbeschwören. Er wollte sich zwingen, ruhig zu bleiben, systematisch und umsichtig vorzugehen. Später würde er Zeit genug haben, seine reichhaltige Erfahrung und sein erprobtes Boot zu nutzen, um einen geruhsamen Start wettzumachen.

Der Kanadier Gerry Roufs wählte dieselbe Taktik. Das überraschte, weil er den Ruf hatte, ein aggressiver, sehr kämpferischer und ehrgeiziger Segler zu sein. Er hatte „die Siegeswut", so sagte sein Landsmann Mike Birch, mit dem Roufs jahrelang gesegelt war. Seine Freunde beschrieben ihn als zähen, hartnäckigen und sehr leidenschaftlichen Mann, der sich sicher war, jede Regatta gewinnen zu können, und selbst unter großem Streß in der Lage war, nur sein Ziel im Auge zu behalten. Trotz dieser „Alpha-Tier-Merkmale" brachte Roufs es fertig, enge und bewundernde Freunde zu gewinnen und zu behalten. Der kleine, schlanke Mann von 43 Jahren (am Vortag des Starts hatte er Geburtstag gehabt) mit dem spitzbübischen Gesicht unter schwarz gelocktem Haar hatte einen schlagfertigen, intelligenten Humor, und auf dem Wasser achtete man ihn als mächtigen, aber fairen Konkurrenten. „Er hatte einen großartigen Ruf," sagte ein Freund. „Jeder liebte Gerry."

Auch er hatte das Segeln als Kind auf kleinen Jollen angefangen. Als Regattasegler im Hudson Yacht Club bei Montreal wurde er mit elf Jahren kanadischer Jugendmeister in seiner Bootsklasse. Dieser frühe Erfolg habe ihn auf die schiefe Bahn gebracht, bemerkte Roufs in seiner Presseerklärung zum Vendée Globe. Seitdem habe er nur noch segeln wollen. Im Gegensatz zu den meisten seiner Konkurrenten aber blieb Roufs auch als Erwachsener noch lange beim Jollensegeln. Mit 23 errang er die Mitgliedschaft in der kanadischen Segel-Olympiamannschaft und blieb fast sieben Jahre dabei. 1978 wurde er Zweiter bei der Weltmeisterschaft der 470er-Klasse. (Das ist eine sehr schnelle, 4,7 Meter lange Zweimann-Rennjolle, die von der Besatzung eine athletische Kondition verlangt.) Mit dieser Jollenerfahrung wurde Roufs zum perfekten Taktiker und Experten für Kopf-an-Kopf-Rennen. Hätte er vorgehabt, am Start des Vendée Globe das Feld aufzumischen, dann wäre ihm das wahrscheinlich von allen Teilnehmern am leichtesten gefallen. Er war die nervenaufreibenden blitzschnellen, waghalsigen Dicht-an-dicht-Manöver bei der Schlacht um die beste Startposition gewöhnt.

Während seiner Zeit in der kanadischen Olympiamannschaft schaffte Roufs das Examen an der juristischen Fakultät der Universität Montreal, und er ging sogar für ein Jahr ins Berufsleben. Für Roufs jedoch stand die Wahl zwischen der strengen, wenn auch einträglichen Welt des Rechts und dem Herumtreiben mit Booten längst fest. Sobald die Jollenregatten für ihn Routine geworden waren, strebte er nach Höherem: Er wollte größere Boote segeln, und das über Ozeane hinweg.

Die Gelegenheit dazu kam 1983. Roufs schloß sich Mike Birch an und wurde Besatzungsmitglied auf dem in Entwurf und Bauweise bahnbrechenden Katamaran FORMULE TAG. Birch selbst war ein Pionier des Transatlantiksegelns. Er begann Anfang der siebziger Jahre mit dem Wettsegeln. Er war auch der erste ausländische Langstreckensegler, der sich in Frankreich niederließ, wo die bereitwilligen Sponsoren waren. Nach einer Reihe von Transatlantikrennen, die er meist auf selbst gebauten und finanzierten Booten gesegelt hatte, kam sein Durchbruch mit einem Sieg in der ersten von Frankreich organisierten „Route du Rhum"-Atlantikwettfahrt, in der er von dem Kamerahersteller Olympus France finanziert wurde. Nach seinem Sieg gehörte er zu dem kleinen Kreis voll finanzierter professioneller Langstreckenrennsegler, die sich fast alle in Frankreich niedergelassen hatten. Die Rennsegler wußten bereits, daß sie für Regattasiege oder Geschwindigkeitsrekorde Mehrrumpfboote brauchten. Auch wurden die Mehrrumpfboote von ihrer Konstruktion her allmählich sicherer. (Das war auch nötig, denn in einem einzigen zurückliegenden Jahr kamen drei der vier führenden Mehrrumpfkonstrukteure der Welt mit Booten, die sie selbst entworfen hatten, auf See ums Leben.) Birch wurde dazu angestellt, den Bau der FORMULE TAG zu überwachen und das Schiff anschließend als Profikapitän zu segeln. (Später zeigte die FORMULE TAG, wie ausdauernd sie ihren Spitzenplatz behaupten konnte, als Knox-Johnston und der Neuseeländer Peter Blake die Rennmaschine kauften, überholten, in ENZA umtauften und damit in einer inzwischen übertroffenen Rekordzeit von 74 Tagen rund um die Welt fegten.)

Der von dem Engländer Nigel Irens entworfene neue Katamaran wurde in Quebec gebaut. Birch wollte, daß wenigstens ein Teil der Besatzung aus Kanada kam, also heuerte er den sehr ehrgeizigen, kämpferischen und erfahrenen Jollensegler Roufs an. Es war eine gute Symbiose. Birch, der mit der alten englischen Auffassung vom Rennsegeln groß geworden war - er hatte 22 Jahre in England gelebt –, und der selbst erst mit 30 Jahren angefangen hatte zu segeln, sah die ganze Sache noch immer als eine Art Jux, ein Abenteuer. Kühl und zurückhaltend, wie er war, wollte er das Boot „von A nach B und zurück bringen und dabei nicht allzu naß werden". Roufs wollte dabei schnell sein und siegen. Er hatte auch die im Bord-an-Bord-Getümmel der schnellen Jollenregatten geschärfte Erfahrung, um es anzupacken und zu gewinnen.

Drei Jahre lang segelten Birch und Roufs zusammen in den immer häufigeren Transatlantikrennen: Quebec - Saint Malo (5. Platz); Transat Espagnole (3. Platz); Monaco - New York (1. Platz). Der ältere Abenteurer und der jüngere passionierte Techniker wurden enge Freunde. Während Roufs mit Englisch und Französisch perfekt zweisprachig war (nach Ansicht eines Freundes sogar dreisprachig, denn er konnte Französisch mit einem makellosen Québécois-Akzent sprechen oder auch wie ein Franzose), sprach Birch kaum Französisch. Er war froh, den Englisch sprechenden Roufs in La Trinité-sur-Mer, der kleinen Segelstadt in der Bretagne, wo sich beide niedergelassen hatten, an seiner Seite zu haben. Die Freundschaft der beiden wurde zu einer Art Vater-Sohn-Beziehung. Für Birch brachte der jüngere Mann ungeheure Energie und großes Können in die Segelpartnerschaft ein. Mit ihm drang aber auch ein Schwall kalter kanadischer Frischluft ins Leben des manchmal nostalgischen Exil-Engländers. Die beiden kamen oft zusammen, um auf Englisch zu plaudern und über Hockey zu sprechen. Birch wiederum war für Roufs der bedeutendste Ansporn, seine Regattakarriere noch weiter auszubauen. Weil Roufs in Kanada, der Peripherie Amerikas, aufgewachsen war, hatten die üblichen französischen oder englischen Rollenvorbilder Tabarly, Moitessier oder Chichester ihn nicht beeinflußt. Als er begann, zusammen mit Birch zu segeln, war es sein älterer Landsmann, der ihn dazu anregte, über Ozeane zu segeln. Anders als die französischen und englischen Segler, die als Kinder ihre Helden aus der Ferne bewundert hatten, hatte Roufs das Glück, mit seinem Mentor wirklich segeln zu können.

In demselben Zeitraum, 1984, als die FORMULE TAG im Hafen von Quebec lag, lernte Roufs Michèle Cartier kennen und verliebte sich in sie. Michèle, eine zierliche, lebhafte, schöne, dunkeläugige Frau aus einem kleinen Dorf in der Nähe von Quebec, erwiderte seine Liebe. Die beiden verbrachten die meiste Zeit zusammen in La Trinité-sur-Mer und kauften sich 1989 ein Haus im nahegelegenen Locmariaquer. Im gleichen Jahr wurde Emma geboren.

Michèle Cartier, die selbst nur Gelegenheitsseglerin war, richtete sich in einem Leben ein, das auf eine seltsame Weise konventionell erschien. Das hatte sie mit vielen anderen Frauen und Gefährtinnen von Vendée Globe-Teilnehmern gemeinsam. Sie blieben mit den Kindern zu Haus und halfen ihren Ehemännern bei der geschäftlichen Seite des Lebens, oder sie arbeiteten in irgendeinem alltäglichen Beruf. Währenddessen verbrachten ihre Ehemänner, getrennt von der Familie, zwei Drittel des Jahres damit, beim Segeln über Ozeane ihr Leben aufs Spiel zu setzen. Es sprach nichts dagegen, daß ein Vendée Globe- oder BOC-Teilnehmer, nachdem er die Antarktis umsegelt hatte, nach Hause an den warmen Herd in den Schoß der liebenden Familie zurückkehrte. So war es bei den Seeleuten der Rahsegler jahrhundertelang gewesen. Vielleicht braucht ein Mann, der für den Lebensunterhalt sein Leben einsetzt, die Behaglichkeit eines traditionellen Familienlebens. Aber heute kommt einem das irgendwie unpassend vor. Vielleicht ist es nur die Kluft zwischen dem adrenalingeladenen großen Abenteuer auf See und der verläßlichen häuslichen Geborgenheit mit den Kindern. Dazu kommt der Gegensatz zwischen den Gefährtinnen der Männer einerseits und Chabaud und Autissier andererseits, den beiden Frauen, die am Rennen teilnahmen, während die Frauen der männlichen Konkurrenten das Haus hüteten. Diese Seglerinnen und die Frauen der männlichen Skipper lebten an entgegengesetzten Polen des Feldes weiblicher Tätigkeiten mit seinen wechselnden und widerstreitenden Möglichkeiten und Anforderungen.

Auf diesen schnellen Katamaranen blühte Roufs auf. Er gehörte zur Besatzung der ROYALE, als dieses Doppelrumpfboot 1986 einen Geschwindigkeitsrekord für die Atlantiküberquerung aufstellte. Drei Jahre lang gehörte er zur Mannschaft der JET SERVICES V. Dieser Kat gewann zweimal den Course de l'Europe (ein Etappenrennen rund um die Küsten Nordwesteuropas), außerdem zwei Transatlantikwettfahrten, beide Male mit Geschwindigkeitsrekorden. Roufs segelte mit Birch, so oft er konnte: 1991/92 ein ganzes Jahr und zuletzt 1994, als die beiden in der Regatta Quebec - Saint Malo einen 40 Fuß (12,2 m) langen Trimaran segelten. Im Jahr davor aber tat Roufs den ersten Schritt auf dem Weg zum Segeln großer Einrumpfyachten und zum Start des Vendée Globe. Er wurde in die Besatzung der EPC von Isabelle Autissier aufgenommen. Die Zusammenarbeit mit der hochgeachteten Autissier, seine eigene wachsende Erfahrung und ein wenig Glück brachten Roufs schließlich, was er wirklich wollte: ein eigenes Boot. Er überredete die französische Firma „Groupe LG", einen Hersteller industrieller Reinigungsprodukte, ihn zum Skipper zu machen. Im Vendée Globe von 1992/93 hatte Groupe LG den erfahrenen Einhandsegler Bertrand de Broc unter Vertrag gehabt. Als er auf einem guten dritten Platz lag, war de Broc vom Konstrukteur des Bootes und der Groupe LG angewiesen worden, Neuseeland anzulaufen, weil man Probleme mit dem Kiel des Bootes vermutete. Die Yacht wurde aus dem Wasser genommen, man fand aber nichts. Der quecksilbrige de Broc, der jetzt disqualifiziert war, weil er einen Hafen angelaufen hatte, tobte. Laut kritisierte er den Sponsor und den Yachtkonstrukteur, stürmte zurück nach Frankreich und ließ das Boot in Neuseeland im Stich.

Die Groupe LG bat Roufs, das Schiff für sie nach Frankreich zurückzusegeln. Roufs griff die Gelegenheit beim Schopf, Skipper der Firma zu werden, was ihm durch die zunehmende persönliche Verbundenheit mit dem Chef der Firma, Frank Oppermann, der einmal ein Geschäft in Montreal geleitet hatte, leichter gemacht wurde. Gerry kam mit dem Boot ganz gut zurecht, in zwei Einhand-Atlantikrennen wurde er Sechster bzw. Dritter. Dann entschloß sich die Sponsorfirma, für das Vendée Globe 1996/97 ein neues Boot bauen zu lassen. Die vorhandene GROUPE LG war 1989 gebaut, und seither waren in der offenen 60-Fuß-Klasse viele neuartige Konstruktionsideen aufgetaucht. Das alte Boot galt jetzt als schwer und langsam (anderthalbmal so schwer wie die gerade zu Wasser gekommenen neuen Yachten). Es hatte nicht die Rumpfmerkmale und

Gerry Roufs an Bord der GROUPE LG 2. *Man beachte die enorme, bis zum Heck durchgezogene Breite und links im Bild eines der beiden Ruder, das durch die Krängung der Yacht aus dem Wasser gekommen ist.*

Raffinessen, die diese Boote, was inzwischen feststand, schneller machten - den Schwenkkiel, die extreme, bis zu einem breiten Spiegel durchgezogene Breite, gewaltige Segelfläche und sehr leichte Bauweise. Groupe LG beauftragte die Firma Groupe Finot mit dem Entwurf des Neubaus.

Die neue GROUPE LG 2 lief im September 1995 vom Stapel. Viele der anderen für die Wettfahrt neu gebauten Schiffe oder ältere, die überholt und modernisiert werden mußten, kamen nur knapp rechtzeitig für die von den Regeln vorgeschriebene 2.000 Meilen lange Qualifikationsfahrt ins Wasser. Roufs hatte den Luxus ausreichender Vorbereitungszeit, um die Yacht einzutrimmen und ihre Kinderkrankheiten auszubügeln: Teile, die nicht funktionierten oder falsch ausgerichtet waren, Schwächen, rätselhafte Fehlfunktionen und gespenstische Ausfallerscheinungen, die bei jeder neuen komplizierten Maschine unvermeidlich sind. Aber der Kanadier hatte alles andere als freie Bahn. Er mußte sich mit einem anderen Problem herumschlagen, das seine Teilnahme mindestens ebenso gefährdete wie alle technischen Schwierigkeiten und ihn zu Lasten der Wettfahrtvorbereitungen noch mehr Energie kostete.

Es ging wieder einmal ums Geld. Einen Sponsor zu ergattern, der die Rechnung für das Vendée Globe unterschreibt, gleicht ungefähr dem Griff nach einem Stück Kuchen, wenn nicht annähernd genug Kuchen für jeden da ist. Wie immer, wenn Menschen, die von einer Sache besessen sind, um knappe Mittel wetteifern, ist der Kampf verbissen. Kurz, die Sponsorenszene in Frankreich ist ein Dschungel. Viele der ehrgeizigen Neulinge, die in den Bannkreis der vermögenden Profis eindringen wollen, schrecken nicht davor zurück, bei den Sponsoren der etablierten Segler hausieren zu gehen. Auch die Sponsoren selbst sind nicht unbedingt treu, wenn sie meinen, daß ein anderer Segler ihnen für ihr gutes Geld mehr bietet. Das ist die kommerzielle Schlammschlacht, die zu dieser Art des Langstreckensegelns gehört, eine zwangsläufige Folge des starken Öffentlichkeits- und Medieninteresses. Wenn die Sponsoren als gewinnorientierte Geschäftsleute es für gerechtfertigt halten, das Geld herauszurücken, dann bestimmen geschäftliche Überlegungen auch, wie das Geld ausgegeben wird und an wen es geht. Das alles hat kaum noch etwas mit der lockeren Amateurhaltung des Transatlantikpioniers Blondie Hasler oder dem Golden Globe zu tun, aber so geht es nun einmal auf der Welt zu, wenn der Einsatz steigt.

Roufs war in diesem Dschungelkampf erfolgreich genug, um einen Sponsor zu gewinnen und ins Rennen zu kommen. Aber er hatte dabei sehr zu kämpfen. Er beging den Fehler, zuviel Zeit in den Bau der GROUPE LG 2 zu investieren und nicht genug in die Vorbereitung auf Wettfahrten. In den Figarorennen von 1995 und 1996 schnitt er nicht gut ab. Die Firma Groupe LG bekam Zweifel. Hatte man sich für den richtigen Segler entschieden? Viel sprach dafür und viel dagegen. Es gab viele Aufsteiger und Newcomer, die lautstark Anspruch auf die Plätze der etablierten Segler erhoben. Der Druck auf Roufs nahm zu. Monatelang war er nicht sicher, ob er das neue Boot im Vendée Globe segeln würde. Einer seiner guten Freunde beobachtete Gerry, als er in der Schußlinie stand. „Manch einer hätte gesagt: ‚Scheiß drauf, hier habt ihr euer Boot. Behaltet es. Ich will nichts mehr davon hören.'"

Roufs aber hatte die Eigenschaften, um sich durchzusetzen: Seine Einstellung war zäh und zielstrebig, und er war zuversichtlich, daß er das Ruder in der Hand behalten und am Ende das Vendée Globe gewinnen würde.

Der Wendepunkt war die Europe 1 Star-Transatlantikwettfahrt von 1996, die im Juni des Jahres in Plymouth gestartet wurde. (In Frankreich wurde es noch immer „la transat anglaise" genannt. Es war aus dem von Hasler und Chichester ausgebrüteten ursprünglichen Atlantikrennen hervorgegangen.) Die meisten der Konkurrenten, deren Boote rechtzeitig fertig waren, nutzten dieses Rennen, um sich für das Vendée Globe oder die BOC-Regatta zu qualifizie-

Yves Parlier an Deck der AQUITAINE INNOVATIONS.

ren. Roufs blieb bei seiner Sponsorfirma. Er war der beste Skipper für die GROUPE LG 2. Er bewies es, indem er Erster wurde. Der Sieg bei dem prestigeträchtigsten Transatlantikrennen empfahl ihn endgültig als Skipper und festigte seine Stellung in der zweiten Reihe der Favoriten des Vendée Globe - hinter Auguin, aber gleichauf mit Parlier, Autissier und Fa.

Die revolutionärste Finot-Konstruktion, die nahe der Startlinie um Raum kämpfte, war Yves Parliers AQUITAINE INNOVATIONS. Mit ihrem aus Kohlefaser modellierten Rumpf, dessen Form all die Linien und Proportionen vereinigte, die als aktuelles Rezept für Höchstgeschwindigkeit galten, wog die Yacht nur sieben Tonnen. Das war etwas weniger als die Hälfte der Verdrängung des Bootes, das vier Jahre vorher das Vendée Globe gewonnen hatte. Bei einer Fahrtenyacht von etwa zwölf Metern Länge würde man bei demselben Gewicht schon von leichter Verdrängung sprechen. (Ein schweres Stahlboot von elf Metern Länge, das uns vor kurzem gehört hatte, wog zwölf Tonnen.) Parliers Boot würde gewiß schnell sein. Aber jedermann hatte so seine Zweifel, was die Haltbarkeit betraf. Diese Vorbehalte beruhten nicht nur auf der ungewöhnlich leichten Bauweise, sondern auch auf Schwierigkeiten, mit denen Parlier schon zu tun gehabt hatte. Nachdem er das Boot am 1. Juni 1996 in seinem Heimathafen Arcachon zu Wasser gebracht hatte, blieben Parlier und seinem Team nur zwei Wochen, um das Schiff vorzubereiten und zum Start des Europe 1 Star-Rennens, das Parliers Qualifikationsfahrt sein sollte, nach Plymouth zu bringen. Während eines kurzen Schlags vor Plymouth am Tag vor der Wettfahrt bemerkte Parlier hier und da einige Probleme. Das Beunruhigendste war jedoch, daß der Mast selbst nicht sicher schien. Er war das ungewöhnlichste Merkmal des Bootes und der einzige seiner Art im ganzen Vendée Globe-Feld. Er stand drehbar, um dem Wind immer das beste aerodynamische Profil darzubieten. Parlier hatte einen schwenkbaren Kiel, der ihm über die gesamte Rennstrecke schätzungsweise einen Vorteil von anderthalb Tagen bringen würde, als technischen Übermut verworfen und den verstellbaren Mast vorgezogen, der ihm nach seiner Ansicht bis zum Ziel drei Tage Zeitgewinn verschaffen würde. Es war aber schwierig, einen solchen Mast aufrecht zu halten. Parlier lief am nächsten Tag mit der Befürchtung aus, daß der Mast - abgesehen vom Rumpf das Wichtigste am Boot - nicht solide war. Seine Befürchtungen waren begründet. Nach einer Woche mit leichtem Wetter traf das Europe 1 Star-Feld auf ein sommerliches Nordatlantik-Wettersystem mit mäßigen Windstärken - Parliers Schiff hätte mühelos damit fertigwerden müssen. Als die Yacht von einer mäßig großen Welle in das nachfolgende Wellental fiel, brach eine Saling. Diese paarweise beiderseits des Mastes angebrachten Streben drücken gegen die Wanten - die seitlichen Abspannungen des Mastes aus Draht oder Stangenmaterial. Dadurch verteilen und mildern sie den Stauchdruck auf den Mast. Als eine von Parliers Salings knackte, war das komplizierte Netz von Spannungen und Gegenspannungen, mit denen das stehende Gut den Mast geradehält, zerstört, und er brach zusammen. Während Parlier sich mit dem Durcheinander abmühte und dabei war, ein Notrigg aufzustellen, erlitt er einen schweren Bänderriß in einem Finger.

Die Yacht brauchte drei Wochen, um nach Frankreich zurückzuhumpeln. Es war schwierig, das Geld für einen neuen Mast zusammenzubekommen. Der Herstellerbetrieb hatte finanzielle Schwierigkeiten und konnte nicht rechtzeitig liefern. Erst Anfang Oktober stand der Ersatzmast, und Parlier hatte nur Zeit für einige kurze Probeschläge auf dem Haff von Arcachon. Als Parlier die AQUITAINE INNOVATIONS am 3. November an die Startlinie heranmanövrierte, wußte er kaum mehr über seine Yacht als fünf Monate vorher beim Start des Europe 1 Star-Rennens. Und jedesmal, wenn er seine Hand brauchte, was fast dauernd der Fall war, schmerzte sein Finger höllisch.

Aber nichts davon änderte etwas an Parliers gewohnt aggressiver Art zu segeln. Vom Start der Wettfahrt an war seine Devise: „Kein Pardon, nie eine Meile verschenken". Unter vollen Segeln im Slalom durch das Gewimmel der Zuschauerboote fetzend, duellierte er sich auf zehn Knoten schnellen Zick-Zack-Schlägen mit den ebenso eingestellten Konkurrenten Bertrand de Broc, Patrick de Radiguès, dem Belgier, und Hervé Laurent, der Roufs' früheres Boot segelte, das jetzt GROUPE LG TRAITMAT hieß. Sie alle wollten zu jenem magischen Punkt auf der Startlinie, von dem aus, wie man annahm, der günstigste und einzig wahre Kurs zur ersten Boje führte. Die

Skipper wirbelten ihre 18-Meter-Yachten herum wie kleine Jollen. Es war, als starteten sie eine schnelle Regatta dreimal um die Bojen, um anschließend im Clubhaus zu duschen und einen Schluck zu trinken.

Der Kurzstreckenrennsegler versucht, die Linie eine Sekunde nach dem Startschuß zu überqueren. Das verlangt dasselbe Zusammenspiel von Auge, Gehirn und Gliedern, wie es der Fußballstürmer für einen gut gezielten Schuß auf das gegnerische Tor braucht. Vielleicht vergleichbar damit ist auch das genaue Augenmaß der Piloten der alten Apollo-Raumkapseln, die den äußeren Rand der irdischen Lufthülle genau im richtigen Winkel treffen und durchdringen mußten - zu steil, und das Raumschiff brannte wie ein Meteor, zu flach, und es prallte ab wie ein flacher Stein vom Wasser, um für immer in der Tiefe des Weltraums zu verschwinden. Der Rennsegler muß Fahrt und Schwung des Bootes einschätzen und ins Verhältnis setzen zum Abstand von der Startlinie, zur Art und Größe der Wellen, deren Einfluß das Boot hemmen oder beschleunigen könnte, zur Stetigkeit von Windrichtung und -stärke - und all das auf der Grundlage der Informationen, die der Skipper in den hektischen Minuten vor dem Start gesammelt hat.

Zur gleichen Zeit muß der Segler auf die Boote seiner Konkurrenten achten und augenblicklich beurteilen, wer nach den verwickelten international geltenden Ausweichregeln für Segelfahrzeuge das Wegerecht hat und wer ausweichen muß. Zum Beispiel hat ein Boot auf Backbordbug (d.h. es hat den Wind von Steuerbord) Wegerecht vor einem Boot, das auf Steuerbordbug segelt. Segeln zwei Boote mit Wind von derselben Seite, hat das in Lee (auf der windabgewandten Seite) liegende Boot Wegerecht. Abgesehen von diesen allgemeinen Ausweichregeln, die für alle dicht beieinander segelnden Fahrzeuge gelten, unterliegen Yachten im Rennen komplizierten Vorfahrtsregeln, die von den Wettsegelverbänden der einzelnen Länder festgelegt werden. Jeder Teilnehmer muß diese Regeln genau genug kennen, um instinktiv richtig zu reagieren und entweder seinen Kurs zu halten oder auszuweichen, um eine Kollision zu vermeiden. Noch mehr Würze bekam die Sache dadurch, daß die Vendée Globe-Segler vermeiden mußten, die Wochenendkreuzer, auf denen Monsieur und Madame mit 2,5 Kindern und einer Flasche Wein die Ereignisse aus nächster Nähe verfolgen wollten, in zwei Teile zu spalten.

Wundersamerweise wurde aber niemand gerammt. Ebenso wunderbarerweise schaffte es de Broc, die Linie bloße drei Sekunden nach dem Startschuß zu passieren, der um 13.02 Uhr abgefeuert wurde. Parlier folgte wenige Sekunden später. De Broc konnte die erste Boje, die die Boote runden sollten, nicht sehen. Zuschauerboote versperrten die Sicht darauf. Er mußte seine Yacht vom Autopiloten steuern lassen, mit dem Fernglas am Bug Ausguck halten und Boote in der Nähe laut rufend nach der Richtung fragen. Das war de Brocs kurzer Augenblick an der Sonne. (Viel später im Rennen allerdings würde er durch Pech wieder im Rampenlicht stehen.) Er segelte ein schon 1989 gebautes Boot (ebenso wie de Radiguès und Laurent), ein Schwergewicht von zwölf Tonnen mit dem Namen VOTRE NOM AUTOUR DU MONDE - „Ihr Name rund um die Welt". Mit einer einfallsreichen Kampagne zur Geldbeschaffung hatte er Beiträge von über 6.000 Privatspendern gesammelt, darunter Jaques Chirac, der französische Staatspräsident, und die Werft, die drei der teilnehmenden Yachten gebaut hatte. Als Gegenleistung durften die Geldgeber nicht nur die Übermittlung einiger spannender Erlebnisse erhoffen, sondern das Boot wurde mit den Namen aller Sponsoren beschriftet. Die Namen bedeckten den Rumpf in endlosen Reihen vom Deck bis zur Wasserlinie.

Als die Boje zwischen den Zuschauerbooten zum Vorschein kam, hatte Parliers Yacht schon ihre Überlegenheit bei leichterem Wind gezeigt, und er hatte de Broc die Führung abgenommen. Parlier rundete die Markierungsboje vor Port Bourgenay und hielt an der Spitze des Feldes hinaus in den offenen Ozean.

Yves Parlier hatte die Finanzierungsfrage teilweise dadurch gelöst, daß er eine ganze Regierung eingespannt hatte. Er hatte die Regierung des Bezirks Aquitaine überredet, für seine teuren Rennmaschinen den größten Einzelbetrag beizusteuern - bei dem neuesten Boot 40 %. Isabelle Autissier hatte dasselbe mit dem Bezirk Poitou-Charentes geschafft, wo ihr Heimathafen, der alte französische Kriegshafen La Rochelle, liegt. Beide Segler hatten auch andere Sponsoren hinter sich gebracht, aber die Regierungen sorgten für den Löwenanteil der Millionen Franc, die für eine Vendée Globe-Kampagne nötig sind.

Ich interviewte Parlier in seinem Büro in einem vierstöckigen Altbau, den er mit mehreren Facharztpraxen teilte, an einem vornehmen Boulevard in Bordeaux . Er hatte drei Angestellte, die ihn bei seinem Geschäft als französischer Profisegler unterstützten. Das war vor allem Geldbeschaffung und die ganze Öffentlichkeitsarbeit mit den persönlichen Auftritten, die dazugehörten. Es war wirklich ein Vollzeit-Kommunikationsunternehmen, in dem Parlier die Hauptrolle spielte. Der Trick bestand darin, ein professionelles Gesamtpaket mit sich selbst als wichtigster Verkaufsattraktion zusammenzustellen, damit die Sponsoren gern ihren Namen mit dem Projekt verbanden. Wie alle Segler in ihren Rollen als reibungslos funktionierende Geschäftsleute kam Parlier jeden Tag ins Büro, telefonierte herum, ging zu Besprechungen und organisierte die Einzelheiten des Bootsbaus, der Ausrüstung und der Planung für seine Einhandregatten.

Persönlich jedoch war Parlier alles andere als ein typischer Geschäftsmann. Wenn dieses Rennen schon einen Helden hatte, einen ganzen Kerl und einen Piraten, dann hatte es in Parlier den Segler als Olympioniken. Er war ungefähr 1,90 Meter groß, sehnigmuskulös, hatte ein klassisches Profil, kurzgeschnittenes, vorzeitig ergrautes Haar und, am bemerkenswertesten, hellblaue Augen, die mich und alles, worauf sie blickten, scharf fixierten. Ich habe von Menschen mit Jägeraugen gelesen und nehme an, daß Parlier solche Augen hatte - ihre unerschrockene Wachsamkeit ließ nie nach. Er beantwortete meine Fragen gelassen, sachlich, mit trockenem Humor und beiläufiger Verächtlichkeit, wenn es um seine Benachteiligungen und körperlichen Leiden ging. Aber nach ungefähr einer Stunde wurde er ruhelos, und seine Aufmerksamkeit begann zu schwinden. Er war kein Mann, der lange stillsitzen konnte. Seine Seglerfreunde hatten ihm den Spitznamen „der Außerirdische" gegeben, wegen seines anscheinend übermenschlichen Geschicks, bei Wettfahrten zur richtigen Zeit den richtigen Wind zu finden. Der Name paßte aber offenbar auch auf seine gelöste, aufmerksame und - wie es mir damals schien - irgendwie überlegene Persönlichkeit, denn ich war müde von der Reise und quälte mich mit meinem eingerosteten Französisch ab.

Parlier, der bei Beginn der Wettfahrt kurz vor seinem 36. Geburtstag stand, hatte wie viele andere Teilnehmer jung mit dem Segeln angefangen. Seine Familie, die in Paris lebte, besuchte jeden Sommer die kleine Urlaubs- und Segelstadt Arcachon. Parlier fing dort mit acht Jahren auf einer der weit verbreiteten Optimistenjollen das Segeln an. Als Jugendlicher arbeitete er als Ausbilder in einer Fahrtenseglerschule, wo er Lehnstuhlweltumseglern das Knoten und den Gebrauch des Sextanten beibrachte. Mit achtzehn begann er mit einer Regattacrew zu segeln, und es brachte ihm sehr viel Spaß. Er hatte eine „Leidenschaft für alles, was mit dem Segeln zu tun hatte." Er las alle Bücher darüber. Durch seine Idole Tabarly und Moitessier neu angeregt, las er auch über frühere Einhandsegler wie Alain Gerbault, Fliegeras aus dem 1. Weltkrieg und französischer Rasentennismeister, der, ruhmesmüde und unaufhörlich von seinen Kriegserinnerungen verfolgt, fort in die damals noch entlegene und märchenhafte Südsee segelte.

1976 segelte Parlier in Toronto Hobies (kleine, sehr schnelle Katamarane) in den Weltmeisterschaftsregatten. Sein erstes Einhandrennen war das MiniTransat - für Westentaschen-Renner bis 22 Fuß (6,7 m) Länge - von Brest nach Point-à-Pitre auf der französischen Karibikinsel Guadeloupe. Er gewann nicht nur die Wettfahrt, sondern bewies auch seine unerschöpfliche Leidenschaft für technische Neuerungen. Er baute das Boot selbst, und es war seiner Zeit außerordentlich weit voraus. Einen herkömmlichen GFK-Rumpf versah er mit einem unkonventionellen Kohlefaser-Kevlar-Sandwich-Deck mit einer leichten, honigwabenartigen Mittelschicht und stellte einen Kohlefasermast. Er befaßte sich eingehend mit Verbundwerkstoffen und arbeitete eine Weile in der Forschungsabteilung der Werft von Yachting France.

Seine Verwandlung zum Profisegler und die Aufnahme in den elitären Club der 60-Fuß-Klasse begann mit seinem Sieg im Figaro-Einhandrennen von 1991. Danach steht in seiner Presseerklärung durchweg „vainqueur" - Sieger –, wie bei vier Einhand-Atlantikrennen einschließlich einer rekordbrechenden Europe 1 Star-Wettfahrt 1992. In jenem Jahr wurde er auch Vierter im Vendée Globe nach dem als Trimm- und Qualifizierungsfahrt genutzten 1 Star-Rennen. Siegesgewohnt wie er war, mit einem neuen, schnellen Boot und der Entschlossenheit, vom Start weg das Beste zu geben, überraschte er niemanden mit seiner Führungsposition, als das Vendée Globe-Feld von Les Sables-d'Olonne aus hinter den Horizont in die gefahrvolle Biskaya entschwand.

Moderne Yachten sind in jeder Beziehung weitaus seetüchtiger. Unser 9,5-Meter-Boot wäre in der Biskaya sicherer gewesen als die meisten alten Rahsegler. Mit der modernen Takelung (z.B. der vertrauten Slooptakelung mit Großsegel und Fock) kann man, anders als mit Rahsegeln, einen Kurs im Winkel von 45° zur Windrichtung oder besser segeln. Der tiefe Kiel verringert die Abdrift. Die meisten heutigen Yachten können sich von Leeküsten freikreuzen - solange der Wind nicht zu stark für das Boot wird, solange nichts entzwei geht und solange die Besatzung die Nerven behält.

Tatsächlich werden die meisten Schiffe - das gilt auf jeden Fall für Segelschiffe - durch das Land vernichtet. Moitessier nannte die Küste, womit er sie generell und überall meinte, „eine große Hure". Vermutlich deswegen, weil sie schwache Seeleute verführerisch in den Untergang lockt. Besser schon die asketisch-reine Sicherheit der hohen See. Moitessier wußte aus eigener bitterer Erfahrung, worüber er sprach. Er verlor seinen alten Freund JOSHUA nicht irgendwo in den Brüllenden Vierzigern oder überhaupt auf hoher See, sondern als er vor einem stillen Tropenstrand vor Anker lag.

Kurz vor Weihnachten 1982 lag Moitessiers Schiff dicht vor dem Strand von Cabo San Lucas bei der Spitze der Halbinsel Baja California an der Westküste Mexikos vor Anker. Im ganzen lagen dort 60 Boote, darunter Sportfischerboote und Fahrtenyachten. Der Ankerplatz war nicht besonders gut, aber das Wetter war in jener Jahreszeit meist schön. Aber nicht immer. Eine für die Jahreszeit ungewöhnliche Kaltfront, die 300 Meilen vor der Küste zum Stehen gekommen war, begann sich der Küste zu nähern. Auf zwölf der vor Anker liegenden Segelboote wurde die unheilschwangere Wettervorhersage oder das Fallen des Barometers beachtet. Diese Yachten liefen aus, bevor der Sturm am nächsten Abend die Küste überfiel, oder konnten noch nach dem Losbrechen des Unwetters auslaufen. Alle anderen blieben, wo sie waren. Während des Sturms schlierten bei 29 Booten die Anker, so daß die Schiffe auf den Sandstrand geworfen wurden, wo die sechs Meter hohe Brandung 21 davon in Stücke schlug, die meist so klein waren, daß man nicht mehr erkennen konnte, zu welcher Yacht sie gehört hatten. Die stählerne Joshua blieb heil, aber selbst ihr widerstandsfähiger Rumpf war so übel zugerichtet und verbeult, daß Moitessier das Schiff aufgab. Alle Boote, die die offene See erreicht hatten, blieben dort im tieferen Wasser etwa fünf Stunden lang beigedreht liegen, bis der Sturm vorüber war. Sie alle kamen praktisch ohne Schäden davon.

„Ich war dumm, einfach dumm," sagte Moitessier. „Ich vergaß das Nachdenken. Nicht einmal das Seehandbuch hatte ich gelesen."

Es gilt immer noch die alte Weisheit: „When in doubt, go out." (Im Zweifel raus auf See.) Wenn man keinen Hafen anlaufen kann, bevor es wirklich schlimm wird, sollte man lieber versuchen, so viel Seeraum wie möglich zu gewinnen. Das tiefere Wasser weiter draußen bedeutet Wellen, mit denen das Boot besser fertig wird. Seeraum erlaubt auch eine freiere Wahl der Sturmtaktik. Ein Boot, das beigedreht oder zum Treiben liegt (Dabei treibt es, mit festgelegtem Ruder sich selbst überlassen, langsam mit dem Wind, meist quer zur See, also breitseits zum Seegang.), hat dann mehr Platz für seine Drift. In Grenzen kann das Schiff auch vor dem Wetter Reißaus nehmen und vor Wind und Seegang ablaufen, vielleicht durch nachgeschleppte lange Leinen oder einen Lenzsack gebremst. (Ein Lenzsack ist ein achtern nachgeschleppter konischer oder fallschirmförmiger Seeanker oder Treibanker, wie er auch vorn benutzt werden kann, um den Bug im Wind zu halten.) Wenn ein Schiff langsam treibt, vergeht mehr Zeit, bevor es in Gefahr kommt zu stranden. Es ist gut möglich, daß die Besatzung an einer felsigen Küste nicht lebend durch die Brandung kommt. Schnell zertrümmern die Wellen das Boot wie Vorschlaghämmer.

Im November über die Biskaya zu segeln oder sonst irgendwo im Nordatlantik oberhalb des 30. Breitengrades war nicht annähernd dasselbe wie in den hohen Südbreiten. Aber dennoch war mit diesem Seegebiet keineswegs zu spaßen, was die Vendée Globe-Skipper, die seit einem Tag in der Biskaya unterwegs waren, schon bald bestätigen würden.

Tony Bullimore war als erster dran. Am Montagnachmittag, nach gut einem Wettfahrttag, kehrte er um nach Les Sables-d'Olonne. Sein Autopilot war ausgefallen. Als der erwartete Sturm da war, mußten Bullimore und das ganze übrige Feld gegen stürmische Winde - nie unter Stärke 8 nach der Skala von Admiral Beaufort - und gegen steile Seen, die genau von vorn kamen, ankreuzen. Der Autopilot selbst funktionierte, aber die Potentiometer, die dem Selbststeurer die unbedingt erforderlichen Angaben über die Ruderlage, den Anstellwinkel der Ruder, lieferten, waren nicht richtig an der Ruderanlage befestigt worden. Durch das harte Einsetzen des Bootes in den Seegang lösten sich die Halteschrauben der Instrumente. Sie fielen ab und legten die ganze Anlage lahm. Kein Einhandsegler kommt ohne irgendeine Art von Selbststeuervorrichtung aus. Zwar hätte Bullimore seine Yacht behelfsmäßig auf die eine oder andere Weise durch einfaches Ausbalancieren der Segel zum Selbststeuern bringen können, wie es in der Zeit vor den Autopiloten und Windselbststeueranlagen gebräuchlich war, aber er machte sich keine Hoffnung, damit im Rennen bleiben oder den Südozean bewältigen zu können.

Zur gleichen Zeit lief der ganze Dieselkraftstoff aus einem der beiden Tanks auf den Kajütfußboden. Der Tank war nicht richtig abgedichtet worden; wieder einmal nur ein kleiner menschlicher Irrtum in der Hetze vor dem Rennen, aber mit bedenklichen Folgen. Tony brauchte Treibstoff für den Generator, der die Batterien lud, die alle Instrumente an Bord versorgten, auch den Autopiloten, wenn er funktionierte. Ohne Kraftstoff waren die Vendée Globe-Yachten buchstäblich kraftlos.

Nach der Reparatur und dem erneuten Auslaufen würde er gegenüber den Spitzenreitern fünf Tage oder tausend Meilen verloren haben.

„Ich hatte ein gutes Boot unter den Füßen, aber sicher nicht annähernd das schnellste im Rennen," sagte Bullimore. Seine Aussichten, einen der ersten Plätze zu belegen, ohnehin ein kühnes Ziel, hatten sich innerhalb von 24 Stunden völlig verflüchtigt. „Das tat wirklich etwas weh."

Zumindest würde er nicht disqualifiziert werden. Nach den Regeln durften die Yachten ohne Bestrafung nach Les Sables-d'Olonne zurückkehren. Anderswo die Fahrt zu unterbrechen oder Hilfe anzunehmen führte dagegen zur sofortigen Disqualifikation.

Als Zweiter war Didier Munduteguy an der Reihe, ein 43jähriger altgedienter Atlantiksegler aus dem baskischen Teil Südfrankreichs. Dies war sein Debüt in einer Regatta rund um die Welt. Er hatte jahrzehntelang davon geträumt, um die Welt zu segeln, und die Teilnahme am Vendée Globe würde seinen Traum unübertrefflich ausdrücken. Aber Didier blieb nur kurz auf seinem seglerischen Gipfelpunkt. Den größten Teil der ersten Nacht hatten ihn Bullaugen, die nicht richtig schlossen, wach gehalten. Im stürmischen Süden hätten diese Lecks zur Katastrophe führen können, jetzt aber waren sie nur lästig und ließen sich reparieren. Dann jedoch, kurz nach Dunkelwerden am späten Montagnachmittag (in diesen nördlichen Breiten bricht die Nacht im November früh herein), krachte Munduteguys Boot während einer besonders starken Bö von über 50 Knoten Windgeschwindigkeit heftig in eine Welle. Die CLUB 60E SUD wurde entmastet. Der Skipper mußte an Deck und die Drähte des stehenden Gutes kappen, mit denen der Mast noch am Boot hing. Wie immer, wenn ein Mast herunterkommt, mußte es schnell gehen, damit er nicht das Deck oder die Außenhaut des in der groben See schlingernden Bootes durchlöcherte. Munduteguy kehrte um nach Les Sables-d'Olonne, wobei das Boot vor Wind und See lief. Er brauchte drei Tage, um ein Notrigg aufzustellen und zum Yachthafen Port Olona zurückzukommen. Seine baskischen Sponsoren brachten das Geld auf, um das Boot mit einem neuen Mast aufzutakeln, und am 16. November lief Munduteguy erneut aus - geradewegs in ein weiteres ausgeprägtes Biskayatief hinein. Die CLUB 60E SUD erlitt beim Stampfen durch die steilen, zehn Meter hohen Seen Rumpfschäden. Wo das Cockpit mit dem Rumpf verbunden war, machte sich ein etwa 90 Zentimeter langer Riß bemerkbar. Der Skipper wußte nicht, ob unsichtbar noch andere Schäden aufgetreten waren. Das Boot mußte von oben bis unten untersucht werden, deshalb schied Munduteguy endgültig aus der Wettfahrt aus.

Als dritter und vierter Teilnehmer machten Thierry Dubois und Nandor Fa die Vendée Globe-Kehrtwendung. Selbst unter Menschen, die etwas so Außergewöhnliches unternehmen wie eine Einhandregatta um die Welt, fielen diese beiden aus dem Rahmen. Der 29jährige Dubois war 1994 eine symbolische Partnerschaft mit Amnesty International eingegangen, nachdem er sich durch den Sieg beim MiniTransat als der kommende Mann bei den Einhandseglern erwiesen hatte. Die Organisation hatte sich Dubois' Idee verkaufen lassen, daß der Einhandsegler ein angemessenes Symbol für die Menschenrechte sei. Amnesty verlieh Dubois' Geldbeschaffungskampagne das Motto: „Damit der Ozean den Menschen nicht als einziger Raum auf Erden für Freiheit und Verantwortlichkeit des Einzelnen bleibt." Was könnte gegensätzlicher sein als der politische Gefangene, der in seiner Zelle sitzt, weil er einige Worte gegen die Mörder und Folterer gesprochen oder geschrieben hat, die ihn dort festhalten, und der Segler in der Plicht seines Bootes, der alles selbst entscheidet und als

Paradebeispiel erfrischender Unabhängigkeit über das sonnenglänzende Meer gleitet?

Der Gedanke an einen Gegensatz zwischen Gefängnissen und Schiffen ist noch jung. Zumindest aus dem Blickwinkel der angelsächsischen Geschichte wurde beides oft mehr oder weniger gleichgesetzt. „Was ist ein Schiff anderes als ein Gefängnis?" fragte Robert Burton in „Die Anatomie der Melancholie". Samuel Johnson brachte einmal den beinahe ernst gemeinten Aphorismus, daß der Gefangene eigentlich besser dran sei als der Seemann: „Niemand wird zur See gehen, der Mittel und Wege findet, sich ins Gefängnis zu bringen, denn auf einem Schiff ist man im Gefängnis und hat zusätzlich noch die Aussicht zu ertrinken ... Im Gefängnis hat ein Mann mehr Platz, besseres Essen und für gewöhnlich bessere Gesellschaft." Natürlich dachten Burton und Johnson dabei an die Schiffe ihrer Zeit, wahre Sklavenschiffe, die doch irgendwie die englische Seeherrschaft begründen konnten: streng geführte schwimmende Gulags, aufrechterhalten durch das, was Winston Churchill später die wahren Traditionen der Royal Navy nannte: Rum, widernatürliche Unzucht und die Peitsche.

Aber die Dinge hatten sich gewandelt. Der Sträfling und der Langstreckensegler lebten zwar in Räumen ähnlicher Größe, standen aber für den extremen Gegensatz zwischen Selbstbestimmung und Machtlosigkeit. Trotz des paradoxen Widerhalls aus der Vergangenheit schien Amnesty das richtige Gespür zu haben. Vor dem Rennen stellte die Organisation Dubois' Yacht in Paris auf dem Trocadéro, dem „Menschenrechtsplatz" zur Schau. Die Pariser strömten herbei, um sie anzusehen.

Fast genau zwei Tage nach dem Start kehrte Dubois nach Les Sables-d'Olonne um. Irgendwann bei dem wilden Ritt durch den Biskayasturm, in den das Regattafeld geraten war, hatte die POUR AMNESTY INTERNATIONAL wahrscheinlich Treibgut gerammt, vielleicht einen Baumstamm oder einen stählernen Seecontainer, den ein Frachtschiff verloren hatte, oder irgendwelchen anderen schwimmenden Sperrmüll. Der Ozean ist heutzutage voll davon, eine der schlimmsten Gefahren für kleine Fahrzeuge auf See - ganz besonders für schnelle, dünnwandige Rennyachten wie die der offenen 60-Fuß-Klasse. Dubois wollte nicht an die Möglichkeit denken, daß der Rumpf allein durch besonders hartes Aufschlagen auf eine Welle gerissen war, was früher bei Vendée Globe- und BOC-Yachten allerdings schon vorgekommen war. Nie konnten die Segler sich beruhigt darauf verlassen, daß die Bootsrümpfe das harte Einsetzen des Vorschiffs in die Sturmseen aushalten würden, ohne daß die chemisch verklebten Außenhautschichten delaminierten - sich also durch die dauernden Stöße auseinanderschälten. Die Rümpfe der meisten Vendée Globe-Boote waren aus Lagen von Kohlefaser- und Glasfasergeweben gebaut, die mit Epoxidharzen getränkt waren. Wenn das Harz aushärtete, wurde das Ganze zu einer sehr widerstandsfähigen und leichten Rumpfschale. Ganz gleich, was Dubois gerammt hatte, die Kollision hatte zu einem Riß in der Außenhaut dicht am Bug geführt, und um den Spalt herum hatten die Kohlefaser- und Glasfaserschichten zu delaminieren begonnen. Es war nicht allzu schlimm, aber das Schiff machte etwas Wasser. Es kam nicht in Frage, weiterzusegeln, bevor der Schaden behoben war. Die hohen Südbreiten oder schon ein weiteres Biskayatief würden das Boot mit Haut und Haaren verschlingen. Dubois brauchte noch zwei Tage, um seine waidwunde Yacht behutsam in die Marina Port Olona zurückzubringen. Wenn man bedenkt, daß er drei Jahre auf das Vendée Globe hingearbeitet und dafür geplant hatte, und daß er innerhalb von 48 Stunden endgültig jede Chance auf einen der vorderen Plätze im Rennen verloren hatte, war Dubois überraschend fröhlich und optimistisch. Der Spalt in der Außenhaut war nur etwa 60 Zentimeter lang, ohne weitergehende Schäden, und ließ sich schnell reparieren.

Selbst wenn er die Wettfahrt jetzt nicht mehr gewinnen konnte, lag er durchaus noch gut im Rennen. Vielleicht würde ihm der flaue Wind erspart bleiben, den der Rest der Flotte vor der portugiesischen Küste gehabt hatte. Dubois konnte gegenüber den Konkurrenten etwas Zeit aufholen. Am wichtigsten war auf jeden Fall, hinauszukommen und das Angefangene zu Ende zu bringen. Was er vor der Wettfahrt gesagt hatte, galt nach wie vor: „Ich habe das Boot dazu, also mache ich mit." Vielleicht würde er sogar noch das bescheidene Ziel erreichen, das er vor dem Rennen gehabt hatte: Am Schluß unter den ersten Fünf zu sein.

Am Morgen des 9. November, sechs Tage nach dem offiziellen Start, lief Dubois erneut aus. Er würde seine Verabredung mit dem Südozean, dem Meer am Ende der Welt, doch noch einhalten.

Für den ungarischen Segler Nandor Fa jedoch liefen die Rückkehr nach Les Sables-d'Olonne und der neue Start nicht so glatt. Seine

Kampagne strahlte von Anfang an etwas von der tragischen Erschöpfung Mitteleuropas aus. Der 43jährige ungarische Teilnehmer schien bei diesem Vendée Globe beinahe zum sicheren Scheitern verurteilt, ein Nachhall der vergeblichen Mühen des Sysiphus. Es war fast, als hätte der Ungar, der als junger Mann durch die Bücher Francis Chichesters angeregt worden war, auf dem langen, kaum glaublichen Weg aus seiner düsteren, hinter dem eisernen Vorhang und weit im Binnenland gelegenen Heimat zum rauschhaften Individualismus auf hoher See und bei seinen dort vollbrachten Leistungen am Ende seine ungeheure Energie vollständig aufgebraucht.

Während des Sturms glaubte Fa, daß sich der Schwenkkiel seiner selbst konstruierten und gebauten Yacht BUDAPEST bei den heftigen Schiffsbewegungen vor und zurück bewegte. Zwar sollte sich der Kiel mit den dazu angebrachten Taljen querschiffs bewegen lassen, aber eine Längsschiffsbewegung, seien es auch nur wenige Zentimeter, deutete für Fa darauf hin, daß der Kiel vielleicht nicht sicher war. Der Skipper hatte sein Boot im Juni 1996 zu Wasser gebracht und wie so viele seiner Konkurrenten wenig Zeit gehabt, sich damit vertraut zu machen. Seine Qualifikationsfahrt verlief ziemlich ruhig, und noch nie hatte er mit seinem Boot ein Wetter wie diesen Biskayasturm durchgemacht. Zurück in Les Sables-d'Olonne ließ Fa sich Zeit damit, festzustellen, ob Reparaturen nötig waren. Erschöpfung und Unentschlossenheit schienen ihn überkommen zu haben. Erst am nächsten Tag ließ er das Boot aus dem Wasser nehmen, um sich den Kiel anzusehen. Der aber war in Ordnung: Daß er sich bei schwerem Wetter etwas bewegte, war offensichtlich normal. Nandor Fa war ganz ohne Grund in den Hafen zurückgekehrt und hatte damit alle Siegeschancen verspielt. Dieser Rückschlag, den er sich selbst eingebrockt hatte, war vernichtend. Fa hatte sich schon dabei verausgabt, mit seinem Schiff rechtzeitig fertig zu werden. Im BOC 1991/92 war Fa, ein Könner mit beständigen Leistungen, Elfter geworden und Fünfter im vorangegangenen Vendée Globe. In der jetzigen Wettfahrt hatte er zu den Favoriten gehört und wollte dringend gewinnen. Das war jetzt ausgeschlossen. Einerseits konnte er sich schwer dazu entschließen, die Strapazen des Rennens auf sich zu nehmen, nur um ans Ziel zu kommen. Andererseits hatte er so viel durchgemacht, nur um an den Start zu kommen, daß Aufgeben nicht in Frage kam. Er brachte sein Boot wieder zu Wasser und lief am 9. November zum zweiten Mal aus.

Es war, als wartete Fa buchstäblich auf irgendeinen Eingriff von außen, der ihm die Entscheidung abnehmen und ihn von seiner Unentschlossenheit und der Last, weitermachen zu müssen, erlösen würde. Vielleicht war es ein irres Beispiel durch Willenskraft herbeigezwungener Selbstzerstörung oder ein simpler Zufall, aber Nandor fand seinen Ausweg. Als er nicht lange nach dem erneuten Start unter Deck war, um Kaffee zu machen, kollidierte seine BUDAPEST mit einem Frachter aus Panama. Mast und Takelage der Yacht sowie die Steuerbordseite ihres Rumpfes wurden dabei beschädigt. Fa kehrte in den Hafen zurück, reparierte alles und brachte es fertig, gegen Ende November zum dritten Mal auszulaufen. Aber mit dem Herzen war er nicht dabei. Als seine Bordelektrik anfing, Schwierigkeiten zu machen, nahm er das zum Anlaß, einen Schlußstrich zu ziehen. „Ich bin erschöpft," sagte er. „Ich kann mich nicht aufraffen, noch einmal zu starten. Es ist klüger, wenn ich an Land bleibe."

Trotz dieser Abgänge in der Biskaya überstanden drei Viertel des Feldes diese erste Schlechtwetterprobe in halbwegs gutem Zustand. (Es ist in der Tat nicht ungewöhnlich, daß am Anfang so viele Yachten umkehren. Im vorherigen Vendée Globe zum Beispiel hatten am Ende des zweiten Tages drei Boote kehrtgemacht, darunter Yves Parlier. Alle gingen letztlich wieder in See.) Unter den Konkurrenten, die im Rennen blieben, hatte Parlier mit der größten Schwierigkeit zu kämpfen: Er hatte mehr als die Hälfte seines Trinkwassers eingebüßt. Während die AQUITAINE INNOVATIONS gegen acht Windstärken anknüppelte und in die Seen hämmerte, rissen durch die unaufhörlichen Stöße die Karbongurte, mit denen einige der im Vorschiff untergebrachten Wassertonnen verzurrt waren. Obwohl Parliers Landteam ihm versichert hatte, daß das Material stark genug sei, hielt es nicht lange. Die Behälter lösten sich, platzten auf und ergossen ihren Inhalt in die Bilge. Die meisten der Yachten führten kleine Entsalzungsanlagen mit, die aus Seewasser Trinkwasser machten, Parlier hatte jedoch keine an Bord. Er hatte darauf verzichtet, um Gewicht zu sparen - in diesem Fall immerhin fünf bis sechs Kilo. Jetzt war er darauf angewiesen, Regenwasser als Trinkwasser aufzufangen, wie man es früher gemacht hatte, indem man Segeltuch als Wassersammler aufspannte oder das von den Segeln herablaufende Wasser mit Eimern auffing. Er glaubte, beim Passieren der Mallungen auf die heftigen Regenböen zählen zu können, die dort gang und gäbe sind. Später, in den hohen Südbreiten, würde es mehr als genug Niederschlag geben. Ein gesunder Mensch kann selbst in den Tropen mit etwa zwei Litern Süßwasser pro Tag auskommen, wenn er zum Kochen und Waschen nur Seewasser verwendet. Parlier würde bei genügend Regen gut klarkommen. Trotzdem begann er seinen Wasserverbrauch zu rationieren, denn der Weg in den Süden war weit.

Das Feld blieb dicht zusammen. Am Ende des zweiten Tages, nachdem der Sturm vorübergezogen war, trennten weniger als 80 Meilen die ersten zehn Boote. Dubois hatte Parlier die Führung abgenommen, gab sie aber wieder ab, als er nach Les Sables-d'Olonne zurückkehrte, um den beschädigten Rumpf seiner Yacht zu reparieren. Die See beruhigte sich, und am Nachmittag kam die Sonne durch. Die Segler machten sich daran, ihre Boote aufzuräumen und alles zu trocknen. Sie hielten nach Süden auf die Kanarischen Inseln zu. Bis jetzt hatten sie nicht viel mit Wetternavigation oder Entscheidungen über den Kurs zu tun, es ging ganz einfach darum, schnell zu segeln und beim Überqueren der verschiedenen stark befahrenen Schiffahrtswege ein wachsames Auge auf die Frachter zu halten. Als die Spitzenreiter die Biskaya hinter sich ließen und Kap Finisterre bei mäßigem Westwind in Luv passierten, fiel Parlier zurück auf den zweiten Platz und lag vierzehn Meilen vor Laurent, der mit seinem alten, schweren Boot gut vorankam. An der Spitze, zehn Meilen vor Parlier, hatte Isabelle Autissier die Führung übernommen.

Sie war zwei Wochen vor dem Start vierzig geworden. Ich interviewte sie auf Englisch in ihrem Büro in La Rochelle. Sie ist so berühmt, daß sie wöchentlich drei- oder viermal interviewt wird. Trotzdem brachte ihr unser Gespräch Spaß, wie sie sagte, weil sie viel angestrengter überlegen mußte, um Fragen auf Englisch zu beantworten - es war eine Herausforderung für sie. Die große, kräftige Frau mit kurzen dunklen Locken und blauen Augen hatte einen kräftigen Händedruck und sah einem sehr fest in die Augen. Sie trug große, viereckige Ohrringe. Eine extravagante Auswahl davon ist eines ihrer Markenzeichen. Im übrigen jedoch machte sie den Eindruck einer forschen, gut aussehenden, salopp gekleideten Geschäftsfrau. Sie saß hinter ihrem Schreibtisch und beantwortete meine Fragen vollständig, aber formell, und verhielt sich dabei reserviert. Den größten Teil ihrer Zeit verbringt sie dort hinter ihrem Schreibtisch und betreibt ihr Geschäft, die Vermarktung von Isabelle Autissier, der Profi-Hochseeseglerin. Mit dem Segeln selbst bringt sie außerhalb der verschiedenen Rennen die wenigste Zeit zu.

Später, als sie uns zu dem Bootsschuppen fuhr, wo ihre Yacht PRB überholt wurde, lenkte sie ihren dunkelblauen Mercedes wie im Rennen - aggressiv, schnell und sicher. Dann donnerte sie, ohne viel abzubremsen, einen 30 Zentimeter hohen Bordstein hinauf, um schließlich an einer engen Stelle halb schleudernd einzuparken.

Als sie mich auf dem Deck ihres Bootes herumführte, das voller Kunststoff- und Kohlefaserstaub war, erkannte ich an ihren starken Schultern und Unterarmen und ihrem etwas klobigen Gang ihre körperliche Kraft. Sie behandelte die Arbeiter auf der Pinta-Bootswerft locker und kameradschaftlich. Diese verhielten sich ebenso, aber mit erkennbarer Hochachtung und Bewunderung. Autissier strahlt Zuversicht, Stärke, Bescheidenheit, Selbstbeherrschung, Selbstbewußtsein und innere Unabhängigkeit aus.

Die Arbeiter auf der Bootswerft waren unter anderem damit beschäftigt, Löcher in den Spiegel (den senkrechten Teil des Hecks) von Isabelle Autissiers Yacht zu schneiden, um dort Fluchtluken einzubauen, auf jeder Seite eine. Mehrere Skipper hatten mir gegenüber erwähnt, daß sie bei ihrer nächsten Wettfahrt durch die stürmischen Südbreiten darauf achten würden, daß ihr Boot diese Sicherheitsvorrichtung hat. Die Nachricht, daß mehrere der neuen Entwürfe der offenen 60-Fuß-Klasse endlos lange auf dem Kopf liegengeblieben waren, hatte ihre Wirkung bei den Seglern nicht verfehlt, das war ein neuartiges Element in dem periodischen System der Gefahren, die jeder Skipper bestehen mußte. Die älteren Konstruktionen waren da anders; sie benahmen sich wie echte Einrumpfboote, also wie Stehaufmännchen. Die neuen Yachten aber mit ihrer großen Breite verhielten sich mehr wie Mehrrumpfboote und würden sich vielleicht nicht wieder aufrichten. Die Fluchtluken waren eine der Änderungen, die die schnelleren, aber lebensgefährlichen Schiffe erforderten. Beim nächsten Rennen würden sie möglicherweise für alle Boote Vorschrift, erklärte Jeantot mir.

Um heutzutage ein Boot zu erhalten, das schnell genug war, das Rennen zu gewinnen, mußte man offensichtlich die Gefahr eine Kenterung, bei der das Schiff sich nicht wieder aufrichtete, in Kauf nehmen. Für Autissier und alle anderen Teilnehmer gehörte es jetzt zum Alltagsgeschäft, daß sie damit rechnen mußten, während eines entfesselten Sturms im Südozean durch eine der Heckluken aussteigen zu müssen, um auf den gekenterten Rumpf zu klettern und sich dort an ein Ruder oder den Kiel (falls noch vorhanden) zu klammern und auf Hilfe durch einen Konkurrenten oder die Australier zu warten, in der Hoffnung, daß die Yacht es sich nicht überlegte und sich wieder aufrichtete.

Isabelle begann 1988 mit dem Wettsegeln, als sie Dritte im Gesamtergebnis des MiniTransat wurde. Es war ein wundervolles Erlebnis für sie, so daß sie sich sofort entschloß, ihren Beruf als Schiffbauingenieurin aufzugeben und auf eine Karriere als Profiseglerin hinzuarbeiten. Sie nahm zweimal am Figarorennen teil und dann an zwei BOC-Wettfahrten. 1994 schlug sie den Segelrekord New York - Kap Horn - San Francisco um volle 14 Tage. Jetzt, in ihrem ersten Vendée Globe, segelte sie einen der neuen Raumschotschlitten von Finot-Conq. Als einzige Teilnehmerin hatte sie Erfahrung mit einem Schwenkkiel und galt als hervorragende Taktikerin. Als erste Frau war sie in den elitären Zirkel der Einhandsegler der 60-Fuß-Klasse eingedrungen. Niemand würde bestreiten, daß sie sehr gute Aussichten hatte, dieses Rennen zu gewinnen.

Wie alle anderen Vendée Globe-Teilnehmer, mit denen ich sprach, liebte sie das Alleinsegeln als umfassendes Erlebnis. Unausgesprochen stand hinter all ihren Bemerkungen der leidenschaftliche Wunsch, ihre eigene Welt vollständig zu beherrschen. Da gab es kein Teilen, keine Arbeitsteilung, keine verwickelten Beziehungen, die erarbeitet und ertragen werden mußten, sondern wie bei einem Kind nur die Einheit zwischen dem Selbst und der zu bewältigenden Aufgabe. Der Einhandsegler ist Herr über eine Welt einzigartiger Einfachheit, wie es sie sonst kaum auf der Erde gibt.

Autissiers Vater war ein Pariser Architekt, der während des Urlaubs in der Bretagne zum Vergnügen segelte. Seit Isabelle sechs Jahre alt war, nahm er sie mit hinaus, zuerst auf Jollen und später auf den kleinen Fahrtenbooten, die der Familie gehörten. Er war ein sehr guter Lehrer. Er brachte dem kleinen Mädchen die fachlichen Einzelheiten der Segelkunst genau bei - die sorgfältig geplanten Manöver, die aufmerksame Beachtung aller Einzelheiten, die kluge Abwägung der

Risiken. Isabelle verinnerlichte das Credo, daß Fehler auf See immer gefährlich und manchmal tödlich sind. Ihr Vater aber hatte wie viele Freizeitsegler auch eine romantische Beziehung zum Segeln. Er erzählte ihr von seinen Träumen, mit den Passatwinden im Rücken nach Westen zu segeln, den fernen grünen Inseln und blauen Wassern der Südsee entgegen. Doch der vielbeschäftigte Familienvater aus der Großstadt kam nie dazu. Die Tochter aber war erfüllt von seiner und ihrer eigenen Sehnsucht, mit einem Boot allein auf dem weiten Ozean zu sein - „ein Mensch, ein Boot und die Erde," wie sie sagte.

Und natürlich las sie Moitessier, las über Tabarly. Das waren ihre Helden. Der Gedanke, etwas allein zu unternehmen wie diese beiden, zog sie in ihren Bann. „Die Franzosen lieben Einzelgänger als Helden," sagte sie, die Italiener ebenso. Vielleicht ist es eine romanische Eigenart. Die Angelsachsen ziehen anscheinend Gruppen und Mannschaften vor. Sie hatte sich schon immer darüber gewundert, wie wenige Amerikaner es unter den Langstrecken-Einhandseglern gab, selbst bei den Regatten, die wie die BOC-Wettfahrten in den Vereinigten Staaten organisiert werden, dort beginnen und enden.

Ich erinnerte mich daran, was Philippe Ouhlen, ein Segelmacher und enger Freund von Gerry Roufs, zu seinen eigenen Erfahrungen auf großen Maxi- und Whitbread-Rennyachten mit vollständiger Besatzung angemerkt hatte. Französische Segler, so sagte er, seien sehr leistungsfähig und motiviert gewesen, hätten aber einfach nicht miteinander auskommen können. Sie wären nie zu einer Mannschaft zusammengewachsen. Die Erfahrungen mit angelsächsischen Besatzungen waren ihm eindeutig lieber: Amerikaner, Engländer, Kanadier, Australier, Neuseeländer bunt gemischt. Sie verschmolzen wie von selbst zu einer reibungslos funktionierenden Gruppe. Autorität wurde durchgesetzt und anerkannt, und man ordnete sich ihr locker, mühelos und ohne Groll unter. Keine Spur von der Gereiztheit der französischen Crews, mit denen er gesegelt war.

Dasselbe hatte Autissier beobachtet. Es war wahrscheinlich unmöglich, die genauen Gründe zu benennen. Sie verbargen sich in einem unentwirrbaren Knäuel von Erfahrungen, Geschichte und Zufällen, das die Menschen dazu bringt, sich auf eine bestimmte Weise zu verhalten und nicht anders. Die allgemeinen Begriffe von dem, was man für nationale Charakterzüge hält, sind ohnehin gefährliches Spielzeug. Aber es gab keinen Zweifel: Die Franzosen interessierten sich nicht besonders für Segelregatten mit kompletter Besatzung. Autissier glich unzähligen anderen französischen Jungen und Mädchen, als sie davon träumte, eines Tages allein gegen den Rest der Welt zu segeln. In Frankreich bewegt das Vendée Globe sogar Menschen, die noch nie am Meer waren und noch nie eine Yacht gesehen haben. Zum Teil beruht das Interesse auf der Verknüpfung von Journalisten, Sponsoren und Seglern - Stoff für Schlagzeilen. Aber in all dem äußert sich nur wieder einmal die angeborene Vorliebe der Franzosen für solche Wettkämpfe. Es ist für sie eine Art Befreiung (wie es auch für andere Europäer - Engländer, Italiener, Deutsche - in ihren kleinen und dicht bevölkerten Ländern sein muß, in denen die Wildnis längst verschwunden ist). An Land ist alles geordnet, zergliedert und parzelliert. Auf See dagegen ist nichts gewiß und nichts gebändigt.

Die Vendée Globe-Segler „stehen der Natur gegenüber, wie sie vor vielen, vielen Jahren war," sagte Autissier. „Deshalb ist es für die Franzosen wirklich faszinierend, glaube ich, sich einen einsamen Menschen im Kampf gegen den Wind vorzustellen."

Selbst jemand, der nie gesegelt hat, kann die einfache Gleichung des Vendée Globe verstehen: die Idee „ein Mensch - ein Boot", die einfachen Regeln. Die Yachten segeln um die Erde, sonst nichts.

Hinzu kommt immer die Faszination der stürmischen Südbreiten, die einen frösteln läßt. Für Autissier ist der Südozean eine sehr einsame und urtümliche Gegend. Es gibt andere Wildnisse - hoch auf dem Everest oder anderen Bergen, die Wüste, den Regenwald - aber keine ist so abgelegen und so riesig. „Kaum jemand kann sich vorstellen, daß niemand uns erreichen kann. Wir sind für Flugzeuge wie für Schiffe zu weit weg. Zu weit. Im 20. Jahrhundert ist es schwer, sich das klarzumachen."

„Wie eine Fahrt zum Mond," meinte ich.

„So ungefähr," sagte sie.

Autissiers technische Ausbildung half ihr sehr, als sie damit begann, eigene Segelboote zu bauen, zu segeln und instand zu halten. Sie konnte mit den Konstrukteuren und Ingenieuren in deren Sprache reden. Sie begriff die mathematischen Grundlagen und technischen Daten. Mit den Konstrukteuren, Festigkeitsexperten, Boots- und Mastenbauern und den Elektronikern konnte sie präzise diskutieren. Sie wußte, warum die Kohlefasern in einer bestimmten Richtung verliefen und nicht anders. Sie verstand die Mechanik ihres Schwenkkiels, die Belastungen und Kräfte, die auf ihn einwirkten, wenn das Boot voranschaukelte. Ihre Ingenieursausbildung trug auch sehr zu ihrer Fähigkeit bei, die Wetterinformationen zu deuten und Stunde um Stunde den besten Kurs zu wählen, wenn sie die ostwärts ziehenden Muster aus welligen Isobaren auf den Wetterfax-Ausdrucken erscheinen sah.

———

Fähigkeiten im Vorhersagen von Wind und Wetter waren im Vendée Globe besonders wichtig. Im Einklang mit der Auffassung, daß das Rennen ohne Unterstützung gesegelt werden sollte, verboten die Regeln außenstehende meteorologische „Routenberater". Das sind Spezialisten, die manchmal zur Unterstützungsgruppe des Bootes gehören, manchmal für die Dauer der Wettfahrt vertraglich verpflichtet werden und die Zugang zu allen erdenklichen Informationen über das Wetter haben, in dem eine Yacht segelt und das vor ihr liegt. Diese Fachleute kennen sich mit der Deutung von Satellitenaufnahmen aus und können die vielschichtigen Daten in bestimmte Anweisungen umsetzen, welchen Kurs ein Schiff nehmen sollte, um den günstigsten Wind zu haben oder schweres Wetter zu umgehen. Knox-Johnston und Peter Blake ließen sich auf ihrer Rekord-Weltumsegelung mit dem Katamaran ENZA von einem Routenberater namens Bob Rice unterstützen, der in Newport, Rhode Island (USA) saß. Rice war unparteiisch. Er beriet auch Olivier de Kersauson, den Rivalen von Knox-Johnston und Blake, bei seinen Rekordversuchen. Der Routenberater muß dafür sorgen, daß das Boot Stunde um Stunde genug Wind hat, um die Durchschnittsgeschwindigkeit von fast 15 Knoten zu halten, die es für eine Aussicht auf den Rekord benötigt. Unvermeidlich gibt es auch schlechte Tage, etwa in den Mallungen oder den Roßbreiten, wo das Boot oft kaum vorankommt. Zum Ausgleich braucht es in den hohen Südbreiten viele Tage nacheinander, an denen es im Durchschnitt an die 20 Knoten läuft und oft surft. Dort unten kann man es sich nicht leisten, etwas zu verschenken.

Als die ENZA südöstlich von Neuseeland im Südpazifik stand, bemerkte Rice, der auf der anderen Seite der Erde, in Newport, seine Wetterdaten studierte, daß sich vor dem Katamaran ein auf dieser Breite ungewöhnlicher Hochdruckkern mit leichtem Wind bildete. Der Berater schlug vor, nach Süden auszuweichen, sehr weit nach

Süden, über die Eisberggrenze hinaus, fast bis zur Treibeisgrenze. Die Entscheidung lag selbstverständlich bei Knox-Johnston und Blake. Es würde sehr gefährlich werden, unterhalb von 65° Südbreite mit hoher Fahrt zu segeln - reine Glückssache, den Katamaran nicht auf einem heimtückischen Growler aufzuschlitzen oder blindlings gegen einen Eisberg zu krachen. Aber sie wollten den Geschwindigkeitsrekord und befolgten den Vorschlag. Ohne diesen Rat wären sie 15° weiter nördlich sicher und friedlich dahingeschlichen, und ihre Aussichten auf den Rekord hätten sich in der unerwartet milden Sonne dieser verirrten Flaute verflüchtigt.

Isabelle Autissier war mit dem Grundsatz einverstanden, daß die Vendée Globe-Teilnehmer ihre Wetterinformationen selbst und ohne die Hilfe berufsmäßiger Routenberater deuten sollten. Auf diese Weise siegten oder verloren die Segler allein und nicht durch den besseren Wetterexperten an Land. Aber sie war der Ansicht, daß vollständigere Wetternachrichten zur Verfügung stehen sollten. Die Skipper bekamen laufend Wetterberichte von den Computern des französischen Wetterdienstes Météo France. Gelegentlich jedoch waren diese Angaben unvollständig oder ungenau. Autissier war von der Heftigkeit des Sturms überrascht, der die Boote Anfang Januar mit 70 Knoten Windgeschwindigkeit und über 15 Meter hohen Seen im Südozean überfallen hatte - als Roufs' ARGOS aufgehört hatte zu senden. Die Computervorhersage hatte 40 Knoten Wind angekündigt, kaum über dem Durchschnitt dort unten. Später las sie einen Zeitungsartikel eines Meteorologen, der zwei Tage vor dem Losbrechen des Sturms das sehr viel gröbere Wetter vorhergesagt hatte, das Autissier und Roufs wirklich mitgemacht hatten. Er hatte Zugang zu differenzierten Daten von Wettersatelliten, so daß er eine genaue Vorhersage geben konnte. Wenn Autissier und Roufs dieselben Angaben bekommen hätten (was technisch möglich gewesen wäre), hätten sie gewußt, was wirklich im Anzug war. Möglicherweise hätten sie nach Norden oder Süden ausweichen und dem gröbsten Wetter entgehen können. Was auch immer Gerry zugestoßen ist, wäre vielleicht nicht passiert. Zu dem unergründlichen Rätsel inmitten dieses Vendée Globe wäre es nie gekommen.

Als das Feld auf die Kanarischen Inseln zuhielt, stand das Rennen nach wie vor knapp. Laurent, der mit seinem alten Boot immer noch jedermann verblüffte, hatte die Führung übernommen, Autissier, Parlier und Auguin wechselten sich auf den folgenden drei Plätzen ab, je nachdem, wen die örtlichen Wetterbedingungen gerade begünstigten. Auguin, der Favorit, hatte sich stetig durch das Feld nach vorn gearbeitet. Er stellte sich und seine Yacht noch immer systematisch auf das Rennen ein, indem er seine Ausrüstung überprüfte, sich mit dem vor ihm liegenden Wetter befaßte und sich an den Rhythmus des Bootes und der See gewöhnte. Das taten auch alle anderen. Aber Auguin hatte schon gesagt, daß er sich zurückhalten und noch nicht voll loslegen wollte, bevor er sich selbst und die Technik seines Bootes auf Vordermann gebracht hätte. Das war anders als bei den BOC-Wettfahrten, bei denen er so gut abgeschnitten hatte. Dabei mußten die Rennyachten auf jeder der vier Etappen von Anfang an mit voller Kraft segeln. Später war keine Zeit, verlorene Strecke wieder aufzuholen. Auch konnten Schäden am Boot am Ende jeden Abschnitts behoben werden, und die dienstbaren Geister in den Unterstützungsteams konnten die erniedrigenden Verletzungen ausbügeln, die Wind und See dem Schiff beigebracht hatten. Die Yachten waren am Start jeder Etappe wieder aufgefrischt, ihre Rüstung gegen den Ansturm der See erneuert. Im Vendée Globe dagegen war der Skipper gut beraten, mit seinen Kräften hauszuhalten. Sie mußten sparsam und überlegt dosiert werden, die nur begrenzt vorhandene Energie durfte nur rationiert verbraucht werden, um für 120 Tage zu reichen.

Daß Auguin sich selbst und die GÉODIS langsam einarbeitete, gehörte zu diesem besonnenen Plan. Jetzt ließ er wissen, daß seine Trimmarbeiten so gut wie abgeschlossen seien. Während der nächsten paar Tage würden die Yachten ein nahezu festliegendes Hochdruckgebiet mit verhältnismäßig leichtem Wind durchqueren. Dabei würde sich vieles entscheiden, sagte er voraus. Auguin war mit dieser Aussicht zufrieden. Wie allen Teilnehmern gefiel auch ihm die wilde Jagd vor dem Wind, die begeisternde Rauschefahrt in den hohen Südbreiten. In den Brüllenden Vierzigern und den Wütenden Fünfzigern mußte man durchhalten, alles ertragen und das Beste hoffen. Doch ebenso liebte er die Leichtwindsegelei mit ihren heiklen Kompromissen und schwierigen Entscheidungen. In den lauen und unbeständigen Brisen am Rande des nordatlantischen Hochs mußte man gut überlegen, an den Schoten zupfen (das sind die Leinen, mit denen unterwegs der Winkel des Segels zum Wind eingestellt wird), auf die Spannung der Fallen achten (die Leinen, mit denen die Segel hochgeholt und heruntergelassen werden), mit den Streckern und Liekspannern arbeiten (die die Spannung der Segel regulieren), sorgfältig den Wasserballast trimmen und das Schiff in Fahrt halten. Vor allem mußte man die Wetterfaxe eingehend nach verräterisch geformten oder angeordneten Isobaren absuchen, nach Hinweisen darauf, wie die umliegenden Wettersysteme sich ungefähr während des nächsten Tages bewegen oder verändern könnten. Manchmal mußte man einfach das tun, was Seeleute schon immer getan haben - Wasser und Himmel auf Anzeichen von Wind mustern und sich dorthin bemühen, wo man am ehesten damit rechnet, daß er Wirklichkeit wird.

Die führenden Skipper teilten sich bei der Jagd nach Wind in zwei Gruppen. Parlier, Autissier und de Broc (an fünfter Stelle) blieben näher an der portugiesischen Küste und suchten den Wind, den der Temperaturunterschied zwischen Land und Wasser hervorbringen kann. Auguin und Laurent schwenkten weiter auf den freien Ozean hinaus, um dort, fern vom verfälschenden Einfluß des Kontinents, stetigeren Wind zu erschnuppern. Wenn die Flotte in wenigen Tagen bei den Kanarischen Inseln wieder beisammen wäre, würde man wissen, wer den besten Riecher gehabt hatte.

Die Abstände waren noch immer klein - Roufs, der Neunte, lag nur 43 Meilen hinter dem führenden Laurent; de Broc und Eric Dumont sollten einander die nächsten drei Tage in Sicht haben. Aber schon geringe Distanzen zwischen den Booten konnten bei dem leichten und wechselhaften Wetter den Ausschlag geben. Der Wind war oft launisch und wehte örtlich begrenzt. Während ein Segler etwa stundenlang in einem Flautenloch dümpelte, konnte sich sein Konkurrent wenige Meilen weiter mit einer Privatbrise davonmachen. Jeder, der einmal eine Leichtwindregatta gesegelt hat, kennt den verblüffenden und frustrierenden Anblick, wenn Boote in kaum 100 Metern Abstand ruhig davonziehen, während das eigene Boot felsenfest in der Flaute liegt.

Nach nur einer Woche auf See konnten 40 Meilen für die Segler im Vendée Globe entweder gar nichts oder einen unüberbrückbaren Abstand bedeuten. Diese Ungewißheit würde noch zunehmen, wenn die Boote sich den launischen Mallungen, den Äquatorialkalmen, näherten. Entscheidungen, die dort getroffen wurden, oder bloßes Glück konnten den Ausgang der Wettfahrt bestimmen. Derjenige Skipper, der die Kalmen nur wenige Meilen vor einem Konkurrenten durchbrach (was bei den leichten Winden aber einen Tag ausmachte) und den Südostpassat erreichte, konnte seinen Vorsprung um 300 Meilen ausbauen, bevor der nächste auch nur eine Brise roch. Dasselbe konnte passieren, wenn die Renner unten im Süden die Brüllenden Vierziger erreichten. Das führende Schiff konnte als erstes in die stürmischen Winde der Tiefdruckgebiete kommen und vorpreschen, wenn der zunehmende Wind es von Tag zu Tag schneller vorantrieb. Während niemand vorhersagen konnte, was einige wenige Meilen in diesem frühen Stadium zum Schluß ausmachen würden, hatte sich in früheren Vendée Globe-Wettfahrten die Taktik der Skipper bei der Bewältigung der Kalmen auf dem Weg nach Süden durch den Atlantik für das Endergebnis als entscheidend erwiesen. Jeder meinte, daß es diese geringfügigen Vorteile am Anfang wert seien, darum zu kämpfen.

Roufs' neunter Platz war eine Überraschung. Jedermann hatte ihn, um jeden Vorteil rangelnd, ganz vorn in der Spitzengruppe erwartet. Roufs schien entspannt, der gewohnte Spaßvogel Gerry. Er teilte mit, daß alles in Ordnung sei, weil er endlich seinen Marmeladenvorrat gefunden habe, den irgend jemand in einer unvermuteten Ecke verstaut hätte. Jetzt konnte er beim ausgiebigen Frühstücken, das er liebte, Joghurt mit Marmelade löffeln, eine seiner Leib- und Magenspeisen. Aber später war sein Funkgerät sehr schweigsam, für ihn ganz untypisch. Der 470er-Jollenmeister und Sieger des Europe 1 Star mochte es gar nicht, so weit hinten zu liegen - er war es nicht gewohnt. Er begann einen Zahn zuzulegen, um die Gefahr zu verringern, daß jemand anders den frühen Absprung aus den Mallungen heraus nach Süden schaffte und das Feld abhängte - das Gespenst des nicht aufholbaren Vorsprungs.

Parlier, der sich Sorgen über seinen schwindenden Wasservorrat machte, dachte eine Weile daran, vor einer der Kanarischen Inseln zu ankern und seine Kanister mit Wasser aus einem Bergbach zu füllen. Die Regeln erlaubten den Seglern, zu ankern, solange sie keine Hilfe von irgendjemand an Land bekamen. Die Segler selbst durften die Grenze zwischen Land und Meer, die Hochwasserlinie, nicht überschreiten. Sie hatten sich für die Dauer des Rennens der See verschrieben und mußten in ihrem Herrschaftsbereich bleiben. Er gab den Gedanken ans Wasserholen jedoch auf, als er erfuhr, daß das ungewöhnlich trockene Wetter die Bäche der Insel hatte versiegen lassen. Es würde sich nicht lohnen, an Land zu gehen; er würde auf Wasser aus den heftigen Regenböen der Mallungen angewiesen sein. Bis dahin, so sagte er, trug er einen Strohhut, rollte seine Ärmel nicht hoch und atmete durch die Nase.

Abgesehen von den Yachten, die zu Reparaturen nach Les Sables-d'Olonne umgekehrt waren, bildete Raphaël Dinelli das Schlußlicht. Ebenso wie bei Bullimore war auch sein Autopilot beim Knüppeln durch die Sturmsee der Biskaya ausgefallen. Und auch Raphaël wäre fast umgekehrt. Er hatte aber einen alten Autopiloten an Bord und schaffte es, ihn zu montieren und in Gang zu bringen. All das hatte ihn Zeit gekostet, er lag schon 270 lange Meilen hinter den Spitzenreitern. Jetzt aber hatte er guten achterlichen Wind. Unter vollem Großsegel und ausgebaumter Genua (die große Fock, mit einem Baum ausgestellt), brachte er es beim Surfen in dem mäßigen Seegang auf 17 bis 18 Knoten.

Alle Yachten hatten beim schweren Stampfen im Biskayasturm kleinere Schäden davongetragen. Die Segler nutzten das verhältnismäßig ruhige Wetter, um ihre Boote gründlich zu inspizieren. Dazu gehörte meist auch aufzuentern, also in den Mast zu steigen, um die verschiedenen Beschläge dort oben zu kontrollieren. Aber Marc Thiercelin, der auf dem siebten Platz lag, knapp vor Pete Goss, konnte sich nicht dazu aufraffen, nicht ohne einen Notfall und den damit verbundenen Adrenalinstoß. Die Masten der 60-Fuß-Klasse waren meist um die 26 Meter hoch und verjüngten sich ganz oben beängstigend. Thiercelin entschied sich dafür, ein anderes Mal hochzuklettern, wenn es unbedingt nötig wäre, aber nicht jetzt. Er hatte bei einem früheren Unfall eine Ohrverletzung erlitten und wurde beim Klettern oder Tauchen schwindelig. Ohnehin, sagte er, hätte er keine Bergsteigerseele wie Parlier, der in seiner Freizeit gern Berge erklomm.

Es gibt verschiedene Methoden, wie Alleinsegler sich auf den Mast ziehen können. Das herkömmliche Hilfsmittel ist der Bootsmannsstuhl - ein Brett, heutzutage mit einem Überzug aus gepolstertem

Nylon und Taschen für Werkzeug, Ersatzschäkel oder eine Sprühdose Kriechöl. Der Bootsmannsstuhl ist am günstigsten einzusetzen, wenn Mannschaft an Bord ist, die den Insassen mit einer der kräftigen Schotwinschen oder der Ankerwinde aufheißen kann. Doch auch ein Einhandsegler schafft es mit seiner eigenen Muskelkraft und einer Leinenklemme, die sein Gewicht zwischendurch immer wieder abfängt. Der Vorteil des Bootsmannsstuhls besteht darin, daß man sich damit, wenn man erst einmal oben angelangt ist, festbinden kann und im Sitzen relativ - sehr relativ - bequem arbeiten kann. Selbst auf einem ruhigen Ankerplatz verwandelt sich eine geringe Bewegung des Wasserspiegels - verursacht durch kleine Windwellen oder das Kielwasser von Motorbooten - am Masttopp in haarsträubendes Schütteln und Schleudern. Bei richtigem Seegang sind die Bewegungen der Mastspitze geradezu aberwitzig, ein bockendes Wildpferd aus Aluminium, das drauf und dran ist, den Segler ins Himmelreich zu befördern. Manche Alleinsegler benutzen verschiedene Arten von Bergsteigerausrüstung, ausgeklügelte Kletterhilfen aus Leinen, Klemmen, Karabinerhaken und Schlingen, und steigen damit auf, wobei ihnen der Mast als Führung und Halt dient. Mit diesen Vorrichtungen kommt man schnell nach oben, aber nicht so sicher wie mit dem Bootsmannsstuhl, und es ist damit anstrengender, sich bei der Arbeit im Mast festzuhalten. Fahrtenboote haben oft Mastsprossen, auf denen man hochklettern kann. Man steckt die Füße in diese am Mast festgeschraubten Aluminiumbügel und klettert einfach nach oben. Sie verursachen aber eine Menge Windfang. Damit verlangsamen sie das Boot bei leichtem Wind und vergrößern den Riggquerschnitt, der bei schwerem Wetter im Wind steht. Aus diesem Grunde werden solche Stufen bei Rennyachten nie angebracht. Der Fahrtensegler, der meist mit seinem Ehepartner und manchmal mit Kindern unterwegs ist, verzichtet auf ein wenig Leistung, damit seine Yacht leichter zu handhaben ist.

Aufentern gehörte früher zum Alltag der Seeleute. Auf den Rahseglern ließen sich fast alle Segel nur reffen oder bergen, wenn die Männer dazu aufenterten. Sie kletterten in den Webeleinen der Luvwanten hoch und dann auf den Rahen nach außen, wo sie bäuchlings auf der wild schwankenden Spiere lagen, mit den Füßen auf den Fußpeerden abgestützt, und mit dem widerborstigen, peitschenden Segeltuch kämpften. Ein Seemann, der hinunterstürzte, war tot, wenn er an Deck fiel. Diejenigen, die in der Nähe der Rahnocken (an den äußeren Enden der Rahen) arbeiteten, hatten etwas bessere Überlebenschancen, weil sie eher ins Wasser als an Deck stürzten. Manchmal konnte man einen über Bord gegangenen Mann bergen, nachts oder bei schwerem Wetter allerdings selten. In höheren Breiten waren Erfrierungen gang und gäbe. Die harten, schweren Segel mußten mit Faustschlägen gefügig gemacht werden, wodurch die Hände bald bluteten. Die Segel auf Windjammern waren immer blutbefleckt. Es kam vor, daß die Männer den größten Teil eines Tages oder einer Nacht ununterbrochen dort oben in Kälte und Sturm zubrachten, wenn viele Segel gerefft, geborgen oder wieder gesetzt werden mußten. Die Royal- oder Skysegelrahen ganz oben konnten gut 50 Meter über Deck hängen. Die Mannschaft mußte bei jedem Wetter hinauf. Es gab keine Wahl - anders ließen sich die Segel nicht bedienen. Und doch war diese Arbeit oft eine Quelle von Freude und Stolz: Wer außer echten Fahrensleuten - den eisernen Männern - konnte bei jedem Wetter hoch oben Segel bergen und reffen? Fast verächtlich blickten sie auf die bedauernswerten Landratten, „de armen Lüüd an Land" herab.

Aber nur keine Tollkühnheit! Überleben war das Ziel.

„Eine Hand für dich, eine Hand für das Schiff." Wer herunterstürzte, war tot.

Thiercelin konnte es aufschieben, in den Mast zu steigen, Autissier aber war dazu gezwungen. Ein Fall war gebrochen. Sie mußte bis zum Masttopp, acht Stockwerke hoch, um ein neues einzufädeln und über die Fallscheibe (Rolle im Mast) zu führen, wobei sie sich trotz des Schleuderns und Peitschens am Mast halten mußte, dessen Spitze sich - vergleichbar mit einem umgekehrten Pendel - sieben- oder achtmal so weit hin- und herbewegte wie in Deckshöhe.

Eine der interessantesten Seiten dieses Vendée Globe war, daß Isabelle Autissier nicht die einzige weibliche Teilnehmerin war. Während der letzten sechs Jahre und bei zwei BOC-Rennen hatten sich alle an die Vorstellung „die Jungs und Isabelle" gewöhnt. Jetzt bemühte sich Catherine Chabaud als zweite Frau ernsthaft um die Aufnahme in den Club.

Gegen Ende der ersten Woche auf See segelte sie unter denjenigen, die nicht nach Les Sables-d'Olonne umgekehrt waren, auf dem vorletzten Platz. Aber immerhin war sie noch im Rennen. Sie hatte den Biskayasturm abgewettert, mußte das allerdings mit dem Ausfall eines Teils ihrer Elektronik bezahlen, darunter war der unerläßliche Autopilot. Seitdem hatte sie von Hand gesteuert oder mit der alten Methode, Segel und festgelaschte Pinne so gegeneinander auszubalancieren, daß das Boot im Großen und Ganzen einen gleichbleibenden Kurs lief. Das ging bei ihrem Schiff leichter als bei den meisten anderen. Als Yawl hatte es einen kleineren zweiten Mast, den Besanmast, nahe am Heck (wie eine Ketschtakelung, nur daß der Besan einer Yawl kleiner ist und weiter hinten steht), was variable Segelkombinationen erlaubt und Segelflächen an Bug und Heck bietet, die das Austrimmen des Bootes zum Selbststeuern erleichtern. Catherine begann den Versuch, ihre Elektronik zu reparieren. Das glückte ihr, doch die Systeme sollten ihr während der ganzen restlichen Wettfahrt Ärger bereiten.

Da sie jahrelang davon geträumt hatte, beim Vendée Globe mitzumachen, war sie hingerissen davon, auf See zu sein. Die hohen Südbreiten und Kap Horn zogen sie magnetisch südwärts, zum fernen und schönen „Grand Sud" - ans Ende der Welt. Die ehemalige Journalistin, die allerdings durch ein Mathematikstudium aus dem Rahmen fiel, hatte sich seit 1991 auf das professionelle Hochseesegeln verlegt. Da der Traum des Profiseglers, um die Welt zu segeln, von ihr Besitz ergriffen hatte, betrachtete sie das Vendée Globe als naturgegebene Erfüllung dieses Traums.

„Das ist mein Everest. Wer gern segelt, will auf seinen Everest - im stürmischen Süden segeln und nach Kap Horn."

„Haben Sie keine Angst?" fragte ich sie. „Ich segle selbst, bin aber ganz sicher, daß ich nicht den Wunsch hätte, am Vendée Globe teilzunehmen oder auch nur im stürmischen Süden zu segeln."

„Auch ich habe Angst, aber mein Wunsch, trotzdem dorthin zu segeln, ist so stark. Weil ich sehr gern allein segle. Segeln ist für mich auch eine Art zu leben. Es ist ein Abenteuer. Und das Vendée Globe ist das größte Segelabenteuer der Menschheit." So sehr sie sich auch gesehnt hatte, bei diesem großartigen Abenteuer dabei zu sein, hätte Chabaud es diesmal beinahe nicht geschafft. Sie hatte vorgehabt, im Jahre 2000 am Vendée Globe zum Jahrtausendwechsel teilzunehmen. Anfang September 1996 aber, gerade zwei Monate vor dem Start, rief Philippe Jeantot sie an. Er war besorgt über die vielen Absagen von Teilnehmern mit Geldschwierigkeiten und fragte sie, ob sie die Wettfahrt mitmachen könnte. Chabaud verneinte, es sei zu spät. Sie hätte weder ein Boot noch Geld. Zwei Wochen später jedoch lief sie auf einer Bootsausstellung in La Rochelle dem Vendée Globe-Veteranen Jean-Luc van den Heede direkt in die Arme. Er sagte ihr, daß sein Boot zu verchartern sei - er war zu dem Schluß gekommen, daß er für den Rest seines Lebens von dieser Segelei genug hatte - und daß es ohne großen Aufwand seeklar gemacht werden könne. Im Gespräch mit van den Heede wurde Chabaud klar, daß sie es tun mußte, sie mußte dieses Vendée Globe mitsegeln. Sie würde noch eine Menge über das Einhandwettsegeln lernen müssen, bevor sie einen Sieg erhoffen könnte, und jetzt war die Gelegenheit dazu. Sie würde mit dem älteren Boot keine Siegeschancen habe, aber es war ein bewährtes, starkes und sicheres Schiff.

Es war der 21. September, als Chabaud sich zur Teilnahme entschloß. In den folgenden 43 Tagen beschaffte sie Sponsorengelder - von der Firma „Whirlpool Europe", die sie schon in den meisten ihrer vorherigen Einhandrennen unterstützt hatte, - rüstete das Boot aus und absolvierte ihren Qualifikationstörn von 2.000 Meilen. Niemand hätte darauf gewettet, daß sie das alles schaffen würde. Auch sich selbst bereitete sie so gut wie möglich auf die plötzlich angenommene Herausforderung vor. Ein Ernährungswissenschaftler half ihr, ihre Mahlzeiten in Wochenportionen vorzubereiten, und achtete dabei ebenso auf ihre Vorlieben wie auf die Notwendigkeit energiereicher Kost. Sie versuchte, sich auf den Südozean vorzubereiten, den sie ebenso ersehnte wie fürchtete. Dabei strebte sie ein emotionales Gleichgewicht an, das ihr über die Monate sorgenvoller Einsamkeit hinweghelfen sollte. Sie schnitt ihr langes Blondhaar ab. Es sollte ihr nicht im Weg sein oder, was noch gefährlicher wäre, in eine Winsch oder in die Bucht einer Leine geraten. Ihr Ziel war, das Rennen durchzustehen. Ohne Disqualifikation ans Ziel zu kommen würde „das Sahnehäubchen sein".

Während ich mit Chabaud einige Monate, nachdem sie die Wettfahrt bewältigt hatte, in einem Café im Pariser Vorort Suresnes, wenige Minuten von ihrem Elternhaus entfernt, sprach, bemerkte ich bei den Leuten, die um uns herum kamen und gingen, ständig erkennendes und hochachtungsvolles Getuschel. Wir fielen schon auf mit meinen Utensilien - Mikrofone, Kabel und Tonbandgerät. Chabauds Berühmtheit aber war unverkennbar. Sie war hier zu Hause, doch ich

Catherine Chabauds yawlgetakelte WHIRLPOOL EUROPE 2.

glaubte, daß es fast überall im Land das Gleiche gewesen wäre.

Bis dahin hatte ich noch keinen der Skipper in der Öffentlichkeit interviewt, und Chabauds offenkundige Berühmtheit überraschte mich. Dasselbe geschah einige Tage später, als Tony Bullimore und ich uns in Bristol mit dem „Ganze Kerle-Mittagessen" vollschlugen.

„Das ist Tony Bullimore - es ist Tony Bullimore - Bullimore - Tony - gekentert - Südozean - Bullimore." Die Wellen diskreter beifälliger Anerkennung überspülten uns. Ich kam mir vor wie beim Mittagessen mit einem Helden - der Glanz von Bullimores Tapferkeit fiel unsinnigerweise auch auf mich, bezog mich ein. Ich war bei ihm, ein Bekannter, vielleicht ein enger Freund, sein Publikum mochte auch von mir Gutes denken. Vielleicht würden sie mich mit meinem grauen Bart, dem wettergegerbten Gesicht und den blauen Augen für einen Seemann oder Segler halten, der ebenso unerschrocken der See getrotzt hatte. Es war eine nette, wenn auch verlogene Situation. Das Kaffeetrinken mit Chabaud war etwas anderes gewesen. Mit all den auf dem Tisch verteilten elektronischen Werkzeugen meines wirklichen Berufs war ich eindeutig irgendeine Art von Journalist, also ein gewöhnlicher Sterblicher wie die anderen, angelockt durch die große seglerische Leistung.

Catherine Chabaud ist etwa 1,80 Meter groß, blond, grobknochig, hat eine lange gallische Nase und ist von offenherziger Freundlichkeit. Sie bestärkte den Eindruck, den ich von all diesen Seglern gewonnen hatte: selbstsichere Tatkraft, sachliche Bescheidenheit, Intelligenz. Diese Frau hatte ihren Traum verwirklicht, hatte den Südozean befahren und Kap Horn umrundet. Wie die anderen Skipper aber war sie sich der Gefahr bewußt und daß es reines Glück war, wenn einem nichts wirklich Schlimmes zustieß. Ihre Leidenschaft für Regatten erwachte, sobald sie im Alter von siebzehn Jahren zu segeln begann. Nachdem sie 1991 Berufsseglerin geworden war, arbeitete sie sich nach und nach durch die verschiedenen Hochseewettfahrten: zwei Figaros, zweimal Round-Europe, ein MiniTransat und das Europe 1 Star, der ausgetretene Pfad zum Vendée Globe.

Während unserer Unterhaltung berührte Chabaud manchmal meinen Arm, nur ein leichtes Klopfen auf den Handrücken oder den Unterarm. Selbstverständlich bedeutete das nicht dasselbe wie eine solche Berührung in einer angelsächsischen geschäftlichen Besprechung zwischen einem Mann und einer Frau, die sich gerade erst kennengelernt hatten. Dort wäre das ein sonderbares Verhalten voller verdeckter Botschaften. Bei Chabaud schienen die Berührungen ihren starken Wunsch auszudrücken, mit jedem, den sie ansprach, in engen, festen Kontakt zu treten. Diese Kontakte folgten einem bestimmten Muster. Als sie über Roufs sprach, berührte sie meinen Arm. Als sie ihre Beinahe-Kenterung beschrieb, bei der sie mit ansehen mußte, wie die weiß schäumenden Kämme des Südozeans ihr Boot überrannten und fast überwältigten, während sie sich an den nahezu waagerechten Mast klammerte, berührte sie meine Hand. Ebenso, als sie berichtete, wie sie sich nach der Umrundung Kap Horns fühlte; als sie mir von dem Albatros erzählte, der ihr einen ganzen Monat treu geblieben war und den sie Joshua getauft hatte, nach Moitessier, den sie zur Anregung und wegen seiner präzisen praktischen Überlebensrat-

Catherine Chabaud

schläge für das Segeln in hohen Breiten las; ebenso, als sie sich beim Anblick von Fotos der kieloben treibenden Yachten von Bullimore und Dubois - 18-Meter-Rümpfe wie Spielzeugschiffe in den schaurigschönen und unaufhörlich darüber zusammenstürzenden Brechern - an ihre überwältigenden, tränenreichen Gefühle erinnerte. Diese Dinge waren für jemanden, der nie dort unten gewesen war, nur schwer wirklich zu begreifen. Mir wurde überraschend klar, daß Chabaud bei unserem Gespräch erst seit dreieinhalb Monaten zurück war. Sie versuchte den Sinn der Erfahrungen zu verarbeiten, die noch frisch in ihrem Gedächtnis hafteten. Ich glaube, ihre Berührungen waren der Versuch, mich spüren zu lassen, wie es gewesen war und wie sich ein menschliches Wesen dort bei dieser kaum vorstellbaren Unternehmung fühlte, als könne das mit Worten nicht vermittelbare erleuchtende Wissen stattdessen durch irgendwelche Nervenströme zu mir hinüberfließen.

Am 8. November nahm Parlier, der noch immer härter heranging als alle anderen und damit Auguin und Autissier zwang, schärfer zu segeln, als sie es in diesem frühen Stadium vorgehabt hatten, Laurent die Führung ab. Parliers Entscheidung, näher an der portugiesischen

Küste zu bleiben, eigentlich nur ein Glücksspiel, hatte sich ausgezahlt. Er hatte dort etwas mehr Wind gefunden. Am Ende dieses Tages lag er 25 Meilen vor Autissier, die wiederum Laurent um sieben Meilen abgehängt hatte. Auguin stand 41 Meilen hinter dem Spitzenreiter. Diese vordersten Boote hatten die nächsten beiden Tage, während sie auf die Kanaren zuhielten, alle ähnliches Wetter - heiteren Himmel und zehn Knoten Nordwind. Abgesehen von dem Biskayatief am Tag nach dem Start hatte das Feld Glück mit dem Wetter gehabt. Die ganze Strecke bis hinunter zu den Kanaren hätte genausogut rauhe See sein können. Aber nur diejenigen Teilnehmer, die umgekehrt und neu gestartet waren - Dubois, Bullimore, Fa und Munduteguy - mußten Wiederholungsvorstellungen der Herbststürme über sich ergehen lassen, als sie sich wieder daranmachten, die Biskaya in Richtung Kap Finisterre zu überqueren.

Am Abend des 10. November, als das Rennen eine Woche alt war, passierte Parlier bei etwas frischerem Nordostwind (15 Knoten) die Hauptinsel Gran Canaria östlich. Nachdem er sich entschieden hatte, daß es sich nicht lohnte, die Fahrt zu unterbrechen, um auf den Inseln Trinkwasser zu holen, blieb ihm selbst bei seinen gekürzten Rationen nur noch Wasser für drei Wochen.

Autissier, noch immer Zweite, passierte die Inseln hinter Parlier später in derselben Nacht. Laurent und Auguin waren weiter zurückgefallen - Auguin hing mehr als 80 Meilen zurück. Am Ende des nächsten Tages hatte Parlier seinen Vorsprung vor Auguin auf 120 Meilen ausgebaut, was verdeutlichte, wie wackelig die Reihenfolge war. Der Favorit befürchtete, daß er nach einem weiteren Tag 200 Meilen hinter der Spitze liegen würde, weil Parlier und Autissier seit dem Passieren der Kanarischen Inseln mehr Wind hatten. Laurent und Auguin steckten wie de Broc und die anderen weiter zurückliegenden Boote noch immer in dem Hochdruckgebiet mit leichten nördlichen Winden, das diese Breiten mehrere Tage beherrscht hatte. Der hintere Teil des Feldes bekam allmählich ebenfalls stärkeren Wind. Roufs, Thiercelin, Goss, Chabaud und de Radiguès holten auf und drohten Auguin und die anderen Yachten im Mittelfeld einzuklemmen. Auguin fragte sich öffentlich, ob seine Strategie des behutsamen Starts wohl richtig gewesen sei. Er bedauerte es, am Anfang nicht mehr Druck gemacht zu haben, um Parliers Vorsprung vor den Kanarischen Inseln zu verringern. Wenn man überhaupt nach dem letzten

Vendée Globe gehen konnte, würde Auguin es vielleicht nie mehr schaffen, einen Vorsprung von einigen hundert Meilen aufzuholen, selbst wenn dieser Abstand sich so früh im Rennen ergeben hatte. Aber die umlaufenden Winde, die heftigen Böen und vor allem die Windstillen der Mallungen lagen voraus, so daß noch alles offen war.

Bis jetzt gab es in der Wettfahrt keine größere Überraschung als Laurents Leistung mit der alten GROUPE LG TRAITMAT. Sie war 1989 für das erste Vendée Globe gebaut worden, und Titouan Lamazou hatte die Wettfahrt damit in einer noch immer bestehenden Rekordzeit von 109 Tagen gewonnen. Aber seitdem hatten sich die Konstruktionsvorstellungen in der offenen 60-Fuß-Klasse sehr gewandelt. Laurents verhältnismäßig schmales, untertakeltes und schweres Boot (mit zwölf Tonnen fast doppelt so schwer wie Parliers Leichtbau) mischte als Exot in der Vierer-Spitzengruppe mit. Die Geschwindigkeit dieses Schiffs hielt mehrere Lektionen bereit. Die neuen Entwürfe waren als überragende Raumschots-Rennmaschinen konzipiert, die bei hoher Fahrt stabil waren und aus den achterlichen Winden und Seen der hohen südlichen Breiten den größtmöglichen Vorteil ziehen konnten. Bei dem, was man normale Segelbedingungen nennen könnte - die Stürme, leichteren Winde und mäßigeren Seen des Atlantik - waren die Neukonstruktionen vielleicht gar keine große Verbesserung. Dennoch hingen alle anderen Boote, die so alt waren wie die GROUPE LG TRAITMAT, weiter hinten im Feld fest, zusammen mit einigen Yachten der neuen Entwurfsgeneration - Thiercelins CRÉDIT IMMOBILIER DE FRANCE und vor allem Roufs' GROUPE LG 2. Die unterschiedlichen Positionen so früh im Rennen waren nicht nur Glückssache. Die Yachten hatten im Großen und Ganzen dieselben Wind- und Wetterbedingungen gehabt. Laurent hatte mit Sicherheit ähnliches Wetter wie Parlier, Autissier und Auguin erlebt, mit deren modernen Booten - zwei davon nagelneu - er Schritt hielt. Was er bis jetzt geleistet hatte, beruhte schlicht und einfach auf seinem seglerischen Können und seiner Entschlossenheit, das Boot laufend so zu trimmen, daß es bei dem leichten Wetter so gut wie möglich vorankam.

Sollte ich auf jemanden als Sieger einer Vendée Globe- oder BOC-Regatta setzen, bei der die Unterschiede in der Bootskonstruktion ausgeglichen würden, wettete ich auf Laurent. Mit einer Yacht nach dem neuesten Stand der Technik und dem nötigen Geld, um sie vernünftig zu betreiben, hatte er das Zeug, jede Wettfahrt zu gewinnen, an der er teilnahm. Zumindest, solange die Gleichung auch um den Faktor Pech bereinigt würde, setze ich voraus. Man kann nicht siegen, wenn man Treibgut rammt, wenn etwas Entscheidendes zu Bruch geht oder man von einer Welle erwischt wird, die es direkt auf einen abgesehen hat. Laurent war ein Techniker, der nüchterne, seriöse Vendée Globe-Fanatiker. Wie seine Konkurrenten machte auch der 39-jährige Maschinenbauingenieur mit, um schnell zu segeln und zu gewinnen. Im Unterschied zu den anderen Teilnehmern aber sah er hinter dieser Unternehmung keine weitere Dimension, zumindest behauptete er das. Für ihn gab es keine Romantik der See oder sonst etwas von dem Firlefanz, über den Moitessier schrieb. Er dachte nicht daran, einen Albatros Joshua zu nennen oder von einer innigen Verständigung mit seinem Boot zu sprechen. Der in Lorient an der Südküste der Bretagne geborene Laurent, ein schlanker, über 1,80 Meter großer, bärtiger Brillenträger mit etwas längerem Haar, betrachtete seinen Beruf und das Drumherum - zum Beispiel Journalisten, die immer wieder von den Gefahren und der Romantik des Einhandsegelns anfingen - kühl und sarkastisch. Während ich ihn in der engen Kajüte der GROUPE LG TRAITMAT interviewte, taute Laurent etwas auf, als er merkte, daß auch ich, wenn auch in einer viel unbedeutenderen Kategorie, zumindest einige Zeit auf See verbracht hatte - genug, um die Segelei richtig einschätzen zu können, die er gerade hinter sich hatte. Nach dem Interview bot er an, mich mit seinem bescheidenen Honda Accord, der auf der Tür das LG-Logo trug (Laurent gehörte noch nicht zur Mercedes-Klasse wie Autissier), durch das Straßengewirr des Hafenviertels von Lorient zurück zur Autobahn zu lotsen, die nach Süden, nach Locmariaquer, führte, wo ich einen Gesprächstermin mit Roufs' Ehefrau Michèle Cartier hatte.

Mit sieben Jahren hatte Laurent sich in einem Sportzentrum zu einem Judokurs angemeldet. Aber es gab irgendein Büroversehen. Als er zum ersten Mal erschien, mußte er feststellen, daß man ihn irrtümlich für den Segelkurs eingetragen hatte. Niemand aus seiner Familie war je zuvor gesegelt, und noch heute streitet er sich mit seinen Eltern und Brüdern über seinen Beruf. Sie begreifen nicht, warum er davon leben will, und betrachten es einfach nicht als vollwertigen

Beruf. Sie glauben, daß es nur ein Vorwand zum Nichtstun ist und daß er es sich nur gutgehen läßt.

„Einer meiner Brüder, der in Bordeaux, nicht weit von hier, wohnt, kam, um den Start dieses Vendée Globe mitzuerleben. Es war das erste Mal, daß er den Start oder das Ziel irgendeiner meiner Wettfahrten gesehen hat, und ich bin immerhin schon zwanzig Jahre dabei."

Laurent behauptet, daß seine Gründe, allein zu segeln, ebenso pragmatisch seien. Er tat es in jungen Jahren, weil er oft keine Mitsegler fand. Später dann, als er begann, größere Yachten zu segeln, fand er leichter Sponsoren, wenn er allein segelte. Auch die Journalisten interessierten sich aus unerfindlichen Gründen stärker für das Einhandsegeln. Wie kann ein Mensch so lange auf so einem großen Boot alles allein machen? Das fragten sie sich. So war das Einhandsegeln wiederum nur eine logische Reaktion auf die in dem Geschäft herrschenden Bedingungen.

Mit Sicherheit war Laurents Schilderung seines beruflichen Werdegangs nicht ohne ironische Untertreibung. Er berichtete wahrhaft distanziert und analysierend darüber, wie er an das Segeln - die Taktik und den ganzen Ablauf - heranging, und auch über die wirtschaftlichen Gesichtspunkte der Langstrecken-Einhandregatten: Die Notwendigkeit, sich selbst zu vermarkten, und den ständigen Wettlauf um Sponsorengeld. Wie jeder Unternehmer mußte er sein Pro-

Hervé Laurent

dukt vertreiben, und das Produkt war er selbst - welch geschmackloser Narzißmus. Aber wie sehr er sich auch gegen die Romantik verwahrte, wuchs doch, solange er segelte, unwillkürlich eine Art Liebesbeziehung heran.

Am Beginn unseres Gesprächs gab Laurent einmal eine Ahnung von dieser Leidenschaft preis. Er sei nicht sicher, warum er als Junge beim Segeln geblieben sei und nicht versucht habe, zurück in den Judokurs zu kommen, für den er sich angemeldet hatte. Er hat mir damit wohl schon früh einen Wink gegeben, warum er dem Segeln treu geblieben war und sich dabei fast aus Versehen zum Profi hochgearbeitet hatte. So habe es sich eben ergeben, sagte er. Aber da sei auch immer dieses Gefühl gewesen: „Von Anfang an faszinierte und lockte mich das Meer. Ich wollte immer auf See sein. Das ist alles."

Die Franzosen nennen die Kalmen oder Mallungen den „pot au noir", wörtlich „Pechtopf". Ein fürchterliches Wettergewusel, ein schwarzes Loch. Die Herkunft des englischen Wortes „doldrums" ist unbekannt, aber das Oxford English Dictionary spekuliert, daß es eine umgangssprachliche Variante von „dull", also langweilig, auch trübe oder flau, sein könnte. *) Die französische Wendung ist gewiß dramatischer und ausdrucksvoller. Sie erfaßt das gänzlich chaotische, unberechenbare Wetter dieses Gebiets und das für Segelfahrzeuge Hinderlichste - seine ausgedehnten Flauten, die ein Boot tagelang festnageln können. Die alten Rahsegler, deren Unterwasserschiffe mit Tang und Seepocken bewachsen waren, wurden dort manchmal wochenlang aufgehalten. Oft wurden die Boote zu Wasser gelassen, und die Mannschaft mußte sich tagelang bis zur Erschöpfung in die Riemen legen, um das große Schiff langsam aus der stickigen Flaute herauszuschleppen. Die Vendée Globe-Rennyachten mit ihrer minimalen benetzten Unterwasserfläche und einer gewaltigen Segelfläche kommen noch mit dem leisesten Hauch voran. Aber auch die Skipper dieser Yachten fürchteten die Mallungen. Das Problem war

---

*) Anm. d. Übers.: Die deutsche Bezeichnung „Kalmen" geht auf lateinisch „calma" = Stille, Windstille zurück, und das Wort „Mallungen" dürfte mit dem niederdeutschen Wort „mall" = verrückt zusammenhängen.

nicht unbedingt, daß man nur langsam oder überhaupt nicht vorwärtskam, sondern daß es schlicht vom Zufall abhing, wo der Wind war. Manche Boote konnten einen Windhauch oder eine Brise erwischen, die sich anderen Yachten stunden- oder tagelang verweigerte und ihnen damit die Verzögerung einbrockte, die alle Chancen im Rennen zunichte machte. Alles hing so sehr vom Glück ab - wo sich ein Boot zufällig gerade befand und wann es dort war. Wettsegeln bei Leichtwind ist Chancensegelei. Für die Mallungen gilt das erst recht.

Das seglerische Geschick spielte dabei auch eine Rolle. Die alten Windjammerkapitäne waren bei der Wahl des besten Kurses durch die Kalmen darauf angewiesen, Himmel und Wasser durch die Brille langer Erfahrung zu beobachten. Andere Hilfsmittel als diese genaue Beobachtung der realen Welt um das Schiff herum hatten die Segler bis vor ganz kurzer Zeit nicht. Moitessier oder Hiscock, die die Mallungen vor 20 Jahren durchquerten, suchten horchend und beobachtend nach denselben flüsternden Hinweisen und intuitiv wahrnehmbaren Anzeichen wie die Seeleute 200 Jahre vorher. Das hieß meistens dazusitzen, zu warten und das Beste zu hoffen. Jetzt, im Vendée Globe konnten die Skipper über ihren elektronischen Wetterfaxkarten brüten, von weither kommende Funkwetterberichte abhören und sich aussuchen, wo ihre Chancen am besten aussahen. Das engmaschige Netz erdumkreisender elektronischer Meßgeräte und Sensoren, die Daten sammeln und direkt an die Instrumente über dem Kartentisch senden, hatte fast vollständig die alte Methode verdrängt, in der Plicht zu sitzen, in den Himmel zu starren und zu rätseln, was zum Teufel man als nächstes tun sollte. Die Breite des Kalmengürtels mit seinem niedrigen Luftdruck und seine genaue Lage änderten sich jahreszeitlich und hingen auch von der geografischen Länge ab, auf der ein Schiff die Mallungen zu queren versuchte. Als die führenden Boote nacheinander in den Nordostpassat kamen und auf den Äquator losstürmten, überlegte sich ein Skipper nach dem anderen, welche Möglichkeiten zur Wahl standen.

Zur gleichen Zeit war Tony Bullimore, jetzt mit funktionierendem Autopiloten, zum zweiten Mal aus Les Sables-d'Olonne ausgelaufen, hatte die Biskaya hinter sich gebracht und lief dicht an der portugiesischen Küste hinab. Das war allerdings keine gute Entscheidung gewesen, denn er kam zu seinem Verdruß nur langsam voran. Dubois hatte den beschädigten Rumpf seiner Yacht repariert und stand kurz vor dem erneuten Auslaufen. Nach dem neuen Start würde er über 1.200 Meilen hinter den Spitzenreitern liegen und wie Bullimore nur mitsegeln, um dabei zu sein und der Ehre wegen.

Sobald die Spitzenreiter den Passatgürtel erreicht hatten, hatte das Feld sich wieder zusammengeschoben. Schuld daran waren nur die Launen des Windes. Auguins Befürchtung, daß er zu weit zurückbleiben würde, um den Vorsprung aufzuholen, erwies sich als unbegründet. Roufs, der Siebte, lag jetzt nur 130 Meilen hinter Parlier, der noch immer beständig führte. Zum ersten Mal seit dem Start liefen die Spitzenreiter hier im Nirwana der Segler Tag und Nacht Höchstfahrt. Die Rennsegler schwelgten im Nordostpassat, auf Kiplings „lieblichster Straße", in der idealen, gleichmäßigen Windstärke.

Die Passate sind meteorologisch eine zwangsläufige Folge der Gebilde oder Zonen hohen Drucks, die grob gesagt 30° nördlich und südlich des Äquators in den Gebieten der nördlichen und südlichen Roßbreiten liegen - das nordatlantische oder Azorenhoch auf der nördlichen Halbkugel und das südatlantische oder St. Helena-Hoch auf der Südhalbkugel. Diese Hochdruckkerne sind zwar nicht ganz unveränderlich, bleiben aber hartnäckig an Ort und Stelle. Rings um die Kerne erstrecken sich Gebiete leichter umlaufender Winde. Segelfahrzeuge sind immer bestrebt, ihre Route im Bogen am Rand dieser Gebiete vorbeizuführen. Sie müssen zwar trotzdem die Roßbreiten durchqueren, versuchen es aber an den Rändern der Hochs - auf der Nordhalbkugel dichter an der europäischen oder nordamerikanischen Küste und auf der Südhalbkugel mehr an der afrikanischen oder südamerikanischen Küste, wo es in der Regel mehr Wind gibt.

Wind fließt vom hohen zum niedrigen Druck. Der Passat weht zwischen den äquatorialen Kalmen und den nördlichen sowie südlichen Roßbreiten. Er ist nichts anderes als der Luftstrom, der (sozusagen bergab) aus dem nordatlantischen und dem südatlantischen Hoch in den festliegenden Tiefdrucktrog fließt, der sich um den Äquator zieht, die Mallungen. Wie bei jeder Bewegung von Luft und Ozeanwasser auf der Erde beeinflußt die Drehung des Planeten jedoch die Richtung, in die die Passate tatsächlich wehen: Der Luftstrom wird nach Westen abgelenkt. Im Norden bläst der Passat deshalb von Nordosten

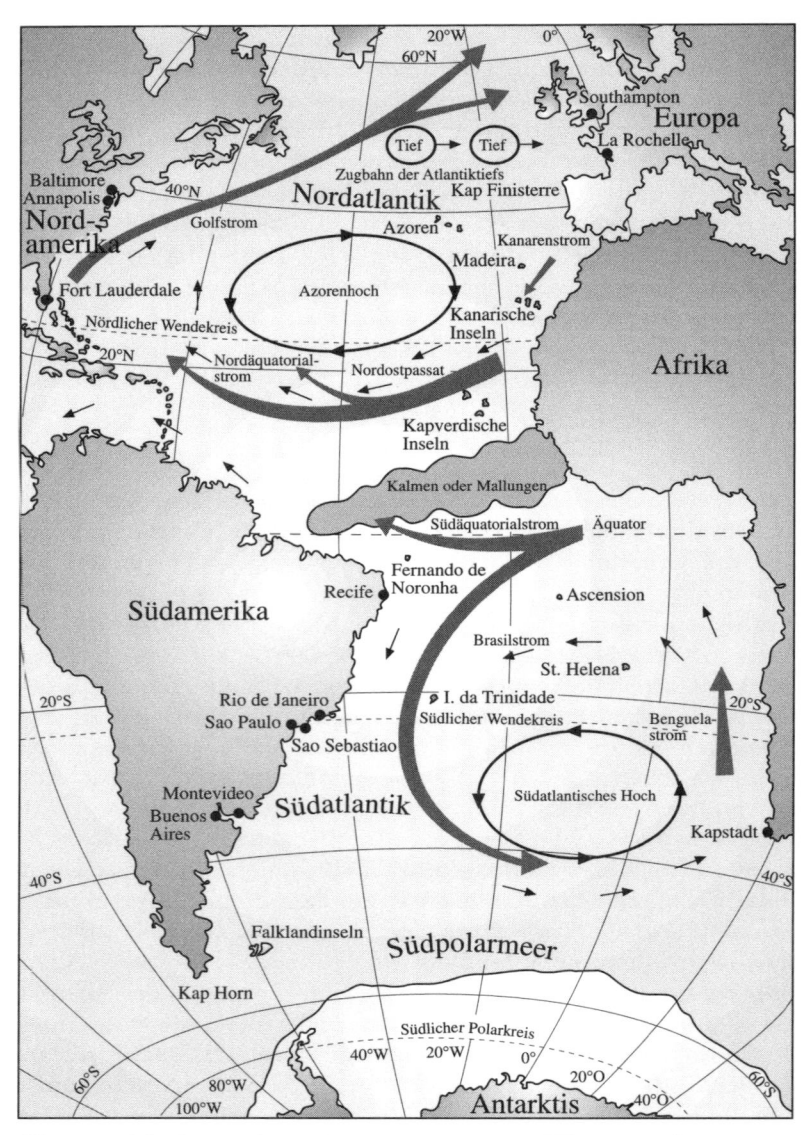

Nord- und Südatlantik mit den hauptsächlichen Wind- und Strömungssystemen sowie den windstillen Gebieten: Kalmen, Azorenhoch und Südatlantikhoch.

und heißt Nordostpassat, weil Wind nach der Richtung bezeichnet wird, aus der er kommt. (Strömungen werden dagegen nach der Richtung benannt, in die sie fließen. Das ist gar nicht so unlogisch, wenn man sich klarmacht, daß der Bezugspunkt das Segelschiff selbst ist. Für den Seemann und Segler ist das Wichtigste, woher der Wind kommt, damit er die Segel entsprechend trimmen kann, und wohin der Strom das Schiff versetzt, damit diese Versetzung bei der Positionsbestimmung berücksichtigt werden kann. Das Schiff oder Boot ist ja für den Seemann der Bezugs- und Mittelpunkt einer Welt, in der alles relativ und ungewiß ist.)

Der Tiefdrucktrog, auf den die Passate zuwehen - die Mallungen oder Kalmen, englisch „doldrums", französisch „pot au noir"-, ist ein verhältnismäßig schmaler Gürtel, der an seinem östlichen Ende breiter ist, und das sowohl im Atlantik als auch im Pazifik. Seine Lage und Breite ändern sich mit den Jahreszeiten. Im Februar und März liegt die Mitte des Gürtels, der dann manchmal nur wenige Meilen breit ist, unmittelbar nördlich des Äquators. Bis zum Juli und August hat sich die Mitte bis zwischen 7° und 9° nördlicher Breite verschoben, und das Gebiet kann dann mehrere hundert Meilen breit sein, wenn der Segler echtes Pech hat. Im November, als die Vendée Globe-Teilnehmer sich darauf vorbereiteten, die Kalmen zu durchqueren, lag das Gebiet ungefähr in der Mitte zwischen diesen Extrempositionen - einige Grade nördlich des Äquators - und war breit genug, um ein Boot mehrere Tage lang festzuhalten.

Als die Yachten sich den Kalmen näherten, bildeten sich danach, wie die Skipper ihre Wetterinformationen deuteten, zwei Gruppen heraus. Parlier, Laurent und Dumont hielten sich dichter an der afrikanischen Küste; Autissier, Auguin, de Broc und Roufs wählten eine westlichere Route. So sehr unterschieden sich die Kurse aber nicht, denn die beiden Flottillen lagen weniger als 100 Meilen auseinander. Es stellte sich jedoch heraus, daß die überlegte Kurswahl keinen großen Unterschied machte. Die verwickelten, undurchschaubaren Vorgänge, die großklimatische Phänomene wie die Kalmen unerwartet und oft unerklärlich ebenso verändern können wie kleine Wettervorgänge, z.B. eine Nachmittagsbö, hatten sich wieder einmal ausgewirkt. Diesmal erwiesen sich die Mallungen für die drei führenden Yachten als Papiertiger. Wo leichte Brisen und Flauten herrschen sollten, wehte jetzt ein knackiger 20-Knoten-Wind, der Parlier, Autissier und Auguin geradewegs in einem Rutsch durch den Pechtopf trieb. Die nachfolgenden vier Boote hatten nicht ganz so viel Glück. De Broc verbrachte unter einer riesigen Wolke zwölf Stunden auf der Stelle. Während er dort festsaß, schlich Laurent ganz in der Nähe mit einer Privatbrise an ihm vorbei und schob sich auf den fünften Platz vor. Auch Roufs, Thiercelin und Dumont verloren Zeit. Aber es hätte schlimmer kommen können. Roufs neue Yacht hatte bei dem leichteren Wind angefangen, zu zeigen, was in ihr steckte, und er hatte seine Plazierung entscheidend verbessert. Als Vierter führte er jetzt die zweite Gruppe von fünf Yachten an, die 250 bis 400 Meilen hinter den drei Spitzenreitern lagen. Aber das Rennen stand immer noch knapp genug. Daß die Spitzenreiter ziemlich mühelos durch die Kalmen gekommen waren, machte ihnen Hoffnung, Lamazous Zeit zu unterbieten. Auch er war ungehindert durch die Mallungen gerutscht, und hin und zurück schnell über den Äquator zu kommen war wohl unerläßlich, um einen Rekord aufzustellen oder zu brechen.

Am Äquator feierten die Segler die traditionelle Linientaufe. Diese heidnische Ehrerbietung für Neptun (oder Poseidon), bei der man sich als Meeresgott verkleidet und Trankopfer oder Speisen ins Meer wirft, um ihn günstig zu stimmen, war in der Seefahrt ein aus unerdenklicher Zeit überlieferter Brauch. Er drückte gleichermaßen den Dank aus, daß man auf See war und daß man noch lebte. Man würdigte damit die Schwäche und Zerbrechlichkeit des Menschen und die grenzenlose Macht des Meeres. Welcher Seefahrer auf dem Weg in den stürmischen Süden würde wohl versäumen, diesen Brauch einzuhalten? Die Menschen an Land, geborgen in ihren sicher und fest stehenden Gebäuden, können es sich leisten, den Aberglauben zu mißachten. Auf See jedoch würde selbst der rationalste neuzeitliche Mensch davor zurückschrecken. Was den Seefahrer erwartet, ist immer unbestimmt, bedrohlich, unvorhersehbar, und es ist einfach sinnvoll, daß man sein Glück nicht mit selbstgefälliger, großkotziger Hochachtung des logischen Denkens strapaziert. Dies hier ist die See! „Das drachengrüne, das leuchtende, dunkle, seeschlangenbevölkerte Meer." „Die skrotumzusammenziehende See," wie Joyce sie aus anderen Gründen nannte. Mit seinem Dreizack konnte Neptun Stürme herbeirufen, Felsen zerschmettern, Gestade erschüttern. Glaubte man dem „Ocean Almanach", dann lebte er in einem „goldenen Palast unter dem Meer. Seine Seepferde hatten Messinghufe und goldene Mähnen, und wenn sie seine Triumphwagen über die See zogen, wurden die Wasser vor ihm so glatt wie ein Spiegel, und alle Seeungeheuer auf seinem Weg wurden zahm." Die Vendée Globe-Teilnehmer unterwarfen sich den irrationalen Gebräuchen (und dem Spaß) in unterschiedlicher Weise, aber jeder einzelne so, wie man es irgendwie von ihm erwartet hätte. Parlier, der asketische Sportler, teilte sich einen Keks mit Neptun. Die weltoffene Seglerin Autissier erbot dem Gott einen Blumenstrauß und etwas Champagner. Der gut proviantierte und auf alles vorbereitete Auguin, der in der Wettfahrt inzwischen seinen ausgeglichenen, fast heiteren Rhythmus gefunden hatte, genoß eine großartige französische Mahlzeit - Gänseleber, weiße Bohnen mit Fleisch und einen „grand cru" - und sah sich ein Video an.

Parlier wäre zufriedener gewesen, wenn er etwas Süßwasser mit dem Meeresgott zu teilen gehabt hätte. Er hatte auf die Regenböen der Kalmen gezählt, um etwas Regenwasser aufzufangen. Aber der ungewöhnlich günstige Wind hatte ihn rasch durch die Mallungen huschen lassen, und es hatte kaum geregnet. Er kürzte seine Ration auf einen Liter pro Tag und versuchte, nichts zu essen, was zur Verdauung viel Flüssigkeit erforderte. Er war zwar noch nicht ausgetrocknet, aber ganz bestimmt durstig und würde in eine schwierige Lage kommen, sollten die Westwinde der Südhalbkugel nicht gleich zu Anfang etwas Regen mitbringen. Das war paradox, denn Roufs kam langsamer durch die Mallungen und erlebte das für die Gegend typischere Wetter, das nach der Durchfahrt der ersten drei Yachten einsetzte. Dabei verbrachte er Stunden in einem Wolkenbruch, „genug Regen, um die Sahara zu bewässern," wie er sagte.
Der offizielle Regattaarzt Jean-Yves Chauve schätzte, daß die Segler etwa drei bis vier Liter Wasser pro Tag benötigten, in den Tropen mehr. Die Schätzung beruhte auf einer Formel, in der jeder verzehrten Kalorie ein Milliliter Wasser entsprach, und auf der Annahme, daß die Segler, die sich auf engem Raum mäßig bewegten, täglich 3.000 bis 4.000 Kalorien verbrauchen würden. Die Faustregel für Fahrten-

segler (aus der Zeit vor erschwinglichen Seewasser-Entsalzungsanlagen, als die Boote alles benötigte Trinkwasser in Tanks oder Kanistern mitführen mußten) besagte: eine halbe britische Gallone (zweieinhalb Liter) pro Tag und Person für alle Zwecke - Trinken, Kochen, Zähneputzen u.s.w.. Voraussetzung war, daß die Besatzung sich mit Seewasser wusch und möglichst auch für andere Zwecke Seewasser verwendete. Diese Ration setzte jedoch außerdem voraus, daß die Mannschaft zusätzlich Erfrischungsgetränke, Säfte, Bier und anderes in Dosen oder Kartonverpackungen trank, um zusätzliche Flüssigkeit aufzunehmen. Die Vendée Globe-Skipper aber mußten zum Trinken fast ausschließlich mit Wasser auskommen. Wenn sie schon ihre Zahnbürsten halbierten, um Gewicht zu sparen, wollten sie mit Sicherheit keine Cola- oder Bierkästen in der Bilge spazierenfahren. Vielleicht ein wenig Wein - immerhin waren die meisten Boote aus Frankreich, - aber sonst nicht viel.

„Wasser, Wasser überall/doch kein Tropfen zu trinken," lautete schon die berühmte Klage des „Ancient Mariner" von Samuel T. Coleridge. Das war die paradoxeste Zwangslage der Seeleute: Sie konnten mitten auf den von Wasser bedeckten 70 Prozent der Erdoberfläche verdursten, und manchmal geschah es auch - wenn das Wasser, das sie in zweifelhaften Eichenfässern mitführten, verdarb (was oft passierte) und sie nicht rechtzeitig Regen bekamen. Gleich nach Skorbut und Schiffbruch war Mangel an Trinkwasser die Plage der Windjammermatrosen. Die Roßbreiten erhielten ihren Namen, weil auf den Schiffen, die dort in die Flauten gerieten, oft das Wasser knapp wurde und dann die zur Ladung gehörenden Pferde über Bord getrieben wurden, um der Mannschaft nicht das letzte Wasser wegzusaufen. In windstiller Tropenhitze konnten ausgedörrte Seeleute „Calentura" bekommen (vom lateinischen Wort „calere" = heiß sein), ein tropisches Fieber, unter dessen Einfluß sie plötzlich den Drang verspürten, ins Meer zu springen. In ihrem unerklärlichen Delirium war das Meer für sie ein wohltuend feuchtes, grünes Feld. Durch seinen Salzgehalt ist Seewasser ebensowenig trinkbar wie Sand. Saint-Exupéry beschreibt, wie notgelandete Flieger in der Wüste zuerst ihren Urin, dann eventuell etwas Blut, danach Benzin oder Dieselkraftstoff und schließlich Batteriesäure tranken, nur irgendeine Flüssigkeit, um die Austrocknung des Körpers abzuwenden. Der Seefahrer kam in feuchter Seeluft und mit der Aussicht auf Regen nicht so leicht in Lebensgefahr, aber grundsätzlich war es dasselbe: Beim Durchqueren des Ozeans oder der Wüste mußte der Mensch mitnehmen, was er dort brauchte, oder es unterwegs in Form ungewisser Regenfälle oder in weitverstreuten und versteckten Oasen finden. Hier wie dort besaß die Natur, wie Yeats es vom Meer sagte, eine „mörderische Unschuld".

Parliers Schwierigkeiten, verursacht durch Pech und aberwitziges Gewichtsparen, waren ein Anachronismus. Auf modernen Segelschiffen mit ihren stählernen Wassertanks und Entsalzungsanlagen konnte der gesamte Wasserbedarf zum Trinken und sogar für die verschwenderischste Angewohnheit der westlichen Welt, die tägliche Süßwasserdusche, gedeckt werden. Die französische Presse ereiferte sich über Parliers Zustand. Seine Frau wurde von Anrufern, darunter einige Ärzte, belästigt, die sie aufforderten, ihren Ehemann zum Aufgeben zu bewegen. Aber Parlier war nicht allzu besorgt. Mit nur einem Viertel des täglichen Trinkwassers, das sein Körper benötigt hätte, war er zwar durstig, fühlte sich sonst aber gesund. Irgendwann würde es regnen, und er war auf Warten eingestellt.

Am 20. November jedoch geschah etwas weit Ernsteres. Ein stählerner Steckbolzen in der Genua-Rollvorrichtung brach. Mit dieser Vorrichtung konnte der Segler das riesige Vorsegel reffen oder bergen, ohne das Cockpit zu verlassen, indem er einfach die Schot fierte (herausließ) und die Aufrollleine dichtholte. Ohne die Rollvorrichtung würde Parlier sich zum Segelkürzen jedesmal aufs Vordeck wagen und die Vorsegel gegen kleinere auswechseln müssen, statt einfach seine Genua einzurollen. Die Ursache dieses Bruchs war kein Geheimnis: ungenügende Vorbereitungszeit. Wenn der neuartige drehbare Mast auf Parliers Yacht sich je nach der wechselnden Windrichtung drehte, wurde der Steckbolzen, der auch noch unterdimensioniert war, überbeansprucht, bis er schließlich brach. Wenn der Skipper und sein Team mehr Zeit gehabt hätten, das Boot vor der Wettfahrt zu erproben, hätten sie den Mangel sicherlich bemerkt. Er wäre aufgefallen, denn schon siebzehn Tage mäßiger Belastung hatten genügt, den Schaden herbeizuführen.

Als der Bolzen um 22.00 Uhr brach, kam Parliers Genua herunter und fiel ins Wasser. Er hatte mehrere Stunden zu kämpfen, um das große, durchnäßte Segel wieder an Bord zu holen. Dreimal mußte er in pechschwarzer Nacht ins Wasser und tauchen, um Tauwerk freizubekommen, das sich um das Segel und den Kiel des Bootes verheddert hatte. „Das Rennen ist verloren", sagte er.

Später, nachdem er eine Weile geschlafen und den Mast dann mit einem zusätzlichen behelfsmäßigen Vorstag gesichert hatte, war er nicht mehr so pessimistisch. Allein unter Großsegel kam er auf elf Knoten.

„Der Mast steht noch. Die Wettfahrt geht weiter. Ich bin weniger siegessicher als gestern, aber niemand weiß, was geschehen wird."

Innerhalb eines Tages hatte sich die eingespielte Reihenfolge im Rennen geändert. Autissier übernahm die Führung, Auguin nahm 15 Meilen dahinter den zweiten Platz ein. Parlier fand seine Ausgeglichenheit wieder, konnte außer seinem Großsegel ein Vorsegel setzen und blieb schnell genug, um den dritten Platz zu halten. Roufs lag jetzt nur 250 Meilen hinter Autissier, er hatte stärkeren Wind gefunden als die übrigen Boote der zweiten Gruppe, und das größere Geschwindigkeitspotential seiner neuen Yacht zahlte sich allmählich aus. Die anderen Mitglieder dieser Gruppe - Laurent, de Broc, Thiercelin und Dumont - lagen etwa 300 bis 400 Meilen hinter der Spitze. Ungefähr 700 Meilen hinter dem Ersten reihten sich Dinelli, de Radiguès, Goss und Chabaud aneinander, die endlich die Mallungen hinter sich gelassen hatten.

Entgegen jeder Wahrscheinlichkeit hatten die letzten drei einander in Sicht. Dubois und Bullimore, als Wettfahrtteilnehmer wieder auferstanden, segelten schnell, aber weit hinten. Das 14 Boote starke Feld zog sich über 1.750 Meilen Nord- und Südatlantik hin. Zweieinhalb Wochen nach dem Start hatte die Regatta schon das bis zum Schluß prägende Muster gefunden: Eine weit auseinander gezogene Reihe von Yachten in mehreren lockeren Gruppen: die vor der Wettfahrt favorisierten Segler ganz vorn (außer dem Pechvogel Fa), die meisten Teilnehmer aber segelten verbissen hinterher, anscheinend ohne große Aussichten, den entstandenen Abstand zu den Spitzenreitern wieder aufzuholen. Die ungeordnete Reihe der Boote zog sich im weiten Bogen hin, viel dichter an der südamerikanischen als an der afrikanischen Küste, und blieb westlich der südatlantischen Hochdruckzone mit ihren Flauten und leichten Winden. Als die Yachten sich dem 30. Grad südlicher Breite näherten, begannen sie im weiten Bogen nach Südosten zu schwenken. Dabei arbeiteten sie sich am Südrand des Hochs entlang und liefen schräg über den Südatlantik auf die südlichen Sturmbreiten zu.

Autissier und Auguin, gefolgt von Parlier, trugen einen Zweikampf um die Führung aus, während sie vor 30 Knoten Wind dahinjagten, den ein Tief hervorgebracht hatte, das ihnen erlaubte, ihren Umweg um die Hochdruckzone etwas abzukürzen. Roufs mußte mit seiner GROUPE LG 2 eine Stunde lang beidrehen, um ins Wasser zu steigen und ein Fischernetz zu kappen, das sich um seine Ruder gewickelt hatte. Er war den führenden Yachten dicht genug auf den Fersen, um etwas von demselben Wind abzubekommen, der sie in schneller Fahrt nach Südosten trieb, konnte aber nicht vermeiden, etwas weiter zurückzufallen. Bei den, für dieses Seegebiet ungewöhnlichen, idealen Verhältnissen bauten Autissier und ihre dichtauf liegenden Verfolger ihren Vorsprung vor dem Feld, das sich zunehmend auseinanderzog, immer weiter aus.

Am 27. November setzte sich Auguin vor Autissier. Wie Autissiers Sponsoren in einer Pressemitteilung betonten, hatte der Führungswechsel aber keine große Bedeutung. Auguin hatte sich entschlossen, mehr nach Osten zu halten, während Autissier, die wieder von der Wetterfront überholt worden war, vor der die drei Spitzenreiter tagelang gesegelt waren, sich entschlossen hatte, weiter im Süden noch mehr Wind zu suchen. Die beiden Yachten hatten sich um zwei Breitengrade voneinander entfernt, mehr als 100 Meilen. Auch Parlier war dabei, nach Süden hinunterzugehen. Obwohl er noch immer durch den Ausfall seiner Vorsegel-Rollvorrichtung benachteiligt war, hatte er sich überraschend in weniger als 50 Meilen Abstand hinter den Vorreitern halten können. Aber er brauchte mehr Kraft, um mitzuhalten, weil er das Großsegel häufiger reffen mußte und auf dem Vorschiff in Nässe und Kälte die Vorsegel von Hand an ihren Stagen setzen und bergen mußte. Er mußte nach Süden, wo starke, beständige Winde wehten, die es ihm leichter machen würden. Er würde dort nicht so oft Segel wechseln müssen, würde seine große Genua, die ohne Rollvorrichtung so unhandlich war, vergessen und fast durchgehend seine kleineren Vorsegel fahren können.

Unter dem kalten, grauen Himmel und in höher und länger werdenden Wellen, die sich allmählich zu den typisch rollenden Seen der hohen Breiten entwickelten, sahen die drei Vorreiter ihre ersten Albatrosse. Am 29. November überquerte Parlier den 40. Grad südlicher Breite und kam damit in die Brüllenden Vierziger. Auguin und Autissier lagen etwas weiter nördlich dicht voraus. Die Segler rüsteten sich durch letzte Überprüfungen von Boot und Ausrüstung, sie bereiteten sich auf den Ansturm vor, während die drei Boote vor stürmischen Winden, schwer in der See arbeitend, nach Westen liefen.

„Jetzt müssen wir auf unsere Schiffe achten und sehr vorsichtig sein," sagte der besonnene Auguin. „Entscheidend ist, in guter Verfassung Kap Horn zu erreichen. Erst danach wird es besser."

Auf 37° Südbreite surfte Roufs mit seiner Yacht wenige Tage später bei anhaltenden 55 Knoten Wind - Windstärke 11 (orkanartiger Sturm) nach Beaufort - mit annähernd 25 Knoten Fahrt vor der langgezogenen, hohen See. Die Vendée Globe-Teilnehmer hatten ihre lange Reise durch den Südozean angetreten.

6
Die Seele einer neuen Maschine

Welch prächtiger scharfer Bug,
der doch den Anprall ertrug,
von Wogen, die kein Land je brach.
JOHN MASEFIELD

Die Maschine scheint uns von der Natur zu entfernen.
Und gerade sie unterwirft uns mit ganz besonderer Strenge
den ewigen Naturgesetzen.
ANTOINE DE SAINT-EXUPÉRY
Wind, Sand und Sterne

Als ich zum ersten Mal eines der Vendée Globe-Boote sah, kamen bei mir drei Reaktionen zusammen. Der erste Gedanke: Eine fantastische Maschine! Mit den fließenden Kurven, der niedrigen Seitenansicht, dem Glanz der Bordwände, dem nach oben verjüngten, fast zerbrechlich aussehenden Mast und dem geschickt angeordneten stehenden und laufenden Gut schien das Schiff eher aus natürlicher Evolution hervorgegangen als von Menschenhand gemacht zu sein. Es war wie ein Tier, das die Evolution zur Vollkommenheit entwickelt hatte, um eine enge ökologische Nische zu besetzen. Es kauerte wie ein Gepard, der nur darauf wartete, loszulaufen.

Mein zweiter Eindruck war, daß die Yacht ein großes Geschwindigkeitspotential hatte, aber auch zerbrechlich wirkte. Diese Boote sind sehr leicht. (Zur Erinnerung: Unsere 36 Fuß lange Fahrtenyacht hatte zwei bis vier Tonnen mehr gewogen als diese 60-Fuß-Schiffe.) Ich erinnerte mich an die Festigkeitsprobleme, unter denen einige dieser Yachten bei früheren Wettfahrten zu leiden hatten, als sie - nicht einmal besonders lange - stampfend gegen vorlichen Seegang anboxen mußten. Ich wußte, daß die Schiffe inzwischen stärker waren, besonders durch die neueren Baustoffe mit ihrem günstigeren Verhältnis von Festigkeit zu Gewicht. Doch das Boot, vor dem ich stand, sah so empfindlich aus. Ich glaubte, es hätte allen Grund, schnell zu sein. Es sah aus, als würde es sich auf seiner Reise um die Welt und besonders in den gewaltigen Seen der Südbreiten über die Wellen schießend und den Seegang ausmanövrierend durchmogeln müssen.

Mein dritter Gedanke erwies sich im Rückblick als haargenaue Vorahnung des Unheils. Ich glaube, daß jeder Segler, der wie ich konservativere Bootsformen vorzieht, dasselbe gedacht hätte. Als ich das Schiff von vorn betrachtete - das Deck breit wie eine Tanzfläche, ein hoher Mast, der eine Segelfläche tragen konnte, die für einen Klipper gereicht hätte, und ein schlanker Kiel mit einem vergleichsweise winzigen Ballastwulst am unteren Ende - dachte ich: Es ist zwar ein Einrumpfboot, aber würde es sich nach einer Kenterung je wieder aufrichten?

Der große Vorteil der Einrumpfboote gegenüber Mehrrumpfbooten ist immer gewesen, daß Einrümpfer sich wieder aufrappeln, wenn sie von einer Welle umgeworfen werden. Das Gewicht des schweren Kiels wirkt wie ein Pendel und hebelt das Boot wieder in die richtige Lage, selbst wenn es kieloben gelegen hat. In schweren Stürmen werden Boote erstaunlich oft flachgelegt oder kentern sogar durch. Meistens überstehen sie es, obwohl die Nerven der Besatzung danach nicht mehr so sind wie vorher. Mir selbst ist es noch nie passiert. Sollte es jemals geschehen, dann würde ich mich zur Ruhe setzen wie alte Seeleute, die es dabei nach der Überlieferung so hielten: Gehe mit einem Ruderriemen auf der Schulter so lange landeinwärts bis jemand fragt, „Was ist das denn?" Kaufe dir genau dort einen Hühnerhof und bewege dich nie mehr vom Fleck.

Mehrrumpfboote sind schneller als Einrumpfboote, weil bei den Mehrrümpfern die fahrtbegrenzenden Faktoren Reibungs- und Wellenwiderstand verringert sind, die unser kleines 9,5-Meter-Boot nicht über sechs Knoten kommen ließ. Katamarane und Trimarane können mit rasanten Reisen Spaß bringen. Ich bin einmal auf einem Katamaran mitgesegelt, der vom Ontariosee zur Chesapeake Bay überführt wurde. Es war ein Augenblick reinster Freude, als der Kat vor der Küste von New Jersey auf glattem Wasser 15 Knoten lief und dabei freudig zitterte und summte wie eine perfekt laufende Maschine. Es war wie schnelles Motorradfahren, nur ohne die Gefahr.

Aber Mehrrumpfboote haben ein entscheidendes Problem: Kieloben sind sie äußerst stabil. Sie haben sehr viel Anfangsstabilität, die sie der Krängung entgegensetzen, aber keine Endstabilität. Wenn sie erst einmal gekentert sind, bleiben sie so liegen. Unten in den Rümpfen von Kats und Tris werden oft Fluchtluken eingebaut, damit die Segler nach einer Kenterung aus dem umgeschlagenen Boot nach Rettung Ausschau halten können. Die Vendée Globe-Rennmaschine, die ich gerade bewunderte, sah mir aus, als würde sie sich eher wie ein Mehrrümpfer benehmen als wie ein Einrumpfboot, wenn sie von einer See, die es bösartig auf sie abgesehen hatte, umgeworfen würde.

Später las ich die in die gleiche Richtung gehende, sehr besorgniserregende Ansicht des amerikanischen Yachtkonstrukteurs Bruce Kirby über diese Schiffe: „Die neueren Vendée-Boote sind zwar bei kleinen Krängungswinkeln sehr steif," schrieb er, „ein Boot mit großer Anfangsstabilität könnte aber einen bedauerlichen Mangel an Endstabilität zeigen. Endstabilität ist die Fähigkeit eines Bootes, sich wieder aufzurichten, wenn es von einer Riesensee katastrophal auf die Seite geworfen oder zum Kentern gebracht wurde. Einige der Vendée-Yachten hatten in dieser Beziehung eine gefährliche Schwäche."

Als ich die Vendée Globe-Yachten zum ersten Mal betrachtete, mußte ich einräumen, daß sie elegant waren, aber als Maschinen oder Geräte wie manche Autos, Flugzeuge oder Waffen. Als Boote hielt ich sie für häßlich. (Ich mochte Überhänge, Decksprung, Seiteneinfall, ein wenig Decksbalkenbucht und eine gefällige Kimmrundung - all die alten Entwurfsmerkmale, die das herkömmliche Segelboot zugleich schön und seetüchtig machten.) Aber das änderte sich. Vielleicht kam es nur darauf an, sich mit den Vorstellungen und Maßstäben der Konstrukteure dieser Yachten vertraut zu machen. Ich mußte mich an das Aussehen dieser radikalen Konstruktionen, die mit der traditionellen Yacht so wenig gemeinsam hatten, erst einmal gewöhnen, bevor ich die ihnen eigene Schönheit würdigen konnte, etwa so, als wenn ein Anhänger der realistischen Malerei die Ästhetik des Kubismus entdeckt. Daß diese Schiffe mir allmählich besser gefielen, hing bestimmt mit ihrer Schnelligkeit zusammen. Bei mir war ein wenig das Verlangen nach dem aufregenden Gefühl entstanden, 25 Knoten zu segeln, nachdem ich auf einigen Fahrten mit Mehrrumpfbooten Blut geleckt hatte. Noch unwiderstehlicher war für einen vorsichtigen Segler wie mich der eindeutige Zusammenhang von Geschwindigkeit und Sicherheit. Je kürzer man unterwegs ist, desto geringer ist die Gefahr, daß es einen erwischt, desto besser die

Aussichten, schwerem Wetter zu entgehen. Sicherheit auf See ist Ästhetik genug. Ganz gleich, woran es lag, diese Rennmaschinen begannen, mir als Boote zu gefallen. Ich mochte es, wenn ihr kaum vorhandenes Unterwasserschiff möwengleich nur eine flache Mulde ins Wasser drückte, so ganz anders als der tief in das Wasser eindringende traditionelle, schwere Bootsrumpf. Mir gefielen die unaufdringlicheren und subtileren Kurven - kein Bootsrumpf ohne Kurven - im Anschluß an den senkrechten, geraden Steven und den abgehackten Spiegel. Ganz besonders gefiel mir, daß die Yachten so aussahen, als ließen sie sich nur widerwillig und vorübergehend durch Festmacher und nahe Hafenmolen zurückhalten, um dann ausgelassen und übermütig davonzupreschen.

Einige der Yachten in diesem Vendée Globe waren nagelneu, eigens für dieses Rennen gebaut. Die meisten waren grundüberholte Veteranen eines oder mehrerer früherer Langstreckenrennen. Fast alle glichen übergroßen Rennjollen mit tiefer, schmaler Kielflosse. Fünf der Yachten hatten Schwenkkiele, die bis zu 35° nach jeder Seite gekippt werden konnten, um mehr Hebelwirkung zu haben. Die neuen Schiffe, die für Autissier, Fa und Goss entworfen worden waren, hatten solche Kiele, und die Boote von de Radiguès und Auguin waren damit nachgerüstet worden. Roufs' GROUPE LG 2 hatte zur Vereinfachung einen festen Kiel. Die allerneuesten Rumpfkonstruktionen, in denen sich die aktuellsten Vorstellungen vom Entwurf superschneller 60-Fuß-Boote widerspiegelten, hatten flachgehende, platte Unterwasserschiffe, um den Reibungswiderstand zu minimieren. Die große Breite verlieh ihnen erhebliche Anfangsstabilität, schließlich segelt kein Boot gut, wenn es auf der Seite liegt. Der Ballastwulst unten am Kiel genügte zwar nicht ganz, um das Gewicht des Bootes und vor allem den hohen Mast mit seiner Takelage gegen die volle Gewalt heftiger Winde und Seen zu halten, wurde auf den meisten Booten aber durch Wasserballasttanks im Rumpf ergänzt. Die Segler konnten mehrere Tonnen Wasser von einer Bootsseite auf die andere pumpen, um das Schiff damit noch besser aufrecht zu halten. Die baulichen Einzelheiten von Rumpf und Deck waren kompliziert und geheimnisvoll - Schichten fremdartiger künstlicher Materialien, wie z.B.

Verbindungen aus ungeheuer starken Kohlefasern und Kevlar, glasfaserverstärkter Kunststoff als ältere Technik, hier und da auch Aluminium oder epoxidharzverleimtes Holz. Es waren hochseegängige Surfbretter, die für größtmögliche Geschwindigkeit auf raumen Kursen entworfen waren - die reinsten, kompromißlosesten Rennyachten ihrer Größe, die je gebaut wurden.

Gleichzeitig waren Inneneinrichtung und Rigg dieser Boote erstaunlich einfach, ein wesentliches Merkmal dieser Kompromißlosigkeit. Die Kajüte nahm meist nicht mehr als drei bis viereinhalb Meter von der Gesamtlänge ein. Auf manchen Schiffen gab es nicht einmal 1,80 Meter Stehhöhe. Die Einrichtung war spartanisch: Auf jeder Seite eine einfache Koje an der Bordwand – schmale Seekojen, in denen man den Körper festklemmen und gegen die Schiffsbewegungen abstützen konnte – ein einflammiger Propangaskocher, ein kleiner Stauraum für trockene Kleidung und eine halbierte Zahnbürste. Auf vielen der Boote waren die Innenflächen unverkleidet, so daß Bolzenköpfe und angetackerte Kabelstränge sichtbar blieben. Mit den nackten Carbon- und GFK-Flächen sahen die Kajüten schäbig und primitiv aus. Wie sehr das Rennen und das Vorwärtskommen Vorrang hatten, zeigten die großen Kartentische. Sie beherrschten die Kajüten. Darüber waren die elektronischen Geräte eingesetzt und angeschraubt. Das Ganze war nichts anderes als eine von Bordwänden und Dach umschlossene, technisch hoch entwickelte Navigationszentrale, die neben sich nur widerwillig die allernötigsten Bequemlichkeiten für den auf sein Ziel fixierten Skipper duldete. Toilette und Spüle waren meist nur Eimer, mit denen sich im Falle eines Falles auch Wasser aus dem Boot schöpfen ließ.

Einfachheit kennzeichnete auch die Takelung, ging hier aber mit sehr viel größerer Eleganz einher. Die Boote brauchten stählerne Vorstagen vom Bug zum Masttopp, meist massive Stangen aus rostfreiem Stahl, manchmal auch rostfreies Drahtseil, auf denen die Rollvorrichtungen oder Stagreiter der Vorsegel liefen. Das übrige stehende Gut, das den Mast hielt, bestand oft ebenso aus stählernem Stangenmaterial oder Draht, manchmal aber aus Kevlar, das auf jeden Fall mehrmals so stark ist wie Stahl, aber viel leichter. Überall, wo man Gewicht sparen konnte, tat man es - deshalb Eimer anstelle hübscher, bequemer kleiner Yacht-WCs mit wohlgeformten Sitzen. Das stehende Gut war für Boote dieser Größe verhältnismäßig einfach ausgelegt. Kompliziertheit war der Feind des Einhandseglers: mehr Kram, der Schwierigkeiten machen konnte, mehr Arbeit bei der Handhabung des Bootes, mehr Gewicht, mehr Sorgen.

Als Vernon Langille, ein Bootsbauer aus Neuschottland, sich entschloß, einen schnellen Schoner zu bauen, eine verkleinerte Ausgabe der Fischereifahrzeuge von Lunenberg, der auf den Großen Bänken fischen können, aber auch als Yacht dienen sollte, schnitzte er aus einem Stück Holz ein Modell dessen, was ihm vorschwebte. Nach den Proportionen dieses Modells nahm das Schiff dann auf der Werft des Bootsbauers in voller Größe Gestalt an - eine Zeichnung gab es weit und breit nicht. Die Spanten wurden aufgestellt und nach Augenmaß ausgerichtet - hier noch ein Stück, dort ein bißchen Holz weghobeln - bis das Ganze, wenn man zurücktrat und sich die Planken auf dem Gerippe dazu dachte, genau richtig aussah. Das Schiff hatte eine ansprechende Form, und alle stimmten Langille zu, daß es gut in der See liegen und schnell sein würde. Der Erbauer nannte das Boot THE WHITE `UN, und Richard Maury, der damit von Kanada in die Südsee segelte, nannte es CIMBA. Über diese Reise schrieb er einen Klassiker, „The Saga of Cimba".

Der schnelle, gut segelnde kleine Schoner wurde auf traditionelle Art wie die segelnden Arbeitsboote von der amerikanischen Ostküste gebaut. Der legendäre Rennschoner BLUENOSE dagegen wurde nach Plänen gebaut, die sein Konstrukteur W.J. Roue penibel gezeichnet hatte. Aber die Bauwerft hielt nichts davon. Man hatte dort vor der BLUENOSE schon 120 Fahrzeuge gebaut, alle ohne Zeichnungen, so wie Langille die CIMBA geschaffen hatte. Die Werftleute sahen nicht ein, warum sie sich bei Nr. 121 mit soviel Papier abgeben sollten. Aus dem neuen Schiff wurde natürlich trotzdem etwas . Das halbe Jahr fischte der Schoner auf den Großen Bänken Kabeljau, und in der zweiten Hälfte des Jahres räumte es in Wettfahrten mit den gelackten, messingverzierten Schoneryachten reicher Leute das Silber ab. Die BLUENOSE wurde zum kanadischen Nationalheiligtum, und wie die CIMBA segelte sie traumhaft.

Heute rechnet ausgeklügelte Computersoftware Kräfte und Belastungen aus, läßt dreidimensionale Ansichten auf dem Bildschirm

Eine Computerdarstellung der FILA, eines Finot-Entwurfs nach dem neuesten Stand der Technik, für Giovanni Soldini, der das Boot im Around Alone-Rennen 1998/99 segelt.

rotieren und analysiert die theoretischen Segeleigenschaften eines Entwurfs bei verschiedenen Wind- und Seegangsbedingungen mit unterschiedlich geformten Rümpfen, Kielen, Ballastanordnungen und Riggs in wechselnder Kombination. Weit und breit ist kein Stück Holz zu sehen. Nicht einmal eines jener sauber gearbeiteten maßstäblichen Modelle aus der Zeit vor den Computern, die man bis vor kurzem für Schlepptank- oder Windkanalversuche benutzte, um Informationen über die aero- und hydrodynamischen Eigenschaften der verschiedenen mühsam von Hand gezeichneten Ansichten der Rumpflinien und des Segelrisses zu gewinnen. Zweifellos stützt sich der Entwurfsvorgang heute auf sehr viel mehr technisches Wissen. Das Konstruieren ist nicht mehr so stark Glückssache. Das Bemerkenswerteste ist, daß die Yachtkonstrukteure wie alle Computeranwender Ideen ausprobieren und sie rückgängig machen, hier und da an einem abgewandelten Merkmal herumzupfen und mühelos kleine wie große Änderungen vornehmen können. Die ganze Arbeitsweise ist flexibel und erlaubt es, bei jeder einzelnen Änderung in dem komplizierten Gebilde, das eine Yacht darstellt, sofort die Auswirkungen auf ihre Geschwindigkeit, Stabilität oder ihr Aussehen zu ermitteln. Mit anderen Worten, es gibt eine Menge Daten. Und das Ergebnis? Ein Boot - etwa eine Vendée Globe-Rakete - als Produkt einer im wesentlichen wissenschaftlichen Methode, ein Erzeugnis kartesianischer Logik aus dem Mikroprozessor.

Doch nicht ganz. Die Maschine hat immer noch eine Seele. Aus mehreren Gründen bleibt der Entwurf eines Segelbootes eine unsichere Angelegenheit, bei der wenig feststeht. Das liegt gelegentlich daran, daß von einem Boot Widersprüchliches verlangt wird: Es soll ein Schlafsaal für zehn Leute sein, aber trotzdem klein genug, damit es billig gebaut und verkauft werden kann; ein schneller Segler, aber mit Segeln, die eine kleine, tolpatschige Besatzung bedienen kann; flach und elegant in der Seitenansicht, aber mit Stehhöhe für einen Basketballspieler. Die Yachtkonstrukteure müssen für die heftig widerstreitenden Anforderungen des Marktes Lösungen wie salomonische Urteile finden.

Der Zweck der Vendée Globe- oder BOC-Entwürfe ist natürlich vergleichsweise klar und unkompliziert. Der Konstrukteur muß einfach etwas zustande bringen, das einen Menschen am schnellsten durch den Südozean und wieder nach Hause befördert, ohne auseinanderzufallen. Aber auch bei dieser Aufgabenstellung steht das Ergebnis nicht fest. Zunächst einmal ist das Boot ein Gerät, das auf hoher See funktionieren soll, also in einem grenzenlos veränderlichen System. Die Yacht wird auf Wellen herumtanzen, deren Form, Dauer und Häufigkeit ständig wechselt. Es gibt keine Möglichkeit, die Belastungen exakt vorherzusagen, denen Rumpf und Rigg in den ständig und oft chaotisch die Form wechselnden Seen ausgesetzt sein werden. Seegangsenergie ist unendlich vielgestaltig. Welche zusammenwirkenden Kräfte in irgendeinem gegebenen Augenblick auf irgendeinen bestimmten Teil des Bootes prallen, ihn verwinden oder verformen werden und welche meßbaren Belastungen des Rumpfs und der Takelung daraus folgen werden, kann man nur schätzen.

Außerdem steht der Konstrukteur vor einer schwierigen Aufgabe, weil selbst die für nur einen einzigen Zweck gedachten Vendée Globe-Renner Kompromisse sein müssen. Sie müssen auf verschiedenen Kursen zum Wind so schnell wie möglich sein - am Wind, vor dem Wind und auf den Kursen dazwischen, also mit halbem Wind und raumschots -, was ganz verschiedene Anforderungen an die Rumpfform stellt. Ein Bootskörper, der beim Surfen mit 25 Knoten auf Sturmseen in den hohen Südbreiten verhältnismäßig sicher und stabil ist, soweit man dabei überhaupt davon sprechen kann, wird beim Kreuzen gegen den kürzeren und steileren Seegang des Nordatlantik weniger leisten und unbequemer sein. Mit seiner großen Breite und dem flachen

Unterwasserschiff wird das Boot dazu neigen, in den Seegang zu hämmern, weil es von einem Wellenkamm auf den nächsten klatscht. Es wird die Seen nicht so leicht durchschneiden können wie ein schmaleres Boot mit mehr Tiefgang. Roufs' Freund Philipp Ouhlen sagte, das Segeln hoch am Wind mit einem Vendée-60-Fuß-Boot sei wie die Fahrt auf einem Lastwagen mit viereckigen Rädern. „Es ist wirklich absolut grauenhaft."

Und es ist ausgeschlossen, dabei zu schlafen. Jedesmal, wenn das Schiff auf eine Welle kracht, wird der Segler wie auf einem Trampolin etwa 30 Zentimeter in die Luft geschleudert. Weil aber ein Boot, das mit einer wellendurchschneidenden Rumpfform am besten am Wind segelt, dem Skipper im Getöse der stürmischen Südbreiten kaum ruhig schlafen läßt, steht der Konstrukteur vor Entscheidungen. Er muß eine Rumpfform und eine Takelung schaffen, die einigermaßen den Anforderungen der verschiedenen Bedingungen entsprechen, unter denen das Boot nach bestmöglicher Einschätzung voraussichtlich längere oder kürzere Zeit segeln wird. Bei alledem verläßt sich der Yachtkonstrukteur nicht nur auf die Aussagen des Computers, was diesmal gehen wird, sondern auch auf die Erfahrung, was sich in der Vergangenheit bewährt hat. Alle Vendée Globe-Yachten mußten dieselbe Strecke mit demselben Ziel segeln. Es gab einige grundlegende Forderungen, die jeder Entwurf zu erfüllen hatte. Das Boot mußte seetüchtig und stark genug sein, um die äußerst zerstörerischen und zerreißenden Seegangskräfte auszuhalten, denen es unterwegs ausgesetzt sein würde, ganz besonders in den südlichen Breiten. Es mußte kursstabil sein, d.h. unter Selbststeueranlage einen geraden Kurs halten, denn selten würde ein Mensch am Ruder sitzen. Es mußte steif sein, also sehr viel Anfangsstabilität haben, um der krängenden Kraft seiner ziemlich gewaltigen Segelfläche zu widerstehen. Außerdem sollte es gute Endstabilität besitzen, also die Fähigkeit, sich, von der See flachgelegt, wieder aufzurichten oder sogar, im schlimmsten Fall, nach einer vollständigen Kenterung. (Die Wettfahrtregeln befassen sich mit beiden Arten der Stabilität.) Und das Boot sollte leicht zu handhaben sein, weil ein einziges, müdes Menschenwesen monatelang alles an Bord allein zu bewältigen hat.

Diese letztgenannte Überlegung war entscheidend: Die Boote würden einhand gesegelt werden. Das hieß, daß ihnen Dinge zustoßen würden, die z.B. auf einer Whitbread-Rennyacht mit vollständiger

Besatzung und kräftigen, ausgeruhten, weil regelmäßig abgelösten Rudergängern nie passieren würden, denn die Vendée Globe-Boote segelten oft ohne Rudergänger, und ihre Autopiloten konnten nicht denken. Daher würden diese Yachten oft querschlagen, also von einer unerwarteten See herumgerissen werden, was nur ein wachsamer Mensch verhindern könnte. Als wahrscheinliche Folge würde das Boot von der See auf die Seite geworfen werden oder sogar kentern, in beiden Fällen mit dem Ergebnis gewaltiger schlagartiger Belastungen von Bootskörper, Mast und Rigg. Die Boote würden auch schon einmal nach einer Wende rückwärts treiben. Dabei werden die Ruder enorm beansprucht, weil der ganze Schub des Bootes sie gegen den Widerstand des Wassers hinter dem Heck drückt. Das Wenden machte sehr viel Arbeit, wobei alles gleichzeitig geschehen mußte - Backstagen und Segel bedienen, Wasserballast umpumpen - kein Wunder, daß es manchmal Schwierigkeiten dabei gab. Von größter Bedeutung aber war, daß die Yacht gezwungen sein würde, ohne Rudergänger mit hohem Seegang fertigzuwerden. Sie würde beim Surfen in die Seen vor dem Bug hineinlaufen und in Gefahr kommen, mit dem Vorschiff unterzuschneiden. Sie würde von den Wellen in die Täler fallen, wie bei einem Sturz aus drei Metern Höhe oder mehr auf Beton. All diese Belastungen und Beanspruchungen würden häufig dann auftreten - zumindest soviel stand fest - während der Skipper unter Deck schlief, aß, über neuen „Frontberichten" aus dem Wetterfaxgerät grübelte oder per Satellitentelefon mit der Familie oder seiner Unterstützungsmannschaft plauderte.

Bedenkt man all diese Kriterien, sind viele Variationen über ein Thema möglich. Unterschiedliche Konstrukteure treffen unterschiedliche Entscheidungen, welche Segeleigenschaften im Vordergrund stehen sollen und wann die Toleranzen in einem Bereich bis an die Grenze ausgenutzt werden sollen, um das Boot schneller zu machen, oder wo an anderer Stelle ein Konstruktionsmerkmal mehr Gewicht erhalten sollte. Bei den Booten für diese Regatta z.B. traf der englische Konstrukteur Adrian Thompson beim Entwurf der AQUA QUORUM für Goss ganz andere Entscheidungen als Jean-Marie Finot und Pascal Conq, deren verschiedene Konstruktionen im Rennen den Ton angaben.

Der deutlichste Unterschied war, daß Thompson ein 50-Fuß-Boot (15,24 m) hinbekommen mußte — mehr konnte Goss sich nicht leisten –, das es mit Yachten von 20 Prozent längerer Wasserlinie aufnehmen sollte - wieder einmal der Faktor Rumpfgeschwindigkeit. Bei sonst gleichen Bootskörpern würden die größeren Yachten schneller segeln, einfach weil sie länger waren und weil bei den 60-Fuß-Booten das Gewicht von Ausrüstung und Vorräten einen geringeren Anteil der Gesamtverdrängung ausmachte als die zwangsläufig ähnlich schwere Zuladung auf dem Schiff von Goss. Aber die Länge über alles war nur eine Frage des Maßstabs. Wenn Thompson sich an dieselben Konstruktions- und Leistungskriterien gehalten hätte wie die Finot-Leute, hätte er am Ende nur mit einer kleineren Ausgabe der französischen Boote dagestanden. Das tat er aber nicht, so daß die AQUA QUORUM etwas völlig Anderes wurde als Autissiers PRB, Parliers AQUITAINE INNOVATIONS oder Roufs' GROUPE LG 2, alles neue Konstruktionen der Groupe Finot.

Von dem runden Dutzend Vendée Globe-Yachten, auf denen ich einige Zeit an Bord verbrachte oder die ich im Hafen von außen betrachtete, gefiel mir die AQUA QUORUM, die sich in Southampton an einen unscheinbaren Yachthafenponton schmiegte, am besten. Zum Teil hatte diese Zuneigung sich direkt von Goss selbst, dem bescheidenen, humorvollen, offenherzigen Heroen, übertragen. Aber sein Boot sprach mich vor allem deshalb an, weil es eigentlich keine besonders radikale Konstruktion war. Es war ein Schiff, das ich anerkannte: Seine Proportionen, Kurven und Linien waren der älteren Vorstellung von dem, wie ein gefälliges Boot aussehen sollte, nahe genug, so daß ich mich nicht allzu sehr anstrengen mußte, um die Abstammung zu erkennen. Ich war noch dabei, meine Vorstellung von einem schönen Boot zu revidieren; keine plötzliche Bekehrung vom Saulus zum Paulus, sondern das allmähliche Akzeptieren einer anderen Ästhetik. Die AQUA QUORUM war eine Art Übergangsgebilde, irgendwo zwischen den herkömmlichen Vorstellungen und den extremen Konzeptionen, die sich in den Finot-Yachten äußerten.

Das auffälligste, ja verblüffendste Kennzeichen der französischen Konstruktionen war ihre sehr große Breite, die bis fast zum Heck durchlief - der „Flugzeugträger-Look". Die Yachten sind bis zu 5,80 Meter breit, etwa einen Meter breiter als übliche moderne 18-Meter-Schiffe, die auch schon erheblich breiter als die Yachten früherer Generationen sind. Der Eindruck großer Breite wird noch durch das geringe Freibord (die Höhe der Bordwände von der Wasserlinie bis zum Deck) und durch den mittschiffs schüsselartig flachen Querschnitt verstärkt. Thompson hatte diese radikalen Merkmale verworfen, wodurch die AQUA QUORUM ein recht konservatives Aussehen erhielt. Wenn Symmetrie das menschliche Auge angenehm berührt, befriedigte Thompsons Entwurf diese angeborene Vorliebe mühelos. Finots zumindest oberhalb der Wasserlinie radikal asymmetrischen Schiffe waren gewöhnungsbedürftiger. Man mußte den ersten Eindruck von klotziger Proportionslosigkeit verdrängen und versuchen, etwas anderes dahinter wahrzunehmen. Es war viel anstrengender, die zweckmäßige Anmut der PRB oder der AQUITAINE INNOVATIONS zu entdecken.

Thompson traf seine Entscheidungen beim Entwurf der AQUA QUORUM nicht um der Schönheit willen, obwohl auch ihm die Linien der Yacht gefielen. Es ging um die Sicherheit. Er dachte noch einmal darüber nach, was mit Einhandbooten im Südozean geschieht. Sie schlagen quer, was meist dazu führt, daß sie auf die Seite geworfen, mit dem Mast ins Wasser gedrückt werden; manchmal überschlagen sie sich auch. Und all das kann geschehen, wenn einiges an Segelfläche steht. Das Boot muß unter solchen Bedingungen reelle Chancen haben, sich wieder aufzurichten. Je schmaler eine Yacht ist, desto bessere Aussichten hat sie, übergroße Krängungen zu überstehen und sich wieder aufzurichten. Je größer die Breite, desto wahrscheinlicher wird es, daß aus einer Beinahe-Kenterung eine vollständige Kenterung wird und die Yacht kieloben stabil liegenbleibt. Was einem Rumpf große Anfangsstabilität oder Steifheit verleiht - vor allem große Breite - trägt auch dazu bei, daß ein Boot hartnäckig auf dem Kopf liegenbleibt, wenn es erst einmal umgeschlagen ist. Sein Aufrichtvermögen ist begrenzt. „Ich konnte mich für den Südozean nicht mit solchen Extremlösungen anfreunden", sagte Thompson.

Zwei Überlegungen treiben die Konstrukteure der Vendée Globe-Yachten dazu, die Boote breit und deshalb mit großer Anfangsstabilität zu bauen. Man kann sich die Anfangsstabilität etwa als Fähigkeit eines Schiffs vorstellen, aus den beim Segeln normalen Krängungswinkeln bis ungefähr 40° wieder in eine ebene Schwimmlage zu kommen, mit anderen Worten also, sich wieder aufzurichten. Der Winddruck in den Segeln treibt das Boot nicht nur voran, sondern versucht gleichzeitig, es auf die Seite zu legen. Diese Krängungskraft ist Energie, die dem Boot zur Vorwärtsbewegung fehlt. Die Steifheit aufgrund großer Breite lenkt mehr Energie in die Vorwärtsbewegung. Das Schiff krängt also weniger und macht mehr Fahrt voraus.

Auch die Regeln der offenen 60-Fuß-Klasse, die für den Entwurf dieser Yachten gelten, begünstigen große Breite. Die sogenannte Zehn-Grad-Regel verlangt, daß das Schiff, wenn der gesamte bewegliche Wasserballast in die Tanks einer Seite gepumpt ist und ein etwa vorhandener Schwenkkiel voll zu derselben Seite gekippt wurde, nicht mehr als 10° in diese Richtung krängt. Je größer die Breite und damit die Anfangsstabilität, desto leichter kann die Yacht die Zehn-Grad-Probe bestehen.

Zugleich stellt die Regel bestimmte Anforderungen an das Aufrichtvermögen des Bootes. Das ist die Endstabilität: wie leicht und aus welchem äußersten Krängungswinkel es sich wieder aufrichten kann. Die Formel in dieser Regel ergibt ungefähr 110°. Das bedeutet, ein Vendée Globe-Boot, das von einer Welle bis auf 110° herumgeworfen wird, also mit dem Mast 20° unterhalb der Waagerechten liegt, wird sich trotzdem wieder aufrichten. Jenseits dieses Kenterwinkels kippt das Boot weiter, und für den Skipper wird der Fußboden zur Decke. Dieser Winkel kommt einem einigermaßen sicher vor. Fahrtenyachten älterer Konstruktion haben aber oft Kenterwinkel von 140° oder mehr. Selbst die Whitbread-Renner, die für dasselbe Fahrtgebiet entworfen sind wie die Vendée Globe-Schiffe, müssen sich nach ihren Regeln noch aus 125° aufrichten können. Die meisten übertreffen diese Forderung erheblich.

In gewisser Weise, bemerkte Thompson, war das alles total verquer. Wenn die unterschiedlichen Regeln logisch wären, dann müßten die Einhandsegler die relativ konservativen Boote vom Whitbread-Typ segeln. Das sind immer noch aufregend schnelle Yachten, und sie rappeln sich nach einer Kenterung viel besser auf als die Open 60-Boote. Die vom Entwurf her instabilen Vendée Globe-Yachten würden besser von vielköpfigen Besatzungen auf Teufel komm raus gesegelt werden, ständig unter der Kontrolle eines guten Rudergängers.

Nach Ansicht des Yachtkonstrukteurs Bruce Kirby war es in diesem Vendée Globe das „größte hydrodynamische Rätsel", daß Dubois' POUR AMNESTY INTERNATIONAL sich hartnäckig weigerte, wieder aufzustehen, nachdem sie während der kräftigen Tiefdruck-„Wetterbombe" überrollt worden war, in der, ganz in der Nähe, auch Bullimore gekentert war. Jede einzelne der hohen Seen hätte eine Yacht herkömmlicher Form innerhalb von Sekunden, schlimmstenfalls nach ein oder zwei Minuten wieder herumgeworfen und aufgerichtet. Noch erstaunlicher war dabei, daß Dubois' Boot einen intakten Kiel und keinen Mast mehr hatte. Mit der aufrichtenden Kraft des Ballastwulstes am Ende des Kiels und ohne die ungeheuer stabilisierende Wirkung eines tief in der See steckenden 25 Meter langen Mastes mit seiner Takelage sollte der Kenterwinkel der auf dem Kopf liegenden POUR AMNESTY INTERNATIONAL von den für die offene 60-Fuß-Klasse vorgeschriebenen ziemlich knappen 110° auf solide 140° angewachsen sein. (Es war logisch, daß Bullimores Boot nicht hochkommen wollte, denn es hatte seinen Kiel komplett verloren, während Mast und Rigg noch mehr oder weniger am Boot fest waren.) Aber es machte anscheinend nichts aus. Nach der Kenterung war diese Yacht nur noch dem Namen nach ein Einrumpfboot. Das Stabilitätsverhalten kieloben glich dem eines Mehrrumpfbootes.

Dubois' Schiff ähnelte den Finot-Konstruktionen (obwohl es mit 5,2 Metern Breite etwa 60 Zentimeter schmaler war), war aber von den französischen Konstrukteuren Joubert und Nivelt gezeichnet worden. Bernard Nivelt war ebenso überrascht wie jeder andere, als die umgekippte POUR AMNESTY INTERNATIONAL auf fünfzehn, sechzehn Meter hohen Wellen des Südozeans kieloben wie eine Ente schwamm, während der Skipper sich mit Mühe an einem der Ruder festklammerte, den Tod ständig vor Augen. Nivelt konnte nur sagen, daß die gewaltige Breite der Yacht und ihr flaches Deck (die Decks dieser Konstruktionen haben keine Balkenbucht oder Querkrümmung) dieses unerwartete Verhalten erklären müßten.

Thompson stimmte zu. Auch er und sein Team waren verblüfft gewesen, als sie Fotografien von Dubois' Yacht sahen. Sie hatten eine ziemlich genaue Vorstellung ihrer Linien und spielten die schlimme Lage der POUR AMNESTY INTERNATIONAL mit einem Computermodell durch. Die Modellrechnung bestätigte, daß das gekenterte Boot einen Stabilitätsumfang von mindestens 90° hatte, kaum weniger als der Stabilitätswert bei aufrechter Schwimmlage. „Also blieb das Schiff seelenruhig so liegen."

Daß Dubois' Boot so unbekümmert kieloben schwamm, bestätigte Thompsons Ansicht über die Gefahren der extremen Konstruktionen. Jean-Marie Finot war verständlicherweise zuversichtlicher. Er wußte so gut wie Thompson oder jeder andere, mit welchen Bedingungen die Rennyachten im weiten Südozean zu kämpfen haben würden. Die Sicherheit der Segler stand auch für ihn im Vordergrund. Aber er hatte ein anderes Rezept gegen die Gefahren der hohen Südbreiten: Fahrt - und davon jede Menge. Die breiteren Boote liefen schneller, vor allem vor dem Wind, wobei sie auf jeden Fall stabiler als schmalere Boote waren. Das asymmetrische Erscheinungsbild der Finot-Konstruktionen über der Wasserlinie täuschte über die ausgezeichneten dynamischen Eigenschaften hinweg, die ihr Unterwasserschiff bei hoher Fahrt hatte. Seine Schiffe waren, so glaubte Finot, die leistungsfähigsten Maschinen, die es zur Zeit gab. Sie wurden so elegant wie möglich mit den Problemen Reibungswiderstand, Bugwellenwiderstand und Heckwellensog fertig, all den Auswirkungen der Rumpfform, die die Höchstgeschwindigkeit eines Bootes begrenzen und von denen abhängt, wie leicht es über und durch das Wasser vorwärtskommt. Theoretisch, so sagte Finot, könnte eine schnelle Rennyacht ihre Geschwindigkeit so einrichten, daß sie sich immer wieder lange zwischen zwei Wellenbergen hält. Sie würde es dann mit viel weniger einzelnen Wellen zu tun bekommen. „Darum geht es. Mit diesen Booten beherrscht man die See und versucht, sie solange wie möglich zu beherrschen. Das ist das Prinzip."

Der Gedanke, daß ein schnelles Boot bei schwerem Wetter ein sicheres Boot ist, hat sich inzwischen weitgehend durchgesetzt. Jedermann stimmte der Auffassung zu, sagte Thompson, daß Boote bei langsamer Fahrt am ehesten in Gefahr sind zu kentern. Je schneller das Schiff, desto besser sind die Chancen, drohenden Stürmen zu entwischen, und desto geringer ist die Wirkung, wenn sich 100 Tonnen Wasser auf das Schiff stürzen. Goss tat genau das Richtige, als er mit 30 Knoten vor den Wellen surfte. Bei dieser hohen Fahrt verhielt sich das Boot dynamisch. Je mehr Wasser am Ruder vorbeiströmte und je schneller, desto stärker wurde die Ruderkraft. Das Boot ließ sich leichter steuern, es gehorchte dem Ruder schneller und sicherer, selbst unter dem Autopiloten, der nur reagiert. Thompson mutmaßte, daß Bullimore gekentert war, weil er nicht genug Fahrt hatte. Er hatte alle Segel geborgen und lenzte vor Topp und Takel, also unter nackten Masten. Obwohl Bullimores zwei Profilmasten mit ihrem großen Querschnitt und all ihrem stehenden Gut eine Menge Windfang hatten, lief sein Boot immer noch verhältnismäßig langsam. Er war sich nicht sicher genug, daß sein Autopilot mit den gewaltigen Kräften fertig würde, die bei höherer Geschwindigkeit auf das Ruder wirken. Das Ergebnis war, daß die EXIDE CHALLENGER mehrmals nacheinander querschlug, wobei der Kiel jedesmal ungeheuer belastet wurde. Irgendwann war es zuviel. Der Kiel brach ab, und Bullimores Leben hing an dem bewußten seidenen Faden, der hier im stürmischen Süden besonders leicht reißt.

Geschwindigkeit hängt nicht nur von der Bootsform ab, sondern auch vom Gewicht. In diesem Vendée Globe unterschied sich die Verdrängung der älteren und der neueren Boote sehr stark. Parliers AQUITAINE INNOVATIONS, das leichteste Schiff im Rennen (abgesehen von dem nur sechs Tonnen wiegenden 50-Fuß-Boot von Goss) wog mit knapp über sieben Tonnen nur 58 Prozent der Oldtimer von Laurent oder de Broc. Finot glaubte, daß die Leichtheit von Parliers Boot erst der Anfang der Innovation war. Neue, noch leichtere (aber sogar festere) Kohlefaser-Materialien, neue Fertigungsmethoden mit dünnerer Außenhaut und stärkerer Aussteifung sowie leichtere Kohlefasermasten würden ein noch leichteres Boot ergeben. Es würde weniger Ballast brauchen, was wiederum noch mehr Gewicht sparen würde. Er sagte Boote voraus, die am Ende 30 Prozent schneller sein würden als die schnellsten Yachten in dieser Wettfahrt.

Finots Vision von künftigen 60-Fuß-Yachten, die mit 35 Knoten durch den Südozean jagen, ihre Position ständig nach den Wettersystemen richten und immer wieder minutenlang zwischen haushohen Wellen parken, steht tatsächlich am Ende eines revolutionären Wandels der Auffassungen von der Seemannschaft unter Überlebensbedingungen. Diese Revolution begann - durchaus angemessen - mit Moitessier.

Wenn Moitessier auch ein poetischer Naturbeschreiber war, mußte er die JOSHUA doch heil durch die gefährlichsten Seegebiete bringen, und er war ein nüchterner Techniker des Schwerwettersegelns. 1965 wurde er während der ersten seiner beiden großen Reisen durch die hohen Südbreiten zum Pionier eines neuen Verfahrens, mit Stürmen auf Leben und Tod umzugehen. Bis zu Moitessiers Neuerung bestand die gängige Technik darin, genau vor der See zu laufen und dabei dickes Tauwerk, Trossen genannt, nachzuschleppen, um durch die Reibung der Trossen im Wasser die Fahrt des Bootes zu verringern. Der Gedanke dahinter war, daß die überholenden Wellen das Boot anheben und dann mehr oder weniger unter ihm hindurchziehen würden. Das Heck auf der See zu halten, sollte bei umsichtigem Steuern das Querschlagen und die dann drohende Kenterung verhindern. Mit einer stetigen Fahrt von vier bis sechs Knoten würde das Schiff dem Ruder gehorchen, aber nicht unkontrolliert surfen oder gar über Kopf gehen (über den Bug kentern, ein Schicksal, das meist noch verhängnisvoller ist, als breitseits durchzukentern). Diese Gefahr bestand, wenn das Boot die Vorderfront einer Welle hinabsurfte und über seinen Bug stolperte, fall dieser dabei am Rücken der nächsten Welle unterschnitt.

Auf seiner Reise von Tahiti um Kap Horn bis nach Alicante in Spanien, diesmal zusammen mit seiner Frau Françoise an Bord, wurde Moitessier von einem ungeheuren Sturm eingeholt. Er beschrieb 150 bis 170 Meter lange Wellen, die sich über eine durchgehende Länge von 200 bis 300 Meter brachen. Sie waren „völlig unglaublich," mit

Moitessiers JOSHUA, nach den in Cabo San Lucas erlittenen Schäden restauriert und jetzt im Seefahrtsmuseum von La Rochelle ausgestellt. Man vergleiche die traditionellen Linien mit denen der FILA (S. 135).

Unmengen von Schaum hinter jedem brechenden Kamm. Solche Wellen müssen mit 30 bis 35 Knoten auf das Boot zugerannt sein.

Zuerst hielt sich Moitessier an das Bewährte und lenzte vor nachgeschleppten Trossen. Aber JOSHUA stolperte, als die immer höher werdenden Seen das Deck überspülten. In einem Brecher ging das Schiff beinahe über Kopf. Moitessier glaubte, daß sein Schiff die Sturmseen nicht aushalten würde, wenn sie sich erst einmal zur vollen Größe entwickelt hätten. Dann erwischte die JOSHUA die nächste Welle zufällig schräg und schien dabei viel besser klarzukommen. Das brachte Moitessiers Gedächtnis auf Trab: Er erinnerte sich daran, von dem Argentinier Vito Dumas einen kurzen Bericht gelesen zu haben, wie er mit seiner schweren Holzketsch einen heftigen Sturm überlebt hatte, indem er ohne nachgeschleppte Trossen mit hoher Fahrt abgelaufen war und dabei die Seen mit dem Heck etwas schräg genommen hatte.

Moitessier dachte, daß er nichts zu verlieren hätte. Er kappte JOSHUAS Trossen und nahm die Wellen mit dem Heck in einem Winkel von 15° bis 20°, wodurch das Schiff in diesem Winkel mit mäßiger Geschwindigkeit an der Vorderseite jeder Welle hinabrutschen konnte. Diese Methode hielt das Boot anscheinend davon ab, voll ins Surfen zu kommen, wofür sich die Rumpfform des konventionellen Langkielers nicht eignete, oder querzuschlagen. Sechs Tage und Nächte steuerten die beiden ihr Boot von Hand durch die furchtbaren Seen. Moitessier und Françoise saßen mit dem Blick nach hinten auf einem innenliegenden Steuerstand (Schutz vor Nässe und Kälte waren nach Moitessiers Ansicht entscheidend), beobachteten jede See mit nicht nachlassender Konzentration und brachten ihr Schiff auf diese Weise durch das Unwetter.

In dem langen, voll entwickelten Seegang der Südbreiten wird die Methode, der Moitessier zum Durchbruch verholfen hat, ganz allgemein benutzt. Vor allem die Skipper der „Vendée Globe-Surfbretter" bevorzugen diese Taktik, zum Teil natürlich, weil sie damit hohe Fahrt in der gewünschten Richtung beibehalten können. Wenn diese Rennmaschinen mit 25 Knoten die Wellenhänge hinabsurfen, sind sie in ihrem Element, genau dafür sind sie geschaffen worden. Aber es scheint für sie auch die sicherste Technik zu sein.

Während ich Finots zuversichtlichen, ja kühnen Behauptungen über die technische Entwicklung zuhörte, fragte ich mich nach dem menschlichen Faktor bei alledem. Es stimmte, daß es das A und O der ganzen Unternehmung Vendée Globe war, eine Rennmaschine mit einer Fahrt zu segeln, die für Boote der Geschwindigkeit entsprach, die Formel 1-Rennwagen auf der Geraden erreichen. Das war genau der adrenalin-gesättigte Kick, der Menschen, die eine Ader für diese Segelei hatten, packte und immer wieder dazu verlockte. Und das alles in den einsamen, stürmischen Südbreiten - es war unübertrefflich. Furcht und Begeisterung vereinigten sich zu einem einzigen Energieschwall.

Beim Jollensegeln beginnt das Boot irgendwann, wenn der Wind genau richtig ist, zu gleiten, d.h., es springt plötzlich auf seine eigene Bugwelle und hält sich dort. In ein oder zwei Sekunden verdoppelt sich seine Geschwindigkeit. Während die Jolle zur gleichen Zeit ihre Bugwelle erzeugt und darauf surft, scheint sie zum Leben zu erwachen. Alles vibriert und summt fast ekstatisch. Die Wanten zittern vor Spannung wie Gitarrensaiten, Schwert und Ruder summen laut in unterschiedlichen Tonarten. Es scheint, als wolle das Boot die Schallmauer durchbrechen, so erfaßt die lebhafte, vorwärtsdrängende Spannung all seine Teile. Als ich die Vendée Globe-Teilnehmer berichten hörte, wie es bei 20 oder mehr Knoten auf ihren 18-Meter-Booten zuging, hörte es sich an, wie an einer Gleitjolle zu hängen, die sich anstrengt, abzuheben. Anscheinend wurde es nie jemandem über. „Es ist unglaublich," sagte Isabelle Autissier.

Das ganze Vorschiff, fast bis zum Mast, hebt sich aus dem Wasser, der übrige Rumpf liegt auf der Bugwelle, überall fliegt Wasser durch die Luft. Und dann erst der Krach!

„Sie können es sich nicht vorstellen," sagte sie. „Ein Brüllen, ein rrrrrrrrrrrrrrrr." - Sie stieß ein langes, rollendes r aus und lachte dabei gleichzeitig. - „Es ist ein echtes Erlebnis!" - „Es ist prima," versicherte Goss mir. „Es ist das Aufregendste überhaupt." Und wenn man sich bei diesen Booten 10 Prozent mehr Mühe gibt, holt man nicht wie bei den meisten anderen Yachten ein oder zwei Knoten mehr heraus, sondern sechs oder sieben Knoten, einfach so.

Selbst der kühle, distanzierte Laurent räumte ein, daß es ein ziemliches Erlebnis war, wenn nichts zu Bruch ging. „Es ist ein gutes Gefühl," gab er zu.

Aber mit der Begeisterung ging die Furcht einher. Aus Erregung wurde leicht ein Schaudern, wenn die Yacht etwa zu schnell lief und die Autopiloten sie nicht mehr in der Gewalt hatten, oder wenn eine jener vernichtenden Seen sie einholte, denen nichts standhielt. Jedes Boot hatte eine optimale Geschwindigkeit, die von seiner Konstruktion und den herrschenden Bedingungen abhing. Man konnte durchaus zu schnell sein. Dann verringerte sich die Fehlertoleranz beunruhigend. Das Schiff geriet in den kritischen „roten Bereich". Dieser Ausdruck aus der Technik paßt auch auf Boote. Auf einem Vendée Globe-Renner wird es kritisch, wenn er seine Konstruktionstoleranzen überschreitet oder jeden Augenblick überschreiten könnte. Der aus dem Computer des Konstrukteurs und praktischen Erfahrungen hervorgegangene „grüne Bereich" umschreibt, womit das Schiff gefahrlos fertig wird. Im roten Bereich droht die Katastrophe. In einem Sturm der hohen Südbreiten schrumpft der grüne Bereich, so daß die außerhalb davon liegende Gefahrenzone bedenklich näher kommt. Das Boot gerät sehr leicht in diese Zone und in einen wilden Mahlstrom, wenn es querschlägt, vielleicht sogar überrollt wird oder kentert.

Das zweite Problem beim schnellen Segeln ist Erschöpfung. Beim Surfen mit 25 Knoten im hohen Seegang strapaziert alles das menschliche Nervenkostüm: die Bewegungen, der ungeheure Lärm. Kohlefasermaterial überträgt Schallwellen sehr gut. Selbst das Wasser, das an der Außenhaut entlangströmt, macht Lärm. Wenn Wellen das Boot treffen oder über Deck brechen, ist der Lärm ohrenbetäubend. Dazu kommt der Wind. Sein Geheul ist schlimm genug, aber das wehklagende Kreischen, wenn er um Mast und Takelage rast, ist wahrhaft beängstigend. All dieser hohe, schrille Krach hält tagelang an. Selbst wenn das Wetter für den Südozean nicht allzu schlimm ist, hört das Toben und Brausen nicht auf.

Sogar Parlier, ein so harter Segler, wie man ihn sich nur vorstellen kann, trug oft einen Helm und Ohrenstopfen, um das Getöse so gut wie möglich auszublenden. Aber er konnte den Lärm nicht allzu lange aussperren. Er mußte hören, was vor sich ging - wie das Geräusch des Windes sich änderte, wenn er stärker oder schwächer wurde, das Gebrüll der bedrohlich von achtern auflaufenden Seen und die unzähligen Geräusche all der bis an die Grenze beanspruchten Bestandteile des Bootes. Die Segler, die so lange mit ihren Booten allein waren, waren auf die Geräusche angewiesen, um zu überwachen, ob bei dem ganzen komplizierten Betrieb alles reibungslos lief.

„Jedesmal, wenn man an Bord das kleinste Geräusch hört" sagte Chabaud, „fragt man sich, ‚Was ist los? Sag mir, wo das Problem liegt.' Man spricht mit dem Boot, den Segeln, dem Ruder, mit jedem kleinen Ding. Dann antworten die Dinge, und man muß zuhören."

Irgendwann müssen die Einhandsegler den Lärm aussperren, um etwas Schlaf zu bekommen. Es kommt einem wirklich unfaßlich vor. Man tut genau das Richtige: mit 20 oder 25 Knoten die Wellen hinabfetzen, das Vorschiff in die vorauslaufende See stecken, mit dem Tief mitlaufen, das den hohen Seegang erzeugt, beinahe so schnell wie die Wellen. Es ist dunkel, die übliche niedrige Wolkendecke verbirgt den Mond, nur die rollenden Wellenkämme phosphoreszieren; es regnet oder schneit, vielleicht sind einige Eisberge oder Growler in der Nähe, Gischt fliegt von vorn bis achtern, grünes Wasser überspült immer wieder das Deck, das Vorschiff zeigt auf einigen der größeren, fünf bis sechs Stockwerke hohen Wellen 45° bergab, ringsum der phonstarke Lärm. Und mittendrin schlüpft der Segler in eine Koje, klemmt sich hinter ein Kojensegel oder Leekleid, um nicht quer durch die Kajüte geschleudert zu werden, und legt sich schlafen.

Jetzt hat der einsame Segler die Herrschaft über sein Boot an den Autopiloten abgetreten und es den unentrinnbaren Mächten von Schicksal und Chaos ausgeliefert. Über diesen Moment haben Thompson und Finot so oft nachgedacht, während sie an der Konzeption einer neuen Rennmaschine bastelten. Die Computeranalysen, das Herumschwenken dreidimensionaler Ansichten, die Erfahrungen, was sich früher bewährt oder nicht bewährt hat, selbst die zugrundegelegten Vorstellungen, wie die Yacht in Gefahr reagieren sollte - Sinn und Zweck aller notwendigen Kompromisse beim Entwurf - all das hat dazu geführt, daß der Einhandsegler in diesem Augenblick seiner Maschine und ihrem Urheber so fest vertraut und an sie glaubt.

7

Düstere See, weinender Himmel

Das Hochseerennsegeln besteht aus vielen schlimmen Nachmittagen, gräßlichen Vormittagen und schweren Nächten.
WILLIAM SNAITH
On The Wind's Way

Seemannschaft heißt, nichts dem Zufall zu überlassen.
ANNIE VAN DE WIELE

Kaum hatten die Vendée Globe-Yachten in der ersten Dezemberwoche 1996 die Brüllenden Vierziger erreicht, als sich die Lage für die Spitzenreiter dramatisch änderte. Zu Beginn der Woche lieferten sich die ersten vier Boote noch ein knappes Rennen. Auguin baute seinen Vorsprung vor Autissier, die fast 100 Meilen hinter ihm lag, und vor dem 190 Meilen zurückliegenden Parlier allmählich aus. Das waren jetzt allerdings keine bedeutenden Abstände, denn alle drei konnten für die bevorstehenden sechs Wochen mit mehr als genug Wind rechnen. Selbst Roufs, der jetzt allein auf weiter Flur 540 Meilen hinter der GÉODIS segelte, mischte durchaus noch mit. Die zweite Gruppe, bestehend aus Laurent, Thiercelin, Dumont und de Broc, stand noch nördlich von 35° Südbreite, segelte bei enttäuschend leichtem Wind 950 bis 1.250 Meilen hinter Auguin und mühte sich ab, den stetigeren Wind weiter südlich zu erreichen. Aussichten auf einen Podiumsplatz hatten sie wohl nicht mehr. Obwohl diese vier ihre älteren, schwereren Boote äußerst gekonnt segelten, lagen die Skipper mit den neuen Radikalkonstruktionen vorn und schienen das Rennen unter sich auszumachen. Die dritte Gruppe - de Radiguès, Goss, Chabaud und der „Pirat" Dinelli - waren völlig unerwartet noch immer dicht zusammengedrängt, die ersten drei von ihnen nicht weiter als 40 Meilen voneinander entfernt, und hingen fast 1.700 Meilen hinter dem Spitzenreiter zurück.

Auf See aber ist es für den Segler die einzige Überraschung, wenn er keine Überraschungen erlebt. Dieses Prinzip Ungewißheit wird im

Südozean in einer Art paradoxer Möbiuskurve zur Gewißheit. Das ist keine Gegend für Menschen, die sich plötzlichen und katastrophalen Veränderungen nicht stellen wollen.

„Wenn man allein um die Welt segelt," bemerkte Autissier, „kann buchstäblich in jeder Minute alles passieren. Das muß man ständig im Kopf behalten, bis zum Schluß und auch noch auf den letzten Meilen. Und wer weiß schließlich, was einem im stürmischen Süden bevorsteht?"

Am Ende dieser ersten Dezemberwoche hatte sich schon erwiesen, wie wahr und unumstößlich Autissiers Bemerkung war. Sie selbst hatte sich, nachdem eines ihrer Ruder direkt am Rumpf gebrochen war, nach Kapstadt zurückgequält, um ihre Yacht reparieren zu lassen, was zur Disqualifikation führte. Dubois, der 2.500 Meilen zurücklag, nachdem er eine Woche nach dem Feld neu gestartet war, hatte schon wieder Treibgut gerammt, wobei ein Ruder beschädigt worden war. Endgültig entmutigt redete er davon, ganz bis Les Sables-d'Olonne zurückzukehren, obwohl er keine 1.300 Meilen vor Kapstadt stand. Am Ende der Woche brach eines von Parliers Rudern ab, als er – schon mitgenommen durch Wassermangel, Ausfall des Vorsegelrollers und einen einige Tage zurückliegenden Großsegelschaden – in einen Growler krachte.

Die Häufung dieser Zwischenfälle zeigte, wie gefährdet die an beiden Seiten des Hecks angeordneten Doppelruder der Vendée Globe-Renner waren. Sie waren weitaus wirksamer als ein herkömmliches Einzelruder in der Mittschiffslinie, weil sie bei Krängung tief eintauchten und ihre Steuerkraft behielten. Dort, am Rande des Rumpfes, waren sie aber leichte Beute für alles Treibgut, während ein einzelnes Ruder durch den vor ihm angebrachten Kiel geschützt war.

Parlier entschied sich dafür, auf östlichem Kurs zu bleiben, aber mit dem Ziel Fremantle in Australien. Er konnte die lange Strecke bis Kap Horn nicht ohne Reparaturen wagen. Mit dem ersten Schritt an Land in zwei Wochen würde auch er sich disqualifizieren. Bis zum 7. Dezember hatte der von Zwischenfällen verschonte Auguin seine Führungsposition noch weiter gefestigt. Roufs war auf den zweiten Platz vorgerückt, und die vier Segler der zweiten Gruppe hatten plötzlich eine Chance, sich zu plazieren. Von den sechzehn gestarteten Teilnehmern waren noch zehn offiziell im Rennen.

Autissier hatte dieser Dezemberwoche mit banger Erwartung entgegengesehen. Etwas Schlimmes jährte sich für sie. Während kein vom Verstand geprägter Mensch glauben konnte, daß etwas verhext ist, konnte eine an die unkontrollierbaren Zufälle der See gewöhnte Seglerin diese Möglichkeit nicht einfach vom Tisch wischen. Am 1. Dezember brach an Isabelles Boot das Ruder. Einen Tag weniger als zwei Jahre zuvor, am 2. Dezember 1994, war ihr Schiff im BOC-Rennen entmastet worden, während sie mit einem - falls nichts schiefging - praktisch uneinholbaren Vorsprung führte. Obwohl die Hilfe, die sie dann in Anspruch nahm, nach den weniger drakonischen Regeln des BOC nicht zur Disqualifikation führte, war es mit ihren Aussichten, die Wettfahrt zu gewinnen, in dem Augenblick vorbei, als der Mast herunterkam. Auch setzte dieser Zwischenfall eine Kette von Umständen in Gang, die damit endete, daß Autissier das Rennen aufgab. Während Überbordfallen oder eine Kenterung für Segler das Entsetzlichste sind, ist der Verlust des Mastes selten tödlich, aber mit Sicherheit häufiger. So ein Zwischenfall löst eine anstrengende Prozedur aus: Man muß schnell handeln, um weitere Schäden zu verhindern, als Ersatz ein Notrigg takeln und das Boot damit vorsichtig ans Ziel bringen. Ein Mast kann jederzeit herunterkommen. Wanten und Stagen (das stehende Gut und seine Befestigungen - die verschiedenen Mastbeschläge, Gelenkstücke, Wantenspanner und Püttings) ermüden unsichtbar durch die ständige Belastung infolge der Mastbewegungen. Die ungeheure Festigkeit hochentwickelter Kohlefaser- oder Aluminiummasten und der Takelage, die sie hält, genügt nicht immer, um den außergewöhnlichen, vernichtenden Kräften standzuhalten, die bei einer Kenterung wirksam werden, oder wenn das Boot auf die Seite geworfen wird. Wenn das Rigg über Bord geht, ist die erste Sorge des Seglers, daß der gebrochene Mast und der Baum, die durch das stehende Gut noch mit der Yacht verbunden sind, im Seegang an den Rumpf schlagen und Deck oder Außenhaut durchlöchern könnten. Genau das passierte sowohl Dinelli als auch Bullimore, nachdem ihre Boote gekentert waren.

Der Segler muß einen kräftigen Hand- oder sogar Hydraulikbolzenschneider an Bord haben, mit dem er das stehende Gut kappen kann, um die gefährlichen Spieren loszuwerden. (Allerdings hätte solch ein Werkzeug Dinelli und Bullimore nichts genützt, denn ihre Boote waren sehr schnell beschädigt worden, und von einem kieloben liegenden Boot aus kann man ohnehin nichts ausrichten.) Angenommen, das Boot ist noch ganz, muß der Skipper behelfsmäßig zumindest ein wenig Segelfläche setzen und in Richtung eines Nothafens Fahrt aufnehmen. Von einem Einhandsegler verlangt das nicht nur außergewöhnliche Zähigkeit und Anstrengung, sondern auch gute Nerven. Ohne die Stabilisierung durch Mast und Rigg, die das Schlingern dämpfen, kann die Yacht viel leichter erneut überrollt werden, und ein entmastetes Boot schlingert sich die Seele aus dem Leib, es ist eine sehr schnelle, wilde Bewegung. Durch die stark verminderte Geschwindigkeit unter der Nottakelung mit viel kleinerer Segelfläche rückt ein Schutzhafen sogar noch in weitere Ferne.

In dem BOC-Rennen 1994/95 wurden vier Yachten entmastet, aber am gefährlichsten war es bei Autissier. Und auch am schmerzlichsten, denn infolge ihrer virtuosen Wetternavigation auf der ersten Etappe lag sie mit fünf Tagen Vorsprung vor dem nächsten Boot unanfechtbar an der Spitze. Ihr Mast kam herunter, als sie 1.200 Meilen südöstlich von Kapstadt bei relativ mäßigem Wind von 25 bis 30 Knoten mit 13 Knoten voranbummelte. Ohne Vorwarnung brach ein Wantenspanner (eine große doppelendige Schraube, die die Drähte des stehenden Gutes mit dem Rumpf verbindet und gleichzeitig spannt). Wahrscheinlich lag es an irgendeinem Materialfehler, denn bei solchem Wetter sollte eigentlich nichts brechen. Verzweifelte eineinhalb Stunden lang ging Autissier dem widerspenstigen Rigg mit Zange, Messer und Eisensäge zu Leibe. Das Schiff schlingerte in dem drei Grad kalten Wasser heftig. Sie versuchte ihren Großbaum zu retten, der einen brauchbaren Ersatzmast abgegeben hätte, aber auch der Baum brach unter der Last des ins Großsegel drückenden Wassers. „30 Knoten Wind, düstere See, weinender Himmel", sagte sie in einer Mitteilung an ihren französischen Stützpunkt. „Ich arbeite daran, das Deck zu klarieren, und will sehen, was ich machen kann. An Deck ist fast nichts mehr übriggeblieben. Nichts mehr von meinem Traum. Aber darüber will ich jetzt nicht nachdenken. Ich bin nicht in Gefahr..."

In dieser Nacht kehrte David Adams, ein in der Nähe segelnder enger Freund von Isabelle Autissier, zurück, um ihr moralisch beizustehen. Adams hatte im vorangegangenen Winter zu Autissiers Besatzung auf der EPC 2 gehört bei ihrem ersten und erfolglosen Versuch, den Geschwindigkeitsrekord für Segelfahrzeuge von New York um Kap

Horn nach San Francisco zu brechen. Viel konnte Adams jedoch nicht ausrichten. Die beiden riefen eine Weile von Boot zu Boot, dann segelte Adams weiter, weil Autissier darauf bestand, und er überließ sie ihren eigenen Fähigkeiten.

Sie brauchte 24 Stunden, um aus einem ihrer Spinnakerbäume einen Notmast zu machen und zu stellen. Dann setzte sie Kurs auf die französischen Kerguelen ab, eine Inselgruppe 2.500 Meilen südwestlich des Kaps der Guten Hoffnung, die 1.200 Meilen westlich lag. Mit einer kleinen Sturmfock als Großsegel und einer weiteren Fock, die sie verkehrt herum als Vorsegel setzte, brachte sie es auf 100 bis 160 Meilen am Tag und kam zwei Wochen später während eines Schneesturms auf den Kerguelen an. Ihre Landmannschaft hatte einen Ersatzmast aufgetrieben und von einem französischen Kriegsschiff dorthin schaffen lassen. Dieser war jedoch fast zwölf Meter kürzer als der ursprüngliche Mast und würde ihre Geschwindigkeit während der restlichen Etappe nach Sydney erheblich einschränken.

Innerhalb von drei Tagen setzte Autissier ihren neuen Mast und machte aus ihrem Spinnakerbaum obendrein einen Besanmast, um etwas mehr Segelfläche führen zu können. Als die Yacht wieder auf See war, erwies sich die neue Takelung als gar nicht so schlecht. An einem Tag kam sie auf ein Etmal (24-Stunden-Strecke) von annähernd 230 Meilen.

Zwei Wochen später mußte Autissier aber feststellen, daß der Südozean ihr nur eine Atempause gewährt hatte. Mit 60 bis 70 Knoten Windgeschwindigkeit fegte ein Sturm über sie hinweg. Als die Front ihren Schiffsort überquerte, erzeugte die Winddrehung wie üblich gefährliche Kreuzseen. Es wurde immer schwieriger, das Schiff so zu halten, daß es die Seen mit dem Heck nahm. Ein wenig später - die Yacht lenzte in dem etwas nachlassenden Wind vor Topp und Takel - wurde sie von einer Welle erwischt, die es auf sie abgesehen hatte. „Ich hörte das Brüllen einer Riesensee und dachte: Diese Welle ist gefährlich. Aber natürlich konnte ich nichts dagegen ausrichten."

Das Boot ging über Kopf, überschlug sich also über den Bug, und kenterte zur gleichen Zeit um 360° durch. Autissier hatte gerade daran gedacht, an Deck zu gehen, um eine Sturmfock zu setzen, hatte es aber eine Weile aufgeschoben. Das rettete ihr das Leben. Wäre sie an Deck gewesen, als der Brecher zuschlug, dann wäre das ihr Ende gewesen. Sie wäre in die kochende See gerissen worden, vielleicht auch durch die Gewalt hunderter Tonnen von Wasser gegen den Mast oder die Takelung geschleudert worden. (Vielleicht war sie für den herrschenden Seegang beim Nachlassen des Windes - genau dabei passierte es - zu langsam gewesen, wovor Finot gewarnt hatte. Was aber, wenn sie in diesem Moment an Deck gewesen wäre...?) Tatsächlich befand sie sich gerade in einem kleinen Verbindungsgang zwischen Hauptkajüte und Achterschiff, als das Boot kenterte. Dadurch wurde sie mit herumgeworfen, ohne sich zu verletzen.

„Ich spürte, wie das Schiff sich flach aufs Wasser legte und dann den Kiel nach oben drehte. Ich wurde einfach so an die Decke gedrückt, und eine Menge kaltes Wasser kam herein."

Als sie aus dem Durchgang herauskroch, sah sie, daß ihre beiden Notmasten fehlten, und zu ihrem Schrecken, daß das Kajütdach weggerissen worden war. Dieses außerordentlich starke, in einem Stück mit dem Deck geformte Bauteil aus Kohlefaserlaminat hatte der fürchterliche Seeschlag zerdrückt. Wo das Kajütdach gewesen war, sah Autissier jetzt nur den niedrigen grauen Himmel. Ihr wurde klar, daß sie sogar in der Hauptkajüte, am Kartentisch oder in ihrer Koje, nicht überlebt hätte. So gut wie alles, was nicht festgeschraubt war, war von der Gewalt der Welle aus dem fast fünf Quadratmeter großen Loch im Deck herausgesogen worden. „Ich hatte Glück," sagte sie später mit beeindruckender Untertreibung.

Nichts pumpt Wasser schneller aus dem Boot als ein Mann mit Angst und einer Pütz (Eimer). So ähnlich lautet eine alte Redensart. Autissiers Boot war jetzt den unvermindert über Deck brechenden Seen völlig offen ausgeliefert und stand schon bedrohlich voll Wasser. Autissier spannte ein provisorisches Zelt über das Loch und schöpfte zwei Stunden lang. Dann schaltete sie mit Bedauern ihre Seenotfunkbojen ein, was sie vorher noch nie getan hatte. Sie verkroch sich im wasserdicht abgeschotteten Vorschiff und begann zu warten.

Diesmal waren keine anderen Teilnehmer nahe genug, um zu helfen. Zu ihrem Glück war Autissier nicht allzu weit von jeder Menschenseele entfernt, zumindest nach den Maßstäben des Südozeans - weniger als 1.000 Meilen südöstlich von Adelaide. Die australische Luftwaffe hatte, wie anscheinend jedes Jahr, wieder einmal Gelegenheit zu einer Langstrecken-Rettungsaktion. Im Morgengrauen nach Autissiers Kenterung wurde ein Flugzeug ausgeschickt, eine C-130 Hercules. Wenige Stunden später lief die Raketenfregatte

*Isabelle Autissier an Bord der
DARWIN nach ihrer Rettung
durch einen Hubschrauber im
BOC 1994/95.*

DARWIN aus Fremantle an der australischen Westküste aus. Sie würde mehr als zweieinhalb Tage brauchen, um Autissiers zertrümmerte Yacht zu erreichen.

Nachdem die Hercules das durch Autissiers Funkbojen bestimmte Suchgebiet erreicht hatte, brauchte die Maschine noch fast drei Stunden, um das Boot zu finden. So schwierig war das weiße Deck in dem Durcheinander von Brechern zu erkennen.

An Silvester 1994 winschte ein Hubschrauber der DARWIN Autissier vom Deck ihrer Yacht auf. In der Hoffnung, die EPC 2 bergen zu können, wurden neue EPIRB-Bojen auf das Boot geworfen, aber trotz der ziemlich genauen Positionen, die die Funkbojen lieferten, konnten die Bergungsfahrzeuge Autissiers Yacht in der tobenden See einfach nicht sehen. Die Millionen-Dollar-Rennyacht trieb endgültig fort.

Aller guten Dinge sind drei. Zwei Mastbrüche (auch im BOC 1990/91 war ihr das Rigg von oben gekommen) und jetzt ein Ruder zerschmettert. Autissiers Glück im Unglück hatte sich aber auch in diesem Vendée Globe bewiesen. Vor dem Start hatte sie in Les Sables-d'Olonne ihr Boot als eines der Bestvorbereiteten bezeichnet. Ihr Team hatte genügend Zeit gehabt, sich um jede Kleinigkeit auf der PRB zu kümmern. Aber trotz dieser guten Vorbereitung war es nicht möglich, auf See ein Ruder zu erneuern. Dazu mußte das Boot aus dem

Wasser. Wenigstens hatte sie nach dem Ruderbruch Glück mit dem Wetter. Die 460 Meilen nach Kapstadt legte sie in zwei Tagen zurück. Während sie sich bei leichtem Wind unter vollen Segeln der Kap-Halbinsel näherte, konnte sie wieder einmal diesen schönen Anblick bestaunen. Am meisten aber dachte sie darüber nach, wie bitter es war, zu verlieren, wenn man so viel aufgab. Die Männer des südafrikanischen Seerettungsdienstes, die Autissiers Schiff die letzten paar Meilen in den Hafen schleppten, überreichten der müden Seglerin einen Strauß roter Rosen. Sie hängte die Blumen ans Heck der PRB.

„Es ist eine furchtbar schlimme Enttäuschung, aber es nützt nichts, darüber zu weinen," sagte sie energisch. Sie würde nach der Reparatur ihrer Yacht erneut ins Rennen gehen, „nicht zum Gewinnen, aber um zu dem zu stehen, was ich mir vorgenommen habe. Das Vendée Globe ist eine harte Wettfahrt. Niemand kann im Voraus wissen, ob er das Ziel erreicht. Für mich aber, so empfinde ich es, geht das Rennen weiter, bis ich wieder in Les Sables-d'Olonne bin."

Im Mai 1932 flog Amelia Earhart fünf Jahre nach Charles Lindbergh als zweiter Mensch allein über den Atlantik, und natürlich als erste Frau. (1928 hatte sie einen Transatlantikflug als Passagier mitgemacht.) Mit ihrer roten einmotorigen Lockheed Vega startete sie in Harbour Grace, Neufundland, und geriet fast sofort in schlechtes Wetter. Den größten Teil des vierzehn Stunden dauernden Fluges sah sie kaum die Hand vor den Augen und mußte blind fliegen. Einige Stunden nach dem Start versagte ihr Höhenmesser. Als dann die Tragflächen vereisten und sie tiefer fliegen mußte, um das Eis loszuwerden, hatte sie keine Ahnung, wie dicht über den Wellen sie flog. Ein Auspuffkrümmer vibrierte während des ganzen Fluges ohrenbetäubend. Einmal geriet er sogar in Brand. Wie Lindbergh hatte sie versucht, Paris zu erreichen, aber wegen all dieser Schwierigkeiten mußte sie in Nordirland landen. Etwas später flog sie nach London weiter, wo sie als Heldin empfangen wurde. Amelia Earhart unternahm diesen Flug aus demselben Grunde, aus dem sie überhaupt Fliegerin geworden war: Es war ihr Herzenswunsch. Daß sie eine Frau war, spielte keine Rolle. Für sie war es selbstverständlich, „daß Frauen das meiste ebenso können wie Männer." In einem Interview sagte sie: „Ich sehe keinen Grund, warum eine richtig dazu ausgebildete Frau mit einem geeigneten Flugzeug und günstigen Wetterbedingungen nicht ebenso über den Ozean fliegen soll wie ein Mann."

Die Geschichte von Amelia Earharts entschlossenem Einbruch in die männliche Welt des Fliegens und der Flieger - einer kleinen Bruderschaft von Abenteurern und Draufgängern - schwang bei Isabelle Autissiers Eintritt in die Elite der Einhand-Hochseerennsegler mit. Eigentlich hätte das nicht sein dürfen, denn 60 Jahre später hätte man erwarten sollen, daß niemand sich etwas dabei denkt, wenn eine Frau an einem BOC Challenge oder einem Vendée Globe teilnimmt. Und doch hatte Autissier schon seit ihrer ersten Beteiligung am Mini-Transat und den Figaro-Einhandrennen im Brennpunkt des öffentlichen und Medieninteresses gestanden. Noch aufmerksamer wurde man, als sie im BOC 1990/91 startete. In gewissem Umfang ergibt sich das Interesse der Medien an Isabelle Autissiers Segelkarriere daraus, daß die Medien Stoff brauchen und eine andere Sicht der Ereignisse suchen. Aber dennoch war es unvermeidlich, daß sie wie zwei Generationen vorher die Fliegerin Earhart zu einem echten Sinnbild des berechtigten Eindringens der Frauen in alle Erfahrungswelten einschließlich der letzten rein männlichen, gefahrvollen Rückzugsgebiete wie diese extremen Wettfahrten wurde.

Wie die Flugpionierin lebte die Segelpionierin Autissier einfach das Leben, das sie als ihre notwendige Bestimmung vor sich sah. Als sie zum Start des BOC 1990/91, ihres ersten Weltumsegelungsrennens, in Newport an der amerikanischen Ostküste eintraf, war sie von den immer wiederkehrenden Fragen der Medien überrascht: Wie würde sie mit den körperlichen Anforderungen der Wettfahrt fertigwerden? Würde sie die Handhabung von Schiff und Takelung bewältigen, die riesigen Segel reffen und bergen können? Wie fühlte man sich als einzige Frau? Diese Fragen verwunderten Autissier, weil all das für sie inzwischen bedeutungslos geworden war. „Ich habe es einfach getan, weil ich es wollte, und das ist alles. Natürlich wußte ich, daß ich die einzige Frau dabei war, aber ich habe mir im Gegensatz zu allen anderen keine Gedanken darüber gemacht."

Zugleich räumte sie ein, daß es in der Zunft der männlichen Skipper „ein wenig Widerstand" gegen ihre Teilnahme gab. Der aber hielt nicht lange vor, meist nur bis zum Ziel der ersten Etappe in Kapstadt. Am Ende der Regatta gehörte die Seglerin auf jeden Fall dazu. Schon nach wenigen Jahren empfanden erfahrene Segler wie der Australier David Adams oder Gerry Roufs es als Ehre, bei Autissiers Rekordversuch um Kap Horn oder bei der Tour de l'Europe zu ihrer Mannschaft zu gehören.

Aber es war unmöglich, sich den komplizierten Auffassungen und Grundüberzeugungen von den Geschlechtern zu entziehen. Autissier und ihre männlichen Kollegen sind gleichermaßen darin befangen. „Vor allem wird man nicht ernst genommen, weil man eine Frau ist. Die Leute dachten: ‚Sie ist eine Frau. Sie ist nicht so gut wie die Männer, also wird sie das Schlußlicht sein.' Aber wenn die Frau dann ihr Können gezeigt hat, und daß sie gewinnen kann, ist es genau umgekehrt. Dann wird sie höher angesehen als die Männer."

Man stellt sie wieder auf das alte Podest, eine andere Art von gönnerhafter Herablassung. „Das gefällt mir überhaupt nicht. Die Regatta ist für alle schwierig, für mich wie für die Jungs. Wir alle müssen mit denselben Schwierigkeiten fertig werden."

Autissier gab zu, daß sie wegen des Unterschiedes in der Kraft des Oberkörpers ein Segel vielleicht nicht so schnell reffen oder wechseln konnte wie ein Mann, aber in einem BOC- oder Vendée Globe-Rennen kam es nicht darauf an, ob so etwas fünfzehn Minuten oder eine Stunde oder sogar länger dauerte. Diese Wettfahrten wurden am Kartentisch gewonnen, wo man (oder frau) die Entwicklung von Wind und Wetter oder die Ausprägung und Zugrichtung der über den Südozean ziehenden Tiefs analysierte. Sieger wurde, wer den besten Weg fand (und Glück hatte). Isabelle Autissier bewies das überzeugend, indem sie die erste Etappe des BOC 1994/95 mit großem Abstand gewann. Ich war ohnehin nicht sicher, daß die körperlichen Unterschiede viel ausmachten. Ich überlegte, ob der kleine, 61 Kilogramm schwere Roufs, wenn er auch drahtig war, der großen und kräftig gebauten Autissier gegenüber im Vorteil gewesen wäre. Ihre körperliche Kraft war offenkundig.

Catherine Chabaud war ähnlich groß und kräftig, wenn sie auch manchmal bedauerte, nicht stärker zu sein. Manches auf der WHIRLPOOL EUROPE 2 war schwierig für sie gewesen. „Ich dachte, das hätte ein Kerl jetzt viel schneller geschafft als ich. Aber dann merkte ich, daß ich es so oder so schaffte. Ich fand eine Lösung. Als Frau mußt du auf andere Lösungen kommen." Auf jeden Fall betonte Chabaud genau wie Autissier, daß diese Wettfahrten durch taktisches Geschick gewonnen werden. Sie betrachtete sich niemals als eine Frau, die segelte, sondern einfach als Menschen, der segeln wollte und deshalb segeln ging.

Ich fand Autissier und Chabaud ehrlich, direkt, humorvoll und bescheiden - genau wie die Männer. Aber im Unterschied zu den Männern schienen sie an einer anderen Grenze zu leben als derjenigen, mit der sie im stürmischen Süden gespielt hatten. Autissier und Chabaud besetzen den Grenzbereich zwischen dem, was Männer nach den Konventionen können und dürfen, und dem entsprechenden weiblichen Bereich. Sie tun das unbefangen und ohne Überheblichkeit. Es sieht aus, als gehörten sie dorthin. Und welche Frau gehörte nicht dorthin?

Während Autissier Kapstadt anlief, bleckte der Südozean vor allen anderen Vendée Globe-Teilnehmern die Zähne. Selbst Auguins scheinbar unbezwingbare GÉODIS zeigte ihre Fehlbarkeit. Während Auguin bei 50 Knoten Wind, der in den häufigen Böen kurzfristig annähernd Orkanstärke erreichte, bei immer schwieriger zu bewältigenden Kreuzseen schräg von den Wellen glitschte, wurde seine Yacht von einer großen See flachgelegt. Mit großer Besorgnis beobachtete er, wie das Schiff sich - sehr langsam und zögernd - wieder aufrichtete. Er hielt weiter nach Norden, um zu versuchen, dem schlimmsten Teil des Tiefs auszuweichen. Thiercelin berichtete von fast gleichen Bedingungen in einem anderen Wettersystem 1.000 Meilen weiter hinten. Auch sein Boot war auf die Seite gerollt worden, bis der Mast fast im Wasser lag, wobei das Großsegel beschädigt wurde. Der Durchmarsch von Tiefdruckgebieten schien nicht enden zu wollen. Eins folgte auf das andere, die Verschnaufpausen dazwischen dauerten nur Stunden, höchstens einen Tag oder so. Am gleichen Tag, als Autissiers Ruder brach, erlebte Parlier in demselben Tief, vor dem Auguin nach Norden weglief, bei 50 Knoten Windgeschwindigkeit eine Patenthalse. (Er ließ den Wind von der falschen Seite ins Großsegel einfallen, so daß der Baum fast schlagartig auf die andere Bootsseite schwang.) Er hatte Glück, daß die Wucht des Baums und des Segels, die an das stehende Gut krachten, nicht das Rigg oder den Mast beschädigte. Immerhin brachen fünf Latten des Großsegels. (Das sind die flachen Stäbe, die am Außenrand des Segels in Taschen stecken. Sie sind notwendig, um das Segel in Form zu halten und damit sein Rand nicht im Wind schlägt.) Bis zu einer Gelegenheit, die Latten zu ersetzen, konnte er nur unter Vorsegel weiterlaufen.

Von den drei Spitzenreitern schien Roufs mit dem Sturm am besten fertigzuwerden. Er jagte mehr als zwei Tage vor ihm dahin. Mit durchstehenden 55 bis 60 Knoten (Windstärke 11 nach Beaufort, orkanartiger Sturm) ließ der Wind ihn vor den langen Seen der Südbreiten mit bis zu 26 Knoten surfen. Bis zum 6. Dezember, als Parlier mit Eis kollidierte, hatte Roufs, der Tag für Tag aufholte, den Abstand zu Parlier auf weniger als 100 Meilen verringert.

Es gehört großes Können dazu, richtig auf diesen Tiefs zu reiten. Es ist nicht damit getan, daß die Boote einfach vor dem Wind hintereinander hersurfen wie gleich schnelle Wagen auf einer Fernstraße hintereinander herrasen. Wenn das der Fall wäre, würden die Yachten einfach die Reihenfolge wie beim Eintritt in die Brüllenden Vierziger beibehalten. Wenn niemand eine Havarie oder Bruch hätte, wäre es schwierig, den Abstand zu den weiter vorn liegenden Yachten zu verkürzen. In Wirklichkeit aber konnten die Segler einiges anstellen, um ihre Position zu verbessern oder aufs Spiel zu setzen.

Die aufeinander folgenden Tiefs sind komplexe Gebilde, die immer gleich gegliedert sind und ablaufen. Zugleich aber hat jedes sein eigenes Innenleben, das der Skipper aufgrund der Wetterdaten oder mit den herkömmlichen Methoden des Seemanns, der den Wind, die Richtung und Stärke des Seegangs und manchmal der Wolken beobachtet, beurteilen muß. Ein erfahrener Beobachter kann die Lage und Zugrichtung eines Frontensystems fast so genau ermitteln wie der Wetterfaxgläubige. (Im Südozean sind die Ergebnisse des Beobachters wahrscheinlich präziser, denn die Angaben der Wetterfaxe sind dort unten oft ungenau und oberflächlich, weil in dieser wenig befahrenen Einöde keine große Nachfrage nach Wettervorhersagen besteht.) In jedes Tief wehen die Winde aus unterschiedlichen Richtungen, die von ihrer Lage zum Zentrum abhängen, spiralförmig hinein. Gleichzeitig bewegt sich der ganze gewaltige Windkreisel mit einer Geschwindigkeit voran, die irgendwo zwischen 15 und 25 Knoten liegen kann, manchmal noch viel schneller. Der Segler muß versuchen, sich in eine Position zu bringen, wo er die größten Windstärken des Gebildes meidet und gleichzeitig diejenige Windrichtung im

System ausnutzt, die am besten mit seinem östlichem Kurs vereinbar ist. (Gleichzeitig muß der Skipper sein Boot von Minute zu Minute durch gefährliche Seen lavieren.)

Tiefs sind auf See die alltäglichen Gemeinheiten des Wetters. Sie sind bei weitem nicht so machtvoll und zerstörerisch wie tropische Wirbelstürme - Hurricans, Taifune, Zyklone und ähnliches. Dafür treten sie aber sehr häufig auf. Bei einem Hoch kann der Wind nur am Rand bedrohlich stark sein, aber in der Zugbahn eines Tiefs muß der Segler davon ausgehen, daß es in ganzer Ausdehnung Gefahr bringt. Dazu gehört auch das Zentrum, wo der Wind etwas leichter ist, so daß sich ein gefährlich durcheinander laufender Seegang entwickeln kann.

Während Roufs am 2. und 3. Dezember das Herannahen des Tief beobachtete, suchte er nach dem schmalen Grat zwischen Kurshalten nach Osten und Abwettern des von dem System erzeugten Seegangs. Beim Durchzug der Front würde ihr nordwestlicher, also raum-achterlich von Backbord (hinten links) kommender Wind schnell auf Südwest drehen und, sogar noch heftiger, über die andere Seite des Hecks einfallen. Die neue Windrichtung würde auf dem vorhandenen kräftigen Seegang aus Nordwesten querlaufende Wellen aufbauen. Diese Kreuzsee würde die Wahrscheinlichkeit gefährlicher Brecher oder gar außerordentlich hoher „Kaventsmänner" — Wellenungetüme aus zwei oder drei einzelnen Wellen — erhöhen. (Ein solcher brechender Wellenkamm, der selbst sechs Meter hoch oder höher sein mochte, konnte ein Boot überrollen und zum Kentern bringen.) Roufs würde sich weiter nach Süden halten müssen, um die bedrohlichen nordwestlichen Seen mehr mit dem Heck zu nehmen. Um die Gefährdung durch die gegeneinander laufenden Wellensysteme zu mindern, würde er noch tiefer nach Süden gehen müssen und damit in den stärkeren, südlicheren Wind hinein, den er eigentlich zu meiden suchte. Der goldene Mittelweg war schwer zu finden. Catherine Chabaud sollte am eigenen Leib erfahren, wie schwierig es ist, in einem so bedrohlichen Sturm diesen Mittelweg zu finden. Etwas später im Rennen wurde sie von einem ausgeprägten Tiefdrucksystem überfallen, als sie im Südteil des Indischen Ozeans südwestlich der Kerguelen stand. Als sie gerade an Deck beim Mast arbeitete und ihr Großsegel festzubinden versuchte, wurde die WHIRLPOOL EUROPE 2 flachgelegt. Catherine Chabaud klammerte sich an Mast und Baum und sah die bis unter die Waagerechte gedrückte Mastspitze in die See tauchen. Das Boot selbst war unter dem Ansturm des enormen Brechers mehrere Sekunden lang kaum noch zu sehen. Sie hatte zwei Gedanken. Zum einen staunte sie, wie schön das Wasser war, wie Berge mit schneeweißem Schaum, aber auch tiefblau und türkis. Außerdem dachte sie, es sei vielleicht das Ende. „Es ist schlimm, mit 34 Jahren sein Leben zu beschließen." Dann fügte sie hinzu: „Angst hatte ich nicht, Sie verstehen."

„Nein, verstehe ich nicht," antwortete ich.

Als ihr Schiff sich wieder aufgerichtet habe und sie in die Plicht zurückgekrochen sei, sagte sie, „da ging es mir so: aaaah!" Dabei ahmte sie die zitternd zusammensackende Überlebende einer Beinahe-Katastrophe nach.

Die Fast-Kenterung sei ihre Schuld gewesen, sagte sie. Sie habe sich nicht an Moitessiers Rat gehalten. Der in seinem Buch „Der verschenkte Sieg" abgedruckte Bericht über seine Taktik in den Tiefs der hohen Südbreiten liest sich wie eine exakte, lehrbuchhafte Analyse der Wettersysteme und wie der Segler damit umgehen sollte. Eine Art Gebrauchsanweisung. In gewisser Weise könnte aber nichts trügerischer sein. Das liegt zum Teil daran, daß der Leser sich in falscher Sicherheit wiegt, weil er vergißt, unter welchen Umständen Autissier (ebenso Chabaud oder Roufs) überlegen und handeln mußten: heulender, kreischender Wind, explosionsartiger, ohrenbetäubender Seeschlag an einen Rumpf, der wie ein Resonanzkörper ist, äußerste Muskelanspannung bei dem ewigen Hin und Her des Stampfens und Schlingerns, die schier furchterregende Höhe des Seegangs. (Auf Rahseglern wurden hinter den Rudergängern - bei schwerem Wetter mußten zwei bis drei Mann am Steuerrad stehen - oft Segeltuchblenden gespannt, damit sie hinter sich nicht sahen, wie riesig die heranstürmenden Wellen waren.)

Hinter diesem ganzen Inferno stand das paradoxe Gesetz der See: Gewiß ist nur die Ungewißheit. Die Segler wußten, daß jeder Sturm Wellen oder Kombinationen von Wellen hervorbringen konnte, die imstande waren, ein Boot zu vernichten, wenn sie es auf die eine oder andere zufallsbestimmte Art erwischten. Ob es dazu kam, hing vom

Glück ab, von der rätselhaften Auswirkung der Gesetze des Chaos. Aber ein solches Zusammentreffen war vorbestimmt, der Segler hatte es auf keinen Fall in der Hand. Selbst die Vendée Globe-Teilnehmer auf ihren Yachten neuester Konstruktion, gebaut aus den modernsten Werkstoffen und ausgerüstet mit der raffiniertesten Sicherheits- und Nachrichtentechnik, die es gab, konnten wie alle Seefahrer vor ihnen das Unheil nicht abwenden, wenn es zuschlug.

„Ich hörte das Brüllen einer Riesensee," hatte Autissier gesagt. „Aber natürlich konnte ich nichts dagegen ausrichten."

Moitessier hatte seinen Ratschlägen, wie man Stürmen begegnen sollte, sicherheitshalber eine Warnung hinzugefügt: Je mehr er lernte, desto weniger wüßte er. Das ist nicht mehr als das Bewußtsein, das schon immer den Weisen ausgemacht hat. Der Segler weiß nie, was kommen wird. Schon durch eine geringe Abweichung in der Größe oder Form einer Welle kann sich alles ändern. Eine zufällige Kreuzsee im falschen Augenblick, und das Spiel ist aus. Weil in einem Sturm unendlich viele verschiedene Geschehensabläufe möglich sind, steht die beste Handlungsweise nicht fest, und der Segler kann nur versuchen, das Richtige zu treffen. Hier wirkt sich die Chaostheorie aus. Wenn ein einziger Schlag eines Schmetterlingsflügels in Mexiko einen Schneesturm in Kanada auslösen kann, dann kann erst recht das kleinste Zucken bei der Entwicklung eines Sturms in den Südbreiten dazu führen, daß ein Boot überrollt wird, kentert oder gar ein Segler ums Leben kommt. Moitessier schrieb dogmatisch, aber wahr: „Vor allem gibt es die große, wunderschöne Unbekannte, die See selbst."

Als Roufs sich gegen Ende der ersten Dezemberwoche Parlier näherte, rissen dessen Schwierigkeiten nicht ab. Er ließ sich vom Wind desselben Sturmtiefs jagen wie Auguin und der Kanadier und fand dabei keine Gelegenheit, seine Großsegellatten zu reparieren. Allein unter Fock lief er hohe Fahrt, aber zwangsläufig langsamer als mit dem Großsegel oder dem gerefften Großsegel, das er bei diesem Wind von 50 Knoten geführt hätte. Den meisten Seglern dürfte es abwegig vorkommen, bei Windstärke 9 oder 10 überhaupt daran zu denken, ein Segel zu setzen, vom Großsegel ganz zu schweigen, oder daß ein Skipper es bei diesem Wetter für nachteilig halten könnte, nur ein kleines

Sturmvorsegel zu führen. (Immerhin sagte Admiral Beaufort über Windstärke 10: „Sehr hohe Seen mit langen, überbrechenden Kämmen. Der hierdurch entstehende Schaum wird in dichten weißen Streifen in Richtung des Windes fortgerissen.") Früher wäre dabei jedes Boot vor Topp und Takel gelaufen oder bestenfalls mit einem Taschentuch von Sturmfock, um in den Wellen etwas Richtungsstabilität zu behalten. Der Skipper hätte versucht, die Fahrt zu mindern, um nicht von den Wellen hinunterzusurfen und das Vorschiff nicht in der Rückseite der vorauslaufenden Welle zu verbuddeln. Wie aber Jean-Marie Finot betont hatte, hatten diese Vendée Globe- und BOC-Boote allgemein die Vorstellungen verändert, wie man sich bei schwerster Sturmsee am besten verhält, jedenfalls an Bord solcher Extremkonstruktionen. Fahrt bedeutete alles: stärkste Ruderwirkung, geringste Aufprallenergie der Seen. Wenn man vor dem Wind schnell segelte, war der scheinbare Wind oder Bordwind geringer, weil man die Bootsgeschwindigkeit von der Windgeschwindigkeit abziehen konnte und in dem tatsächlich leichteren Wind, der über das Deck des schnellen Bootes wehte, mehr Segelfläche stehenlassen konnte. Und das Rennen nicht zu vergessen: Geschwindigkeit war Trumpf. Im Südozean gab es nur eins: Vollgas.

Parliers Schwierigkeiten wurden noch schlimmer, als er am 6. Dezember mit dem Growler kollidierte. Auf weniger als 43° Südbreite stand er ein gutes Stück nördlich der Eisbergdriftgrenze. Aber der Eishümpel war trotzdem da. Kleinere Stücke Eis, manchmal auch größere Eisberge, drifteten oft weit nach Norden. Der Growler hätte die AQUITAINE INNOVATIONS aufschlitzen und innerhalb von Minuten versenken können. Er hätte auch den Kiel abreißen können, ohne den die Yacht sofort gekentert wäre. Statt dessen rumpelte das Eis nur beunruhigend, aber harmlos an der Außenhaut entlang und riß ein ziemliches Stück von einem der Ruder ab. Die gute Nachricht war, daß man Eis rammen konnte, ohne katastrophale Schäden am Boot davonzutragen. Man mußte nur Glück haben.

Parlier dachte daran, Autissiers Beispiel zu folgen und nach Kapstadt zurückzulaufen. Nachdem er die Sache jedoch mit seiner Technikergruppe besprochen hatte, meinte er, daß er es bis nach Fremantle an der australischen Westküste schaffen würde. Das lag an seinem Weg, so daß er weniger Zeit verlieren würde. Er konnte dort auch seine Genua-Rollvorrichtung reparieren lassen und Trinkwasser an Bord nehmen. (Er hatte nur noch 13 Liter.) Der abgelegenste Teil des Südozeans zwischen den Gewässern südlich Neuseelands und Kap Horn lag noch vor ihm. Dazu gehörte „das Loch". Dort würden die Boote auf einer Strecke von mehreren tausend Meilen für die Retter unerreichbar sein, selbst für die riskanten und im Ergebnis offenen Fernrettungsaktionen der Australier. Fremantle würde Parlier eine willkommene Gelegenheit geben, sein Boot wieder in Form zu bringen.

„Aber das Vendée Globe war für mich vorbei, als ich das Eis rammte," sagte er. Nach den Wettfahrtregeln würde er ausscheiden, sobald er eine Leine annahm, um sich in den Hafen von Fremantle einschleppen zu lassen, oder falls er bis zum Liegeplatz segelte, sobald er einen Fuß an Land setzte.

Als die Regatta kaum älter als einen Monat gewesen war, hatte es schon fünf Kollisionen mit Schiffen oder Treibgut gegeben - und jetzt mit Eis: Autissier, Dubois (zweimal), der ungarische Segler Fa in der Biskaya von einem Frachter überrannt, und Parlier. All diese Zwischenfälle führten zur Aufgabe der Wettfahrt oder zur Disqualifikation, weil die Yachten zu Reparaturen Häfen anliefen. Beim Durchqueren des Nord- und Südatlantiks kreuzten die Rennyachten dutzende bedeutender Schiffahrtswege: zwischen Europa und der amerikanischen Ostküste, zwischen Europa und dem Panamakanal, den Weg der Schiffe, die aus dem Mittelmeer hinaus- und in es hineinströmten, die Routen vom Fernen oder Nahen Osten um das Kap der Guten Hoffnung nach Europa oder Nord- und Südamerika. Jedesmal, wenn die Segler eine dieser imaginären Linien im Meer kreuzten, mußten sie besonders sorgsam das Radarbild und den Horizont beobachten. Sie mußten sich auch über weit umherschweifende Hochseefischereifahrzeuge oder über Trampschiffe abseits der üblichen Schiffahrtswege Gedanken machen — bis sie in den Südozean kamen, der dadurch gekennzeichnet ist, daß dort niemand ist. Das Radar der Schiffe konnte die Vendée Globe-Boote mit ihrer hohen Takelung einigermaßen leicht erkennen, jedenfalls bei gutem Wetter. Schwieriger waren sie bei rauher See zwischen all den Wellen auszumachen. Auf vielen Schiffen wird jedoch nicht durchgehend Ausguck oder Radarwache gehalten, und - kaum zu glauben - auf manchen Fahrzeugen sind die Radargeräte häufig abgestellt.

Ich las einmal von einem amerikanischen Frachter, der in Yokohama einlief, nachdem er von San Francisco her den Nordpazifik überquert hatte. Beim Anlegen entdeckte die Besatzung an den Ankern des Schiffs, die am Bug in den Klüsen hingen, Teile einer Yachttakelage. Niemand hatte unterwegs eine Kollision bemerkt, aber irgendwo in diesem weiten Ozean hatte irgend jemand Pech gehabt. Ich habe nie herausbekommen, ob tatsächlich ein Segelboot verlorengegangen oder nur entmastet worden war und unter Nottakelung einen Hafen erreicht hatte.

Sobald die Yachten in die hohen Südbreiten kamen, war die Gefahr von Kollisionen mit großen Schiffen vorbei und die Aussicht, Treibgut zu rammen, wie Baumstämme oder Seecontainer, die Containerschiffe im Sturm verloren hatten, sehr viel geringer geworden. Zur größten Sorge wurde das Eis.

Nachts oder bei schwerem Wetter verließen die Segler sich ausschließlich auf ihr Glück und den zweifelhaften Schutz durch wasserdichte Querschotten oder Kollisionsschotten, um verhängnisvolle Rammings zu überleben. Weil die Surfbretter mit tiefer Kielflosse so schnell waren, hatte eine Kollision ernste Folgen. Einen Eisberg oder Growler mit den fünf oder sechs Knoten einer Fahrtenyacht zu rammen, ließ sich vielleicht überleben; bei 20 oder 25 Knoten sah es schon anders aus.

Die Regeln des Vendée Globe verlangen, daß die Yachten Radar an Bord haben. Das Gerät ist sicher nützlich, wenn man auf einem Dampferweg oder in dessen Nähe segelt. Es zeigt auch die größeren Eisberge, ist aber nicht problemlos. In vieler Hinsicht ist es nur ein technisches Trostpflaster für Gefahren der See, vor denen es in Wirklichkeit keinen Schutz gibt. Einerseits kann Radar wie all die anderen elektronischen Wunder an Bord ausfallen. Laurents Radar funktionierte während der ganzen Durchquerung des Südozeans nie richtig, und meist ignorierte er es. Andere Skipper hatten von Zeit zu Zeit Schwierigkeiten. Entscheidend aber ist, daß Radar nichts erkennen kann, das tief im Wasser liegt - Treibgut ebensowenig wie kleinere Eisberge oder Growler. Bei grobem Wetter und fünf oder sechs Stockwerke hohen Seen konnten auf dem Bildschirm ziemlich große Eisberge in den Seegangsechos verschwinden. Es gibt keine Regel, daß man bei schwerem Wetter kein Eis antrifft. Am Ende war die Aussicht, Eis zu rammen, wieder eine jener chaotischen Ungewißheiten wie das zufällige Wellenungetüm, mit denen sich Rennsegler im Südozean einfach abfinden mußten.

Auf eine Art war Eis schlimmer als Sturm. Bei rauhem Wetter konnte der Segler zumindest irgendetwas tun, um den Ausgang zu beeinflussen: die Segel kürzen, den Kurs im Hinblick auf die Zugrichtung des Tiefs und seine Winddrehungen ändern, die Wellen aussteuern, um die bedrohlichen Brecher zu meiden. Wenn dann der Sturm vorbeigezogen war, war die Gefahr geringer. Südlich des 40. Breitengrades aber war Eis eine allgegenwärtige Bedrohung. Hinter sich gelassen hatten die Segler sie erst nach dem Passieren von Kap Horn, wenn die Falklandinseln querab lagen. Und während der ganzen Zeit konnte man nicht viel tun, außer Ausguck zu halten, wenn man an Deck war, und die großen Eisberge, die auf dem Radarschirm erschienen, laufend zu peilen, wenn man sich überhaupt mit dem Gerät abgab.

„Ich stelle meins nie an," sagte Goss. „Ich habe es nur wegen der Vorschriften, und es verschwendet Strom. In Wirklichkeit ist der Seegang so hoch, daß das ganze verdammte Zeug undeutlich wird. Meine Einstellung ist in der Tat etwas fatalistisch. Wenn es etwas auf dich abgesehen hat, dann rammst du es; wenn nicht, geht alles klar."

Was die wasserdichten Schotten, den verstärkten Bug u.s.w. betrifft - nun, die Yacht muß Eis nicht unbedingt mit dem Bug treffen. Ein Eishümpel kann die Außenhaut seitlich aufreißen und damit mehrere abgeschottete Abteilungen gleichzeitig aufbrechen. Immerhin hatte auch die Titanic wasserdichte Schotten.

„Das russische Roulette kann beginnen," bemerkte Thiercelin sarkastisch in einem seiner Faxe, als er sich im Südteil des Indischen Ozeans daranmachte, die Eisgrenze nach Süden zu überschreiten.

Am Ende der ereignisreichen ersten Dezemberwoche beruhigten sich die Dinge für die Vendée Globe-Teilnehmer. Autissier lief am Achten des Monats kurz vor Einbruch der Dunkelheit mit einem neuen Ruder aus Kapstadt aus. Ihr Technikerteam war durch einige der Mechaniker von Jaques Cousteaus Schiff L'ALCYON, das in der Nähe gelegen hatte, unterstützt worden. Wie es Autissiers Gewohnheit war, befestigte sie an Bug und Heck der PRB je einen frischen Blumenstrauß, als sie wieder in See ging. Mit etwas Glück würde sie sich außer Konkurrenz irgendwo zwischen der zweiten Vierergruppe - Laurent, Thiercelin, Dumont und de Broc - und der dritten, ebenfalls aus vier Teilnehmern bestehenden Gruppe - Goss, Chabaud, de Radiguès und Dinelli - wieder einreihen können.

Am Tag davor hatte ein neu belebter Dubois seinen entmutigten Entschluß, bis nach Les Sables-d'Olonne zurückzulaufen, wieder umgestoßen. Er kündigte an, daß auch er nach Kapstadt segeln, Reparaturen vornehmen und dann zum dritten Mal in dieser Wettfahrt aus einem Hafen auslaufen würde. Doch diese verhängnisvolle Entscheidung würde Dubois in den Südozean führen, und seine Pechsträhne war alles andere als vorbei.

Parlier hatte einige schwere Augenblicke zu bestehen, während er nach der Kollision versuchte, sein Boot sicher und für die zwei Wochen klarzumachen, die er bis zum Hafen brauchen würde. Der Teil des Ruders, der noch am Boot hing, ein ordentliches Stück Kohlefaser und Kevlar, schlug mit den Schiffsbewegungen umher und klatschte wiederholt an den Rumpf. Es konnte ernsthaften Schaden anrichten. Parlier versuchte es mit elastischen Gummileinen zu sichern, aber es riß sich immer wieder los und setzte sein Zerstörungswerk fort. Schließlich senkte Parlier den Ruderschaft mit den Resten des Ruderblattes ab und ließ ihn nach unten aus dem Bootsrumpf fallen. Danach strömte Wasser ein, und das ganze abgeschottete Heck lief voll. Er mußte beidrehen, um das Boot zu krängen, damit es weniger leckte. Von außen konnte er das Loch nicht erreichen. Seine elektrischen Lenzpumpen versagten, so daß das Wasser in der Heckabteilung wieder anstieg. Er kletterte durch die Luke des wasserdichten Schotts hinein. Weil das Wasser aber die Abteilung weiter anfüllte, mußte er den Durchgang zum übrigen Teil der Yacht wasserdicht verschließen. Dann mußte es schnell gehen.

„Ich schloß das Loch mit einem Pfropfen, aber noch immer drang etwas Wasser ein. Ohne das Leck abzudichten und den Wassereinbruch zu stoppen, würde ich nicht wieder zurück in die Kajüte kommen, weil die Schotttür unter Wasser stand. Ich klebte ein Stück Kunststoff über das Leck und setzte mich, bis zur Brust im eiskalten Wasser, darauf. Die ganze Zeit sagte ich zu mir: ‚Hoffentlich hält das.' Es war einer der schweren Augenblicke des Rennens, in denen ich Angst hatte."

Der Flicken hielt. Parlier konnte das abgeschottete Heck mit einer Handpumpe lenzen, die Durchgangsluke öffnen und in die Kajüte zurückkehren.

Dann setzte er seine trinkwasserknappe Fahrt nach Fremantle fort. Er hatte jetzt noch ungefähr fünf Liter trinkbares Wasser und hoffte auf Regen, hatte aber auch vier Flaschen guten Bordeaux dabei. Wenn der Wein auch nicht gegen die Austrocknung half, so würde er den Skipper zumindest bei Laune halten.

Eric Dumont, der in der zunehmend ausgedünnten Reihe der Yachten auf dem siebten Platz und fast 2.000 Meilen hinter Auguin lag, krachte gegen einen Growler oder vielleicht nur in eine besonders heftige Welle, so daß sein Schiff backbord vorn Wasser zu machen begann. Es war dieselbe Stelle des Vorschiffs, die er vor den Kanaren kurz nach dem Start mit Kunstharz und Dichtungsmasse repariert hatte. Zuerst dachte er, daß auch er nach Kapstadt müsse, womit dann nur noch neun Konkurrenten im Rennen gewesen wären. Seine Yacht mußte mit Material repariert werden, das er nicht an Bord hatte, deshalb kehrte er um in Richtung Südafrika - bei den herrschenden Wetterbedingungen zehn bis vierzehn Segeltage. Bis zum nächsten Tag jedoch hatte er sich anders entschieden. Er konnte doch schließlich weitersegeln. Mit einfallsreicher, hoffnungsfroher Improvisation hatte er das Leck in aller Eile von außen mit einem alten T-Shirt gestopft und mit Harz übergekleistert. Innen hatte er ein aus der Einrichtung herausgerissenes Stück Holz über der Schadensstelle festgekeilt und mit Epoxidharz befestigt. Er würde weitermachen und später in der Wettfahrt über einen anderen Hafen nachdenken. Sein Schiff hatte einen Schwachpunkt, eine Blöße, gezeigt, und er hatte noch viel Zeit, sich darüber Gedanken zu machen.

Während Dumont eine Verwendung für alte Kleidung fand, empfing Dinelli schlechte Nachrichten. Der französische Seglerverband hatte seine Berufung gegen die Oktober-Entscheidung des Wettfahrtausschusses, ihm die offizielle Regattateilnahme zu verweigern, verworfen. Daraufhin hatte er die Gelegenheit ergriffen, als „freier Teilnehmer" (wie Jeantot sich ausdrückte) mitzusegeln, in der Hoffnung, daß der Verband ihm doch noch den offiziellen Status zubilligen würde. Der Verband aber war dem Ausschuß darin gefolgt, daß Dinelli die geforderte Qualifikationsfahrt nicht absolviert hätte, und, was noch entscheidender war, daß er „nicht die geringste" echte Erfahrung mit 60-Fuß-Yachten hätte. Eine widersinnige Entscheidung, denn im Moment segelte er eines dieser 60-Fuß-Boote bei einem 50-Knoten-Sturm auf 44° südlicher Breite und versuchte, das Schiff über Wasser zu halten. In einigen Wochen jedoch sollte die Meinung des Seglerverbandes über Dinellis Befähigung vertretbarer erscheinen. 1.600 Meilen hinter dem Spitzenreiter würde er weiterhin der wilde Teilnehmer, der Regattapirat bleiben müssen.

Seitdem Autissier und Parlier außer Konkurrenz segelten, war der Kampf um die Plazierung zu einer übersichtlichen Angelegenheit geworden. Solange Auguin nicht kenterte, den Mast verlor oder irgend etwas rammte, würde er sehr schwer einzuholen sein. Im Verlauf der zweiten Dezemberwoche baute er seinen Vorsprung vor dem jetzt an zweiter Stelle liegenden Roufs sogar stetig aus. Bei Auguin schien es inzwischen wie am Schnürchen zu laufen. Indem er bei der nassen, kalten und stürmischen Segelei sorgsam mit seinen Kräften haushielt und seine Bootsausrüstung penibel überwachte und instandhielt, ließ er den Kanadier von Tag zu Tag weiter hinter sich. Er hatte auch Glück. Zwischen dem 13. und 14. fand er sich an der Vorderseite eines herannahenden Tiefs. Weil er sich dort an der richtigen Stelle des spiralförmigen Windsystems befand, konnte er zwei Tage lang vor dem gröbsten Wetter hersurfen, bevor der Seegang Zeit gehabt hatte, gefährlich zu werden. Tatsächlich übertraf Auguin in einem Zeitraum von 24 Stunden während dieser beiden Tage sogar seinen eigenen Geschwindigkeitsrekord aus einer der Etappen des vorangegangenen BOC. Diesmal segelte er 374 Seemeilen mit einem Durchschnitt von 15,6 Knoten. Daß Windstärke und -richtung so konstant blieben, während Auguin sich an der Vorderseite des Tiefs hielt, war, wie er sagte, notwendige Voraussetzung dieser Leistung. An so etwas dachte Finot, wenn er über zukünftige Vendée Globe-Entwürfe sprach: Yachten, die flink genug wären, um sich immer in die richtige Position zu den Wettersystemen bringen zu können. Auguin hatte das diesmal wegen der ziemlich geringen Ausdehnung, der schnellen Entwicklung und langsamen Zuggeschwindigkeit des Tiefs geschafft, und weil er das Glück gehabt hatte, in Bezug zum Zentrum genau an der richtigen Stelle zu sein.

Bei den immer noch leichter und schneller werdenden Booten würde sich vielleicht einmal herausstellen, daß Auguin mit seiner Leistung die Zukunft vorweggenommen hatte. Mit seiner Schnelligkeit hatte

Auguin gute Aussichten, den Vendée Globe-Rekord von 109 Tagen zu brechen. Am 15. Dezember passierte er Kap Leeuwin, die Südwestspitze Australiens, eines der „drei Sturmkaps", südlich. Zwei abgehakt, eines stand noch bevor. Es fehlte nur noch Kap Horn.

Am Ende der Woche war Roufs über 800 Meilen zurückgefallen. Er selbst segelte nicht schlecht - eines Tages kam er in 24 Stunden auf einen Durchschnitt von über 14 Knoten. Aber er hatte es nicht geschafft, den gleichen Zauberpfad durch den Wind zu finden wie Auguin. Vielleicht begann jetzt auch die Südozean-Erfahrung des Franzosen aus zwei BOC-Rennen zu zählen. Was den Zauber dieser Südbreiten, des „Great South", betraf, so hatte Roufs gemischte Gefühle. Die lange, hohe Dünung, so ganz unähnlich dem vom Seegang der übrigen Welt, schlug ihn in seinen Bann. Etwas anderes war es aber, wenn der Wind des folgenden Tiefs diese Dünung zu überstürzenden, brüllenden Ungeheuern aufpeitschte. „Es gibt dort keine Freude. Es ist eine Art Beirut der Natur," schrieb Roufs in einer E-Mail.

Als eines Nachts der Wind bis zu 65 Knoten erreichte (eben oberhalb der Grenze zur Windstärke 12, Orkan), brachten zusammenwirkende Kreuzseen die GROUPE LG 2 beinahe zum Kentern, indem sie die Yacht herumrollten, „wie ein Pizzabäcker seinen Teig schleudert." Bei dem groben Wetter bekam Roufs zwei Tage lang überhaupt keinen Schlaf. Er passierte eine Gruppe von Eisbergen etwa zwei Meilen in Luv, nachdem er sie per Radar ausgemacht hatte. Bei fliegender Gischt und Schneeböen konnte er nicht weiter sehen als bis zum Bug. Einmal rummste ein Eishümpel schaurig am Rumpf entlang. Der Skipper steckte in einem Dilemma: Als Rennsegler wollte er schneller voran, aber der Seemann in ihm sagte: „Langsamer!" Daran hielt er sich. „Zu schade um die Meilen, die ich verlor, aber das Rennen kam an zweiter Stelle."

Am Beginn der Woche hatte Roufs Schwierigkeiten mit seinem Großfall. Bei bewegter See stieg er mit einer Klettervorrichtung, wie Bergsteiger sie benutzen, in den Mast, um das Fall zu überprüfen. Als er fast 24 Meter Höhe erreicht hatte, nahmen Wind und Seegang zu, so daß der Segler bei der am Masttopp vervielfachten Schiffsbewegung größte Mühe hatte, sich auch nur festzuhalten. Einige Male wäre er beinahe abgestürzt. „Ich hatte furchtbare Angst," sagte er. „Ich hätte leicht abstürzen können, und mit 25 Meter Höhe ist nicht zu spaßen."

Das Großfall war in Ordnung, aber beim Abstieg verhedderten sich seine Kletterseile. Eine der Leinen legte sich um seinen Hals, so daß er sich beinahe erhängt hätte. Nach einigen hektischen Minuten schaffte er es, die Leinen zu entwirren und wieder an Deck zu kommen. Das waren seine schlimmsten Augenblicke seit dem Start der Regatta gewesen.

Hinter Roufs zog sich, gebeutelt, aber unverdrossen, die restliche Vendée Globe-Flotte über fast 4.000 Meilen öden, verlassenen Südozean hin. Laurent und Thiercelin trugen einen Zweikampf um den dritten Platz aus. Sie lagen nur acht Meilen auseinander. Autissier segelte nur wenige hundert Meilen hinter ihnen und verkürzte mit ihrer rasanten Neubauyacht zügig den Abstand zu den „Oldtimern". Goss und Chabaud waren 100 Meilen voneinander entfernt. Goss war inzwischen überzeugt, daß sein kleineres Boot mit der niedrigeren Rumpfgeschwindigkeit keine Aussichten hatte, mit den 60-Fuß-Neubauten Schritt zu halten. Dinelli lag einige hundert Meilen hinter Goss. Diese Nähe sollte bald für beide Männer die größte Bedeutung bekommen. Die Nachhut bildete Tony Bullimore, allerdings sollte Dubois nach den Reparaturen in Kapstadt bald zu ihm stoßen.

In diesen Breiten waren die Wetterabläufe so einheitlich, daß die Rennsegler über die ganze Ozeanstrecke hin ziemlich das gleiche Wetterspektrum erlebten. Auguin und Bullimore hätten ebensogut nur zehn Meilen auseinander liegen können, während sie im rauhen, stürmischen Takt der Brüllenden Vierziger und Tobenden Fünfziger voranrollten. Jeder hatte mit denselben Schwierigkeiten zu kämpfen: Beinahe-Kenterungen, haarsträubendes Surfen auf den weißschäumenden, wasserfallartigen Wellenfronten, bitterkalte Luft- und Wassertemperaturen, lauerndes Eis und ewiger Lärm - die nahezu leeren Rümpfe wirkten wie ideale Resonanzkörper, die jedes Krachen und Knallen übertrugen und verstärkten.

In den Sommermonaten besserte sich das normalerweise abscheuliche Wetter in den hohen Südbreiten gelegentlich, aber selbst dann war es nach allen gängigen Maßstäben der Seefahrt sehr übel. Laurent erwähnte mir gegenüber ohne Ironie, daß er zwischen Australien und Kap Horn an einem Tag etwas an seinem Boot habe reparieren können, weil das Wetter ganz gut gewesen sei. Als ich fragte, was er damit meine, erwiderte er, daß der Wind auf 30 bis 35 Knoten und der Seegang auf weniger als siebeneinhalb Meter zurückgegangen sei.

Für mich und die meisten anderen Segler ist das grobes, bedrohliches Wetter. Selbst wenn das Wetter „gut" oder sogar gut im normalen Wortsinn ist - ab und zu flaut der Wind im Südsommer tatsächlich ab -, weiß der Segler, daß das nicht lange anhalten wird. Auf Prügel zu warten, kann fast so schlimm sein wie die Schläge selbst.

„Man weiß, daß es passieren wird," erzählte Knox-Johnston von seinem fünfmonatigen Einhandmarathon im Südozean während des Golden Globe-Rennens. (Er war 313 Tage ununterbrochen auf See.) „Selbst an ruhigen Tagen weiß man, daß es einen in wenigen Tagen wieder erwischt. Man ist dort ständig bedroht - eine elende, gemeine, bösartige Gegend." Der Einhandsegler ist allein, wenn er auf den Ansturm wartet.

8

Ein Schauspiel für die Götter

Ich wage alles, was dem Menschen ziemt;
wer mehr wagt, der ist keiner.
WILLIAM SHAKESPEARE
Macbeth

Uns interessiert der gefährliche Grenzbereich der Dinge.
ROBERT BROWNING
„Bishop Blougram's Apology"

Die Attacke ließ nicht lange auf sich warten. Bislang hatten einige Teilnehmer aufgegeben, waren Kollisionen vorgekommen, Boote überrollt worden - die für jedes Vendée Globe- oder BOC-Rennen normale Quote an Schwierigkeiten. Nur noch zehn Yachten waren offiziell im Rennen. Weihnachten aber, siebeneinhalb Wochen nach dem Start, gab es einen plötzlichen Umschwung. Die katastrophalen Ereignisse der folgenden beiden Wochen verwandelten die rauhe, aber nicht außergewöhnliche Wettfahrt so grundlegend, daß die Regatta mutiert zu sein schien wie ein Lebewesen, aus dem eine neue Art geworden war, in der Gestalt noch erkennbar, aber mit neuartigem, erschreckenden Verhalten. Das Regattafeld strauchelte, und die EPIRB-Funkbojen wurden eine nach der anderen aktiviert.

Man denke an den 25. Dezember, als Dinellis Boot bei Windstärke 11 in den riesigen Seen eines unerwarteten Tiefs mit geringem Isobarenabstand kenterte. Als der Mast ein Loch in das Deck der Yacht schlug und die ALGIMOUSS voll Wasser lief. Als das Boot sich dann ganz langsam wieder aufrichtete und Dinelli sich auf dem überspülten Deck, meist im Wasser, festzurrte und sein Leben auf der Kippe stand.

Jetzt würden sich die zerbrechlichen Bande des Beistands zwischen den Seglern im stürmischen Süden bis zum Zerreißen spannen. Würden sie halten?

Dinellis EPIRB-Signale wurden rasch von einem Satelliten aufgefangen, die Kennung festgestellt und an die Wettfahrtleitung durchgegeben. Philippe Jeantot versuchte in aller Eile, eine Rettungsaktion auf die Beine zu stellen. Patrick de Radiguès war nur 60 Meilen von Dinelli entfernt, stand also am nächsten und, höchst wichtig, in Luv des Havaristen. Selbst bei diesem äußerst groben Wetter hatte er gute Chancen, seine hohe Fahrt laufende Yacht AFIBEL vor dem Wind zu Dinellis Position bringen zu können. Aber bei de Radiguès herrschte Funkstille. Die Elektrikprobleme, mit denen er sich während des gesamten Rennens herumschlagen mußte, hatten zur Folge, daß weder sein Funkgerät noch sein Faxgerät funktionierte. Jeantot versuchte ihn zwei oder drei Stunden lang zu erreichen, jedoch erfolglos.

Sonst kam nur noch Pete Goss in Frage. Goss war so nahe - etwa 160 Meilen in Lee von Dinelli -, daß er einen ähnlich schnellen Ausbruch und eine ähnlich heftige Entwicklung desselben Sturms erlebt hatte. Weihnachten hatte wahrhaft gesegnet angefangen - hell und sonnig und mit angenehmem Nordwind von 20 Knoten. Goss aber wußte, daß es nicht dabei bleiben würde. Sonne und leichter Wind waren an sich schon ungewöhnlich. Auch hatte er Chabauds Warnung vor dem mäßigen Tiefdruckgebiet gehört, durch das sie gerade segelte und das ihn und Dinelli noch am selben Tag einholen würde. Goss hatte bei diesem Tief aber das ungute Gefühl, daß es schlimmer würde, als Chabaud gemeint hatte; es war eine Ahnung von drohendem Unheil, wie er später sagte.

Und das war kein Wunder. Der Luftdruck war innerhalb von 24 Stunden um 46 Millibar — Millibar und die neuere Einheit Hectopascal (hPa) sind zahlengleich — gefallen, zum größten Teil in den letzten zwölf Stunden des Tages. Das war ein sehr steiler Luftdruckabfall, und kein Segler hätte bezweifeln können, daß sich etwas Großes, Bedrohliches zusammenbraute. Wetterfaxe und Seegangswarnungen mit ihren klaren farbigen Satellitenbildern und genaue Vorhersagen waren schön und gut, aber in den hohen Südbreiten wenig verläßlich. Wetterfaxmeldungen waren eine Sache von Angebot und Nachfrage. Niemand fuhr in dieses Seegebiet, wozu also Mittel verschwenden, um das dortige Wetter vorherzusagen? Sowohl die Bilder als auch die Vorhersagen umfaßten weite Räume. Der Segler konnte nie sicher sein, was zu irgendeinem gegebenen Zeitpunkt auf einer bestimmten Quadratmeile des Meeresgebietes geschehen würde. Das Barometer, dieser alte Herold von Wetteränderungen (1643 von dem Italiener Torricelli, einem frühen Naturwissenschaftler, geschaffen), konnte einem manchmal mehr darüber sagen, welches Unheil bevorstand, als neuzeitliche Instrumente.

„At sea with low and falling glas,/Soundly sleeps the careless ass." (Auf Deutsch etwa: Nur ein unbekümmerter Esel schläft auf See bei tiefem Barometer, das weiter fällt.)

Ein Absacken des Luftdrucks besagte für sich genommen noch nicht, wo das Zentrum des Tiefs lag oder was sonst im Anzug war. Aber mit Sicherheit konnte es ganz allgemein ankündigen, daß etwas Übles bevorstand und wie heftig es wahrscheinlich würde. Man wußte, welcher Mist bevorstand, und daß man mittendrin saß. Ein rasch fallendes Barometer glich dem langgezogenen Heulen einer Granate beim Anflug auf die Stellung eines Soldaten. Leid und Schmerz waren unausweichlich.

Goss hatte Recht mit seinen Vorahnungen. Aufgrund der Position seiner AQUA QUORUM im Verhältnis zum Zentrum des intensiven Tiefs sprang der Wind fast augenblicklich auf Südwest um. Innerhalb von drei Stunden, während die dicht gedrängten Luftmassen des Tiefs über Goss hinwegfegten, stieg die Windgeschwindigkeit wie im Fahrstuhl an, erst auf 40, dann auf 50, schließlich bis etwa 60 Knoten. Das Wetter verschlechterte sich so rapide, daß der Skipper fast die ganze Zeit damit beschäftigt war, die Segelfläche zu verkleinern, und damit kaum nachkam. Dann surfte das Boot im kreischenden Wind mit rauschenden 28 Knoten vor Topp und Takel dahin - ohne Segel, nur durch den Winddruck auf Mast und Takelage getrieben.

Mit zunehmendem Sturm wurde die Lage für Goss bedrohlich. Das Rennen trat für ihn in den Hintergrund, denn beim Kampf mit den immer gefährlicheren Seen ging es für ihn inzwischen ums Überleben. Der Seegang entwickelte sich wie bei allen Tiefs des Südozeans nach einem klassischen Muster: Über die nördlichen Wellenformationen, die der Sturm schon bei seiner Annäherung erzeugt hatte, legte sich ein südwestlicher Seegang, der nach der schnellen Winddrehung entstanden war. Das Ergebnis waren wahrhaft hinterhältige Brecher. Die Yacht wurde dreimal auf die Seite geworfen und trug erste Schäden davon. „Es war wirklich verdammt haarig. Ein paarmal bin ich fast über Kopf gegangen, und eine Menge Wasser kam überall hin."

Mitten in diesem Schlachtfeld piepte der Computer, und Goss bemerkte, daß irgendwo ein Notruf aufgefangen worden war, war aber zu beschäftigt, um die Position festzustellen. Er erkannte nicht, daß es Dinellis Notfunkboje war. Weil der Franzose sich verspätet zum Rennen gemeldet hatte, sagte Dinellis Bootsname Goss nichts. Er war es gewohnt, im Umgang mit den anderen Skippern nur die Vornamen zu benutzen. Das Notsignal hätte von irgendwo vor der australischen Küste kommen können. Er kam einfach nicht darauf, daß es von einem der anderen Wettfahrtteilnehmer stammen könnte. Während einer kurzen Atempause begann er in dem Durcheinander seiner Kajüte nach einer Karte zu suchen, um nachzusehen, woher der Notruf war. Genau in diesem Moment piepte sein Computer erneut. Es war Jeantot, der ihm mitteilte, daß das Mayday von Dinelli kam.

Jeantot berichtete: „Ich fragte Pete, wie er klarkomme, denn ich wußte, daß er vor Topp und Takel lenzte und sehr, sehr schweres Wetter hatte. Und ich fragte ihn, ob er es für möglich halte, umzukehren, um Dinelli zu helfen."

Goss faxte umgehend zurück, um Jeantot mitzuteilen, daß er Schwierigkeiten habe, daß sein Schiff flachgelegt worden und die Lage etwas heikel sei. Er verlangte weitere Informationen und fragte Jeantot, wie es mit de Radiguès sei. Goss kannte den Schiffsort des Belgiers und wußte, daß er nur drei Stunden in Luv von Dinelli stand. Er wußte auch, daß es bei diesem Sturm äußerst gefährlich sein würde, 160 Meilen weit aufzukreuzen. Er würde es eventuell nicht überleben.

Aber gleich nachdem er das Fax abgeschickt hatte, dachte er: „Also, ich muß auf jeden Fall zurücksegeln." Es war egal, mit welchen Informationen Jeantot antworten würde.

„Viele Leute haben mich über den Entschluß zum Umkehren befragt," sagte er. „Aber es war ganz einfach. Man tut das eben, wenn jemand in Schwierigkeiten steckt. Ich meine, daß die Tradition der See die Entscheidung diktiert hat. Nach dem Entschluß und beim Nachdenken darüber habe ich mich mit seinen möglichen Folgen abgefunden. Also, da setzt man sich 30 Sekunden hin und denkt an seine Familie und das alles. Im Endeffekt ist die Sache für mich aber ganz einfach: Entweder man steht zu seiner Moral und seinen Grundsätzen oder nicht." Goss beugte sich dem ungeschriebenen Gesetz der See, der wichtigsten Richtschnur des Seefahrers: Jedem, der auf See um Hilfe ruft, ist Beistand zu leisten. Das gilt selbst dann, wenn es eine Menge Geld kostet, etwa bei Supertankern oder großen Frachtern, die tagelange Umwege fahren und Hunderttausende von Dollars an zusätzlichen Betriebskosten oder Vertragsstrafen für verspätete Ankunft auf sich nehmen, um einen einzigen Segler zu suchen, der auf einer kleinen Yacht in Schwierigkeiten ist. Sei es auch, daß der Helfer sein eigenes Leben aufs Spiel setzt.

Nach Aussage von Jeantot erklärte Goss ihm dann einfach: „Ich habe keine Wahl. Ich mache es."

Goss kroch hinaus in die Plicht der AQUA QUORUM und setzte bei einem Orkan von ungefähr 70 Knoten Windgeschwindigkeit und gewaltigem, durcheinanderlaufenden Seegang eine winzige Sturmfock. Er brauchte ein wenig Segelfläche, um überhaupt eine Chance zu haben, gegen den Wind zurückkreuzen zu können. Das Segelsetzen war ohnehin nur möglich, weil der scheinbare Wind bei der Fahrt des Bootes nur etwa 50 Knoten stark war (Stärke 10 nach Beaufort, schwerer Sturm). Weil so viel Gischt und Schaum durch die Luft flog, konnte Goss Himmel und Meer nicht auseinanderhalten. Die Bewegungen des Schiffs waren äußerst gefährlich - heftig, schnell und unberechenbar. Und die Angst, die nur ein Wahnsinniger nicht gespürt hätte, war allgegenwärtig. Gegen diesen Sturm anzugehen, das konnte die Yacht derartigen Belastungen unterwerfen, für die kein Konstrukteur der Welt einen Rumpf auslegen würde, ganz zu schweigen von dem empfindlicheren Mast und dem stehenden Gut, das ihn hielt. Es war durchaus möglich - wahrscheinlich wäre der treffendere Ausdruck -, daß die AQUA QUORUM die Mißhandlungen nicht überstehen würde, denen Goss sie bald aussetzen sollte.

Es war soweit. Wenn es für einen Menschen irgendwann im Leben einen Moment gibt, in dem alles auf Messers Schneide steht, der Tod so wahrscheinlich wie das Leben oder noch wahrscheinlicher ist, dann war dieser Augenblick für Pete Goss jetzt gekommen. Und es würde ein sehr langer Augenblick werden - zwei Tage oder länger würde Goss brauchen, um zu Dinellis Position zurückzusegeln, falls er sie überhaupt erreichen sollte. Das Leben, das er einsetzte, würde lange auf dem Spiel stehen.

Er legte das Ruder und drehte sein Boot gegen Wind und See. Der scheinbare Wind nahm sofort um die 25 Knoten zu, mit denen das Boot vor dem Wind gelaufen war, so daß Goss die volle Gewalt des Orkans zu spüren bekam, gegen den er anging. Der Sturm warf die

AQUA QUORUM augenblicklich auf die Seite und hielt sie in dieser Lage, flach auf der Seite, Mastspitze waagerecht über den Wellen und Seereling unter Wasser, eisern fest. Goss dachte: Mist, können wir bei diesem Wetter überhaupt etwas ausrichten?

Zwar war er bereit, sein Leben einzusetzen, aber etwa eine Minute lang sah es so aus, als ob der Sturm es einfach nicht zuließ. Vielleicht würde es sich als unmöglich erweisen, das Boot Richtung Dinelli voranzutreiben. Als der Wind dann ganz leicht nachließ, kam der Mast hoch. Ganz langsam und widerstrebend hob er sich aus dem Wasser, und das Schiff begann gegen den Wind voranzukommen. Goss stellte fest, daß er mit fünf oder sechs Knoten ungefähr 80° am Wind segeln konnte. Man erinnere sich, wie es dabei aussieht: Die fünf- oder sechsstöckigen Häuser, manche noch höher, die überkippenden Wellenkämme, so hoch wie zwei Stockwerke, in denen Tonnen von Wasser wie Lawinen mit 50 Stundenkilometern voranschießen, der Wind, der in den Wellentälern im Windschatten der Wellenberge abflaut, wodurch das Boot Fahrt und Ruderwirkung verliert, der lange, steile Anstieg zum Wellenkamm, wobei der Wind zunimmt, je höher das Boot klettert, bis die volle Gewalt des Windes auf dem Kamm das Schiff schneller und schneller den über 15 Meter hohen Wellenhang hinabjagt.

Gegen den Wind mußte Goss die Augen schließen, und das Atmen fiel schwer. Der Krach war buchstäblich ohrenbetäubend und ließ nie nach. Der Wind, der durch das Rigg kreischte, die Brecher, die aberwitzige Fahrt des Bootes durchs Wasser, das erreichte zusammen Dezibelwerte wie in der Nähe einer Düsenmaschine. Und weil das Boot gegen den Sturm ankreuzte, statt vor dem Sturm abzulaufen, wie sonst üblich, erhöhte sich der scheinbare Wind noch um die bescheidenen fünf Knoten Vorausfahrt der Yacht. In Böen lag die Windstärke voll im Orkanbereich, und die AQUA QUORUM wie ihr Skipper spürten jeden Knoten Wind einzeln.

Während seine Yacht rüttelnd, schüttelnd und krachend langsam vorankam und eine berghohe See nach der anderen erkletterte, fragte Goss sich immer wieder, ob das Schiff halten würde. Bei keinem Boot, erst recht bei keinem spezialisierten Vendée Globe-Renner, konnte man sich darauf verlassen, daß es die buchstäblich erschütternden Beanspruchungen aushielt, denen all seine Teile durch die heftigen Bewegungen ausgesetzt waren. Andere Boote hatten schon bei weniger schwerem Wetter auseinanderzufallen begonnen.

Tatsächlich war nicht einmal der Konstrukteur der AQUA QUORUM sicher, daß das Boot heil bleiben würde. Als Adrian Thompson und seine Partner hörten, was Goss vorhatte, waren sie sehr besorgt. „Um ehrlich zu sein," sagte Thompson, „wir saßen äußerst nervös und gestreßt im Konstruktionsbüro."

Keine ihrer Berechnungen der Rumpfbelastungen war das Ergebnis exakter Naturwissenschaft gewesen. Während das Boot dem stürmischen Toben des Südozeans ausgesetzt war, konnten die Konstrukteure nur hoffen, daß sie bei der Festlegung von Bauweise und Materialstärken auf der sicheren Seite gewesen waren. Dies war die härteste Erprobung, die man sich vorstellen konnte, aber, wie sie hofften, keine zerstörende Werkstoffprüfung.

Mit seiner tief verwurzelten soldatischen Einstellung zu Gefahren zerlegte Goss seinen Rettungseinsatz gedanklich in eine Reihe einzelner Abschnitte. Phase eins bestand darin, den Sturm zu überleben. Dann würden sich die Rettungsphasen anschließen. Es war eine böse Nacht. Das Schiff wurde alle halbe Stunde auf die Seite geworfen. Dabei gab es viele Schäden, überall flog Ausrüstung herum. Einmal wurde der Skipper quer durch die Kajüte geschleudert und landete unsanft auf dem Ellenbogen, der sich schon zu Beginn des Rennens entzündet hatte. Trotz Selbstbehandlung mit Antibiotika hatte diese Entzündung ihn ständig geplagt. Die Mißhandlung des Ellenbogens in jener Nacht setzte eine Kette von Komplikationen in Gang, die Goss später auf andere Weise schwer prüfen sollten. Inzwischen wurde er so herumgeworfen, daß er eine Zeitlang in seine Koje kriechen und sich dort festbinden mußte.

Am nächsten Tag war zum Glück der schlimmste Teil des Tiefs vorübergezogen. Die Abreibung war kürzer gewesen als sonst, weil das Schiff ausnahmsweise der Sturmbahn entgegenlief, statt vor dem Wind zu laufen, so daß das Tief entgegengesetzt zum Kurs der Yacht rasch durchzog. Der Wind flaute auf 45 Knoten ab. Goss kam es vor wie ein ruhiger Tag; kaum zu glauben, woran man sich gewöhnen kann, dachte er. Er begann Schäden am Großsegel und anderen Ausrüstungsteilen zu beheben. Das wasserdicht abgeschottete Achterschiff stand voll Wasser, und er schöpfte es aus.

Pete Goss hatte keine Ahnung, ob der französische Segler noch am Leben war. Aber er war sicher, daß Dinellis „Uhr tickte" und daß es bei seiner Rettung auf Zeit ankam. Über Jeantot, der selbst einen Tag und eine Nacht ohne Schlaf hinter sich hatte, erhielt Goss stündliche Satellitenwetterberichte von Météo France. Ein weiteres Tief war im Anmarsch. Bei Anbruch der Nacht hörte Goss schließlich von der australischen Luftwaffe. Sie war routinemäßig ebenfalls von Dinellis Notsignal benachrichtigt worden, und eines ihrer Flugzeuge, das dabei an der äußersten Grenze seiner Reichweite operierte, war im Funkzielflug auf Dinellis EPIRB-Signale zugeflogen und hatte ihn gefunden. Er lebte, so berichteten die Australier Goss, und hatte es geschafft, in eine der beiden Rettungsinseln zu gelangen, die sie ihm abgeworfen hatten, eben bevor sein Boot sank. (Die erste Rettungsinsel war fortgeweht worden.)

Dinelli sagte, daß er sich nicht gefürchtet habe, als er qualvoll mit erfrorenen Füßen angeleint an Deck seines kaum auszumachenden, sinkenden Bootes stand und eiskalte Wellen über ihn hinwegschlugen.

„Ich glaube, das hat nichts mit Heldentum zu tun. Ich meine, wenn der Mensch einer Extremsituation gegenübersteht, büßt er all seine Fähigkeiten ein, wenn er in Angst gerät. In dieser Lage mußte ich es 36 Stunden ohne Essen und Trinken aushalten. Am Ende waren meine Augen von Sonne, Salzwasser und Wind verbrannt, und meine Füße waren dabei zu erfrieren; ich spürte sie nicht mehr."

Er hoffte, daß die Australier oder de Radiguès oder vielleicht Goss ihn erreichen würden, bevor sein Boot sank. Doch er wußte, daß es knapp würde. Das australische Flugzeug hatte ihn eine Stunde vor Dunkelwerden gefunden. Zehn Minuten nachdem er sich in die Rettungsinsel gerollt hatte, war seine Yacht gesunken.

„Ich wußte, daß mir bis zur Dunkelheit nur noch eine Stunde blieb, und daß es das Ende wäre, wenn das Flugzeug nicht auftauchte. Dann würde ich sterben. Zwischen Leben und Tod lag eine Stunde. Ich kannte die Grenzen."

So, wie Dinelli fror, wußte er, daß er nicht bis zur Ankunft eines Schiffs überleben würde. Alle Beteiligten der Rettungsaktion wußten das. Es war kein Schiff zu ihm geschickt worden. Goss war Dinellis einzige Hoffnung - sein Fährmann vom Tod zum Leben.

Goss brauchte den restlichen Tag und die Hälfte der Nacht, bis er um Mitternacht Dinellis ungefähre Mayday-Position erreichte. Schließlich kreuzte er noch immer gegen einen ausgewachsenen Sturm (Windstärke 9) und gegen den hohen Seegang an, den das Sturmtief zurückgelassen hatte. Den Rest der Nacht suchte er nach Dinellis Rettungsinsel, aber die Koordinaten der Mayday-Position änderten sich laufend alle zwei Stunden um etwa eine Viertelmeile. In gewohnter Wildheit hatte der Südozean die vorhergesagte Front über das Seegebiet geschleudert, und bei den schlechter werdenden Wetterverhältnissen hätte eine Viertelmeile ebensogut hundert Meilen sein können. Es regnete heftig, die Sicht war schlecht. Jedesmal, wenn Goss ein Gebiet so gut wie möglich abgesucht hatte, erhielt er wieder eine andere Position. Dann suchte er das neue Gebiet ab und wieder ein anderes. Immer verzweifelter jagte er auf der Suche nach der winzigen Rettungsinsel von nicht einmal zweieinhalb Metern Durchmesser durch die großen Wellenberge und -täler.

Tatsächlich hätte Goss Dinellis Rettungsfloß auch nicht allein gefunden. Einmal muß er nur wenige hundert Meter daran vorbeigekommen sein, aber ohne etwas zu sehen. Er konnte sich kurz umschauen, wenn seine Yacht auf einem Wellenkamm lag, sonst aber sah er nur die Wasserwände um sich herum. Er war erschöpft, hatte mehr als zwei Tage nicht geschlafen, und beim Aufkreuzen gegen den Sturm hatte er blaue Flecken und Verletzungen davongetragen. Es hatte ihn auch die letzte Nervenkraft gekostet. Er hatte kaum etwas gegessen und wenig getrunken. In den 36 Stunden, die er gebraucht hatte, um in Dinellis Nähe zu gelangen, hatte er schätzungsweise drei bis dreieinhalb Kilo Gewicht verloren.

Am nächsten Morgen kam die Maschine der australischen Luftwaffe wieder. Aus der Höhe fanden die Flieger Dinellis winzige Rettungsinsel und warfen Rauchpatronen ab, um die Position zu kennzeichnen. Selbst diese Signale konnte Goss inmitten der hohen Seen bei fliegender Gischt nicht ausmachen. Schließlich überflog die Maschine Dinelli und schaltete dabei die Landescheinwerfer an. Goss sah die Lichter und nahm eine Kompaßpeilung. Er stand ungefähr drei Meilen von der Rettungsinsel entfernt. Er hielt es für durchaus möglich, daß Dinelli schwer verletzt oder in der Nacht an Unterkühlung gestorben war. Er fragte sich, ob er ihn als Leiche aus der Rettungsinsel ziehen müsse, und überlegte gerade, was er der Familie des französischen Seglers sagen würde, als das australische Flugzeug ihm über Funk

Pete Goss zieht Raphaël Dinelli an Bord der AQUA QUORUM.

durchgab: Dinelli hatte ihnen zugewinkt. Er lebte noch.

Als Dinelli Goss' Yacht sah, dachte er zuerst, daß es de Radiguès sein müsse. Er hatte es kaum für möglich gehalten, daß Goss es schaffen würde, zurückzukommen, um ihn zu retten. Die Übernahme des Schiffbrüchigen lief wie am Schnürchen – eiskalt und schulmäßig, wie Goss sagte. Er kreuzte auf einen Punkt in Luv der Rettungsinsel, fiel dann ab und lief vor dem Wind auf sie zu. Zwei Bootslängen entfernt drehte er wieder in den Wind, holte seine kleine Sturmfock back und ließ sich an die Rettungsinsel herantreiben. Die Yacht rollte dabei gewaltig, machte aber ein wenig Lee für die Rettungsinsel, was das Übersteigen erleichterte. So angeschlagen Dinelli war, kam er doch mit der Grandezza des Profis an Bord. Erst gab er Goss seine Seenotfunkbojen, damit sie nicht weiter Mayday funkten. Dann reichte Dinelli dem erstaunten Goss eine Flasche Champagner - eine Geste, wie sie nicht französischer sein konnte. Er hatte es fertiggebracht, die Flasche die ganze Zeit in einer Tasche seines Überlebensanzugs bei sich zu behalten. Goss zog ihn an Bord.

Dinellis Kaltblütigkeit verbarg seinen schrecklichen Zustand.

„Ich bekam ihn an Bord," sagte Goss, „das Schiff schlingerte enorm, und ich dachte: Also gut, ich lasse ihn erst einmal da, es geht ihm soweit gut, dann hole ich die Sturmfock über und bringe das Boot vor den Wind, um Fahrt aufzunehmen. Dann kann ich wieder zu ihm kommen."

Als Goss Dinelli jedoch losließ, fiel der Franzose flach aufs Gesicht und brach sich dabei fast das Nasenbein. Er war steif wie ein Brett und konnte sich kaum selbst bewegen. Da wurde Goss klar, wie weit es mit Dinelli schon war. Er drehte ihn auf den Rücken. „Man sah nur seine Augen," sagte Goss. „Und es war einfach ... , das Gefühl, das dieses Augenpaar ausdrückte, war einfach unglaublich, wirklich. Er versuchte ‚Danke, danke' zu sagen. Er konnte nicht richtig sprechen. Er war sehr ausgekühlt."

Dann umarmten sich die beiden Männer.

Während Goss mir das in Southampton erzählte, pausierte er einige Sekunden und starrte dabei aus der Luke der AQUA QUORUM auf die geteerte, seepockenverkrustete Hafenanlage. Der Augenblick der Rettung, als Goss Dinelli das Leben zurückgab, erzeugte sechs Monate später noch immer starke Gefühle.

Goss schleifte Dinelli in den Schutz der Cockpitspritzkappe und setzte ihn dort auf einen kleinen Sitz. Dann schotete er die Fock um und ließ den Autopiloten das Schiff vor dem Wind steuern. Dinelli war so steif, daß Goss Mühe hatte, die Arme und Beine des Geretteten zu biegen, um ihn durch das enge Niedergangsluk in die Kajüte zu bugsieren. Er zog Dinelli den durchnäßten Überlebensanzug aus, zog ihm seinen eigenen Thermoanzug über und stopfte ihn dann in seinen Schlafsack. Er rief das australische Flugzeug über Funk an und bat die Flieger, Dinellis Familie mitzuteilen, daß er überleben würde und daß er, Goss, die Lage im Griff hätte. Die Luftretter konnten ohnehin nicht viel tun.

„Ich habe Raphaël an Bord," meldete Goss. „Er ist durchgefroren und glücklich. Er ist unverletzt. Ich habe ihm gerade eine Tasse Tee gegeben. Ich habe all seine ARGOS-Geräte an Bord. Tschüs."

Goss erwiderte Dinellis Champagnergeschenk mit seiner heute

berühmten englischen Tasse Tee - ein Austausch von Nationalklischees. Genauer gesagt war es eine Fahrradtrinkflasche mit warmem, stark gezuckertem Tee, den Dinelli aus dem Mundstück saugen konnte. Es kam darauf an, daß die Kerntemperatur seines Körpers wieder anstieg.

„Und dann - ich war total geschafft," sagte Goss. „Ach, völlig hinüber, und dachte: Prima, ich brauche eine Stunde Schlaf, dann geht es weiter." Aber Dinelli war durch sein eigenes, im tiefsten Inneren unerwartetes Überleben im Adrenalinrausch. Er wollte einfach nicht den Mund halten.

„Er quasselte wie ein Buch," erzählte Goss.

„Armer Pete," sagte Dinelli. „Er mußte sich den ganzen Tag um mich kümmern, und dann hielt ich ihn mit meinem Gerede die ganze Nacht wach."

Goss sprach kein Französisch, Dinelli konnte aber eine Art Pidgin-Englisch, und weil er sehr aufgeweckt war, machte er schnelle Fortschritte. Die beiden Männer verständigten sich mit Zeichnungen und Gebärden. Gegen Ende der zehn Segeltage nach Hobart in Tasmanien, wo Goss Dinelli absetzen wollte, führten die beiden tiefschürfende Gespräche.

Dinelli hatte kein Gefühl in Händen und Füßen, und von den erfrorenen Gliedmaßen schälten sich lange Hautstreifen ab. Fünf Tage lang war er ein hilfloser Krüppel. Goss mußte ihn auf den Toiletteneimer setzen und ihn dort festhalten. Er mußte ihn alle vier Stunden füttern, gab ihm muskelentspannende und schmerzstillende Medikamente. Als sie in Hobart ankamen, war der zähe Dinelli, wenn auch wackelig, wieder auf den Beinen. Er würde wieder völlig gesund werden.

Für Goss und Dinelli begann damit eine schöne Freundschaft. Es war seltsam, wie Goss sagte. Man bricht auf, um allein um die Welt zu segeln, und kommt mit einem besonderes guten Freund zurück. Mehr Glück konnte wirklich niemand haben.

„Ich meine, er könnte doch auch ein Arschloch gewesen sein, oder? Aber er ist ein großartiger Kumpel. Nach dem Rennen wären wir wohl gute Freunde geworden, aber so etwas ist eine ganz tiefe Erfahrung, die etwas von einem Katalysator hat. Wir sind jetzt wie Brüder. Wir werden für den Rest unseres Lebens Freunde bleiben." Im August 1997 war Goss Dinellis Trauzeuge. Im Oktober desselben Jahres segelten sie zusammen ein Transatlantikrennen für Zweier-Crews.

Philippe Jeantot hat selbst schon etliche Runden um den Globus gedreht. Er gehört zu der bemerkenswerten zweiten Generation französischer Rennsegler, die von Moitessier und Tabarly inspiriert wurden, und er selbst wiederum regt die dritte Generation an, Menschen wie Chabaud oder Dinelli. Er hat an mehreren BOC-Regatten teilgenommen und zwei davon gewonnen. Angespornt durch das abenteuerliche Golden Globe-Rennen von 1968, das ohne Aufenthalt und ohne Hilfe von außen gesegelt wurde, schuf er das Vendée Globe. An den ersten beiden Rennen nahm er auch selbst teil. Er hatte schon eine ganze Menge Beherztheit erlebt und auch selbst bewiesen. Dinellis Rettung hielt er für ein Wunder.

Über Goss' Entschluß fügte er hinzu: „Ich kann Ihnen sagen, daß er sehr, sehr, sehr schlechtes Wetter hatte und es ungeheuer mutig von ihm war, gegen den Wind zurückzusegeln. Er lief unter bloßen Masten vor dem Wind, und da bat ich ihn, unter kleinen Segeln zurückzukreuzen. Er ist ein sehr, sehr tapferer Mann." Nicht jeder Wettfahrtteilnehmer hätte das geschafft, was Goss geleistet hatte, deutete Jeantot unausgesprochen an. Jeantot kannte die stürmischen Südbreiten. Er war selbst dort gewesen und konnte sich ohne weiteres vorstellen, wie es Goss ergangen war.

Jeantot unterstrich seine Bewunderung, indem er die französische Regierung bat, dem englischen Segler den Orden der Ehrenlegion zu verleihen. Staatspräsident Jaques Chirac heftete ihm den Orden wenige Monate nach dem Ende der Wettfahrt an die Brust. Der englische Segler trug jetzt genau wie Eric Tabarly die höchste zivile Auszeichnung Frankreichs.

Die Berufssegler, die am Vendée Globe teilnehmen, versuchen die Gefahren des Südozeans und andere Risiken der Wettfahrt durch Vorbereitung und Erfahrung zu begrenzen. Erfahrung bedeutet die Vervollkommnung des Könnens, wenn die Skipper unterschiedlichste Bedingungen erleben und bewältigen, aber auch eine Art Selbstauslese. Die meisten von ihnen gehören zu der Art von Menschen, die, wie sie es selbst nach und nach feststellen, die Belastungen ertragen können, die sich aus diesen Gefahren ergeben. Aufgrund ihrer Leistungen und ihrer psychischen Belastbarkeit können diese Segler davon ausgehen, daß sie die mit dieser Regatta unumgänglich verbundenen Gefahren meistern können. Aber diese Zuversicht hat ihre Grenzen. Je besser ein Segler die See kennt, desto eher erwartet er, daß er mit schwerem Wetter oder anderen Risiken fertig wird und sie überlebt. Die Erfahrung lehrt aber auch, daß das Verhängnis unvorhersehbar, unausweichlich und immer möglich ist. Desaster oder Tod können jederzeit launisch und unberechenbar zuschlagen - die Welle, die es auf dich abgesehen hat, der Eishümpel, der für dich bestimmt ist, Treibgut, das die See unsicher macht, oder das letzte Stolpern deines Lebens.

In Wirklichkeit können selbst sehr erfahrene Einhandsegler auf bestens konstruierten, gebauten und vorbereiteten Booten dem Ozean nicht seinen Tribut verweigern, wenn der Zufall und rohe Gewalt ihn gemeinsam fordern. Ich glaubte, daß meine Frau und ich die Jungferninseln auf unserer 31-Fuß-Yacht nur dank der großmütigen Gnade des Meeres erreicht hatten, womit ich die Gefahren jenes Seegebietes beträchtlich überschätzte. Im Südozean aber liegt man immer richtig, wenn man sagt: „Wir haben es noch einmal geschafft." Oft schafft der Einhandsegler es nicht, wie das Beispiel von Autissier, Bullimore, Dubois, Dinelli, Roufs und einer Menge anderer Segler bei früheren Wettfahrten zeigt. Der Sieger der ersten Nonstop-Regatta rund um die Welt, Knox-Johnston, kommentierte das manchmal aufkommende dumme Gerede und Geschreibe über Segler, die „das Meer bezwingen". „Das schafft nie jemand," sagte er dazu. „Die See weicht nie vom Schlachtfeld; man selbst muß es aber. Man mag heil davonkommen, aber niemals bezwingt man die See."

Abgesehen von dem erwähnten Mindestmaß an Glück trägt Erfahrung in der Regel dazu bei, daß man das Schlachtfeld unversehrt verläßt. Die meisten dieser Vendée Globe-Teilnehmer, die fast alle in den Dreißigern und Vierzigern waren, hatten Jahre auf See verbracht: Bullimore konnte 27 Atlantiküberquerungen und ein paar hunderttausend Seemeilen vorweisen, Goss eine ähnliche Strecke einschließlich einer Weltumsegelung „verkehrt herum" in den stürmischen Südbreiten, also von Ost nach West gegen die vorherrschenden Winde. Parlier konnte auf eine lange Reihe von Siegen zurückblicken: Er hatte sieben von acht zwischen 1985 und 1994 mitgemachten Einhandwettfahrten gewonnen und war in einem früheren Vendée Globe

Vierter geworden. Catherine Chabaud zählte nach den Maßstäben des Vendée Globe zu den weniger qualifizierten Seglern. Auch sie aber hatte den Atlantik achtmal überquert, davon zweimal allein, und an vier weiteren bedeutenden Hochseeregatten teilgenommen; selbst Raphaël Dinelli, mit 28 Jahren der jüngste Teilnehmer, hatte immerhin vier Langstrecken-Einhandwettfahrten und zwei Zweier-Transatlantikrennen sowie seinen abgekürzten Qualifikationstörn bewältigt. Dieser Werdegang schien eindrucksvoll genug, obwohl der französische Seglerverband sich entschieden weigerte, Dinellis Befähigung anzuerkennen. (Jetzt gab es allerdings den unausgesprochenen Verdacht, daß er vielleicht nicht gekentert wäre, wenn er mehr Erfahrung gehabt hätte, worum es dem Verband ging.) Die meisten anderen Skipper hatten Transatlantikrennen gesegelt, an den mörderischen Einhand-Langstreckenregatten teilgenommen, von denen es rund um den Nordatlantik etwa ein halbes Dutzend gab, und an einer früheren Vendée Globe- oder BOC-Wettfahrt oder mehreren. Das war weit mehr als die mindestens vorgeschriebene 2.000 Meilen lange Einhand-Qualifikationsfahrt ohne Unterbrechung auf dem freien Ozean, die die Wettfahrtregeln des Vendée Globe forderten. Es handelte sich hier zweifellos um die Hochseesegelelite mit einem Können und einer Erfahrung, die für den Durchschnittssegler kaum vorstellbar sind.

Roufs' Freund Philipp Ouhlen versuchte mir klarzumachen, auf welchem Niveau diese Menschen segelten. „Das sind Leute, die bei 30 Knoten Wind mit Spinnaker und ungerefftem Großsegel vor dem Wind segeln und auf sechs Meter hohen Wellen surfen. Und dabei halsen sie dann unter Spinnaker, und das bei dunkler Nacht und ganz allein!"

Der Spinnaker ist das große, leichte, bauchige Segel, das bei achterlichem Wind gefahren wird. Auf den Fotos in Hochglanzbildbänden über Yachten sind die Spinnaker die riesengroßen, bunten, fallschirmähnlichen Segel, die sich vor den Yachten blähen, wenn sie vor dem Wind segeln oder raumschots, d.h. mit dem Wind schräg von achtern. Bei Leichtwetter kann man den Spinnaker auch bei halbem Wind (Seitenwind) setzen, und ein entschlossener Regattasegler benutzt ihn vielleicht auch, wie Ouhlen es beschrieb, vor dem Wind noch bei verhältnismäßig grobem Wetter, obwohl es sich ursprünglich um ein Leichtwindsegel handelt.

In der Handhabung ist der Spinnaker das widerspenstigste und schwierigste Segel. Er wird oft an einem Spinnakerbaum gefahren, das ist eine ernstzunehmende Spiere (allgemeiner Ausdruck für Masten, Bäume und sonstige Stangen im Rigg), die bei falscher Handhabung einen ungeschickten oder unachtsamen Segler ernsthaft verletzen oder sogar töten kann. Statt einer einzigen Leine zur Bedienung hat der ausgebaumte Spinnaker vier davon: Schot und Achterholer, Toppnant und Niederholer. In normalen Regatten gehören zur Handhabung eines Spinnakers drei oder vier Besatzungsmitglieder. Auf vielen der Vendée Globe- oder BOC-Renner wenden die einsamen Segler ein einfacheres Verfahren an: Eine Ecke des dreieckigen Segels wird direkt am Bug des Bootes befestigt, um den schweren Spinnakerbaum mit seinen Bedienungsleinen einzusparen.

Die Halse gehört zu den schwierigsten und gefährlichsten Segelmanövern. Kontrolliert zu halsen ist bei hartem Wind und grober See besonders tückisch, vor allem, wenn dabei ein ausgebaumter Spinnaker steht. Der Baum muß von einer Ecke des windgeblähten Segels gelöst und an der anderen Ecke befestigt werden, während das Segel über dem Vordeck von einer Seite auf die andere gebracht (geschiftet) wird. Gleichzeitig muß das Großsegel mit dem schweren Baum, an dem es befestigt ist, in genau beherrschter Bewegung auf die andere Bootsseite gebracht werden. Der Segler muß den Kurs vorsichtig so ändern, daß der Wind die Segel auf die andere Bootsseite legt. Eine unbeabsichtigte oder unkontrollierte Halse kann bei starkem Wind die Takelage beschädigen oder sogar den Mast herausreißen, wenn der Baum ungebremst von einer Seite des Bootes auf die andere kracht (wie es Parlier beinahe passiert wäre). Der Großbaum kann einen Segler schwer verletzen oder töten, wenn er ihn trifft (ein häufiger Unfall auf Rennyachten), und der Spinnaker kann sich um Nu verheddern und zerfetzen. Der Einhandsegler muß den ganzen Vorgang peinlich genau planen - welche Leinen in welcher Reihenfolge befestigt und gelöst werden, wann er die 12 oder 15 Meter zurück in die Plicht rennen muß, um den Kurs zu ändern und die Großschot zu bedienen. Das Ganze sind um die zwanzig Einzelhandlungen. Das Halsen ist einfacher, wenn der Spinnaker ohne Baum gefahren wird. Der Segler kann dann einen Bergeschlauch, auch „Trompete" genannt, verwenden. Das ist eine am Kopf des Segels befestigte, schlauchartige Hülle. Wenn sie über das Segel heruntergezogen wird, rafft diese Hülle es wie eine Wurst zusammen. Beim Halsen wird der Spinnaker zunächst mit dem Schlauch zusammengezogen und erst wieder gesetzt, wenn die Yacht auf dem anderen Bug liegt. Mit oder ohne Spinnakerbaum kann aber jeder Fehler, jeder Handgriff in der falschen Reihenfolge, verhängnisvoll sein.

Wenn das alles im Dunkeln zu erledigen ist, stellt das ganze Manöver noch höhere Anforderungen. Vergleichbar ist die Prozedur mit der Landung eines Kampfflugzeugs an Deck eines Flugzeugträgers bei Nacht und schlechtem Wetter, mit einem Formel 1-Rennen bei Regen oder beim Bergsteigen mit der Bewältigung eines schwierigen Abschnitts in sehr großer Höhe (z.B. dem Hillary Step knapp unterhalb des Mount Everest-Gipfels). Eine Spinnakerhalse unter den Bedingungen, die Ouhlen beschreibt, ist die Raumfahrt des Segelns.

Ich habe den Spinnaker immer mit der Abneigung des Fahrtenseglers betrachtet. Es ist ein ungebärdiges, abscheuliches, schweißtreibendes Segel, das Unruhe bringt und ständige Aufmerksamkeit verlangt. Auf Rennyachten aber, auf denen ich mitgesegelt bin, habe ich mich widerwillig am Ringkampf mit dem Spinnaker beteiligt. Das reichte, um die Gewißheit zu erlangen, daß die Vendée Globe-Teilnehmer beim Spinnakersegeln zu einer ganz anderen Klasse gehören als ich. Eine Klasse, in die ich nicht aufsteigen möchte, ja nicht einmal könnte. Das ist ein Beispiel für den in jeder Sportart manchmal himmelweiten Unterschied zwischen dem Amateur und dem erfahrenen Profi.

Die Vendée Globe-Segler am Ende unseres Jahrtausends konnten Gefahr und Risiko auch mit raffinierter neuer Technik einschränken. Die verschiedenen elektronischen und über Satelliten verbundenen Kommunikationseinrichtungen, die jedes Boot an Bord hatte, ketteten die fernen Segler an das Netzwerk von Fax, E-Mail, Funk und Telefon, das in letzter Zeit aus der ganzen Welt eine vertraute, elektronisch flüsternde Gemeinschaft gemacht hat. Obwohl sie körperlich weit weg waren, blieben die Segler im stürmischen Süden mit der Heimat auf andere, nicht greifbare Weise eng verbunden. Die Verbindung konnte aber auch abreißen. Sie hing davon ab, daß empfindliche Mikrochips und Schaltkreise Nässe, Kälte und Erschütterungen aushielten und daß die ältere Technik, die dahinter stand (Generatoren, Verkabelung, Batterien) funktionsfähig blieb.

Auf den meisten der Yachten fiel irgendwann der eine oder andere Teil dieser verwickelten Systeme aus - bei Laurent das Radar, bei Goss und Chabaud das Funkgerät und bei de Radiguès das ganze Bordnetz. Im großen und ganzen jedoch funktionierte auf den meisten Booten ein ausreichender Teil der Nachrichtentechnik, so daß die Skipper die meiste Zeit über Funk sprechen, E-Mails versenden und Wetterfaxe empfangen konnten und die Verbindung nie ganz abriß. Und natürlich gab es noch die EPIRB-Funkbojen, mehrere auf jedem Boot. Jeder Teilnehmer hatte das Bewußtsein im Hinterkopf, daß die Außenwelt, wenn er im Ernstfall noch die Chance hätte, die Funkbojen zu aktivieren, zumindest wissen würde, wo er war. Je nach dem, wer oder was dann in der Nähe wäre, würde er (oder sie) eine Chance haben, zu kämpfen und lebend davonzukommen.

Wenn diese ganze Hochtechnologie auch ein Schutzschild gegen die Gefahr war, so konnte sie auch zum Schwert an der Kehle des Seglers werden. Weil die Skipper über diese Hilfsmittel verfügten, mit der Außenwelt in Verbindung bleiben und notfalls ihre Such- und Rettungsmöglichkeiten in Anspruch nehmen konnten, unternahmen sie Dinge, die sie ohne diese Technik an Bord nicht gewagt hätten. Der Tollkühne zieht einen weiten Bogen durch die höheren fünfziger Breiten, segelt dort mit hoher Fahrt durch Treibeis und verkürzt die Strecke nach Kap Horn - die in den verschiedenen BOC- und Vendée Globe-Regatten benutzte neue Taktik im Südozean. Es brauchte sich nur ein einziger Segler zu entschließen, nach Süden hinunterzugehen, um den Wettkampfgeist der übrigen anzustacheln. Wenn es einer tat, folgten ihm viele nach. Daß es das radikale Vendée Globe, ein Nonstop-Rennen ohne Unterstützung von außen überhaupt gab, nach fast 20 Jahren eine Art Neuauflage des Golden Globe von 1968 mit seiner untragbaren Rate von Abbrüchen und Verlusten, war wahrscheinlich weitgehend der Existenz von Seenotfunkbojen und des anderen neumodischen Zeugs zu verdanken. (1968 erreichte von neun Gestarteten nur einer das Ziel, sechs gaben auf, einer starb nach langem Absinken in den Wahnsinn, einer nahm sich später das Leben.)

Zumindest war die Intensität des Rennens, das darin einer kompromißlosen Dreiecksregatta in nichts nachstand, zum Teil eine Folge des durch die neue Nachrichten- und Rettungstechnik geschaffenen Sicherheitsnetzes, wie brüchig es in den hohen Südbreiten auch sein mochte.

Nicht nur Segler lassen sich durch die Technik zum Äußersten treiben. Wanderer in der Wildnis, Hochgebirgsskiläufer und Bergsteiger, sie alle verwenden EPIRB- und GPS-Geräte (global positioning system) sowie Mobiltelefone. Die weniger Geübten benutzen diese technischen Kinkerlitzchen als Ersatz für das Können und die Erfahrung, die nur aus jahrelanger Übung entstehen. Manchmal verdrängen die Geräte jede Vernunft: Ein Bergwanderer, der in den Rocky Mountains herumkletterte, hatte sich zwar nicht verlaufen, begann aber zu frieren und betätigte seinen Notsender, wodurch er eine ebenso kostspielige wie unnötige „Rettung" auslöste. Hochgebirgsskiläufer im Pulverschnee, die persönliche Notpeilsender bei sich hatten, sind in Lawinen umgekommen, weil sie an Stellen und in Wetterbedingungen Ski gelaufen sind, die sie ohne die Absicherung durch Notsender gemieden hätten. Eine trügerische Sicherheit. Die Retter wußten, wo die Opfer waren - die Peilsender arbeiteten -, konnten die Skiläufer aber nicht schnell genug erreichen und freischaufeln. Es war wie mit den EPIRB-Bojen einiger Segler im Südozean: Die Geräte funktionierten, bewirkten aber nur, daß die machtlosen oder verspäteten Retter mehr oder weniger genau wußten, wo der Segler war, als er starb.

In dem Buch „In eisige Höhen" beschreibt Jon Krakauer einen todgeweihten Bergsteiger, der in der entsetzlichen Klettersaison 1996 per Mobiltelefon mit seiner Frau sprach, während er am Berg erfror. In seinem Fall hatte ihn nicht die Technik dorthin geführt, aber es war eine makabre Vorführung ihrer Grenzen. In den hohen Hängen des Everest ist Rettung ebenso unmöglich wie in Teilen des Südozeans.

Knox-Johnston vermutete, daß man das Problem, daß die Vendée Globe-Teilnehmer übersteigerte Risiken eingehen, auf einen Schlag lösen könnte, wenn man ihnen die EPIRB-Geräte wegnähme. Wenn sie nicht um Hilfe rufen könnten, dürften sie wohl etwas besonnener sein. Vermutlich meinte er es nicht ernst, und ich glaube ohnehin nicht, daß die Skipper dann vorsichtiger wären. Die Konkurrenz in diesen Wettfahrten ist so hart, daß die Segler ihre Surfbretter immer bis zum Äußersten voranknüppeln werden, koste es, was es wolle. Sie sind ganz einfach bereit, mit dem Leben zu spielen, um zu gewinnen. Außerdem gibt es weite Bereiche im Südozean, wo es keinen Unterschied machte, ob man weiter nördlich blieb und vorsichtig surfte (falls das überhaupt möglich war). Wem dort trotzdem etwas zustieß, der war mit seinem Boot zu weit weg, um für die konventionellen Hilfsmittel - Schiffe und Flugzeuge - erreichbar zu sein.

Seit der Zeit von Knox-Johnstons heroischem Durchhalten im Golden Globe-Rennen vor nur dreißig Jahren hatte sich alles verändert. Er hatte mit Geräten navigiert, die sich kaum von denen eines Kapitän Cook 200 Jahre früher unterschieden: Mit einem Chronometer, der für die Längenberechnung die mittlere Greenwichzeit bewahrte, und einem Sextanten - Weiterentwicklung des älteren Quadranten -, dessen Wirkungsweise auf dem Ptolemäischen Grundsatz beruhte, daß die Erde Mittelpunkt des Himmels sei. Der Sextant maß die Höhe von Himmelskörpern, in der Regel die der Sonne oder ausgewählter Sterne, und ihre von der Position des Seefahrers auf der Erdoberfläche gemessenen Winkelabstände. Zusammen mit den unentbehrlichen Zahlenangaben im Nautischen Almanach und britischen oder amerikanischen nautischen Tafeln (sight reduction tables), die aus komplizierten Berechnungen einfache Rechenschritte machten, war das alles, was Knox-Johnston, Moitessier oder sonst ein Segler damals zur Verfügung hatte. Knox-Johnston besaß zwar einen unzuverlässigen weitreichenden Sender, Moitessier jedoch keinen, und keiner von beiden hatte irgendeine Art von Seenotfunkboje. EPIRB-Bojen waren noch Zukunftsmusik. Sowie diese Segler in den Südozean kamen, wußten sie, daß sie mutterseelenallein waren. Falls sie es nicht schafften, ihren Kurs zu berechnen, Reparaturen zu bewältigen und aus eigener Kraft zu überleben, war es aus mit ihnen.

Die Haltung dieser Segler, allein auf sich selbst zu vertrauen, war auch weitgehend aus der Not geboren. Wer auf See hinausfuhr, besonders in ferne, gottverlassene Seegebiete, mußte ganz auf sich allein gestellt klarkommen. Diese notwendige Bedingung des Hochseesegelns konstatierte Blondie Hasler, ehemaliges Mitglied des „Nußschalenkommandos", dessen „half-crown"-Wette mit Chichester am Beginn der Einhand-Ozeanregatten stand. Einhandsegler, die in Schwierigkeiten gerieten, hatten nach seiner Meinung kein Recht, um Hilfe zu rufen, egal, wo sie waren. Da sie das Risiko freiwillig auf sich genommen hätten, hätten sie die moralische Pflicht, sich mit den Folgen abzufinden. Sie sollten, so sagte Hasler, „absaufen wie Gentlemen".

Ebenso aus der Not geboren war Knox-Johnstons vergleichbares Glaubensbekenntnis: Hilf dir selbst, so hilft dir Gott. Du mußtest nach deinen besten Kräften Segel bergen, reffen und steuern. Das war es.

Man konnte niemals mit Hilfe rechnen, und im Südozean konnte man nur damit rechnen, keine Hilfe zu bekommen. Das galt gleichermaßen unausweichlich für Moitessier. Er verlegte sich in den stürmischen Südbreiten auf die vorsichtigste Taktik, die man sich denken kann. Zwar mußte er in die Vierziger hinunter, um Tasmanien und Neuseeland zu passieren, und konnte auch einen Schwenk bis fast 60° Südbreite nicht vermeiden, um Kap Horn zu runden, die übrige Strecke in den hohen Breiten lief er aber dicht entlang des 40. Breitengrades ab, um Eis und soweit wie möglich auch schweres Wetter zu meiden. Ebenso umsichtig war Moitessier während seiner Reise bei den banalsten Kleinigkeiten. Er beschrieb, wie er seine Hände regelmäßig zweimal täglich eincremte, genau betrachtete und Schnitte wie Zerrungen sofort versorgte. (Schnitte können sich durch Seewasser unangenehm entzünden.) Während seiner langen, einsamen Monate südlich der drei Kaps wußte Moitessier, daß die Hände seine unerläßlichen Überlebenswerkzeuge waren. Niemand konnte ihm helfen, wenn sie ihn im Stich ließen. Er hegte und pflegte sie wie die geschmeidigen Finger, auf die der Pianist als Quelle seiner Musik angewiesen ist.

Verglichen mit der Technik des 19. Jahrhunderts, die den Golden Globe-Teilnehmern zur Verfügung stand, waren die Vendée Globe-Boote wie Raumschiffe. Die Ausstattung der 60-Fuß-Yachten mit Hightech-Geräten war etwas unterschiedlich, aber die meisten hatten ein umfangreiches Elektroniksortiment an Bord. Dazu gehörte in der Regel ein weitreichendes Grenzwellen-/Kurzwellenfunkgerät und zwei UKW-Sprechfunkgeräte für den Nahbereich (eines davon ein Handgerät, das auch nach einer Zerstörung der UKW-Bordantenne funktionieren würde). Einige Teilnehmer besaßen - noch anspruchsvoller - ein Satellitentelefon. Auguin benutzte auf der GÉODIS eine landmobile Inmarsat M-Station, die während der gesamten Wettfahrt für klare und zuverlässige Sprechverbindungen sorgte. Wetterfaxe waren die Hauptquelle von Wetternachrichten und Seegangsmeldungen. In den Gebieten des Südozeans jedoch, wo es nur unzuverlässige oder gar keine Wetterfaxe gab, konnten Dartcom-Satelliten-Wetterfunkempfänger Satellitenaufnahmen von Wettersystemen in Echtzeit empfangen. Sowie diese Bilder durch Computersoftware übertragen worden waren, konnten die Skipper eine leidlich genaue Vorhersage ausarbeiten. Schriftliche Mitteilungen - E-Mails und Faxe - wurden durch Inmarsat-C-Satellitenfunk übertragen, der auch die Wettervorhersagen von Météo France sendete, die für Zeiträume von ein bis fünf Tagen und für Seegebiete von 20 mal 20 Grad galten.

Die Navigation war vollelektronisch, wenn auch jedes Boot für den Notfall einen Sextanten mitführen mußte. Im Mittelpunkt stand ein GPS-Navigationsgerät (global positioning system). Das GPS-Gerät empfängt von mehreren der fast hundert geostationär umlaufenden Satelliten einen nahezu pausenlosen Strom gleichzeitiger Funksignale und aktualisiert seine Positionsangaben von Sekunde zu Sekunde entsprechend der Fortbewegung des Bootes. Es ist auf weniger als 100 Meter genau. (Zum Vergleich: Ein Schiffsort nach Beobachtungen mit dem Sextanten vom tanzenden Deck eines Bootes aus - vorausgesetzt, der Himmel ist unbedeckt, so daß der Skipper überhaupt zu einer Beobachtung kommt - ist bei einer Genauigkeit unter fünf Meilen schon eine echte Leistung.) Das GPS-System, eine Erfindung des US-Militärs, kann Standorte mit einer Genauigkeit von unter zehn Metern liefern. Für den zivilen Gebrauch allerdings verfälscht das Militär die Angaben etwas, damit Segler und Wanderer, die die kleinen, billigen Geräte benutzen, nicht die Sicherheit der Vereinigten Staaten bedrohen können. Das Instrument liefert auch laufend Angaben über Kurs und Geschwindigkeit des Bootes, aus denen man schließen kann, wie Abdrift oder Strömungen sich auf das Vorankommen auswirken.

Alle Vendée Globe- und BOC-Yachten sind verpflichtet, Radar an Bord zu haben, eine weitgehend theoretische Vorsorge gegen Kollisionen mit Eis. Es ist aber brauchbar, um Schiffe auszumachen und in den Kalmen Böen zu erkennen. Die Boote führen auch einen Satz draußen angebrachter Instrumente mit, die Fahrt, Kurs, Windgeschwindigkeit und -richtung sowie die Wassertiefe anzeigen. Der Nabel dieses ganzen geschäftigen Netzwerks ist ein festgeschraubter Laptop, in den die Daten von Inmarsat C, GPS und von den verschiedenen Einzelinstrumenten eingespeist werden. Der Computer kann auch mit elektronischen Seekarten geladen werden (obschon die Yachten auch herkömmliche Papierkarten an Bord hatten), die aufgrund der ankommenden Datenströme ein zusammengefaßtes Bild von Standort und Bewegung des Bootes zeigen.

Einige der Skipper besaßen Software zur Wetternavigation. Auguin etwa verwendete ein hochentwickeltes Programm namens MaxSea, das er auf seinem Mac-Laptop laufen ließ. (Er hatte auch einen PC für die sonstige Computerarbeit an Bord.) MaxSea war mit dem GPS verbunden, so daß die Positionen auf den elektronischen Karten des Systems laufend aktualisiert werden konnten. Das Programm erfaßte auch die Bootsgeschwindigkeit im Verhältnis zu Richtung und Stärke des scheinbaren Windes. Mit all diesen Angaben und wenn man die Windvorhersagen aus den Windvektorkarten von Météo France eingab, konnte MaxSea den optimal zu steuernden Kurs ermitteln. Die Wettfahrtregeln untersagten Routenberatung durch Fachleute an Land. Auch das gehörte zur Regel „Keine Unterstützung von außen". Aber die Teilnehmer durften diese leistungsfähige Software benutzen, solange nur sie allein die Informationen erhielten und deuteten. In Teilen des Südozeans kommen starke magnetische Unregelmäßigkeiten vor, die mit herkömmlichen Kompassen ein böses Spiel treiben. Magnetkompasse sind für die Navigation nicht mehr wichtig, wohl aber für den Betrieb der Autopiloten. Einige Yachten waren mit einem Kreiselkompaß ausgerüstet, der von magnetischen Einflüssen unabhängig ist. Skipper, die sich dieses sehr teure Instrument nicht leisten konnten (das außerdem empfindlich war und viel Strom verbrauchte), mußten von Hand steuern oder ihre Autopiloten ständig im Auge behalten, wenn sie durch Gebiete unsicherer Mißweisung segelten - auch das kostete zusätzlich Schlaf und Energie.

Es macht jeden Tag eine Menge Arbeit, sich mit all dieser Nachrichten- und Navigationstechnik abzugeben und auf dem Laufenden zu bleiben. Kein Wunder, daß die Vendée Globe-Skipper täglich nirgendwo mehr Stunden zubrachten als am Kartentisch. An durchschnittlichen Tagen verbrachten sie dort oft mehr Zeit als in der Koje.

Das Umwälzendste waren die Geräte, die die Segler nie zu benötigen hofften, obwohl sie in dieser Wettfahrt anscheinend mehr oder weniger regelmäßig gebraucht werden sollten. Die Seenotfunkbojen (EPIRB-Bojen) haben die Rettungschancen für einen in ernste Schwierigkeiten geratenen Segler grundlegend verändert. Es sind kleine, tragbare Geräte. Eines der neueren z.B. hat das Format einer großen Taschenlampe und wiegt nur etwas über ein Kilogramm. Es gibt mehrere unterschiedliche Arten.

Jede Yacht mußte drei der älteren ARGOS-EPIRB-Bojen mitführen, die, wenn sie in Alarmbetrieb versetzt wurden, Funkzeichen an die drei auf polarer Umlaufbahn kreisenden Satelliten des ARGOS-Systems sendeten. Einer der Apparate diente, an der Heckreling befestigt, als ständiger Positionsmelder. Die beiden anderen ARGOS-Geräte befanden sich unter Deck, und der Skipper konnte sie, falls nötig, in Alarmfunktion setzen. Eine der drei ARGOS-Bojen mußte auch mit einem GPS-Modul ausgerüstet sein. Dieses Gerät sollten die Teilnehmer anstellen, wenn sie die vorgeschriebenen Bahnmarken passierten: Kap Horn z.b. oder die beiden Wegpunkte im südlichen Pazifik - Positionen aus Länge und Breite. Der GPS-Zusatz, der sich das ganze prachtvolle GPS-Netzwerk zunutze macht, ergibt einen sehr viel exakteren Schiffsort als ein einfaches ARGOS-Gerät, das nur die drei Satelliten des eigenen Systems nutzt.

Jede teilnehmende Yacht mußte auch eine der neueren SARSAT 406-EPIRPs an Bord haben. (Die Ziffer bezieht sich auf die Funkfrequenz des Notsignals: 406 Megahertz.) Wenn das Gerät eingeschaltet wird, sendet es auf der 406-MHz-Frequenz ein digital verschlüsseltes Kennzeichen. Es kann bis zu einer Stunde dauern, bis die Satelliten das Signal an eine Rettungsleitstelle weitergeben können, in der Regel geht es jedoch viel schneller. (Signale von Inmarsat E-Sendern der letzten Generation, die Anfang 1997 auf den Markt kam, werden von den SAR-Leitstellen innerhalb von zwei Minuten aufgefangen.)

Die 406er-EPIRP-Bojen haben gegenüber der älteren Ausführung zwei große Vorteile. Der erste: Jede 406er muß bei einer russischen COSPAS- oder amerikanischen SARSAT-Zentrale für eine bestimmte Person eingetragen werden. Wenn die Leitstelle das kodierte Signal empfängt, weiß sie deshalb sofort, wer in Schwierigkeiten ist und nach was für einem Fahrzeug man suchen muß. Falsche Alarme lassen sich viel leichter aussondern, was bei den älteren EPIRB-Geräten ein erhebliches Problem war. Der zweite Vorteil der 406er-Funkbojen ist, daß der Satellit, der das Notsignal empfängt, es speichern kann, um es weiterzuleiten, sobald eine Empfangsstation in Reichweite ist. Bei den älteren EPIRB-Funkbojen mußte der Satellit den Ausgangspunkt des Signals und die Empfangsstation an Land gleichzeitig „in Sicht", also in Reichweite, haben, bevor er senden konnte. Von den 406-MHz-EPIRB-Apparaten gibt es zwei Typen: die eine Art schaltet sich automatisch ein, sobald sie aus ihrer Halterung aufschwimmt, die andere muß von Hand angestellt werden. Die Vendée Globe-Boote führten den letztgenannten Typ mit, um das Risiko falscher Alarme zu verringern: Der Segler mußte den Schalter betätigen, eine genau festgelegte, aktive Handlung. Im Vendée Globe mußten die Skipper nach den Regeln vier EPIRB-Bojen mitführen, manche hatten sogar fünf. Bei diesen kleinen Geräten galt nicht nur: „Doppelt genäht hält besser", sondern auch: „Viel hilft viel."

In diesem Rennen retteten Dinellis EPIRB-Bojen ihm das Leben. Ohne sie hätte ihn kein Flugzeug finden können. Goss - wenn es überhaupt jemand der Mühe wert gefunden hätte, daß er umkehrt - hätte möglicherweise einen Tag lang die Wüstenei der Wellenberge des Südozeans abgesucht. Da das ohnehin schon unbestimmte Suchgebiet durch die Einwirkung von Wind und Wellen auf die ursprünglich angenommene Havarieposition von Stunde zu Stunde um viele Quadratmeilen angewachsen wäre, hätte er mit einer verschwindend geringen Chance, direkt über Dinellis Boot zu stolpern, der Form halber seine seemännische Pflicht erfüllt. Wenn Jeantot ihn dann von der Suche entbunden hätte, wäre er bedrückt wieder auf seinen Kurs vor dem Wind gegangen, einsamer als je zuvor in den übermächtigen Klauen des stürmischen Südens. Niemand hätte jemals erfahren, wie Dinelli umgekommen wäre oder daß das Boot mit dem an Deck festgebundenen Dinelli gesunken wäre, ohne daß im letzten Augenblick eine australische Rettungsinsel wie durch ein Wunder vom Himmel gefallen wäre.

Die Auswirkungen der EPIRB-Technik sind zwiespältig. Sie ermutigt die Vendée Globe-Teilnehmer, die Zurückhaltung eines Knox-Johnston und eines Moitessier aufzugeben, die vorsichtig am Rande des Südozeans, entlang des 40. Breitengrades, gesegelt waren. Die Technik treibt die Konkurrenten weiter nach Süden, näher zum Eis und oft in das schlimmste Wetter hinein. Zugleich können die Funkbojen die Segler retten, wenn der Südozean so übermächtig wird, daß kein Boot widerstehen kann. Die ausgeklügelten satellitengestützten Apparate stacheln zu genau den Verhaltensweisen an, aus deren Folgen sie die Menschen retten sollen.

Die EPIRB-Geräte haben noch eine weitere paradoxe Folge. Ihre

Funkverbindungen nach dem neuesten Stand der Technik beruhen auf einer der am höchsten entwickelten Technologien - Empfang und Weitergabe von Funksignalen durch Satelliten -, wobei die unsichtbar pulsierende Energie von einer Art Raumschiff weitergeleitet wird, das von einer Rakete in seine Umlaufbahn geschossen wurde. Wenn die Notsignale aber erst einmal die in Frage kommenden Retter erreicht haben, ist es vorbei mit der Hochtechnologie. Lebendige menschliche Wesen, die Besatzungen unterschiedlicher Flugzeuge und Schiffe, stoßen in die fernsten Gegenden der letzten großen Wildnis unserer Erde vor, fast bis an die Grenze ihrer Reichweite, um zu versuchen, dem Meer Menschenleben zu entreißen oder Leichen zu bergen - eine schwere, grobe Arbeit. Zuerst die technisch perfekte, nüchterne Übermittlung digitaler Daten über erdumkreisende Computer, dann ein australisches Flugzeug, das sich weiter vom Land und von den Auftankmöglichkeiten entfernt als je zuvor gewagt, und Goss, der mit seinem Boot gegen einen Orkan anknüppelt und für einen Mitmenschen alles aufs Spiel setzt.

Am vierten Tag des neuen Jahres hatte sich das Band der Vendée Globe-Yachten auf mehr als 5.000 Meilen auseinandergezogen. Auguin hatte seinen Vorsprung vor Roufs Tag für Tag ausgebaut und lag jetzt 1.600 Meilen vor dem Kanadier und nur 900 Meilen vor Kap Horn, seinem „Ausgangstor aus der Hölle". Die Kälte, der Wind und die Anstrengung hatten ihn ziemlich erledigt. Mit dem Wetter aber war etwas Merkwürdiges geschehen. Auguin und die nächsten vier Boote - Roufs, Thiercelin, Laurent und de Broc - fanden sich in einem ungewöhnlichen Wettergebilde von 2.000 Meilen Durchmesser mit leichtem Wind, häufigen Böen und Schneefall. Bei dem wechselhaften Wetter mußten die Segler pausenlos reffen, ausreffen, Schoten bedienen und den Kurs ändern. In den letzten 24 Stunden hatte Auguin eine Stunde geschlafen. Laurent beklagte sich, daß Météo France einen Tag mit leichtem Wind vorhergesagt hätte, woraus aber unerklärlicherweise drei Tage geworden seien. Das war wohl eine Abwechslung von den Stürmen und hohen Seen, brachte die Boote aber nicht aus dem Südozean heraus, und weitere der gewohnten Tiefs waren schon unterwegs. Die weiter zurückliegenden Konkurrenten bekamen sie bereits zu spüren. Wie Knox-Johnston gesagt hatte, war das Warten darauf fast genauso schlimm. Diesmal war das Wetter der Südbreiten nicht für das ganze Feld mehr oder weniger gleich. Dumont z.b., der 3.000 Meilen zurücklag, hatte mit einem durchschnittlichen 40-Knoten-Sturm mit noch stärkeren Böen zu tun, nichts Besonderes. 4.000 Meilen hinter Auguin schlug Chabaud sich mit 60 Knoten Wind herum.

Bullimore und Dubois, die in weniger als 40 Meilen Abstand voneinander am Schluß des Feldes segelten, hatten mit einem Nordweststurm zu kämpfen. Noch bedrohlicher aber war, daß der Wetterbericht für ihr Seegebiet anscheinend die Vorzeichen dessen erfaßte, was die Meteorologen eine „Wetterbombe" nennen, ein sich schnell verstärkendes, ausgeprägtes Tief, das die beiden bald erwischen würde. Sie konnten ein Tiefdruckgebilde der hohen Breiten mit der üblichen Struktur erwarten, aber mit explosiverem Wind als sonst und mit einer sehr plötzlichen Winddrehung von West auf Südwest bei Durchzug des Zentrums. Es war kein Tief wie alle anderen. Das war das Problem.

Tatsächlich wurde Dinellis Rettung bald zum bloßen Auftakt des Vendée Globe-Weihnachtsdramas. Goss war noch mit dem glücklichen Geretteten nach Hobart unterwegs, als die Funkbojen erneut losgingen.

Bullimores Boot schlug um, als der Kiel plötzlich abbrach. Die EXIDE CHALLENGER war gar nicht erst quergeschlagen, sondern drehte sich einfach auf den Kopf, während sie von einer Welle hinabsurfte, und Bullimore drehte sich mit. Die Teetasse war weg, aber er rauchte seine Zigarette auf und überlegte, was er jetzt tun sollte. Dann zertrümmerte der Baum das Fenster, das Boot lief sofort voll, der Inhalt der Kajüte wurde ins Meer hinausgesogen. Bullimore tauchte hinab und durch die Niedergangsluke, um zu versuchen, seine Rettungsinsel loszuschneiden. Die Luke schlug zu und hackte ihm einen Finger ab. Er ließ eine seiner ARGOS-Funkbojen aus dem zerbrochenen Fenster hinausschwimmen, hinein in das Gewirr der zerstörten Takelage und hoffentlich an die Oberfläche. Kletterte auf sein schmales Bord, halb im Trockenen, halb im eisigen Wasser. Wartete auf das, was kommen würde: Das Wahrscheinlichste war der Tod.

Fast gleichzeitig richtete sich Dubois' entmastete Yacht wieder auf, kenterte erneut und blieb so liegen. Nach zwei Stunden kroch er durch die Luke im Spiegel hinaus und setzte zwei seiner ARGOS-Funkbojen in Gang, da er an seine 406er- EPIRB-Boje nicht herankam. Die ARGOS-Geräte hatte er sich wie ein Bergsteiger an den Leib gebunden, und er kletterte den steilen, schlüpfrigen Hang des Rumpfes hinauf, um sich an einem der Doppelruder festzuhalten. Wurde in die See gespült. Schaffte es irgendwie, wieder auf den Rumpf zu klettern. War dort der vollen Gewalt der bitterkalten Wellen und eisigen Windkälte ausgesetzt. Wartete wie Bullimore.

Jeantot und die Rettungsleitstelle, die die ersten Satellitensignale auffing, die regionale SAR-Zentrale in der Bretagne – in der französischen Abkürzung CROSS genannt – reichte die Aufgabe, auf die Notsignale zu reagieren, an die Australier weiter. Diese Mayday-Rufe gehörten wie diejenigen von Dinelli in den australischen Zuständigkeitsbereich. Diesmal befanden sich keine anderen Rennteilnehmer in der Nähe, die Bullimore oder Dubois erreichen konnten. Da die beiden am Schluß des Feldes lagen, weil sie gezwungen gewesen waren, Häfen anzulaufen, waren sie ganz allein auf weiter Flur. Am nächsten stand noch Chabaud, sie befand sich aber über 1.200 Meilen weiter östlich in Lee und konnte unmöglich zurückkommen. Nur die Australier hatten überhaupt Aussichten, die beiden Männer zu retten, vorausgesetzt sie lebten noch. Die australische Seenotleitstelle in Canberra bat Luftwaffe und Marine um Hilfe. Umgehend wurde eine Orion P-3, ein Langstrecken-Such- und Rettungsflugzeug der Luftwaffe, abkommandiert, am folgenden Tag dann die Fregatte ADELAIDE.

Selbst dieses schnelle Kriegsschiff würde vier Tage benötigen, um die havarierten Yachten zu erreichen, sofern das Wetter dem Schiff im Südozean die höchste Marschfahrt erlauben würde. Vorausgesetzt auch, daß es bei dem starken Wind und schweren Seegang nicht selbst in Schwierigkeiten kommen würde. Wie die meisten heutigen Kriegsschiffe war es leicht aus Aluminium gebaut, und die Widerstandsfähigkeit seiner 3/8 Zoll (knapp 10 mm) starken Außenhaut gegen Seeschlag war begrenzt. Auch waren auf 52° Südbreite, nicht weit von der Position der Yachten, große Mengen Eis gemeldet worden. Die ADELAIDE war für Eisschäden ebenso anfällig wie die Vendée Globe-Yachten. Die Fregatte war auch nicht dafür entworfen, auf den Brechern der hohen Südbreiten zu surfen. Niemand war ganz sicher, wie das Schiff sich dort unten bei grobem Wetter bewähren würde. Es würde auch auf See nachtanken müssen, um überhaupt eine Chance zu haben, die ARGOS-Standorte mit Höchstfahrt zu erreichen, dort zu manövrieren und wieder zurückzukommen. Es wurde genehmigt, daß ein Marinetanker aus Fremantle auslief, um sich mit der ADELAIDE auf ihrem Rückweg zum Hafen zu treffen. Bullimore und Dubois hatten sich auf dem 51. Breitengrad befunden und damit erheblich näher an der Antarktis als an Australien. Nie zuvor hatten die Australier oder sonst irgend jemand eine Rettungsaktion so fern der Küste durchgeführt. Ein heikleres Vorhaben war schwer vorstellbar: ein wilder Ritt durch stürmische See in Richtung Antarktis, ein Wettlauf mit dem nächsten kräftigen Tief, das sich bereits auf den Wetterkarten abzeichnete.

Die Orion-Flugzeuge konnten so weit hinausfliegen und wieder zurückkommen, wenn sie nicht länger als drei Stunden vor Ort blieben, wenn die knappen Berechnungen des Treibstoffverbrauchs stimmten und wenn es weder unvorhergesehene Gegenwinde noch technische Störungen gab. Die gängige Betriebsvorschrift, daß die Flugzeuge bei der Landung noch Treibstoff für mindestens 45 Minuten Flugzeit übrig haben mußten, wurde ausgesetzt. Diese Gnadenfrist durfte auf bloße 15 Minuten herabgesetzt werden. Das ist sehr knapp. Die Aktion würde sowohl die Flugzeuge als auch das Schiff in den roten Bereich bringen und auch die Besatzungen gefährden.

Entsprechend dem üblichen Vorgehen richtete die Leitstelle einen Funkspruch an alle Handelsschiffe in dem Seegebiet. Ein Tanker antwortete, das einzige Schiff in dieser abgelegenen Gegend. Die SANKO PHOENIX stand über 700 Meilen von den Havariepositionen entfernt, fast halb so weit wie die Entfernung nach Fremantle, woher die ADELAIDE kam. Aber das schwer beladene Schiff schaffte nur elf Knoten und würde, falls das Wetter sich nicht verschlechterte, mindestens zweieinhalb Tage brauchen, um das Suchgebiet zu erreichen. Der Umweg des 90.000-Tonnen-Schiffs zum Standort zweier Zehntonnen-Yachten und zurück auf den alten Kurs würde die Reederei an die 100.000 Dollar kosten. Aber, wie es das ungeschriebene Gesetz der See vorschreibt, folgte der Kapitän des Tankers der australischen Aufforderung augenblicklich und nahm Kurs auf die ARGOS-Positionen.

Die erste Orion-Maschine, die am Morgen des 5. Januar startete, hatte Glück. Bei rasendem 70-Knoten-Sturm, etwa 100 Meter über den fünf Stockwerke hohen Wellen fliegend, fand sie Dubois' Boot trotz der spärlichen Positionsangaben der alten, auf polarer Umlaufbahn kreisenden ARGOS-Satelliten. Die Flieger konnten Dubois erkennen, wie er auf dem Unterwasserschiff seines Bootes, dessen Kiel intakt war, hockte, verzweifelt winkte und sich mit dem Arm an einem der Ruder festhielt. Wie es sich ergeben hatte, waren die Zweifel an dem Aufrichtvermögen der Vendée Globe-Konstruktionen nicht unbegründet gewesen. Trotz ihres Kielgewichts war Dubois' Yacht schon einen halben Tag lang auf dem Kopf liegengeblieben und schien in dieser Lage reichlich Stabilität zu haben.

Die Orion konnte zwei Rettungsinseln abwerfen, die dicht bei Dubois ins Wasser fielen. Unter diesen Bedingungen, bei Sturm und Seegang, der Fluggeschwindigkeit der Maschine und der Drift des Bootes war das eine schwierige Aufgabe. Die lange, parabolische Flugbahn der Rettungsinseln aus dem Flugzeugrumpf bis aufs Wasser abzuschätzen war nichts anderes als eine Sache des natürlichen menschlichen Augenmaßes, genau wie ein Steilpaß beim Fußball. Wegen ihrer knappen Treibstoffreserve mußte die Orion den Franzosen schleunigst verlassen, Höhe gewinnen und zurückfliegen. Sobald die Maschine verschwand, sprang Dubois, so durchfroren und verzweifelt er war, von seinem Boot ins Wasser, um die etwa 100 Meter zu den Rettungsinseln zu schwimmen wie ein Astronaut, der sich von seinem Raumschiff ohne Sicherungsleine in die Leere des Alls abstößt. Er schwamm um sein Leben. Während er versuchte, in eine der Rettungsinseln zu steigen, wurde sie von einer Welle umgeworfen. Er war zu weit von der Yacht entfernt, um zurückzuschwimmen. Wieder einmal dachte er, daß er sterben würde. Er spürte die eigenartige Trauer und den Schmerz des jungen Menschen, der zu früh sterben muß. Aber er geriet nicht in Panik. Endlich schaffte er es, sich in die beschädigte, allmählich Luft verlierende Rettungsinsel zu ziehen, wo er in einer Wasserpfütze lag und die bittere Kälte ertrug.

Eine Stunde später kam eine zweite Orion im Zielflug auf das Funksignal einer Boje zu, die das erste Flugzeug abgeworfen hatte. Diese

Orion warf eine weitere Rettungsinsel ab, die Dubois fast auf den Kopf fiel. Endlich konnte er in eine intakte Rettungsinsel kriechen, in der auch ein wenig Notproviant und Wasser verstaut war und wo er vor der Windkälte geschützt war, die minus 30° Celsius entsprach. Und er war weitgehend aus dem eiskalten Wasser heraus, wenn auch nur vorübergehend, wie es kommen sollte. Nach weniger als einer Stunde brachte eine Welle das Floß zum Kentern und warf Dubois wieder in die See. Bei einem Sturm, der noch zwischen neun und zehn Windstärken hatte - bis zu 55 Knoten -, brachte er es irgendwie fertig, die Rettungsinsel aufzurichten und wieder hineinzuklettern.

Die Orion drehte ab, um nach Bullimores Schiff zu suchen. Es war kurz vor Dunkelwerden, deshalb würden vor dem neuen Tag keine weiteren Flugzeuge ankommen. Die Sicht betrug etwa eine halbe Meile, die untere Wolkengrenze lag bei weniger als 300 Fuß (ca. 90 m), die Windgeschwindigkeit betrug noch zwischen 50 und 60 Knoten. Da die Positionsangaben der ARGOS-Satelliten nur langsam eingingen, verlegten die Flieger sich wieder auf eine herkömmliche Suche nach Sicht. Entgegen jeder Wahrscheinlichkeit - alle hatten bei dieser Rettungsaktion ungeheures Glück - fand das Flugzeug die ohne Kiel kopfüber treibende, tief im Wasser liegende EXIDE CHALLENGER. Ringsum schwammen Bruchstücke ihrer Masten und Teile der Takelage. Es gab kein Lebenszeichen an Bord. Es war unmöglich, festzustellen, ob Bullimore sich tot oder lebendig in dem weißen, zerbrechlich aussehenden, kieloben treibenden Rumpf befand oder ob er auf seiner Rettungsinsel weggetrieben war. Da es der Treibstoffvorrat nicht zuließ, daß die Orion noch länger an Ort und Stelle blieb, konnten die Flieger nichts mehr tun. In der Dämmerung des Südozeans bei noch immer heulendem Sturm kehrte die Maschine zur Küste zurück.

Bullimore lebte noch. Er fror, hatte nur noch neun Finger und keine Ahnung, ob seine ARGOS-Bojen funktioniert hatten und ob Rettung auf dem Weg war. Die Außenwelt würde wohl wissen, daß er irgendwie in der Klemme steckte, denn sein ARGOS-Positionsmelder mußte aufgehört haben, den Standort zu funken, als die Yacht kenterte. Sollten seine Notsignale aber nicht aufgefangen worden sein, würde Jeantot möglicherweise eine ganze Weile noch keine Suchaktion in Gang setzen. Vielleicht würde er elektrische Probleme für das Abbrechen der Positionsmeldungen verantwortlich machen oder einen von Bullimore unbemerkten Defekt. Sollten seine Notfunkbojen nicht funktioniert haben, so daß es keinen aktuellen Standort gab, welche Retter sollten ihn dann, wenn sie sich überhaupt erst auf die Suche gemacht hätten, in dieser Wildnis finden? Auch sein Name würde auf der Liste der unerklärlich Verschollenen stehen. Aber am Tage, in dem schwachen Lichtschimmer, der durch die wirbelnden Wellen drang - nicht hell genug, um viel zu sehen, aber dennoch ermutigend - und auch in der tiefen Schwärze der Nacht wollte er durchhalten.

„Unkraut vergeht nicht," meinte er. „Ziemlich merkwürdig, aber es bringt mich nicht aus der Fassung." Er wog noch immer das Für und Wider seiner verschiedenen Überlebenspläne gegeneinander ab. Der 57-jährige war noch lange nicht erledigt.

Nach wie vor spülten Wellen in die Kajüte herein und wieder hinaus. „Es war wie eine teuflische Waschmaschine." An manchen Stellen reichte ihm das Wasser bis zum Hals, wenn er aufrecht stand. Ab und zu schlug es über seinem Kopf zusammen. Durch die Kälte schmerzten seine Augäpfel. Die Wellen hörten nicht auf, die Inneneinrichtung zu zerstören. Der Kartentisch, der Proviant, die Instrumente, der Sextant, Teile der Koje, all das wurde durch das Loch, durch das große zerbrochene Kajütfenster, hinausgesogen. Das ein- und ausströmende Wasser erzeugte eine Art Saugheberwirkung, die bei jedem Schlingern oder Stampfen des Bootes Luft herein- und hinauspumpte. „Der Wind im Boot war wie ein verdammter Schneesturm."

Zu allem Überfluß mußte Bullimore in seiner zertrümmerten Kajüte also auch noch mit der Auskühlung durch den Wind fertigwerden.

Er fand einen salzig schmeckenden Schokoladenriegel und aß ihn auf. Nach der Kenterung war nicht einmal ein Liter Trinkwasser übriggeblieben, aber Bullimore hatte noch seine Hand-Entsalzungspumpe. 1.000 Pumpenschläge ergaben eine Tasse trinkbares Wasser. Er pumpte stundenlang und hielt dabei das Ende des Schlauches im Mund, um das kostbare Naß Tropfen für Tropfen einzusaugen.

Die Rettungsinsel war noch unbeschädigt, aber am Boden des umgedrehten Cockpits festgezurrt. Er tauchte ein Dutzend Mal in das eisige Wasser und versuchte, die Rettungsinsel zu lösen. Nach jedem

Tauchgang hatte er von der Kälte stundenlang Kopfschmerzen. Er wollte das Rettungsfloß in die Kajüte ziehen und es dort zum Aussetzen fertigmachen. Er glaubte, daß er es an einer Leine durch das Kajütfenster hinausschieben könnte, um dann entlang der Leine selbst zum Wasserspiegel nachzukommen, wo sich die Rettungsinsel aufblasen sollte. Weil es keine Garantie gab, daß die EXIDE CHALLENGER weiterhin schwimmen würde, gehörte die Vorbereitung der Rettungsinsel für den Fall, daß die Yacht sinken sollte, zu seinen Überlebensplänen. Die Rettungsinsel rührte sich aber nicht vom Fleck. Sie hatte so viel Auftrieb, daß er sie nicht herunterziehen und durch die Niedergangsluke schieben konnte. Ebensowenig konnte er sie unter den umgekehrten Cockpitsülls durchschieben. (Das sind die niedrigen schützenden Einfassungen beiderseits des Cockpits.)

Am Südsommermorgen des 9. Januar, viereinhalb Tage nach Bullimores Kenterung, erreichte die ADELAIDE endlich sein Boot. Er lag darin auf seinem Bord, inzwischen mit Erfrierungen und unterkühlt, fast im Schockzustand, aber - kaum zu glauben - er lebte. Da hörte er ein Tuckern und dann ein lautes Klopfen am Rumpf. Es war das Schlauchboot des Kriegsschiffs. Ein Mann der vierköpfigen Bootsbesatzung schlug mit der stumpfen Seite einer Axt auf das dröhnende Kohlefasermaterial. Die Leute glaubten, sie würden ein Loch in die Außenhaut schlagen müssen, um an Bullimore heranzukommen, sei er tot oder lebendig. Vorausgesetzt, er war überhaupt da und nicht auf seiner Rettungsinsel weggetrieben.

„Und schon war ich im Wasser, nich' wahr. Ich bin runter wie eine Rakete und hab' das Ohr an die Bordwand gelegt." Bullimore wollte sichergehen, daß Menschen da waren, bevor er versuchte, durch die Luke zu tauchen, um an die Oberfläche zu gelangen. Sollte er nur Halluzinationen haben und niemand da sein, würde er nicht wieder zurück ins Boot kommen. Dann würde er verlassen im Südozean herumschwimmen und nirgendwohin können. Schließlich war er sicher, daß er Leute englisch reden hörte. Er rief, daß er da sei, nahm einen tiefen Atemzug und tauchte durch die Luke hinunter in die Plicht, wobei er alle Kraft zusammennehmen mußte, um den Auftrieb seines Überlebensanzugs zu überwinden und trotz seiner hinderlichen Seestiefel noch tiefer herunterzukommen, unter dem Plichtsüll und zwischen den Drähten der Seereling hindurch, schließlich durch das Gewirr von Tauwerk, Masttrümmern und Wrackteilen, in denen er

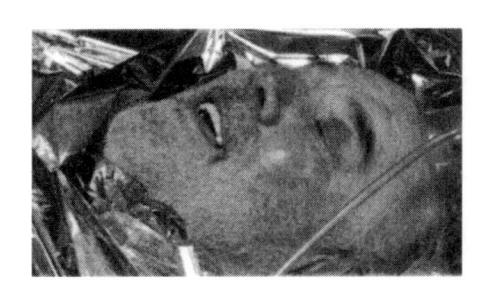

Tony Bullimore nach seiner Rettung.

    sich mit Armen und Beinen verfing und wieder befreite, an die Oberfläche, wobei seine Lungen beinahe platzten.
    Und dann: Plopp! Er war oben. Direkt vor ihm lag die ADELAIDE. So etwas Schönes hatte er in seinem ganzen Leben noch nicht gesehen, wie man so sagt. Er spürte eine Welle der Erleichterung. Die Anspannung ließ augenblicklich nach. Dann fühlte er Euphorie, Hochstimmung, Freude. Ihm wurde klar, wie überrascht er war, daß er weiterleben würde.
    Das Schlauchboot lag auf der gegenüberliegenden Seite der Yacht und die Bootsbesatzung beratschlagte gerade, wie sie ein Loch in das zähe Rumpfmaterial schlagen sollten. Zuerst sahen sie den verzweifelt wassertretenden Bullimore nicht. Dann erblickten sie ihn über den gekenterten Yachtrumpf hinweg doch. Ein Froschmann erreichte ihn als erster, schlang die Arme um ihn und legte die Lippen an sein Ohr: „Ich hab' Sie; es ist alles in Ordnung."
    Auf dem Schlauchboot wickelten die Seeleute ihn in eine Wärmefolie und drückten ihn an sich. Sein Kopf lag auf einem Schoß. Er winkte mit dem Stumpf seines abgetrennten Fingers, weil er sich Sorgen machte, daß jemand versuchen könnte, seine Hand zu ergreifen.
    „Du bist in Sicherheit, Kumpel. Alles in Ordnung!" Bullimore hörte den Akzent der Australier, der seinem eigenen Akzent aus England von der anderen Seite der Erde so ähnelte. Das war ein Überbleibsel der britischen Seeherrschaft. Man hievte das ganze Schlauchboot mit Taljen aus dem Wasser an Deck und versuchte gar nicht erst, Bullimore über eine Leiter an Bord zu nehmen. Zu Bullimores Erstaunen trat an Deck Dubois vor und schüttelte ihm die Hand. Bullimore hatte natürlich nichts von dem Martyrium des Franzosen erfahren. Der Seahawk-Hubschrauber der ADELAIDE hatte schließlich fliegen können,

als der Wind auf weniger als 40 Knoten zurückgegangen war, und hatte Dubois wenige Stunden vorher aus seiner Rettungsinsel geborgen.

Der Wetterbericht sagte ein weiteres, unmittelbar bevorstehendes Tief voraus: ein großes Gebilde im Südwesten. Die ganze Schweinerei kam mit 40 Knoten auf das Schiff zu. Das Glück war ihnen treu geblieben: Die ADELAIDE hätte nicht genügend Treibstoff an Bord gehabt, um einen Sturm abzureiten und anschließend eine Such- und Rettungsaktion durchzuführen. Innerhalb von Stunden hatte der Nordwestwind wieder einmal Sturmstärke erreicht, die ohnehin noch hohen Seen begannen sich noch weiter aufzubauen. Beim Durchzug der Front gegen Abend würde der Wind wie gewohnt auf West und dann Südwest zurückdrehen und noch zunehmen. Während das Kriegsschiff nach Norden auf Heimatkurs ging, trieben die aufgegebenen Vendée Globe-Yachten in den ungezähmten wilden Seen der Südbreiten fort.

„Ein tapferer Mann, der mit Widrigkeiten kämpft, ist ein Schauspiel für die Götter." So sprach Seneca, der Philosoph des Stoizismus, darüber, wie die Menschen mit unausweichlichem, nicht selbst herausgeforderten Unglück und Leid fertigwerden, das das Leben mit sich bringt. Jeder Mensch ein Hiob - mit dessen „Gelassenheit in schweren Prüfungen". Angeblich betrachteten die Götter unser Leiden und Dulden mit ihrer gewohnt erhabenen und gelassenen Neugier. Wie aber verhält es sich mit den Widrigkeiten, die die Menschen sich selbst zuzuschreiben haben? Wenn wir den Hals selbst in die Schlinge legen? Jeder Mensch ein Held, der Abenteuer sucht, Gefahren herausfordert und meistert. Das interessiert die Götter sicher genauso, weckt in ihnen Bewunderung für unsere Kühnheit und unseren Einfallsreichtum. Wenn wir Erfolg haben, bedeutet das nicht, daß wir gesegnet sind?

Wenn es keine Götter gibt, oder wenn es ihnen egal ist, was wir tun, können wir auch eine weltliche Schlußfolgerung ziehen. Die vier Männer, die in den Vendée Globe-Weihnachtswundern vorkamen - Dinelli, Goss, Dubois und Bullimore -, hatten auf die Bedrohung ihres Lebens richtig reagiert. Die ungeheuren Risiken, die mit dem Segeln in den hohen Südbreiten verbunden sind, hätten nicht eindringlicher verdeutlicht werden können. Aber die vier waren damit fertig geworden, hatten die Nerven behalten und überlebt.

9

Das Reich des Unbekannten

Im ersten Stadium der mythischen Fahrt, der Berufung, wie wir sie genannt haben, hat die Bestimmung den Helden erreicht und seinen geistigen Schwerpunkt aus dem Umkreis seiner Gruppe in eine unbekannte Zone verlegt. Diese schicksalsschwere Zone, die so lockend ist wie gefahrvoll, wird auf die verschiedenste Weise vorgestellt: ... Immer aber hausen in ihr seltsam fluide und vielgestaltige Wesen, drohen unvorstellbare Qualen, warten übermenschliche Taten und überirdische Freuden.
JOSEPH CAMPBELL
Der Heros in tausend Gestalten

Ich war ein bedrohter Krieger.
ANTOINE DE SAINT-EXUPÉRY
Wind, Sand und Sterne

Es lohnt sich, darüber nachzudenken, welches Gemenge von inneren Zwängen und Wünschen diese Segler in den Südozean treibt. In dem BOC-Einhandrennen 1994/95, das in vier Etappen rund um die Welt führte, hatte sich Nigel Rowe, ein weltmännischer Engländer, der es müde war, für seinen Arbeitgeber, die Firma British Oxygen, die Wettfahrt zu organisieren, entschlossen, den Spaß einmal selbst mitzumachen. Nur zu bald mußte er feststellen, daß die Profis, die Rennsegler, die davon lebten und in den Regatten den Ton angaben, ein anderes Spiel mit anderen Regeln spielten als er.

Rowe lag mit seinem 48 Fuß (14,63 m) langen Boot im Südozean ziemlich am Ende des Feldes und versuchte, mit einem Sturm von 60 Knoten fertigzuwerden. Als er aus seiner Niedergangsluke auf die gewaltigen Wellen blickte, während der entsetzliche, ohrenbetäubende Wind „wie eine Todesfee" im Rigg des Bootes heulte, packte ihn abgrundtiefe Angst. Trotz der grimmigen Kälte schwitzte er. Sein Atem stockte.

„Irgendeine Riesenfaust drückte meinen Magen mit eisernem Griff zusammen... Guter Gott, errette uns alle aus dieser Hölle. Was als Traum begonnen hatte - allein um die Welt zu segeln -, war als Alptraum Wirklichkeit geworden."

Vor ihm erlebten die Spitzenreiter das gleiche Wetter - 60 Knoten Wind mit Schneeböen -, gingen aber anders damit um: Sie mißachteten die Sicherheit fast wie Wahnsinnige. Die meisten dieser führenden Yachten hatten Schäden an Segeln und Ausrüstung, aber, wie Rowe anmerkte, nicht als Folge von Leichtsinn oder mangelndem Können. Weil diese Segler „rund um die Uhr unermüdlich dem bewußten Bruchteil eines Knotens an zusätzlicher Fahrt nachjagten und dabei mit dem geringstmöglichen Spielraum für Irrtümer bis an die äußersten Grenzen gingen, waren sie eine Klasse für sich." Er bewunderte sie ehrfürchtig.

Der Amerikaner Steve Pettengill, der eine der großen, hochmodernen 60-Fuß-Yachten der Klasse 1 segelte, trug manchmal ein T-Shirt mit den Worten „If you are not on the edge, you're taking up too much space." (Etwa: „Wer nicht auf dem Grat wandelt, nimmt zuviel Platz weg.") Auf dem Grat wandeln oder in Randbereiche vorstoßen muß der Einhandsegler, um eine Wettfahrt zu gewinnen. Die Berufssegler im BOC und im Vendée Globe gingen oft Risiken ein, die besser zu Regatten auf Seen oder geschützten Buchten passen würden, wo Landschutz oder die Retter nur wenige Meilen entfernt sind. Sie trieben sich selbst und ihre Boote so nahe wie möglich an den Punkt heran, wo Mensch oder Maschine versagen müssen - in jenen schmalen Bereich zwischen „alles unter Kontrolle" und „knapp der Katastrophe entkommen". In diesem Sturm, der Nigel Rowe in Angst und Schrecken versetzte, wurde Pettengill mit seiner Yacht von einer See auf die Seite geworfen und überrannt, wobei die Kajüte so tief unter Wasser geriet, daß seine Ohren knackten.

Der sarkastische, wortkarge Australier David Adams segelte mit seinem 50-Fuß-Schiff TRUE BLUE ganz vorn bei den großen Yachten und führte in Klasse 2 (für Boote bis 50 Fuß im BOC mit seinen zwei Klassen). Er segelte seine Yacht wie eine riesige Jolle.

„Ich habe die Nase gestrichen voll," berichtete er der Wettfahrtleitung. „Bin bei 40 bis 60 Knoten Wind 24 Stunden am Ruder gewesen. Viermal fast gekentert, mit dem Mast im Wasser. Einmal sind wir so auf dem Ohr liegend eine Welle hinuntergerauscht. Das ist hier draußen nur noch reines Überleben, kein Rennsegeln mehr."

Später schrieb er: „Wenn man in einem gewaltigen Sturm nur noch mit purem Adrenalin funktioniert, reicht es, die nächste halbe Stunde lebend zu überstehen und sich einen Dreck um das Rennen zu scheren."

Einmal wurde Adams sogar über Bord gespült. Er trug einen Sicherungsgurt und blieb mit dem Boot verbunden, kam aber nur unter beträchtlichen Schwierigkeiten wieder zurück an Bord.

Sein Erzrivale (und guter Freund) in der Klasse 2 war der Italiener Giovanni Soldini. Die beiden waren seit Beginn der Wettfahrt dicht an dicht gesegelt, häufig hatten sie einander in Sicht gehabt. Aber offenbar gab es selbst im Grenzbereich Abstufungen des Wahnsinns. Soldini weigerte sich, es seinem Rivalen in allem gleichzutun.

„Adams! So ein Mist!" faxte er. „Er hat gestern 100 Meilen gewonnen... aber er ist verrückt. Er hört nie auf, draußen zu steuern. Es ist irrsinnig riskant. Ich werde es nicht tun. Ich will mich doch nicht umbringen."

Am Ende der Kapstadt-Sydney-Etappe dieser Regatta zögerte Adams nicht, seine Angst zuzugeben: „Es war die schlimmste Erfahrung meines Lebens, der reinste Horror... Manchmal dachte ich, wir würden es nicht überstehen."

Er war auch nicht nur draußen in der Plicht geblieben, um Vorsprung zu gewinnen, sondern seine Gründe waren viel einfacher.

„Die Leute fragten mich oft, wie ich es in diesen Stürmen schaffte, stundenlang, ja tagelang von Hand zu steuern," schrieb er. „Furcht ist ein großer Antreiber. Ich dachte, wenn ich aufhörte zu steuern, würde ich sterben. So einfach war das. Also steuerte ich weiter."

Und er segelte weiter. Seit dem BOC hat Adams an mehreren Hochseeregatten über lange Strecken teilgenommen. Anfang 1998 gehörte er beim „Gold Race", einer Hochgeschwindigkeitsjagd von New York nach San Francisco durch die hohen Südbreiten „verkehrt herum" um Kap Horn gegen Wind und Strom wieder einmal zur Besatzung von Isabelle Autissier. (Parlier und Auguin führten die anderen beiden Boote in diesem Rennen dreier Yachten. Parlier siegte, Autissier wurde Zweite und Auguin Dritter.)

Auch die geretteten Vendée Globe-Teilnehmer werden weitersegeln. Dinelli sagte, daß er beim Warten auf seinem sinkenden Boot keine Angst gehabt hätte. Möglich ist es. Später aber mußte er dafür bezahlen und tut es noch heute. „Ich habe diese grauenvollen Bilder im Kopf, sie sind schwer zu verkraften. Nachts habe ich Alpträume."

Während Dinelli mir von seiner schrecklichen Prüfung erzählte, hörte er einmal plötzlich auf zu sprechen, stand auf und ging an seine Haustür. Er öffnete sie und sah hinaus über die Straße und die in der Nähe liegenden gepflegten, von Hecken umsäumten Felder der Vendée bis hin zum Meer, das im fernen Dunst lag. Nach etwa einer Minute hatte er sich wieder gesammelt, setzte sich wieder und erzählte weiter.

Als er später eine Weile das Haus verließ, um einige englische Segelfreunde abzuholen, die zu Besuch kamen, erzählte mir Virginie, seine zukünftige Frau, daß Raphaël zum Glück die Gelegenheit gehabt hätte, das Trauma seines Schiffbruchs zu bewältigen. Er hatte sich sozusagen gleich wieder aufs Pferd gesetzt. Nach Dinellis Rettung nahm Goss Kurs auf das über 2.000 Meilen entfernte Tasmanien. Die beiden gerieten fast sofort in ein weiteres Frontensystems mit schwerem Wetter, und Dinelli, der noch unter Schock stand und schwer unterkühlt war, verfiel bei dem nur zu vertrauten Lärm und Dröhnen einer 60-Fuß-Yacht im Sturm in Angst, manchmal sogar in Panik. War er um Haaresbreite davongekommen, nur um seinen unausweichlichen Tod auf See hinauszuschieben? Während das schlechte Wetter anhielt und Dinelli gesundete, nahm seine Angst Tag für Tag ab. Als die AQUA QUORUM zehn Tage später Hobart erreichte, hatte er sein emotionales Gleichgewicht wiedergewonnen. Ohne dieses sofortige Schlechtwettererlebnis, so glaubte Virginie, wäre es ihm sehr schwergefallen, wieder segeln zu gehen. Aber Dinelli wird segeln. Als wir uns unterhielten, begann er gerade seine Kampagne, um einen Sponsor für das nächste Vendée Globe im Jahr 2000 zu finden. (Das wird ihm so gut wie sicher gelingen, denn er ist heute in Frankreich ein profilierter Medienstar.)

Dubois' Buch über sein wundersames Überleben ist betitelt „J'y retournerai" („Ich werde dorthin zurückkehren"). Es ist anzunehmen, daß er es ernst meint. Auch Bullimore betrachtet das Vendée Globe als unerledigte Sache. Trotz der Bedenken seiner Ehefrau würde er, die „merveilleux bouledogue", gern noch einmal teilnehmen. Als ich mich mit ihm unterhielt, hatte er den Vorentwurf für ein neues Boot von der Groupe Finot auf dem Tisch. Autissier und Thiercelin werden an der Around Alone-Wettfahrt 1998/99 teilnehmen (vgl.

YACHT 7/1999). Goss hatte bereits Sponsoren für die vier Millionen Pfund gewonnen, die er brauchen wird, um „The Race" zu segeln, eine am 31.12.2000 beginnende aberwitzige Geschwindigkeitsjagd rund um die Welt für Yachten unbeschränkter Konstruktion und mit voller Besatzung. Adrian Thompson hat für diesen Alles-ist-erlaubt-Wahnsinn ein großes Mehrrumpfschiff entworfen - einen 35 Meter langen, wellendurchbohrenden Katamaran mit zwei drehbaren Masten, einem auf jedem Rumpf. Er wird an die 40 Knoten laufen. Bis zum Start dieser großen Rennen werden die Segler alle an verschiedenen weniger bedeutenden Wettfahrten über den Atlantik teilnehmen.

Ich versuchte mir vorzustellen, wie ich selbst auf die unvorstellbaren Bedingungen im Strudel eines Sturms im Südozean reagiert hätte. Ich weiß nicht, was ich getan hätte. Bestenfalls, nehme ich an, durchgehalten wie Nigel Rowe und auf Erlösung gewartet. Schlimmstenfalls ... vielleicht meine EPIRB-Funkboje angestellt und um Hilfe gerufen. Ich bewunderte es ungeheuer, daß Rowe die Strapazen durchstand und es bis nach Australien schaffte. Kurz nach dem Start der dritten Etappe nach Sydney gab er das Rennen auf, nachdem er immer wieder Rigg- und Ruderprobleme gehabt hatte. Offenbar glich er eher mir als Adams, Pettengill, Goss oder Dinelli. Seine Reaktionen schienen die eines „normalen" Menschen zu sein, und ich verstehe, wie er seine Angst äußerte und damit umging. Ich konnte nicht begreifen, wie die Masse der „Gratwanderer und Grenzgänger" weitermachen konnte oder warum sie nie genug hatten und an einer Regatta nach der anderen teilnahmen.

Zur Charakterisierung von Menschen wie die Profisegler des BOC und des Vendée Globe wurde eine Reihe von Ausdrücken geprägt: Grenzgänger, Erlebnissucher, praktizierende Sonderlinge. Darunter sind nicht allein diese Segler. Sie gehören zu einer Gruppe von Menschen, die freiwillig und so oft sie können verschiedenartige gefährliche Betätigungen ausüben. Das sind fast immer Sportarten, die heute meist als „Extremsport" gekennzeichnet werden - wie Bergsteigen, Autorennen oder „Skydiving" (Fallschirmspringen mit möglichst später Öffnung des Fallschirms). Diese Leute betreiben so gut wie alles, was auf den Antragsformularen der Versicherungen als gefahrerhöhend aufgeführt ist und worüber jede Gesellschaft zahlreiche weitere Angaben verlangt, bevor sie auch nur daran denkt, jemanden zu versichern. Die Versicherungsgesellschaften wissen schon, warum. Es ist ihr Geschäft, Risiken zu beurteilen und einzuschätzen. Warum sollten sie sich vertraglich verpflichten, Geld an die Erben oder Bezugsberechtigten irgendeines Wahnsinnigen auszuschütten, der nichts Schöneres kannte, als jedes Wochenende dem Tod ins Gesicht zu sehen oder sogar über Monate hinweg, wie bei einer Ozeanwettfahrt?

Neben dem Sport ist für Erlebnissucher der Krieg die zweite Hauptquelle des Nervenkitzels (den Ausdruck „sensation-seeking" - Erregungssuche oder Erlebnissuche - prägte der amerikanische Psychologieprofessor Marvin Zuckerman). Der Soldat wird durch das Urerlebnis des Kampfes zerrissen, und trotz des Schreckens treibt es ihn dazu, den wilden Rausch im Augenblick der Feindberührung erneut zu erleben - diese gewaltigen Feuerbälle! Auch bei den Vorbereitungen zum Krieg gibt es Parallelen: Man tut Dinge, die selbst außerhalb des Kampfes schon für sich genommen so schwierig und gefährlich sind, daß sie dem Ernstfall nahekommen. Wenn ein Kampfflieger bei Nacht und schlechtem Wetter auf dem Deck eines Flugzeugträgers landet, ist das mit der nächtlichen Spinnakerhalse des Einhandseglers auf einem voranjagenden 60-Fuß-Boot im Vendée Globe vergleichbar. Hier wie dort „geht es zur Sache". Die aus Kampfpiloten hervorgegangenen Apollo-Astronauten, die sich mit größtem Risiko und geringster Sicherheitsmarge in kleinen Kapseln in eine Erdumlaufbahn oder auf die öde Mondoberfläche katapultieren ließen, sind die einzigen Menschen, die sich weiter vom Planeten Erde entfernt haben als die Seeleute und Segler auf dem Planeten Ozean. Ich erinnere mich, gelesen zu haben, daß sich der Puls des Kommandanten der Unternehmung, Neil Armstrong, nur auf 90 Schläge pro Minute beschleunigte, als die Landekapsel der Apollo 11 bei der ersten Mondlandung wieder von der Mondoberfläche aufstieg, um an das Mutterschiff anzudocken, obwohl das zu den heikelsten Phasen der ganzen Unternehmung gehörte. Selbst wenn man die beruhigende Wirkung von Erfahrung und guter Vorbereitung berücksichtigt, war das die Reaktion eines Mannes, der geistig und körperlich völlig anders reagierte als ich.

In seinem Buch „Dispatches" über den Vietnamkrieg beschreibt Michael Herr, was er oft bei den Soldaten feststellte, die dort gekämpft hatten. Solange sie in Vietnam waren, wollten sie nichts als weg. Sie zählten wie besessen die verbleibenden Tage ihres ein Jahr dauernden Dienstes. Sobald sie aber wieder in Amerika waren, wollten sie nur noch zurück nach Vietnam, einen Ort des Todes, wo sie sich paradoxerweise manchmal so lebendig gefühlt hatten. Als Philippe Jeantot mir seine Empfindungen über den Südozean schilderte, hörte er sich genau an wie ein ehemaliger Soldat, der nach der kristallklaren Erregung hungert, die aus der Gefahr entspringt.

„Es ist verblüffend, aber wenn man dort ist, will man anderswo sein, egal wo. Wenn du aber Kap Horn gerundet hast und auf Nordkurs bist, vergißt du die dort unten erlebten Schwierigkeiten. Du willst nur noch zurück."

Ich fragte, warum.

„Es ist der stürmische Süden, der Süden," entgegnete Jeantot. „Nicht die Kalmen; nicht der Passat. Das nicht. Der Süden."

Catherine Chabaud sagte sich während der Wettfahrt und anschließend noch einige Wochen lang, daß sie nie wieder in den Süden zurückkehren würde. Als sie zum ersten Mal die Fotos von Thierry Dubois sah, der sich an sein kieloben in riesigen Seen treibendes Boot klammerte, von Tony Bullimore im Wasser und von Raphaël Dinelli an Deck seiner sinkenden Yacht, begann sie zu weinen. Einen Monat ertrug sie es nicht, die Bilder noch einmal anzusehen. Sie sagte, das hätte ihr mehr als sonst etwas gezeigt, wieviel das Rennen ihr abverlangt hätte. „Vorher war mir nicht klar gewesen, wie schwer ich es gehabt hatte, die Sache durchzustehen."

Trotz allem wandelten sich ihre Gefühle allmählich. Als ich mit ihr dreieinhalb Monate nach ihrer Rückkehr nach Les Sables-d'Olonne sprach, hatte sie sich völlig anders entschieden. „Heute möchte ich wieder in den Süden zurück, allein. Warum?" Sie lachte. „Warum?"

Bullimore, der zähe Überlebende, fühlt sich ganz und gar zurück in den Südozean gezogen. Er ist schon auf allen Weltmeeren gesegelt, aber der Südozean ist das einzige Meer, bei dem er den Zwang spürt, dorthin zurückzukehren. Die physische Herausforderung ist es, die ihn magnetisch wieder in diese Gegend zieht.

Das hat etwas Zwanghaftes, einen Hauch von Sucht, was nicht überrascht, weil dabei Drogen eine Rolle spielen: Adrenalin z.B., ein machtvoller Stoff, führt zu einem verlockenden Rausch. Daß Leistungssportler, Draufgänger, Extremsportler und manche Soldaten immer weitermachen, liegt zum Teil daran, daß sie die physischen Empfindungen wiedererleben wollen, für die der Körper mit seiner eigenen Chemie sorgt, wenn er in Gefahr ist. Es gibt auch Dopamin, die chemische Substanz, die im Gehirn des Menschen entsteht, wenn er etwas Gutes erlebt. Dieser Stoff läßt uns Freude empfinden, so daß wir danach streben, die Handlungen zu wiederholen, die zu seiner Ausschüttung führen.

Möglicherweise brauchen einige von uns ausgefallenere Tätigkeiten, um genug Dopamin zu bekommen. Mein Gehirn erhält davon vielleicht mehr als genug, wenn ich vier Stunden damit zubringe, an einem böigen Tag über den Ontariosee zu segeln. Neil Armstrong muß dafür vielleicht zum Mond fliegen. Auch Saint-Exupéry, der Moitessier inspiriert hatte, blühte durch lebensbedrohliche Zwischenfälle auf. Wie Stacy Schiff, sein Biograph, sagt, betrieb er buchstäblich einen Kult der Widrigkeiten. In den Worten eines der Mechaniker, die bei den frühen, gefahrvollen Sahara-Postflügen mitflogen: „Gerade dann, wenn es normal gewesen wäre, der Verzweiflung nachzugeben, schien er die freudigste Erregung und tiefes Glück zu erleben..." Wenn „Saint-Ex" in der Klemme steckte, strömte das Dopamin.

Einige neuere Untersuchungen deuten darauf hin, daß manche Menschen aufgrund der Art, wie ihr Körper auf Dopamin reagiert, genetisch dazu veranlagt sein könnten, neue, erregende Herausforderungen zu suchen. Bei den Genen, die für die Dopaminrezeptoren verantwortlich sind, gibt es eine Sorte, die größer ist als andere. Im Gegensatz zu der kleineren Genform erzeugt diese Art einen Rezeptor, der für Dopamin weniger empfänglich ist. Menschen mit dieser größeren Art des Gens können die Auswirkungen einer Dopaminausschüttung nicht so leicht erleben wie Leute mit dem kleineren Gen. Das treibt sie vielleicht zu Betätigungen, die die Erzeugung größerer Mengen Dopamin anregen. Abhängig von vielen anderen Erb- und Umweltfaktoren können sich diese Aktivitäten als Extremsport oder andere gefährliche Abenteuer äußern. Vielleicht haben die Profisegler, die am Vendée Globe und am Around Alone-Rennen teilnehmen, eher große Dopaminrezeptorgene. Vielleicht brauchen sie den Südozean, um genug von der Substanz in ihre Rezeptoren zu quetschen, um diesen angenehmen natürlichen Rausch zu erreichen.

Weder gleichen sich alle Extremsportarten, noch führt ihre Ausübung zu denselben Erfahrungen. Sie hängen hauptsächlich davon ab, wo die Betätigung stattfindet und wie lange sie dauert. Es ist eine Sache, an einem Sonnabendnachmittag aus einem Flugzeug zu springen, auf einem Snowboard zu fahren, mit einem Hängegleiter zu fliegen oder zwei Stunden lang einen Formel 1-Rennwagen im Grenzbereich zu fahren. Eine ganz andere Sache ist es, vier Monate allein auf einem Boot zuzubringen. Das soll nicht heißen, daß in jenen kürzer dauernden Sportarten die Hochstimmung beim Erleben und Meistern von Gefahren nicht intensiv ist. Obwohl ein Autorennen verhältnismäßig kurz ist, birgt für den Rennfahrer jeder Augenblick die Gefahr der Katastrophe, die nur durch großes Geschick, ruhige Nerven und schnelle Reaktionen abzuwenden ist.

Für Segler dagegen können solche Belastungsspitzen lange anhalten. David Adams, der seine Yacht in einem Sturm der Südbreiten 24 Stunden lang draußen in der Plicht steuerte, würde verstehen, was der Rennfahrer empfindet. Auch Autissier, deren PRB wie eine Gleitjolle auf eine rauschende Bugwelle sprang, wobei das Wasser überall herumflog, könnte das ebenso nachempfinden wie alle anderen Vendée Globe-Teilnehmer, wenn ihre Boote mit 25 Knoten über die langen, haushohen Seen des Südozeans surfen.

Einen Berg zu besteigen - den Everest als extremstes Beispiel - gehört in eine andere Kategorie. Auch dabei aber hält die höchste Gefahr, die Zeit, in der das Leben wirklich auf dem Spiel steht, nur wenige Tage an. Das Vendée Globe läßt sich allein wegen seiner Dauer nicht mit anderen Sportarten vergleichen. Bei dem „Wettsegel-Everest" sind die Teilnehmer sehr, sehr lange in Aktion. Im Südozean sind es biblische 40 Tage und 40 Nächte, wenn man Pech hat noch mehr. Auch die Abschnitte vor und nach diesem Kernstück der Regatta sind kein Picknickausflug, sondern weitere zwei oder drei Monate schwerer, einsamer Arbeit mit wenig Schlaf. Mir fällt kein anderes Sportereignis ein, das den Teilnehmern so viel abverlangt. Bei der Vorbereitung seines Buches „Beyond Endurance" über das Überleben unter schwierigsten Umständen machte der Psychiater Glinn Bennet das Langstreckensegeln zum Gegenstand seiner Forschungen. „Ich habe mich dafür entschieden, das Verhalten auf See zu untersuchen..., weil ich keine anderen Bedingungen kenne, unter denen es möglich ist, über so lange Zeiträume hinweg solche körperlichen und psychischen Strapazen einsam zu ertragen und doch gewisse Aufzeichnungen führen zu können," schrieb er. Bestimmte Abenteuer sind damit vergleichbar: z.B. die Überquerung der Antarktis oder des arktischen Packeises zu Fuß bis zum Nordpol. Oder bestimmte Erlebnisse im Krieg. Vielleicht auch politische Gefangenschaft in Einzelhaft.

Einfach ausgedrückt: Die Durchquerung des Südozeans verlangt diesen Einhandseglern Mut ab. Sicher brauchen sie auch überragende Segelkenntnisse, aber mit all ihren Fähigkeiten kommen sie nicht weit, wenn ihr Nervenkostüm die Belastungen durch die allgegenwärtige Gefahr willkürlich hereinbrechender folgenschwerer Unfälle oder plötzlichen Todes nicht aushält. Sie sind wie Soldaten an der Front. Die Möglichkeit des eigenen Todes gehört untrennbar zu der Unternehmung, an der sie beteiligt sind - sozusagen eine Vertragsbedingung. Wenn auch keiner der Einhandsegler wie ein Soldat erleben mußte, daß Freunde vor seinen Augen oder in seinen Armen sterben, hat jeder von ihnen gute Freunde auf See verloren. Dennoch machen sie mit. Sie alle müssen einen Weg finden, die Furcht zu besiegen, die jeder normale Mensch im Angesicht eines vorzeitigen, gewaltsamen Todes verspürt. Zugleich ist der Südozean ein Reaktionskolben, der die reine Hochstimmung herausdestilliert, die alle Segler fühlen, wenn sie ihn überleben und seine Gefahren bezwingen.

Es muß für die Alleinsegler erhabene Momente geben, wenn sie merken, daß eine unmittelbare Gefahr nachläßt und es diesmal aussieht, als würden sie weiterleben. Durch welch ein gespenstisches Zwischenreich müssen sie bis dahin gehen - wenn sie nicht sicher sind, ob sie überleben werden oder nicht, wenn alles denkbar ist und das Pendel zur einen oder anderen Seite ausschlagen kann. So müssen sich Bullimore, Dubois und Dinelli gefühlt haben oder jeder andere Teilnehmer bei besonders schwerem Wetter oder einer Beinahe-Kenterung. Wenn einem bewußt wird, daß man überlebt hat, muß man eine großartige Erleichterung spüren. Die Glut und Kraft des Lebens in solchen Momenten dürfte es wert sein, erneut danach zu streben. Es könnte auch ein unentrinnbarer Zwang sein.

In Gefahr spüren die Einhandsegler sowohl Angst als auch Erregung, manchmal getrennt, manchmal als unauflösliche Mischung der beiden Gefühle. In Wirklichkeit jedoch sind ihre Angst und ihre Erregung verschiedene Seiten derselben Medaille. Die Äußerungen des Körpers sind bei Furcht und Erregung identisch. Das vegetative Nervensystem reagiert genau gleich. Auch die Erregung des Gehirns unterscheidet sich in beiden Fällen nicht, denn wie der Körper bereitet es sich darauf vor, aktiv zu werden. In seinem Buch „The Dangerous Edge" beschreibt der Psychologe Michael Apter so eine physiologische Erregung als undifferenzierten Vorgang, als umfassende Aktivierung des Körpers, die nicht zwischen den verschiedenen Etiketten - Furcht, Erregung - unterscheidet, mit denen wir das Erleben kennzeichnen. Wie der Mensch die Äußerungen seines Körpers einordnet, sagt Apter, hängt von dem Erlebniszusammenhang ab, in dem das auslösende Ereignis der Körperreaktionen steht. Der Gemütszustand, mit dem wir die allgemeine Aufrüttelung unseres Körpers gleichsetzen, kann „Erregungssuche" oder „Angstvermeidung" sein.

Für welche dieser Gemütsverfassungen wir uns entscheiden, hängt davon ab, ob wir das haben, was er den „Schutzrahmen" („protective frame") nennt, und wie weit dieser Rahmen reicht. Das ist eine Art psychischer Festung: „Eine Sicht der Welt in einem gegebenen Zeitpunkt, die impliziert, daß man letzen Endes vor allen Gefahren sicher ist, die in diesem Zeitpunkt entstehen könnten." Wenn ich das Gefühl habe, noch im Schutz des Rahmens zu sein, werde ich die Erregung meines Körpers als angenehme Aufregung deuten. Wenn ich aber keinen Schutzrahmen habe oder wenn er plötzlich wegfällt, dann empfinde ich denselben körperlichen Zustand als sehr unangenehmes Gefühl - Angst und Sorge. Ich könnte auch ohne Vorwarnung entdecken, daß der Schutzrahmen, den ich für fest und sicher hielt, nach Apters Worten in Wirklichkeit trügerisch ist. Mein Vertrauen in den Rahmen war unangebracht. Er bot nicht den Schutz, an den ich geglaubt hatte. Ich könnte meine eigene Fähigkeit, mit Bedrohungen fertigzuwerden, falsch eingeschätzt haben. Meine Fertigkeiten und meine Nerven sind nicht das, wofür ich sie gehalten hatte. Der Rahmen bricht zusammen. Der Schrecken, von dem ich geglaubt hatte, daß ich ihn fernhalten könnte, schlägt traumatisch über mir zusammen.

In dieser Analyse findet sich eine Reihe nützlicher Gedanken. Nigel Rowes Nervensystem konnte die Anspannung durch schweres Wetter im Südozean nicht ganz so aushalten, wie er es gehofft hatte. Sein Schutzrahmen hing zum Teil von seiner eigenen Fähigkeit ab, dem Streß zu widerstehen. Das aber konnte er nicht, zumindest nicht gut genug, und sein Rahmen erwies sich als trügerisch. Ohne einen in jeder Hinsicht funktionierenden Schutzrahmen konnte er nicht weitermachen.

In der Golden Globe-Wettfahrt von 1968, aus der alles entstanden ist, erfuhr ein Teilnehmer den kompletten Zusammenbruch seines lebenserhaltenden Rahmens. Der begeisterte, aber unpraktische Donald Crowhurst brach mit einem neu gebauten Trimaran auf, der ebenso schlecht auf die See vorbereitet war wie er selbst. Während er durch den Atlantik nach Süden segelte, wurde ihm verspätet klar, daß er den Südozean niemals bewältigen würde. Aber er hatte alles darauf gesetzt, ans Ziel zu kommen, seine geschäftliche Existenz wie seinen persönlichen Ruf, und er konnte nicht mit der Blamage fertigwerden, die das Aufgeben für ihn bedeutet hätte. Während der nächsten paar Monate segelte er gemächlich in den Leichtwindgebieten des Südatlantik umher, erweckte jedoch durch unrichtige Funkmeldungen den Eindruck, in der Tat um die Welt zu segeln. Da es keine Satellitenfunkbojen gab, um Booten auf See auf der Spur zu bleiben, konnte Crowhurst sich in jener wenig befahrenen Ozeangegend leicht verstecken. Bald aber wurde ihm klar, daß das gefälschte Logbuch, mit dem er seine imaginäre Wettfahrtteilnahme belegen wollte, einer genauen Untersuchung nicht standhalten würde. Er hatte die Reise nicht geschafft, und jetzt konnte er nicht nach Hause. Die ihm eigene psychische Anfälligkeit wirkte sich aus: Er begann in Wahnvorstellungen und wirren Gedanken zu versinken. Sieben Monate nach der Abreise aus England sprang er über Bord. Sein Trimaran wurde später treibend entdeckt. Der Kajüttisch war übersät mit den Tonbändern und Notizen eines in Verzweiflung und Wahnsinn abgleitenden Mannes.

Der Hauptrahmen, um es so zu nennen, ist für den Vendée Globe-Segler sein Boot - die Unversehrtheit von Rumpf und Takelage, die Zuverlässigkeit der Nachrichtentechnik und Sicherheitsausrüstung. Wenn einem all das intakt vorkommt, dann ist das Surfen im Südozean beglückend. Wenn der Rahmen angegriffen ist - der Rumpf wird von Eis durchlöchert, das Rigg kommt von oben, das ganze Boot, diese Schutzhülle, kentert durch und bleibt kieloben liegen - oder wenn grimmiges Wetter die Unversehrtheit des Rahmens ernsthaft bedroht, dann wird das Gehirn des Skippers den erregten Zustand seines Körpers kaum als Freude deuten. In jedem Augenblick des Rennens steht das Wissen im Hintergrund, daß der Schutz durch den Rahmen, den das Boot, seine Ausrüstung und die Möglichkeit der Rettung nach einer Katastrophe darstellen, alles andere als garantiert ist. Wichtige Teile des seglerischen Schutzrahmens können sich sekundenschnell verflüchtigen, wie bei den drei Weihnachtskenterungen. Der Wechsel von Angst und freudiger Erregung oder das gleichzeitige Erleben beider Gefühle spiegelt wieder, wie zerbrechlich die kleinen Festungen sind, die die Vendée Globe-Skipper über den Ozean tragen. Wenn sie die Startlinie vor Les Sables-d'Olonne überqueren, segeln sie aus dem sicheren, umgrenzten Bereich hinaus in das „Reich des Unbekannten", wo Helden gedeihen.

Mir ist klar, wie verlockend oder - in gewisser Weise - nützlich diese Ausbrüche aus dem Reich der Sicherheit sind. Wir alle sind unterwegs zum selben Ort. Im Tod verlassen wir den vertrauten Bereich für immer und betreten das allumfassende Reich des Unbekannten. Der schützende Rahmen des Lebens ist am Ende für uns alle illusorisch. Wenn wir nicht an ein Leben nach dem Tode glauben, geht früher oder später alles im Chaos auf. Wenn jenes Wissen in meinem Bewußtsein verankert wäre, wenn es ein dauerhafter Bestandteil meines Lebensverständnisses wäre, würde ich wütende Ozeanstürme vielleicht ganz anders betrachten. Ich würde dann die Art und Weise, in der sich die Vendée Globe-Segler oder alle anderen Erlebnis- oder Erregungssucher vorübergehend dem Tod annähern, anders betrachten. Diese riskanten Abenteuer werden zu einer Art Erkundung dicht am Reich der Dunkelheit. Gehört der Wunsch, sich genauer anzusehen, wohin wir alle kommen, nicht zur menschlichen Natur? Vielleicht gibt es keinen besseren Weg, sich mit dieser ganzen unfaßlichen Vorstellung vertraut zu machen und anzufreunden, als mit diesen kühnen, übermütigen Ausbrüchen. Alle „Grenzgänger" stimmen darin überein: Indem sie sich näher an den Tod heranwagen, fühlen sie sich durch und durch lebendig. Sie feiern das Chaos, indem sie es umarmen und anerkennen, wie umfassend und unausweichlich es ist. Auch das übrige Leben, sein alltäglicher Fortgang, ändert sich, prosaische Tätigkeiten und Freuden gewinnen neue Bedeutung.

Hervé Laurent berichtete mir, daß die Regatta ihn verändert habe: „Alles ist einfach, das Kochen, das Essen, das Pinkeln, abends nach Hause zu gehen - alles ist leichter. Ich weiß das Leben und die Menschen mehr zu schätzen. Seit der Wettfahrt suche ich viel mehr die Nähe von Menschen. Ich möchte Leuten begegnen und mit ihnen sprechen. Vorher war ich eher ein Einzelgänger. Heute bin ich immer mit meiner Familie und Freunden zusammen. Es ist leicht und einfach, bei ihnen zu sein."

Vielleicht hat Laurent - gewandelt durch 116 Tage und 20 Stunden auf See - sein wahres Ich entdeckt, das vorher verdeckt oder unterdrückt war. Auf See lernt man fraglos sehr schnell, was für ein Mensch man ist - welche gefühlsmäßigen und seelischen Gaben man hat. Ja, es wird höchst wichtig, diese Fähigkeiten leidenschaftslos und genau einzuschätzen. Sie offenbaren sich zwangsläufig, ob es einem gefällt oder nicht. All diese Betätigungen im Grenzbereich bieten die Gelegenheit zu Entdeckungen und zur Selbstentdeckung.

Bei den Gesprächen mit den Vendée Globe-Teilnehmern fiel mir jedesmal auf, wie sich einige ihrer Persönlichkeitsmerkmale glichen. Ausnahmslos sprach ich mit aufrichtigen, offenen, humorvollen und ungekünstelten Menschen. Sie bilden sich nichts auf ihre Leistungen ein und beanspruchen nur sehr zurückhaltend Anerkennung für Handlungen, die im Rückblick bemerkenswert oder gar echte Heldentaten sind. Zum Teil, so nehme ich an, haben diese Züge ihren Wert, um einem Segler durch Einhand-Hochseewettfahrten zu helfen, so daß die meisten erfolgreichen Rennsegler diese Merkmale zeigten. Ihr prägendes Kennzeichen aber, so wurde mir klar, ist reife Weisheit. Es ist eine erworbene Weisheit, das Ergebnis des Zwangs, sich unter dem Druck der Umstände zu verändern. Interessant genug ist, daß niemand sich zum Schlechteren änderte. Nur zum Besseren, darüber waren sich alle einig.

In diesem Rennen mitzusegeln sei eine Grenzerfahrung, sagte Isabelle Autissier. „Es zeigt einem, was für ein Mensch man ist, wenn man seine eigenen Grenzen ausweitet. Man kann sie erreichen. Ich weiß jetzt besser, wer ich bin. Ich weiß auch, daß diese Selbsterkenntnis echt ist, weil ich sie unmittelbar erlangt habe, durch eigene Erfahrung und Gefühle. Niemand anders hat mir etwas darüber gesagt. Und weil man so lange so sehr allein ist, fühlt man sich anderen Menschen näher."

Man merkt, wie wir voneinander abhängen, wie wir einander brauchen, wie wichtig es ist, den Mitmenschen zu lieben. „Es ist etwas echt Menschliches, wirklich ganz einfach. Wunderbar, tatsächlich. Es ist etwas Zwischenmenschliches."

Weil man mehr Selbstvertrauen hat, spürt man auch mehr Vertrauen zu anderen Menschen. „Das ist für mich eine große Veränderung, und es ist eine Veränderung zum Guten."

„Das hört sich an wie eine reinigende Erfahrung," sagte ich.

„Ja, man reinigt sich selbst," entgegnete Autissier. Jeder sollte dazu verpflichtet sein, fügte sie hinzu. Damit wären die Probleme der Welt gelöst.

Goss als Soldat wußte schon etwas darüber, wo seine Grenzen lagen. In dieser Beziehung hatte das Rennen ihn nicht verändert. Aber es gab sicher noch etwas, sagte er. „Es ist schwer zu beschreiben, aber ich bin mit einem großartigen Gefühl von innerer Ruhe oder Frieden zurückgekommen. Ein ganz besonderes Gefühl."

Er wollte nicht zuviel darüber sprechen, weil er fürchtete, Perlen vor die Säue zu werfen. Er ist nicht religiös, und es ist eigentlich auch kein religiöses Gefühl, sondern einfach innerer Friede und Vertrauen. Er hatte seit dem Ende der Regatta mit einigen anderen Teilnehmern gesprochen, die ähnliche Empfindungen äußerten.

Catherine Chabaud fühlte sich sehr viel älter. Sie hatte gedacht, daß sie vielleicht mit 60 oder 70 Jahren so empfinden würde wie nach der Wettfahrt - die Weisheit des Alters. „Mit 30 Jahren merkt man, daß man mit 20 nicht besonders schlau war. Nach dem Rennen merkt man, daß man davor nicht besonders schlau war. Ich glaube, daß wir Weisheit erworben haben, die ohne diese Erfahrung sehr viel später gekommen wäre."

Jetzt, nachdem sie eine Menge Zeit gehabt hat, über ihre eigenen Schwächen nachzudenken, fällt es ihr leicht, anderen ihre Schwächen zu vergeben. Kaum je spürt sie noch den vernichtenden Zorn, der sie früher oft überwältigte. Nichts ist wichtig genug, um darüber wütend zu werden. Das erfuhr sie, als sie Geduld lernte. „Als ich auf Wind wartete oder auf weniger Wind oder auf die Sonne oder auf Kap Horn oder auf das Ende, sagte ich mir: Ruhig, du lernst Geduld." (Moitessier schrieb einmal: „Segeln ist eine lange Lektion in Geduld.")

Bullimore, der auf die Sechzig zugeht, lernte die Geduld des Seglers schon vor langer Zeit. In dieser Wettfahrt aber hatte er vier Tage lang dem Tod ins Auge gesehen, ja als wahrscheinlich angenommen, daß er sterben würde. Plötzlich aber hatte er australische Stimmen gehört, war noch einmal tief durch das eisige Wasser getaucht, um in Sicht des lebenspendenden Kriegsschiffs hochzukommen. So etwas konnte man nicht durchmachen, ohne sich zu verändern. „Also, wenn man beinahe den Löffel abgeben mußte, dann aber doch nicht, muß das Leben einfach schön sein. Es muß viel besser aussehen. Ich bin noch da. Mein Gott, ist es gut, am Leben zu sein und neue Lebenszeit zu haben, Tag für Tag."

Jeantot, der Gründervater des Vendée Globe und Veteran von vier Wettfahrten durch den Südozean, muß hundertmal gefragt worden sein, was er empfunden und wie es ihn verändert habe. Obwohl seine Zeit im weiten Süden längst vorbei war, antwortete er erstaunlich leidenschaftlich: „Weil man spürt, daß man etwas so Starkes erlebt. Man muß seine Grenzen hinausschieben. Jeden Tag ist man an seinen äußersten Grenzen. Die Kraft des Lebens ist dort so stark. Manchmal empfindest du, daß es dir zuviel wird, aber wenn du es hinter dir gelassen hast, spürst du, daß es die wichtigste Zeit in deinem Leben war. Du lebst auf einer höheren Ebene, mit höherer Geschwindigkeit. Mit den stärksten Empfindungen für alles.

Fünftausend Meilen von der nächsten Küste entfernt denkst du über dich selbst und dein Boot nach, und der Wind bläst so wütend. In diesem Augenblick empfindet man, wie klein man ist. Im Südozean bekommt man jeden Tag und jede Minute eine Lektion in Demut.

Wer von so einer Reise zurückkommt, kann nicht mehr derselbe sein wie vorher. Du vergißt nie die Lehren, die der Süden dir erteilt hat. Er verändert dich. Du kannst danach nicht mehr wie früher sein. Äußerlichkeiten erscheinen so sinnlos. Warum alles so kompliziert machen? Du weißt, du bist, wie du bist."

Abgesehen von Moitessier hatte Knox-Johnston längere Zeit als sonst jemand im Südozean zugebracht, um die Lektionen der See zu lernen. Bevor er aufbrach, sei er ein sehr aggressiver junger Mann gewesen, sagte er. Das aber änderte sich und noch vieles mehr.

„Man wird durch die schiere Größe, das Riesenhafte der Natur gedemütigt," erklärte er mir. „Man merkt, wie unbedeutend wir sind. Man betrachtet eine riesige Welle im Südozean und sieht etwas fünfzehn oder achtzehn Meter Hohes, das sich von Horizont zu Horizont erstreckt. Dabei wird dir klar, daß es dich wegfegen und erledigen könnte, ohne dich zu bemerken."

Als er wieder nach Hause kam, sein leckendes Holzboot ständig ausschöpfte, von zehn Monate altem, zweifelhaftem Corned Beef und einer Handvoll Reis pro Tag lebte und Regenwasser trank wie der alte Seefahrer auf dem Fliegenden Holländer, sah das Leben ganz anders aus. „Man hütet sich davor, zu großsprecherisch zu sein. Es ist, als wollte man das Schicksal nicht herausfordern. Man sagt nicht gern: ‚Du verdammter Idiot hättest das nicht tun sollen.' Eher schon: ‚Durch Gottes Hilfe bin ich noch einmal davongekommen.'"

Man muß nicht zu den Heiligen des Einhandsegelns gehören, um in sein eigenes Herz oder das Herz der Welt sehen zu können, aber Moitessiers Bürde bestand darin, daß er nur auf See, allein auf seinem Boot, wirklich glücklich war. Wie sein geistiger Vorläufer und Leitbild Saint-Exupéry, der bald verzweifelt, reizbar und depriminiert wurde, wenn er nicht fliegen konnte, konnte auch Moitessier den November-Nieselregen in seiner Seele nur vertreiben, indem er so schnell wie möglich auf See kam. Dort lernte er seine Lektionen schon früh. Während er als junger Mann mit seiner hölzernen Ketsch MARIE-THÉRÈSE II aus seiner asiatischen Heimat ins „Exil" nach Europa segelte, wurde er vor Durban über Bord gewaschen, als sein Boot, das beigedreht in einem Sturm lag, der gegen den Agulhas-Strom stand, von einer Welle überrollt wurde. Er fand sich schwimmend im Wasser wieder und sah sein gekentertes Boot, dessen Kajütlukendeckel weggerissen war. Mit so einem Loch im Deck konnte es sich nicht über Wasser halten. Moitessier aber fühlte weder Verzweiflung noch Bitterkeit. Er sagte sich: Diesmal, alter Junge, bist du erledigt.

Er erinnerte sich an eine Seite aus „Wind, Sand und Sterne", wo Saint-Exupéry betont hatte, daß es absolut notwendig sei, seiner wie auch immer gearteten Bestimmung zu folgen. „Auch ich würde enden wie Saint-Exupérys Gazelle, deren Bestimmung es war, in der Sonne herumzuspringen und eines Tages unter den Klauen eines Löwen zu sterben."

Beim Wassertreten im warmen Meer bereute er nichts, aber wie es Zufall und Glück wollten, richtete sich die MARIE-THÉRÈSE II wieder auf, bevor eine tödliche See überkommen konnte (wieder einmal der Vorteil der konventionellen Form). Moitessier konnte wieder an Bord klettern und brachte dabei den Lukendeckel mit, den er in der Nähe treibend gefunden hatte. „Dann pumpte ich fünf Stunden am Stück, froh, das Leben neu zu beginnen."

Einige Jahre zuvor hatte Moitessier in einem Kolonialregiment der französischen Armee in Vietnam gegen den Viet Minh gekämpft. Dabei erfuhr er, wie es ist, während eines Angriffs aus dem Hinterhalt mit seinem Körper verzweifelt den Boden zu durchpflügen, um dem plötzlichen Kugelhagel zu entgehen. Er erlebte auch, wie vielschichtig und verlockend die Erregung von Körper und Gehirn in Gefahren ist, die die Furcht besiegt, die mit dem einhergeht, was man den plötzlichen Zusammenbruch des soldatischen Schutzrahmens nennen könnte.

„Ich lernte den ungeheuren Kick zu schätzen, den man im Krieg, diesem großen Wettkampf, erlebt - eine Art umfassende Alarmbereitschaft, die einen völlig durchdringt, einen gehobenen Zustand, in dem die Angst, nie wieder die Sonne zu sehen oder die Wärme der Kameraden zu spüren, von der glühenden Brüderlichkeit der Kampfgenossen weggefegt wird, die zu einem einzigen, fast gottgleichen Mann verschmelzen können."

Die See gab Moitessier Gelegenheit, erneut die süchtig machende Intensität des Krieges zu spüren. Als er sich später dem Südozean näherte, bemerkte er in „Der verschenkte Sieg", daß er dabei war, sich wieder „in den großen Wettkampf der hohen Breiten" zu stürzen.

Boote und das Meer waren für ihn auch ein Fluchtweg aus seinem geliebten Vietnam, wo er und alle anderen französischen Kolonisten Fremde geworden waren. Im Exil fand er nie mehr eine neue Heimat, abgesehen von der See, einem dürftigen Zuhause. Nur dort konnte er die spielerische Entrücktheit seiner asiatischen Kindheit nachempfinden. Wie alle Vertriebenen spürte Moitessier oft und heftig Heimweh. Auf See lauschte er nach zwei Monaten in der Ödnis des Südozeans den „Geräuschen des Wassers am Rumpf, den Geräuschen des Windes, der über die Segel streicht, und dem geheimnisvollen Schweigen zwischen meinem Boot und mir wie damals, als ich als Kind dem Sprechen des Waldes zuhörte." Er erinnerte sich mit Proustscher Klarheit immer an die Idylle seiner Kindheit. Das Meer war ihm Ersatz für den wunderbaren vietnamesischen Dschungel, wo der wilde, ungebärdige Junge träumte und mit seiner Schleuder jagte. „Es ging nicht so sehr darum, Vögel zu töten, als dem Gewisper zu lauschen, den Echos, dem kaum wahrnehmbaren Knacken und der oft plötzlichen Stille des Waldes, alles voller Zeichen und Geheimnisse."

Nach einer glücklichen Kindheit ist das Erwachsensein eine Art Vertreibung. Saint-Exupéry hatte mit Moitessier sehr viel gemeinsam. Dazu gehörte auch das gleiche schmerzliche Bewußtsein, das Paradies der Kindheit verloren zu haben. Wie Moitessier allein auf seinem Boot im stürmischen Süden erinnerte sich Saint-Exupéry in der klösterlichen Einsamkeit seines Flugstützpunktes mitten in der Wüste mit schmerzlicher, aber doch tröstender Wehmut an seine Heimat - das Elternhaus, über das er wie ein kleiner Prinz geherrscht hatte: „Da war ein Park, irgendwo, ein geliebter Park mit schwarzen Tannen und lichten Linden, und dabei stand ein altes Haus. Es war auf einmal ganz gleichgültig, daß alles dies so weit von mir entfernt war und mich nicht wärmen und nicht schützen konnte... Es genügte, daß es dieses Haus gab, um meine Nacht mit seiner Gegenwart zu erfüllen. Ich war nicht mehr Strandgut auf wilder Küste, ich hatte ein Heim, ich war Kind dieses Vaterhauses."

Stacy Schiff, Saint-Exupérys Biograph, äußerte, daß eine glückliche Kindheit ihren Tribut verlangen kann. Für Moitessier und Saint-Exupéry erleichterten das einsame Hochseesegeln und das einsame Fliegen über der Wüste die Schwierigkeit und den Schmerz des Erwachsenseins, aus dessen Verwicklungen und Verantwortungen ihnen diese Abenteuer einen Ausweg boten.

Ich bin in Belfast in Nordirland geboren und über die Jahre immer wieder dorthin zurückgekehrt, um Verwandte zu besuchen, von denen es allerdings durch Sterbefälle und Auswanderung fort von „den Unruhen" dort nur noch eine Handvoll gibt. In den schlimmsten Zeiten der siebziger Jahre war die Stadt ein sehr spannungsgeladener Ort. Während eines Besuchs bei meiner Großmutter, kurz nachdem die Möglichkeit von Internierungen ohne Gerichtsverfahren angeordnet worden war, lag ich in meinem kalten, klammen Bett und hörte jeden Abend beim Einschlafen das Geknatter von Gewehrfeuer rund um die Grenzen der Separatisten-„Sperrgebiete" und bis ins Stadtzentrum hinein gelegentlich das Rummsen von Explosionen und das Geheul von Sirenen. Tagsüber waren gepanzerte Fahrzeuge vom Typ "Saracen", Polizei und Soldaten überall. Als dunkelhaariger, bärtiger junger Mann sah ich aus wie ein Katholik (obwohl ich keiner war) und wurde jeden Tag ein Dutzend Mal angehalten, nach Ausweispapieren gefragt, gründlich durchsucht oder flüchtig abgetastet. An einem Tag wurde ich zweiundzwanzigmal angehalten und durchsucht. Es gab willkürliches Wie-du-mir-so-ich-dir-Töten. Restaurants und

Innenstadtstraßen wurden bombardiert. Aus Schützenpanzern und gepanzerten Jeeps richteten Soldaten beim Vorbeifahren ihre Gewehre auf mich. Damals war Belfast ein Ort, den jeder liebend gern verlassen hätte. So ging es auch mir. Aber ich konnte mir nur den Wunsch vorstellen, in eine friedliche, etwas langweilige Gegend zu kommen, um die Anspannung etwas weichen zu lassen. Also kam ich nach Hause, nach Kanada.

Menschen, die damals in Belfast wohnten oder irgendwo anders leben, wo der Alltag alles andere als sicher und geregelt ist (was den größten Teil der Welt umfaßt), werden nicht mit Booten über See gehen oder den Mount Everest besteigen. Warum soll man das Risiko suchen, wenn es im Alltag genug davon gibt? Dort aber, wo das Leben seinen sicheren, überwachten Gang geht, wo Wohlstand und solide Politik die Risiken zurückgedrängt haben, verhält es sich anders. In der bedrückenden Enge der sogenannten Ammengesellschaften - kein Krieg, kein Hunger, Kondome, Sturzhelme, Rauchverbote - müssen einige Menschen nach Gefahren und aufregenderen Gefühlen suchen, als unsere Gesellschaft sie legal bieten kann. Extremsportarten sind eine der Folgen. Sie werden vor allem in Amerika, Europa und europäisch besiedelten Ländern wie Australien und Neuseeland ausgeübt. Dazu gehören Sportarten wie „Skydiving", Gleitdrachenfliegen, Autorennen, extremes Snowboardfahren, Skilaufen, Surfen u.s.w.. Gewöhnliche Risikosucher müssen teilweise deshalb auf solche Beschäftigungen ausweichen, weil die herkömmlichen Überdruckventile wie Krieg, Grenzgebiete und ferne Wildnisse verschwunden sind. Es gibt einige wenige Ausnahmen: die Polargebiete, die großen Wüsten, das Hochgebirge und vor allem den Südozean. Diese Gegenden bieten das, was die besonders wählerischen, fähigen und vermögenden Grenzgänger brauchen.

Das Einhandwettsegeln über Langstrecken hat in den letzten Jahrzehnten den Franzosen „gehört". Sie sind die fortschrittlichsten Erlebnissucher. Die Mehrzahl der Extremsportarten stammt aus Frankreich, und laufend entstehen dort weitere Arten und Variationen. Das ist eine ehrwürdige Tradition. Als Saint-Exupéry 1911 begann, sich für das Fliegen zu begeistern (ein Jahr später flog er zum ersten Mal), waren es die Franzosen, die die neuen Flugmaschinen vor allen anderen begeistert aufgenommen hatten. 1911 gab es in Frankreich mehr Fluglizenzen als in den USA, England und Deutschland zusammen.

Die Franzosen hielten die Weltrekorde in Flughöhe, Flugdauer und Geschwindigkeit. Im Vorgriff auf das Langstreckensegeln beherrschten französische Piloten auch die frühen Langstrecken-Flugwettbewerbe.

Die besondere Bedeutung des Einhandwettsegelns durch den Südozean geht in gewisser Weise auf Saint-Exupéry und Moitessier zurück. In seinem Buch über die Durchquerung der Sahara schreibt der Amerikaner William Langewiesche über die Liebe der Franzosen zu der öden und anscheinend grenzenlosen Wüste. Über ein Jahrhundert lang kämpften sie darum, diese Leere zu beherrschen. Langewiesche glaubt, daß das zum Teil ein natürliches Gegenmittel gegen den ganz besonders geordneten und „denaturierten" Teil Europas sein könnte, in dem sie zusammengedrängt waren.

Weiter entfernte Wildnisse waren den Franzosen durch die übermächtige englische Seeherrschaft versperrt gewesen.

Die heutige Seebegeisterung der Franzosen entstand ungefähr zur selben Zeit, als Frankreich aus der Wüste herausgeworfen wurde. Das ist ein interessanter Wechsel. Sowie die Franzosen die eine Wildnis verloren, bot sich eine andere. Oder, genauer gesagt, wurde sie ihnen von Moitessier und Tabarly geboten. Der Südozean ersetzte die Sahara als befreiende Wildnis. Moitessier erbte von Saint-Exupéry die Rolle des schriftstellernden Abenteurers. Der einsame Segler ersetzte den Franzosen den einsamen Wüstenflieger als Interpreten und Vermittler dieser neuen, sogar noch entlegeneren Wüste.

Als das Apollo-Raumfahrtprogramm in den sechziger Jahren in vollem Gang war, wandten sich viele Amerikaner gegen die gewaltigen Kosten dieses nahezu ausschließlich symbolischen Vorhabens: einen Menschen auf den Mond zu bringen. Es gab keinen wissenschaftlichen, technischen oder sonstigen vernünftigen Grund dafür. Die Daten, die wir haben wollten, konnten uns auch Instrumente liefern, wie in neuerer Zeit auf dem Mars. Wenn Menschen den Mond betraten, hüpften sie meist nur herum, sammelten ein paar Steine, schlugen Golfbälle, stellten Flaggen auf und schwafelten undeutlich darüber, wie schön und bedeutungsvoll das alles sei.

Aber die Befürworter des Mondprogramms argumentierten unter

anderem immer damit, daß es um viel mehr ginge, als nur Steine oder Daten zu sammeln. Auf einer anderen Welt zu landen, sei ein zutiefst menschliches Bestreben - eine Fortsetzung der Neugier und des wagemutigen Forschergeistes, die das eigentliche Wesen des Menschen ausmachten und uns zu Herren der Erde erhoben. (Über die Folgen für den Planeten und sein nichtmenschliches Leben wurde nicht gesprochen.) Manche erwähnten die großen mittelalterlichen Kathedralen Europas als Symbole einer menschlichen Gesinnung und eines Glaubens, zu deren Ausdruck es die Menschen damals gedrängt hatte. Die Mondlandung sei die zeitgenössische Äußerung desselben fortdauernden Geistes, so wurde argumentiert. Die Raumflüge seien unsere Kathedralen. Können die Abenteurer, die den Everest besteigen oder durch den Südozean segeln, einen ähnlichen Anspruch stellen? Sorgen diese Expeditionen dafür, daß der Anspruchsschein der Menschheit seinen Gegenwert behält - ihr Anspruch, daß wir zwar viele furchtbare Eigenschaften haben, aber auch tapfer, stark und einfallsreich sind? Wie kein Vendée Globe-Teilnehmer aus dem Südozean als schlechterer Mensch zurückkehrt, so kann es sein, daß die Wettfahrt wie andere gefahrvolle und schwierige Unternehmungen das Gute, das alle Menschen in sich haben, ebenso feiert wie das harte Holz, aus dem manche geschnitzt sind. Wenn es sich lohnt, Geld auszugeben, um Menschen auf den Mond zu bringen, dann ist es aus denselben Gründen in Ordnung, viel Geld auszugeben, um Leute mit Yachten und Ausrüstung für diese Rennen zu versehen und sie zu retten, wenn sie dabei in Schwierigkeiten kommen. Die Vorteile, die unsere Gesellschaften beim Nacherleben hat, sind es wert. Jeantot verteidigte die hohen Kosten der Rettung Dinellis und besonders von Bullimore und Dubois (wie auch von Autissier und vielen anderen bei früheren Vendée Globe- oder BOC-Wettfahrten in Not geratenen Seglern). Wieviel Geld geben wir z.B. dafür aus, die Folgen von Kriminalität, Drogen- oder Alkoholmißbrauch wiedergutzumachen, fragte er. Die Antwort lautet: Ein Vielfaches von dem, was es gekostet hat, diese Menschen aus dem Südozean zu fischen. Man könnte sagen, daß das Beispiel, daß diese Segler mit ihrem Mut, ihrem Selbstvertrauen und ihrer Ausdauer gaben, dieses Geld vervielfacht zurückzahlte. (Natürlich gehörte das ausgegebene Geld dem australischen Steuerzahler, der vielleicht nicht das Gefühl hat, jemals den Gegenwert zu erhalten. In zukünftigen Rennen könnten Kautionen hinterlegt oder Versicherungen abgeschlossen werden, um Rettungskosten nach Möglichkeit gerechter zu verteilen.) Manche Menschen, die Schwierigkeiten und Gefahren gekonnt bewältigen, spornen uns alle, die Angstvermeider und Nicht-Erregungssucher, an. Wir alle fühlen uns besser. Vielleicht werden wir auch angeregt, ein besseres Leben zu führen, getrieben von dem Beispiel unserer Heroen, die durch ihre Bestimmung aufgefordert sind, dem Ruf des Abenteuers zu folgen.

Damit die mitreißende Anregung aber echt ist, müssen die Helden authentisch sein. Dazu müssen sie sich wirklichen, unbestreitbaren Gefahren bis hin zur Lebensgefahr stellen. Im Südozean zu segeln - auf der „Totenstraße" - scheint diese Bedingung zu erfüllen. Die drei Weihnachts- und Neujahrskatastrophen und die anschließenden, um Haaresbreite geglückten Rettungen in diesem Vendée Globe waren dafür der Beweis. Anfang Januar 1997 schließlich schien sich der Echtheitsbeweis fortzusetzen.

10

Entlegenste, wildeste Meere

Unterhalb von 40° Süd gibt es kein Gesetz;
unterhalb von 50° Süd gibt es keinen Gott.
ALTER SEEMANNSSPRUCH

Die See war unwirklich, gewaltig in ihrer Schönheit und prall voll Leben,
eine See, die man niemals beschreiben könnte, mit 150 bis über 200 Meter
langen Wellen, mit Schaumkämmen von fünfzig Metern Länge und mehr,
die aber nicht von der Dünung hinabstürzten, die sie trug.
Sechs Tage und sechs Nächte lang nahmen wir eine See nach der anderen,
trunken von Erschöpfung und Faszination ... eine nach der anderen ...
millionenmal; und überall Wasser ... Wasser bis zur Unendlichkeit ...
Wasser, das bisweilen die Steuerkuppel erreichte ... Wasser, das sechs Tage
und Nächte mit unveränderter Stimme brüllte
und sang und uns für immer an JOSHUA *band.*
BERNARD MOITESSIER
Tamata et l'Alliance

Bis zum 9. Januar 1997 waren drei Männer dank ihrer eigenen Härte und Entschlossenheit und derjenigen ihrer Retter aus der Wildnis geborgen worden. Und weil die EPIRB-Geräte funktioniert hatten. Und weil die gekenterten Boote - gerade eben - in Reichweite von Schiffen und an Land stationierten Flugzeugen waren. Und weil alle sehr viel Glück gehabt hatten. Möglicherweise war es jetzt vorbei mit den Weihnachtswundern. Noch bevor die ADELAIDE Bullimore und Dubois an Bord genommen hatte und ehe irgend jemand wußte, ob Bullimore tot oder lebendig war, ob er also zu den Wundern gehörte, hatte der satellitengestützte ARGOS-Positionsmelder auf Gerry Roufs' Boot GROUPE LG 2 plötzlich aufgehört zu senden.

Die eine Möglichkeit war, daß es gar nichts bedeutete. Roufs hatte keiner seiner EPIRB-Bojen aktiviert. Er hatte fünf Stück an Bord, davon drei ARGOS- und zwei SARSAT-Geräte, die neuesten 406er. Da es keinen EPIRB-Notruf gab, war möglicherweise nichts weiter passiert, als daß sein ARGOS-Positionsmelder beschädigt worden war. Dazu konnte schon eine Welle genügt haben, und Roufs mußte es nicht bemerkt haben. Es konnte sein, daß er lustig weitersegelte, ohne etwas von dem Defekt und den Sorgen im Wettfahrtbüro zu ahnen. Die GROUPE LG 2 konnte aber auch schwerere Schäden erlitten haben. Vielleicht war sie entmastet worden. Das ARGOS-Gerät hatte unter Umständen gemeinsam mit den Funkantennen der Yacht oder gar dem ganzen Bordnetz den Dienst quittiert. Roufs wäre dann ohne Funkverbindung, würde aber keine EPIRB-Boje aktivieren, wenn sonst alles in Ordnung wäre. Für einen Profisegler der Elite war die Notfunkboje der letzte Ausweg. Dubois hatte seine Boje nicht einmal eingeschaltet, nachdem er durchgekentert war und den Mast verloren hatte. Autissier hatte das unter gleichen Bedingungen im BOC ebensowenig getan. Auch Roufs würde versuchen, alles außer einer echten Katastrophe selbst zu bewältigen. Er mochte damit beschäftigt sein, einen Notmast zu stellen. Es war möglich, daß er bald weitersegeln und im Rennen bleiben würde. Er konnte darauf zählen, daß die Menschen sich keine Sorgen über seine Funkstille machen würden, da er keine seiner Seenotfunkbojen betätigt hatte. Vielleicht überlegte er sich gerade, auf welche Weise er mitteilen könne, daß er wohlauf sei.

Das Verstummen des ARGOS-Senders konnte aber auch das Schlimmste bedeuten. Alle, die mit dem Rennen zu tun hatten, waren ohnehin nervös, weil sie daran dachten, was während der letzten zehn Tage passiert war und daß man noch nicht wußte, was mit Bullimore war. Dubois fror noch immer in seiner Rettungsinsel, und seine Rettung war keineswegs sicher. An diesem 7. Januar voller Anspannung neigten die Menschen dazu, mehrdeutige Anzeichen eher pessimistisch aufzufassen. Sollte der ARGOS-Sender durch irgendein plötzliches Unglück verstummt sein, dann sah es sehr schlecht aus. Roufs hätte in der Lage sein sollen, zumindest eine seiner Notfunkbojen einzuschalten, um ein Signal zu senden. Hätte er eines seiner Reserve-ARGOS-Geräte wenige Minuten in Alarmfunktion senden lassen und dann wieder abgestellt, hätte man gewußt, daß er noch da war, angeschlagen, aber imstande, seine Schwierigkeiten zu bewältigen. Sowohl Dinelli als auch Bullimore und Dubois hatten es sogar in schlimmster Bedrängnis fertiggebracht, ihre EPIRBs zu aktivieren. Wenn Roufs dazu nicht in der Lage war, konnte es sein, daß für ihn schon jetzt wenig Hoffnung bestand. Wenn er keine Zeit oder Gelegenheit gehabt hatte, einen Schalter umzulegen, dann konnte der Grund sein, daß er gestolpert und über Bord gefallen oder von einem großen Brecher weggespült worden war. Die GROUPE LG 2 konnte eine Weile weitergesegelt und dann gekentert sein und den ARGOS-Sender zum Schweigen gebracht haben. Roufs konnte auch in der Plicht gewesen sein, als die Yacht kenterte. Dabei konnte er, außerstande seine EPIRB-Geräte zu erreichen und wie Dubois auf den umgeschlagenen Rumpf zu gelangen, rasch ertrunken sein. Es konnte auch Eis gewesen sein, jedermanns Alptraum. Das Boot konnte mit 20 Knoten direkt gegen einen Eisberg gerannt und so schnell in Stücke gegangen und gesunken sein, daß der Skipper keine Chance hatte.

Es gab noch andere beunruhigende Anzeichen. Autissier segelte noch immer in Roufs' Nähe. Am 6. Januar hatte sie wahrscheinlich nicht weiter als 20 Meilen entfernt gestanden, nahe genug für ein UKW-Gespräch. Am Siebten aber berichtete sie, daß sie ihn seit einiger Zeit nicht über Funk erreicht hätte. Das war ein schlechtes Omen, denn Roufs hatte ein Handsprechfunkgerät, das keine Antenne im Masttopp oder anderswo brauchte, die durch einen Mastbruch oder ein Überrolltwerden des Bootes zerstört werden konnte. Und dann, wie üblich, die Sache mit dem Wetter: nahezu orkanartiger Sturm, fünf, sechs, ja sieben Stockwerke hohe Seen, die sich mit 30 Knoten auf die Yachten stürzten. „Hier draußen herrscht Krieg," faxte Autissier früh am 8. Januar an ihr Landteam.

Im Strudel all dieser Ängste und Ungewißheiten glaubte Jeantot, etwas unternehmen zu müssen. In Zusammenarbeit mit dem CROSS ordnete er eine Suche an und begann sich nach jemandem umzusehen, der sie durchführen konnte.

Viele Möglichkeiten gab es nicht. Roufs segelte mitten im abgelegensten Teils des Südozeans, in der entlegensten Gegend der ganzen Welt. Er (und Autissier) waren von Neuseeland und Chile etwa gleich weit entfernt, an die 2.400 Meilen von jeder der beiden Küsten. Die Antarktis lag sehr viel näher, aber das nützte einem Boot in Seenot nichts. Die Orion SAR-Langstreckenflugzeuge, die Bullimore und Dubois erreichen und fast drei Stunden über ihnen bleiben konnten, schafften es nicht einmal bis zu Roufs' Position und zurück zum

Stützpunkt. Aus Neuseeland oder Chile entsandte schnelle Kriegsschiffe würden das Gebiet nicht vor Ablauf einer Woche erreichen, einigermaßen gutes Wetter unterwegs vorausgesetzt, worauf man sich nicht verlassen konnte. Auch würden sie auf See Treibstoff nachbunkern müssen, um wieder zurückzukommen. Der chilenische Marinekommandant in Valparaiso teilte dem CROSS mit, daß Roufs' letzter bekannter Standort zu weit von dem nächstgelegenen Flugplatz in Punta Arenas an der Magellanstraße, eben nördlich von Kap Horn, entfernt sei. Seine Flugzeuge könnten gar nicht erst versuchen, dorthin und wieder zurück zu fliegen, besonders bei schlechtem Wetter.

Es war, als sei ein Segler in diesem Seegebiet rückwärts durch die Zeit gereist. Roufs war in derselben Lage wie früher Knox-Johnston, Moitessier oder, was das betrifft, Cook oder Magellan. Wenn er sich nicht selbst retten konnte, war er tot. Oder beinahe. Roufs hatte seinen Vorgängern jedenfalls eine Chance voraus: andere Wettfahrtteilnehmer in der Nähe und einen weniger als 250 Meilen entfernten Frachter.

Von den Regattateilnehmern war Isabelle Autissier zum Suchen am nächsten. Das CROSS bat sie, umzukehren und Kurs auf Roufs' letzte bekannte Position zu nehmen, inzwischen an die 150 Meilen luvwärts. Das war fast so gefährlich und schwierig für Autissier, wie es für Goss gewesen war, zurück zu Dinelli zu segeln, als Jeantot ihn darum gebeten hatte. Autissier aber hatte mehrere schwere Probleme, die einen Erfolg in diesem Fall noch unwahrscheinlicher machten als bei Goss. Erstens gab es keine EPIRB-Position als Zielpunkt. Die Seglerin hatte nichts als Roufs' letzten bekannten Schiffsort - wo sein ARGOS-Gerät verstummt war -, berichtigt mit der für die Zwischenzeit angenommenen Drift oder einer langsamen Fortbewegung unter Nottakelung. (Natürlich angenommen, er war überhaupt havariert und rauschte nicht weiter durch den Sturm, nur ohne Funkverbindung.) Zweitens waren keine Flugzeuge in der Nähe, um ihr die Zielfahrt zu Roufs zu erleichtern. Goss hätte Dinelli ohne die Hilfe der australischen Orion wohl mit Sicherheit nicht gefunden. Drittens hatte Autissier selbst Schwierigkeiten. Mehr als 24 Stunden hatte der schlimme Sturm sie übel herumgestoßen. Ihr Boot war ein halbes Dutzend Mal auf die Seite geworfen worden, und sie hatte sich einen Finger gebrochen. Nach zwei dieser Beinahe-Kenterungen hatte nur das seitlich hängende Gewicht ihres Schwenkkiels eine vollständige Kenterung verhindert. Das Wichtigste war: Neben anderen Schäden an der PRB waren auch Groß- und Fockfall gebrochen, so daß sie diese beiden Segel nicht setzen konnte. Alles, was sie aufbieten konnte, war ein Drittel der Fläche ihrer Sturmfock. Das Segel selbst ließ sich weder vergrößern noch verkleinern, weil die Rollvorrichtung defekt war. Viertens: Das Suchgebiet lag direkt in Luv. Sie mußte kreuzen, also einen Zickzackkurs möglichst hoch am Wind segeln - ungeheuer schwierig mit so einem kleinen Segel und bei dem schweren Sturm. Fünftens schätzte sie, daß die Sicht weniger als eine Meile betrug, manchmal nur an die hundert Meter. Schließlich war die PRB mit den radikaleren Merkmalen des Entwurfs von Finot ein besonders guter Raumschotsläufer, aber auf Kreuzkursen nicht so leistungsfähig wie die konventionellere AQUA QUORUM von Goss. Anders gesagt, Autissier hatte ein weniger geeignetes Werkzeug für die Aufgabe.

Aber sie versuchte es. Nach mehreren Stunden hatte sie es geschafft, vier Meilen näher an Roufs' letzte Position heranzukommen, die hartnäckig genau in Luv blieb.

„Mehrere Kenterungen," meldete sie. (Sie meinte „Knockdowns", bei denen das Boot auf die Seite geworfen wird.) „Ich habe hier Bedingungen auf Leben und Tod, aber ich versuche, zurückzusegeln. Unter Deck herrscht ein furchtbares Durcheinander. Ich bin an den äußersten Grenzen meiner Kräfte."

Ihre Nickerchen hielt sie im Ölzeug am Kartentisch für den Fall eines erneuten Knockdowns. Später, als der Wind nachließ, kam sie mit sechs Knoten nach Norden voran. Aus der Bretagne übermittelte das CROSS ihr eine neue Position, auf die sie zuhalten sollte. Sie antwortete, daß das ohne Großsegel so gut wie unmöglich sei. Aber sie versuchte es weiter. Nach 24 Stunden einer grauenhaften Kreuzerei trennten Autissier jedoch noch immer deutlich über 100 Meilen von Roufs' Position. Das CROSS meinte, daß sie genug getan habe. „Sie dürfen wieder auf ihren alten Kurs gehen. Vielen Dank für ihre Mithilfe." Trotz dieser formellen Befreiung von ihrer Suchpflicht versuchte Autissier weiterzukreuzen. Aber selbst bei dem nachlassenden Wind (inzwischen nur noch 25 bis 30 Knoten) und zurückgehenden Seegang konnte sie mit ihrem angeschlagenen Boot und in ihrem entkräfteten Zustand direkt gegen den Wind nicht vorankommen. Das CROSS meldete sich wieder: „Sie dürfen wieder auf ihren bisherigen

Kurs nach Osten gehen. Noch einmal vielen Dank für alles." Endlich drehte Autissier ab und ging wieder vor den Wind.

„Ich laufe jetzt nach Osten," teilte sie ihrem Team mit. „Ich denke ständig an Gerry. Ich hoffe, wir finden ihn. Ich muß jetzt versuchen zu schlafen." Vorher jedoch sah sie sich die Wettermeldungen an. Zwei weitere heftige Tiefs kamen auf sie zu. Sie setzte einen Kurs nach Südosten ab und hielt auf 58° Südbreite zu. Sie glaubte, daß sie in der Lage sein würde, sich zwischen den Kerngebieten der beiden Tiefdrucksysteme, die in etwa einem Tag über ihr sein würden, durchzwängen zu können, um dem Gröbsten zu entgehen. Vor dem Eintreffen der Tiefs würde die erschöpfte Isabelle Autissier sich auf ihren gut 24 Meter hohen Mast ziehen müssen, um die beiden Fallen zu ersetzen.

Während Autissier versuchte, ihr Schiff gegen den Wind voranzuknüppeln, war das einzige Schiff in der Nähe, die MASS ENTERPRISE, ein Frachter aus Panama, auf Roufs' angenommene Position zugelaufen. Das Schiff kam spät am 9. Januar an, konnte aber nicht mehr viel suchen, bevor die Nacht hereinbrach. Es nahm beim nächsten Morgengrauen eine systematische, nach Planquadraten ablaufende Suche auf, aber inzwischen war das Suchgebiet auf beinahe 8.000 Quadratmeilen angewachsen. An diesem Morgen sichtete das Schiff einen Eisberg, der eine Viertelmeile Durchmesser hatte und fast 50 Meter hoch war, und kleinere Eisberge und Growler in der Nähe. Sie lagen nicht genau auf Roufs' angenommenem Kurs, waren aber auch kein ermutigendes Zeichen.

Die Leiter der Suche konnten sich bald noch auf weitere Hilfe stützen. Weil Roufs ziemlich weit vorn im Feld gelegen hatte, konnten die hinter ihm aufkommenden Konkurrenten ebenfalls mit eingespannt werden. Thiercelin würde am späten 10. Januar im Suchgebiet eintreffen. Das CROSS konnte auch Laurent und de Broc, die weiter südlich liefen, umleiten und mithelfen lassen. Eric Dumont, Roufs' bester Freund unter den Teilnehmern, lag noch weiter zurück, über 1.300 Meilen, und hatte Schwierigkeiten: einen gebrochenen Großbaum und schweres Wetter. Er schaffte es, den Schaden zu reparieren, indem er einen Spinnakerbaum als Schiene an dem gebrochenen Großbaum festlaschte. Er benachrichtigte das CROSS, daß er das Suchgebiet ansteuere. Voller Angst und Sorge wegen Gerrys Schweigen beeilte er sich und lief bei weniger als 200 Metern Sicht mit hoher Fahrt durch Treibeis mit vereinzelten Growlern und kleinen Eisbergen. Einen der kleineren Eisbrocken zu rammen war nicht unbedingt verhängnisvoll. Parlier hatte, als er einen Growler rammte, sein Ruder verloren, jedoch nicht sein Boot. Andere Skipper haben Stückeis beängstigend, aber, wie sich herausstellte, harmlos am Rumpf entlangpoltern hören. Auf die Größe kam es an. Bei der Kollision mit einem Eisbrocken so groß wie ein Brotkasten würde ein Boot wahrscheinlich nicht leckschlagen, wohl aber bei einem Stück in der Größe eines Autos. Der Ausgang hing aber noch von weiteren Umständen ab: von der Fahrt des Bootes, von der Stelle, wo das Eis den Rumpf traf, denn der Bug war viel stärker als die Außenhaut weiter hinten, und einige Yachten besaßen Kollisionsschotten im Vorschiff, die von den Wettfahrtregeln empfohlen, aber nicht vorgeschrieben waren, und ob das Eis glatt und abgerundet oder scharf wie zerbrochenes Glas war. Dumont konnte nicht wissen, ob die Gefahr für ihn groß oder klein war. Wieder einmal das bekannte russische Roulette des Südozeans, sagte er.

Thiercelin, ebenfalls ein guter Freund von Roufs, stieß am 10. Januar zu der MASS ENTERPRISE im Suchgebiet. Er mußte eine Weile beiliegen, um etwas Schlaf zu bekommen. Dann begann er, sich im regelmäßigen Wechsel 30 Minuten an Deck und 30 Minuten unter Deck aufzuhalten, um auszuruhen und sich aufzuwärmen - durch die Windkälte lag die gefühlte Temperatur unter null Grad - und sein Radar zu beobachten. Als er in die Nähe von Roufs' angenommener Driftposition kam, verbrachte er 45 Minuten an Deck und 15 Minuten unten. Während des ganzen 11. Januar waren die Bedingungen nicht schlecht: 25 Knoten Wind, aber mit grober See, die das zuletzt durchgezogene Tief zurückgelassen hatte.

Dann gingen weitere enttäuschende Nachrichten ein. Sowohl Laurent als auch de Broc, am 11. Januar nur 160 Meilen vom Suchgebiet entfernt, entschlossen sich, weiterzusegeln. Sie gaben den Wetterbericht für die bevorstehende Nacht und den nächsten Tag wieder: schlechte Sicht bei Nebel und starkem Regen, Wind bis zu 60 Knoten, sehr grobe See.

„Es ist eine schwierige Entscheidung," sagte de Broc. „Mein Herz ist gebrochen." Er drängte Jeantot, darauf zu bestehen, daß die MASS

ENTERPRISE weitersuchte. Sie war dazu viel besser in der Lage als er und Laurent. Bei dem bevorstehenden Wetter konnten sie nur hoffen, vor dem Sturm lenzend das Suchgebiet zu durchqueren.

Laurent stimmte zu. Das Wetter würde eine Suche vereiteln. „Es ist keine leichte Entscheidung. Womöglich habe ich Unrecht. Aber das Rennen ist noch lang, und ich muß auf mein ramponiertes Boot achtgeben."

Das CROSS wollte nicht schlauer sein als die erfahrenen Segler an Ort und Stelle und lehnte es ab, Laurent und de Broc anzuweisen, sich an der Suche zu beteiligen. Auch beim CROSS hatte man den Wetterbericht gesehen und entschied, daß man von den beiden Skippern, die beim Ansturm des neuen Tiefs schon selbst gefährdet sein würden, nicht verlangen konnte, sich in noch größere Gefahr zu begeben.

Mittlerweile vergrößerte sich das Seegebiet, in dem Roufs möglicherweise trieb, von Stunde zu Stunde. Jeantot, der durch die Nachricht von Bullimores Überleben vorübergehend in Hochstimmung gewesen war, wurde hinsichtlich Roufs' Aussichten immer pessimistischer. Er empfand eine furchtbare Machtlosigkeit. Daß er die stürmischen Südbreiten so gut kannte, machte es nur noch schlimmer. Er wußte wie jeder andere auch, was ein Segler bei diesem furchtbaren Wind und Seegang auszustehen hatte. Er konnte sich mühelos vorstellen, was Roufs unter Umständen durchmachte, falls er ohne die Möglichkeit, ein Notsignal zu senden, den Mast verloren haben oder gekentert sein sollte. Nach über zwei Wochen voller Ungewißheit und Beinahe-Katastrophen war Jeantot so erschöpft, als hätte er selbst mit dem Südozean gekämpft. Mit mehr Hoffnung als Realismus spekulierte er, daß bei Roufs sämtliche EPIRB-Geräte gleichzeitig versagt haben könnten; er könne unter Notrigg auf dem Weg zu einem chilenischen oder polynesischen Hafen sein. Doch die meisten Zeichen standen schlecht, und Jeantot wußte das. Ohne eine aktuelle Zielposition für die beiden Suchschiffe war Roufs „une aiguille dans une botte de foin" - eine Nadel im Heuhaufen. Jeantot konnte nur noch auf ein weiteres Wunder hoffen und darauf, daß Gerrys Qual irgendwie so gut enden würde wie im Falle von Raphaël, Thierry und Tony. Wenngleich auch Laurent und de Broc weitergesegelt waren, glaubte Jeantot, daß Dumont, Roufs' enger Freund, ihn suchen würde, egal wie das Wetter war. Er würde auf jeden Fall im Suchgebiet eintreffen, sobald der schlimmste Teil des unmittelbar bevorstehenden

Sturms vorbeigezogen wäre.

Es gab noch einen weiteren Grund für eine schwache Hoffnung: noch mehr Technik. Die kanadische Raumfahrtbehörde betrieb Radarsat, den leistungsfähigsten zivilen Radarsatelliten der Welt. Eine sorgfältige Analyse seiner Fotos würde eventuell den Mast der GROUPE LG 2 erkennen lassen, falls die Yacht ihn noch hatte. Sollte sie dagegen entmastet sein oder kieloben schwimmen, würde es kaum möglich sein, den Rumpf von den Seegangsechos zu unterscheiden. Aber es war immerhin eine Möglichkeit. Der Satellit würde am 12. Januar das Suchgebiet überqueren. Sollte er so etwas wie eine Position feststellen, würde Dumont sie möglicherweise erreichen können.

Die MASS ENTERPRISE mußte ihre Bemühungen am Abend des 11. Januar einstellen. Nach zwei Tagen entschlossener, angestrengter Suche wurde auf dem Schiff der Treibstoff knapp. Der Kapitän glaubte ohnehin, daß kein beschädigtes Boot in der Lage wäre, den Sturm zu überstehen, dessen Eintreffen für den Abend des 11. Januar erwartet wurde. (Tatsächlich erwies sich die Vorhersage von 60 Knoten Wind als zutreffend.) Aber in der Gegend war mehr Handelsschiffsverkehr als sonst. Die ADITYA GAURAV, ein indischer Frachter auf dem Weg von Australien nach Argentinien, näherte sich dem Schauplatz. Auch dieses Schiff hatte eventuell Aussichten, Roufs zu finden, sofern der Satellit eine Position liefern konnte.

Als der neue Sturm zuschlug, entschied das CROSS, daß Thiercelin genug getan habe. Es entließ ihn aus seinen Verpflichtungen. Aber „Captain Marck" (sein Spitzname nach der Bezeichnung eines Segel-Brettspiels, das er erfunden und vertrieben hatte, um etwas Geld für die Wettfahrt aufzubringen) suchte während des ganzen Elften weiter, wobei sich die Wetterbedingungen zunehmend verschlechterten. Abends war das Wetter so schlimm, daß das CROSS Thiercelin direkt anwies: „Verlassen Sie das Gebiet und setzen Sie Ihre Reise fort." Die vermißte Yacht konnte auf 27.000 Quadratmeilen überall sein. Thiercelin würde einen Monat brauchen, um diese Fläche zu durchkämmen, sagte das CROSS, gratulierte ihm zu seiner Arbeit und wünschte ihm Glück. „Sie brauchen mir nicht zu danken. Ich tue nur meine Pflicht," erwiderte der erschöpfte Segler gereizt.

Betrübt drehte er nach Osten ab. Thiercelin, als erfahrener Kunsttischler, ehemaliger künstlerischer Direktor einer brasilianischen Werbeagentur und Zeitschriftenillustrator ein Multitalent, war sehr niedergeschlagen und beunruhigt und konnte trotz seiner Erschöpfung nicht schlafen. Das alles erinnerte ihn an das MiniTransat, an dem er 1991 teilgenommen hatte und bei dem zwei Segler umgekommen waren. Er hatte sie gut gekannt, und es war ihm schwergefallen, mit dem Tod der beiden fertigzuwerden. Er wollte Roufs unbedingt finden - um seine bescheidene Seemannspflicht zu erfüllen und einen Freund zu retten, wie er sagte. Aber das Wetter, immer wieder das Wetter des Südozeans - unerbittlich, unmenschlich, überwältigend - war dazwischengekommen. Während der Nacht vom Elften auf den Zwölften ging die CRÉDIT IMMOBILIER DE FRANCE fast über Kopf, als sie mit hoher Fahrt vor dem Sturm lief. Das Boot surfte eine riesige See hinab und schnitt dann in der vorauslaufenden Welle unter, das Vorschiff wurde bis zum Mast begraben. Das Heck mit den beiden Rudern kam fast fünf Meter aus dem Wasser. Hilflos, entmutigt und wie betäubt sah Thiercelin zu, wie sein Schiff langsam wieder auftauchte und seinen halsbrecherischen Flug nach Osten wieder aufnahm. „Ich habe wirklich die Nase voll," faxte er. „Ich hasse diese Gegend."

Der Satellit nützte im Grunde nicht viel. Er nahm bei seinen Umkreisungen am 12. Januar und während der folgenden Tage vier Bildserien auf. In dieser Zeit peitschte das letzte Tief das Gebiet. Der hohe Seegang erschwerte es, schwimmende Objekte auszumachen. Bis zum Abend des Dreizehnten hatte die kanadische Raumfahrtbehörde achtzehn in Frage kommende Positionen ermittelt. Während der nächsten anderthalb Tage suchte die ADITYA GAURAV sie alle systematisch auf, fand aber nichts. Mit großer Verspätung und ohne noch etwas ausrichten zu können, nahm das Schiff wieder Kurs auf Kap Horn. 1.000 Meilen weit gab es keine anderen Handelsschiffe. Jetzt war nur noch Eric Dumont auf der Suche.

Natürlich gab es noch andere Rennteilnehmer, die weiter zurücklagen, die aber waren einfach zu weit weg, um zu helfen. Chabaud lag fünfzehnhundert Meilen hinter Dumont und segelte das Rennen noch immer in ihrer vorsichtigen Art, indem sie ziemlich weit im Norden blieb, nahe am 40. Breitengrad, wie auch Moitessier es im Südozean vorgezogen hatte. Ihr Kampfgeist, der durch die Nachrichten von all den Kenterungen in Mitleidenschaft gezogen war, hatte sich durch die Neuigkeiten über die Wunderrettungen erholt. Sie hatte viel von ihrer Zuversicht wiedergewonnen und machte sich nicht mehr so große Sorgen, daß ihr Boot als nächstes umschlagen und absaufen könnte wie ein Badewannenspielzeug. Sie hatte sich vorgenommen, sich darauf zu konzentrieren, am Leben zu bleiben und das Rennen zu Ende zu bringen, ganz gleich, wie lange es dauern würde. Sie würde im Norden bleiben - es wäre gefährlich, ja unsinnig, sich nach Süden in die Nähe des Eises zu begeben, sagte sie - und auf sich und ihr Schiff aufpassen. Gut essen und schlafen. Auf ihr noch immer wackeliges inneres Gleichgewicht achten. Sie war durch die Anspannung, die Arbeit und die ewigen Bootsbewegungen sehr müde. „Ich verbringe sehr viel Zeit damit, mir selbst einen Tritt in den Hintern zu geben, um weiterzumachen," sagte sie. „Aber ich mache weiter!"

Und doch, Roufs' Schweigen war furchtbar schwer zu ertragen. Goss und Parlier spielten keinerlei Rolle. Parlier hatte sich nach dem Aufenthalt in Fremantle mit seinem verjüngten Boot wieder in die Wettfahrt eingereiht. Trotz seiner Schnelligkeit aber segelte er nur einige hundert Meilen vor Chabaud und ein gutes Stück südlich des Suchgebiets. Goss hatte Hobart am Tag, nachdem Roufs' ARGOS-Gerät verstummt war, verlassen, nachdem er Dinelli dort abgesetzt hatte. Es würde zu lange dauern, bis Goss oder Parlier sich Roufs' letzter bekannter Position genähert hätten. Der Suchbereich hätte sich bis dahin aberwitzig ausgeweitet. Die beiden konnten auf ihrem Kurs nach Kap Horn die Augen besonders gut offenhalten, aber das war schon alles.

Am 15. Januar nahm Radarsat weitere Bilder des Suchgebiets auf. Jeantot hoffte, daß die kanadischen Bildauswerter in der Lage sein

Eric Dumonts CAFÉ LEGAL schießt am Start der Wettfahrt über eine Welle.

würden, einige mögliche Standorte anzugeben, an denen Dumont nachsehen könnte. Doch sie konnten keinerlei in Frage kommende Kleckse oder Gegenstände ausfindig machen. Dumont erreichte Roufs' letzten Standort am Abend des Fünfzehnten. Er hatte es sehr schwer gehabt, auch nur dort hinzukommen. Ringsum trieb Eis. Als er einmal an Deck kam, fand er sein Boot CAFÉ LEGAL LE GOÛT „Nase an Nase" mit einem großen Eisberg. Er hatte fast drei Tage nicht geschlafen, während er das Schiff bei 45 Knoten Wind und hohem Seegang so schnell voranjagte, wie er konnte. Zu schnell, denn selbst bei diesen halbwegs gemäßigten Bedingungen war sein Boot mehrfach flachgelegt worden. Er meinte, daß er inzwischen „dauerwach" sei. Von Zeit zu Zeit, gab er zu, sei er weinend zusammengebrochen. Weil er so erschöpft und enttäuscht war, weil er sich um Gerry ängstigte.

Am Abend des Sechzehnten jedoch mußte Dumont die Suche abbrechen. Der Wind hatte auf durchstehende 50 Knoten zugenommen (Windstärke 10). Dumont hatte wieder Eis gesehen, obwohl die Sicht weniger als eine halbe Meile betrug. Obgleich er nur sein kleinstes Sturmvorsegel führte, machte er noch immer zwölf Knoten Fahrt. Ohne eine Position als Ziel der Suche in einem Gebiet, das jetzt einen beträchtlichen Teil des Südpazifik umfaßte, war Dumonts Aufgabe unmöglich. Als am Sechzehnten die Abenddämmerung hereinbrach, drehte er ab und ging wieder vor den Wind auf Ostkurs.

Und das war es. Jeantot hatte alle in Frage kommenden Hilfsquellen ausgeschöpft. Das CROSS bat Schiffe, die das Gebiet durchfuhren, gut Ausguck zu halten. Die Chilenen setzten ihre Aufklärungsflüge in der Nähe von Kap Horn fort. Die einzige Hoffnung bestand jetzt darin, daß Roufs, vielleicht unter Notrigg, noch segelte und unterwegs zu einem Schutzhafen war, am ehesten in Chile. Oder er segelte normal und hatte nur Funkausfall. Dann könnte er jetzt jederzeit Kap Horn runden. Wenn weder das eine noch das andere zutraf, war er ein toter Mann.

Michèle Cartier, Roufs' Ehefrau, hatte während der Regatta in Montreal gewartet, wo sie Emma, die gemeinsame Tochter, eingeschult hatte. Michèle war sich sicher, daß Gerry noch am Leben sei, erklärte sie. Er hätte es bestimmt geschafft, zumindest eines seiner ARGOS- oder 406er EPIRB-Geräte anzustellen, wenn er in Schwierigkeiten geraten wäre. Er war so ein guter Segler; sie hatte absolutes Vertrauen zu ihm. Er hatte diese Wettfahrt nicht mitgemacht, um zu sterben.

Das Meer war sein Leben. Für sie und Emma bedeutete das sechs Monate Angst im Jahr; doch diesmal war das Warten das Schlimmste, was sie jemals mitgemacht hatte.

Emma war aus der Schule gekommen und hatte gesagt: „Papa ist tot." Ihre Schulfreunde hatten durch ihre Eltern von den Nachrichten über das Verschwinden des Vaters gehört. Während des letzten Gesprächs über Satellitentelefon am 6. Januar hatte Roufs Michèle Cartier nach einigen Schecks gefragt, die er vor dem Rennen ausgestellt hatte. Sie hatte ihm geantwortet, er solle sich über die Schecks keine Gedanken machen, sondern einfach das Rennen segeln. Cartier dankte Autissier öffentlich für ihre Rettungsanstrengungen. Sie sei phantastisch und tapfer gewesen. Sie hätte alles riskiert, um umzukehren und zu suchen. Dasselbe sagte sie über Thiercelin. Sie dankte Dumont, der in Kürze vor Ort sein würde, im voraus. De Broc oder Laurent erwähnte sie nicht. Cartier sagte, daß Emma und sie Roufs vor der Abreise sein Weihnachtsgeschenk gegeben hätten, einen Anzünder für seinen einflammigen Propangaskocher. Emma hatte etwas dazugeschrieben: „Diese Flamme wird deinen Kurs beleuchten." Sie hatten auch Fotos von sich in das Päckchen getan. Cartier war sicher, daß er noch immer imstande sei, die Bilder zu betrachten und Kraft daraus zu schöpfen. Aber das Warten wollte nicht enden.

Plötzlich aber schien es, als seien Cartiers Hoffnung und Zuversicht doch nicht unangebracht gewesen. Nach der langen Reihe kaum glaublicher Rettungen in dieser Wettfahrt gab es schon wieder ein Wunder. Nach Angaben der chilenischen Rettungsleitstelle hatte eine Maschine der chilenischen Luftwaffe etwa 100 Meilen nordwestlich von Kap Horn den Empfang eines verstümmelten UKW-Funkspruchs gemeldet. Der Funkkontakt hätte nur einige Sekunden gedauert, aber die Flieger waren ganz sicher, die Worte „Groupe Lima Golf" gehört zu haben, die international geltenden Buchstabierworte für Groupe LG. Das Ganze gab auch Sinn. Wenn Roufs mit seiner normalen Geschwindigkeit weitergesegelt wäre, müßte er tatsächlich ungefähr zu jener Zeit - am 17. Januar - in der Nähe von Kap Horn angekommen sein. Es sah aus, als hätte er nur einen Zusammenbruch seiner gesamten Funkeinrichtungen erlitten. Er hatte aber sein Handsprechfunkgerät, von dem der Funkspruch sehr gut ausgegangen sein konnte. Genau zu der Zeit, als Jeantot von dem Funkkontakt hörte, hätte Roufs Kap Horn passieren müssen. Er würde Kurs auf die 400 Meilen breite Meeresstraße zwischen Argentinien und den Falklandinseln nehmen und damit den Südozean verlassen. Sollte sich die kurze Funkverbindung durch einen weiteren Funkspruch bestätigen oder das Boot tatsächlich gesichtet werden, dann wäre jeder Zweifel beseitigt, daß ein weiterer Vendée Globe-Teilnehmer dem stürmischen Süden um Haaresbreite entkommen war.

Die chilenischen Flugzeuge flogen bei schlechtem Wetter und schlechter Sicht abwechselnd mehrere Tage lang. Aber niemand hörte noch irgendetwas über Funk von Groupe Lima Golf. Dennoch erlaubte Jeantot sich vorsichtigen Optimismus. Laurent war mit seiner GROUPE LG TRAITMAT zu weit weg von Kap Horn, um von der chilenischen Maschine mit Roufs verwechselt worden zu sein. Auf jeden Fall meldete er, daß er an dem betreffenden Tag sein UKW-Gerät nicht benutzt habe. Es hatte nicht viel zu sagen, daß die Chilenen Roufs nicht gefunden hatten. Er konnte selbst in dem verhältnismäßig kleinen Suchgebiet durch ihr Netz geschlüpft sein. Das zeigte nur, wie schwierig es war, ein Boot in der aufgewühlten Wasserwüste auszumachen. Die Sichtweite reichte ohnehin selten aus. Die argentinische Luftwaffe ließ Maschinen an der Atlantikseite des Kaps fliegen. Sie sichteten Autissier, aber nicht Roufs. Aber er konnte auch diesmal ungesehen vorbeigesegelt sein. Jeantot glaubte immer zuversichtlicher, daß Roufs noch am Leben sei. Er nahm an, daß die Theorie vom Funkausfall Roufs' Schweigen am besten erklärte, erst recht als der chilenische Marineattaché in Paris und die französische Botschaft in Santiago schließlich die kurze Funkverbindung bestätigten. Es war durchaus möglich, daß niemand Roufs vor der Annäherung an Les Sables-d'Olonne Ende Februar sehen würde. Welch ein Tag würde das sein - selbst nach den Maßstäben der diesmal an Überraschungen reichen Wettfahrt! Nach sechs Wochen ohne Kontakt mit der Außenwelt würde der lange verschollene Segler wie ein Seefahrer aus einem anderen Jahrhundert aus der See zum Vorschein kommen. Es war schon vorgekommen, daß ein Boot durch die Suchnetze geschlüpft war. Viele der Rennyachten hatten ähnliche Farben wie der Ozean selbst - weiße Rümpfe und Segel, vielleicht auch blaue Antifoulingfarbe am Unterwasserschiff. Die GROUPE LG 2 hatte einen malvenfarbigen Rumpf mit blaugrüner Unterwasserfarbe, der noch schwieriger von den Farben der See zu unterscheiden war als weiße Rümpfe. (Erstaunlicherweise zeigten nur wenige der Yachten grelle Farben: z.B. die WHIRLPOOL EUROPE 2 mit ihrem roten Rumpf oder die AQUA QUORUM mit ihren leuchtend gelben Bordwänden.) Auch schlagen Flächensuchaktionen mit Flugzeugen oder Schiffen, bei denen man auf die wenig verläßliche Schärfe des menschlichen Auges angewiesen ist, oft fehl. Als die australische Luftwaffe während der BOC-Wettfahrt 1994 versuchte, im südlichen Indischen Ozean Autissiers wrackgeschlagenes Boot zu finden, hatte die Maschine fast drei Stunden gebraucht, um die Yacht zu sichten, obwohl zwei ihrer EPIRB-Bojen einigermaßen genaue Standorte piepten. Die Flieger sagten später, das weiße Boot hätte in der rauhen See ausgesehen wie einer von vielen Brechern. Von einem Schiff aus ist die Suche aus einleuchtenden Gründen sogar noch schwieriger.

Ein Beispiel aus der letzten Zeit für eine Rückkehr aus der Gemeinschaft der Toten des Südozeans: Les Powles, ein erfahrener, 68 Jahre alter englischer Einhandsegler, verließ am 26. Dezember 1995 mit einer 34 Fuß (10,36 m) langen Fahrtenyacht Whangerei in Neuseeland. Er wollte um Kap Horn zu den Falklandinseln und anschließend nach England. Er teilte seiner Familie und seinen Freunden mit, daß er in 60 Tagen auf den Falklandinseln eintreffen oder mit den Inseln Funkverbindung aufnehmen würde. Auf halbem Weg nach Kap Horn kenterte er in einem Sturm. Sein Boot von traditioneller Form richtete sich mit intaktem Rigg sofort wieder auf. Der Segler war jedoch schwer verletzt und all seine Funkgeräte zerstört. Er ernährte sich von Schmerztabletten und Whisky, erholte sich allmählich von seinen Wunden und segelte weiter. Da seine Verletzungen und ungewöhnliche Gegenwinde ihn behinderten, kam er aber nur langsam voran.

Als die angekündigten zwei Monate verstrichen waren, ohne daß man etwas von ihm gehört hatte, wurde Powles für vermißt erklärt und eine ausgedehnte Suchaktion eingeleitet. Schiffe und Flugzeuge, die den Südozean und den Südatlantik überquerten, suchten wochenlang oder hielten besonders aufmerksam Ausguck, fanden aber nichts. Er wurde für verschollen erklärt - auf See geblieben.

Aber Powles war wohlauf und noch unterwegs. Inzwischen hatte er ohne weitere Schwierigkeiten Kap Horn gerundet, Starkwind hatte ihn aber von den Falklandinseln weggetrieben. Er entschloß sich, Brasilien anzulaufen, kam aber davon ab, weil er meinte, daß seine Schiffspapiere korrupten Hafenkapitänen nicht ausreichen würden. Dann nahm er Kurs auf die Azoren. Vor den Azoren angekommen dachte er aber: Was soll's, ich könnte ebensogut gleich nach Hause segeln. Und so lief er weiter Richtung England. Im Juli 1996, zwei Monate nachdem die Suche nach ihm abgeblasen worden war, lief Powles in einen Yachthafen in Lymington, Hampshire, ein, ohne zu wissen, daß die Welt ihn einen Monat lang gesucht hatte und daß er von Amts wegen ein toter Mann war.

Das zeigt, daß selbst heute, trotz starken Schiffsverkehrs, planmäßiger Suchaktionen, Satelliten und großer, weiträumig arbeitender Fischereiflotten ein Boot in den weiten, weiten Ozeanen noch immer wochen- oder monatelang verschwinden kann. Jeantot wußte das wie jeder andere Segler. Es war keineswegs abwegig, anzunehmen, daß Roufs noch irgendwo unterwegs sei.

Mittlerweile war die Regatta für die anderen Teilnehmer, die sich praktisch auf dem ganzen Weg über den Südpazifik mit Sturm, Seegang und Eis herumschlagen mußten, wie üblich weitergegangen. Einer aber hatte mehr Glück als die übrigen. Am 9. Januar um 4.00 Uhr morgens, als die MASS ENTERPRISE gerade ihre Suche nach Roufs begann, passierte Auguin nach 66 Tagen auf See Kap Horn. Wenn er dieses Tempo beibehielt, würde er nicht nur Lamazous Rekord von 109 Tagen brechen, sondern vielleicht in weniger als 100 Tagen am Ziel sein. Auguin und seine Frau Véronique hatten vereinbart, sich vor Kap Horn zu treffen, wenn das Wetter es erlaubte. Sie war nach Punta Arenas geflogen und hatte ein chilenisches Marinefahrzeug gechartert, das mit ihr hinausfahren sollte, um die GÉODIS zu treffen. Am vorangegangenen Tag hatten die Aussichten auf ein Treffen nicht gut gestanden - der Wind wehte mit 55 Knoten. Am frühen Morgen des Neunten flaute es jedoch ab. Plötzlich wurde die unwahrscheinliche Begegnung möglich. Auguin drehte dicht vor dem Kap bei, öffnete eine Flasche Champagner und prostete im frühen Morgenlicht des Südsommers seinem Meilenstein zu. Véronique und er winkten und riefen hinüber und herüber, während das chilenische Boot so dicht bei der fast stilliegenden GÉODIS dümpelte, wie es die rauhe See erlaubte. Auf dem Besucherboot wurden bald alle seekrank. Es kehrte in die geschützten chilenischen Sunde zurück. Über Funk äußerte Auguin sich mitfühlend, erklärte Véronique aber, daß ihm die See fast glatt vorkomme. Als die GÉODIS achteraus zurückblieb, sahen die inzwischen sterbenskranken Besucher den dünnen, bärtigen Auguin in Ölzeug und Seestiefeln lässig an Deck stehen. Dabei wiegte er sich im Takt mit den Bewegungen seines Bootes, als sei er ein Teil davon, und kippte noch immer fröhlich Champagner hinunter.

„Es war sehr schön, endlich ein wenig Berührung mit der Zivilisation zu haben," sagte er. „Und ich bin froh, diesen höllischen Seen zum dritten Mal heil entkommen zu sein - jedenfalls körperlich."

Auguin hatte allen Grund, glücklich zu sein. Niemand war ihm direkt auf den Fersen. Ließ man Pech einmal beiseite, dann war ihm der Sieg sicher, möglicherweise in Rekordzeit. Auf jeden Fall würde er einen glänzenden Sieg erringen. Er war all den traumatischen, lebensgefährlichen Erlebnissen, die einige seiner Konkurrenten durchgemacht hatten, entgangen. Sein Boot war vollkommen zuverlässig gewesen, wenn es auch von kleineren Ausrüstungsschäden ebensowenig verschont geblieben war wie von den unvermeidlichen Wackelkontakten und gespenstischen Ausfällen elektronischer Geräte, die sich in trockener, warmer Umgebung wohler fühlen. Auguin hatte sich bei dem wichtigsten Sicherheitsfaktor des Hochseesegelns ausgezeichnet: der Geschwindigkeit. Aus dem Südozean war er so schnell herausgekommen wie kein anderer Einhandsegler vor ihm. Das weitere ist reiner Urlaub, hatte er gesagt, und seine Ferien begannen gerade.

Während Auguin seine Befreiung aus dem Südozean feierte, steckten die anderen Teilnehmer noch mittendrin. Manche erlebten noch Schlimmeres. Am Tag, bevor Auguin aus der Hölle erlöst wurde, und fast 7.000 Meilen hinter ihm verließ de Radiguès mit der AFIBEL Fremantle. Er hatte diesen australischen Hafen angelaufen, um zu versuchen, seine störrische Elektrik zu reparieren, die anscheinend keine Woche ohne größere Panne durchhielt. Und wirklich, schon einige Tage nach dem Auslaufen sah es aus, als würde er noch einen weiteren Hafen anlaufen müssen, um es erneut zu versuchen. (Schließlich unterbrach er die Reise in Dunedin, Neuseeland, und auch das sollte nicht sein letzter Anlaufhafen sein.) Seine Maschine machte ebenfalls Mucken, und die Batterien ließen sich nicht laden. Bald nach dem

Auslaufen aus Fremantle mußte er einen ganzen Tag eingeklemmt im Motorraum zubringen und das Übliche machen: Einspritzdüsen ausbauen, Kompression überprüfen, fluchen. Am Ende mußte er es aufgeben. Der Wind überschritt Sturmstärke, so daß es zu grob zum Weiterarbeiten wurde. Der rechtswirksam disqualifizierte de Radiguès segelte sein eigenes verlängertes Marathonrennen.

5.000 Meilen hinter dem Spitzenreiter lief Goss am selben Tag, als Auguin Kap Horn rundete, aus Hobart in Tasmanien aus und war dabei mit seiner AQUA QUORUM der letzte offizielle Regattateilnehmer. Während Gerettetwerden zur Disqualifikation führte, war das bei einem Retter nicht der Fall. Tatsächlich würden Goss für die Zeit, die er gebraucht hatte, um Dinelli zu retten und nach Hobart zu bringen, 318 Stunden gutgeschrieben werden. Wie immer war es die ungünstigste Situation, als Schlußlicht zu segeln, besonders, wenn es über den Südpazifik ging und keine anderen Teilnehmer nach einem kamen, die helfen konnten, wenn es schiefging. Die dünne Rettungsleine, die jedem Teilnehmer durch seine Freunde und Konkurrenten zur Verfügung stand, war für das letzte Boot abgerissen. Den letzten beißen die Hunde. Wie ein Einhandsegler, der ganz für sich nach Kap Horn segelt, war Goss allein auf weiter Flur.

Er war auch nicht gut in Form. Die Strapazen bei Dinellis Rettung hatten ihn psychisch und physisch ausgelaugt. Wieder ins Rennen zu gehen empfand er dadurch als eine der schwersten Überwindungen seines Lebens. Er fühlte sich grün und blau geschlagen, und sein Boot war vollkommen durcheinander. Drei Yachten waren verlorengegangen. Jetzt war Roufs vermißt. Als Goss aus Hobart auslief, sah es aus, als würde er gleich am Anfang eine Tracht Prügel von dem Hurrikan Evan beziehen, dessen Bahn weit nach Süden ging und seinen Kurs kreuzte.

„Ich habe nie Angst vor der See gehabt, sondern einen gesunden Respekt, was viel besser ist. Aber beim Auslaufen aus Hobart war ich total verängstigt." Er mußte sich hinsetzen und ernsthaft mit sich selbst reden, wieder ganz von vorn anfangen. Warum war er hier? Was versuchte er zu vollbringen? Er wußte, welchen Schwierigkeiten er gegenüberstand, hatte aber den Sturm überlebt, der Dinelli fertiggemacht hatte. Einfach eine Tasse Tee trinken und weitermachen, sagte er sich. Aber es war schwer. Er hatte die Konzentration verloren, die er seit dem Start gehabt hatte. Beim Einhandsegeln entschied sich vieles im Kopf. Man wußte nie, was als nächstes zu tun war, aber jeder Schritt konnte böse Folgen haben, weil man im Südozean so schutzlos war. Sobald also Schwierigkeiten entstanden, war das Gehirn die Waffe dagegen. Man mußte sich hinsetzen und die Probleme durchdenken, die Bordmittel bestmöglich ausnutzen und kombinieren. Irgendwie mußte er diesen Zustand konzentrierter und doch gelöster Einsatzbereitschaft zurückgewinnen. Der Kap Horn-Segler mußte zielstrebig sein, innerlich ruhig und doch kampfbereit, und im Kopf durfte nur Platz für das Boot und die See sein - Zen und die Kunst, durch den Südozean zu segeln. „Ich war ein bedrohter Krieger," sagte Saint-Exupéry nach einer Bruchlandung in der Wüste. Diese Einstellung mußten auch die Vendée Globe-Segler pflegen.

Die nächsten beiden Wochen kämpfte Goss mit seiner Angst und seinen Depressionen. Evan verfehlte ihn, aber dann kam ein zweiter schwerer Sturm, der fast demjenigen glich, der beinahe Dinelli den Garaus gemacht hatte: Nordwind, starkes Absinken des Luftdrucks, schnelle Winddrehung nach Südwest, bis zu 60 Knoten Windgeschwindigkeit und darüber. Jeantot, der inzwischen eine nahezu liebevoll-besitzergreifende Anteilnahme für Goss zeigte, faxte ihm eine Warnung vor dem drohenden Wettersystem. Es sei ein beunruhigendes Gebilde, fügte Jeantot hinzu. Da dachte Goss: Verflucht, ausgerechnet die sind beunruhigt. Die sitzen doch auf der anderen Seite der verdammten Welt.

Als der Sturm begann, über ihn hinwegzufegen, ging es Goss gut. Das Wetter drehte ihn durch den Fleischwolf - er zog über Nacht sogar seinen Überlebensanzug an -, anschließend fühlte er sich aber viel besser. Die Befriedigung, etwas vollbracht zu haben, war wieder da. „Spielt sich eigentlich alles im Kopf ab. Sehr interessante Erfahrung."

Während Goss nach Osten lief, versagte sein Radargerät, danach das Funkgerät. Er entschloß sich, nördlich des fünfzigsten Breitengrades zu bleiben, um das schlimmste Eis zu meiden. Jeantot, der nach wie vor fürsorglich um seinen Helden bemüht war, faxte Goss eine Reihe von Satellitenkarten, die die hauptsächlichen Eisansammlungen entlang seines Kurses zeigten.

Als Nächster hinter Auguin hätte Roufs Kap Horn passieren können, wenn die hoffnungsvolle Theorie, an die alle glaubten, stimmte. Tatsächlich rundete Autissier das Kap am 17. Januar, und zwar zum dritten Mal in ihrem Leben. Einmal war es gewesen, während sie einen Geschwindigkeitsrekord von New York nach San Francisco aufstellte. Vorher hatte sie das Kap bei der Teilnahme am BOC-Rennen 1990/91 gerundet. Die damalige Regatta war aber etwas anderes gewesen. Vor dem Start der dritten Etappe über den Südpazifik und um Kap Horn herum hatte es in Sydney Ruhe und Erholung gegeben und die Aussicht, sich anschließend in Punta del Este, Uruguay, wieder ausruhen zu können. Im BOC war die Wettfahrt über den Südpazifik eine vier bis sechs Wochen lange Hetzjagd zwischen zwei Häfen - hart genug, aber anders als das Vendée Globe, das diesmal am schlimmsten gewesen war. Nach all diesen Beinahe-Katastrophen, der Ungewißheit über Roufs' Schicksal und dem erschöpfenden Kampf, zu ihm zurückzukommen, meinte Autissier, daß sie bis an ihre Grenzen getrieben worden sei. Nach all dem - der Anspannung, den Schwierigkeiten, der Kälte und allem - „war Kap Horn ein Puuuuh!" Sie stieß einen lauten, pfeifenden Seufzer der Erleichterung und freudigen Erregung aus. „Wissen Sie, es war das erste Mal, daß ich es wirklich so empfunden habe."

Die Yachten der zweiten Gruppe - Laurent, de Broc, Thiercelin und Dumont -, die seit dem Südatlantik locker zusammengeblieben waren, rundeten Kap Horn zwischen dem 19. und 24. Januar in schneller Folge. Der erste war Laurent, der kurz und treffend funkte: „Geschafft!"

De Broc passierte das Kap am 20. Januar. Aber er hatte ernste Probleme. Der Dieselkraftstoff für seinen Generator war knapp geworden, und der Propeller seines Fahrtgenerators war blockiert. Bald würde es keine Möglichkeit mehr geben, die Batterien zu laden. Schlimmer noch, die Bodenwrangen (die Aussteifungen des Rumpfes im Kielbereich) waren beschädigt. Die ganze Umgebung der wichtigen Rumpf-Kiel-Verbindung war geschwächt. De Broc konnte nicht sagen, wie geschwächt, wollte es sich aber irgendwo in Landnähe genauer ansehen. Er hätte in irgendeiner Bucht gewagt ankern können, um selbst Reparaturen zu versuchen. Er hätte dort in das fünf Grad kalte Wasser hinabtauchen müssen, um sich den Generatorpropeller anzusehen, und hätte Matten und Epoxidharz auf seine wackeligen Bodenwrangen geklatscht, aber er vermutete umfangreichere Schäden und entschied sich, den argentinischen Hafen Ushuaia am Beaglekanal anzulaufen. (Ushuaia, unmittelbar nördlich von Kap Horn, ist der südlichste Hafen der Welt und nimmt für sich auch in Anspruch, die südlichste Stadt der Welt zu sein.) Das Anlaufen eines Hafens würde sich in de Brocs betrübliche Vorgeschichte einfügen: Es würde seine zweite Disqualifikation in einem Vendée Globe werden. Bei der vorangegangenen Wettfahrt war er ausgeschlossen worden, nachdem sein Yachtkonstrukteur und seine Sponsoren wegen (unbegründeter) Ängste um die Festigkeit des Bootes seinen Zwischenaufenthalt in Neuseeland erzwungen hatten. Sein Schiff war die ehrwürdige GROUPE LG TRAITMAT gewesen, die jetzt von Laurent geführt wurde. Durch de Brocs Aufgabe des Rennens hatte Roufs damals seine Chance erhalten, als man ihn bat, die Yacht von Neuseeland nach Frankreich zurückzubringen. Das nächste Mal, so versprach de Broc, würde es anders sein: „Im Jahr 2000 komme ich mit einer Kampfmaschine wieder, um zu gewinnen!"

Thiercelin rundete das Kap bei leichtem Nebel etwas später am selben Tag wie de Broc, begleitet von zwei Delphinen und einem Albatros. Als Knox-Johnston auf seiner 313-Tage-Reise das mächtige Kap passierte und nur noch wenig Proviant außer Rindfleisch, Schiffszwieback, Reis und Bohnen hatte - wie im 19. Jahrhundert -, konnte er zur Feier des Tages nur von einem heißen Bad, einem Bier, einem Steak und Sex träumen, in dieser Reihenfolge. Thiercelin köpfte eine Flasche Champagner und aß etwas Gänseleber. Ein paar Tage später unterstrich er, wie sehr das Langstreckensegeln sich in 30 Jahren geändert hatte (vielleicht auch, wie groß schon immer der Unterschied zwischen französischen und englischen Seglern gewesen war). Er bereitete sich ein Pilzomelette aus frischen Eiern, die er extra für diese Gelegenheit zweieinhalb Monate lang in Wachs aufbewahrt hatte, dazu eingeweichte Trockenpilze und verschiedene Gewürze. Das Ganze spülte er mit einer Flasche Bordeaux Médoc hinunter und hörte dazu eine Kassette von „The Who".

Seine Erleichterung, aus dem Südozean herauszukommen, hatte einen eher praktischen Grund: Während seiner Suche nach Roufs waren durch das schwere Stampfen auch auf seinem Schiff die Bodenwrangen beschädigt worden. Er hatte im Vorschiff Schwächungen des Rumpfes entdeckt. Deshalb mußte er verhaltener segeln, bis er dort einige Holzstützen einkeilen konnte, um den Bereich auszusteifen. In der ruhigeren See des Atlantik würde er zu dauerhaften Reparaturen kommen. Am nächsten Tag, seinem ersten Tag im Atlantik, saß er bei 13 Knoten Fahrt am Kartentisch und sang fröhlich zu einer Musikkassette der Gruppe „The Platters", als das Boot plötzlich gegen etwas anrannte und fast gestoppt wurde. „Mein hübsches Gesicht klatschte direkt auf den Kartentisch."

Ein riesiges Stück treibendes Tauwerk hatte sich um den Kiel gewickelt. Im Gegensatz zu Jeantot, der, bevor er zur See gegangen war, Berufstaucher gewesen war und dabei einen Freitauchrekord von 501 m aufgestellt hatte, hatte Thiercelin Tauchrekorde nur in der Badewanne aufgestellt. Er konnte nicht tauchen - die Sache mit seinem Ohrproblem. Deshalb mußte er seine Segel stark reffen und stundenlang vor und zurück segeln, bis er sich aus dem Tauwerkgewirr befreien konnte. Wenigstens war es kein Container gewesen, so sagte er. Bald machte er wieder Fahrt. Hoch am Wind segelte sein Schiff 17 Knoten und knallte dabei in die kurzen, steilen Atlantikseen hinein, wobei der Skipper an Deck wegen der Krängung auf den Kajütseiten des Bootes gehen mußte

Während Thiercelin sein Pilzomelette mampfte, passierte Dumont Kap Horn. Er hatte es furchtbar schwer gehabt, es zu erreichen. Genauer gesagt erlebte er am Tag davor das furchtbarste Wetter seines Lebens. Die zwölf Meter hohen Wellen waren in dem flacheren Wasser dicht am Kontinent bedrohlich steiler als sonst, und der Wind erreichte in Böen 70 Knoten. Als zusätzlichen Nervenkitzel sah er wieder einmal Eis und passierte einmal einen Eisberg in einer Viertelmeile Abstand. Während der Nacht zog er seinen Überlebensanzug an und vergewisserte sich, daß die gesamte Sicherheits- und Notausrüstung in Ordnung war. „Ich ängstigte mich zu Tode," erklärte er. „Das Schiff wurde mehrmals flachgelegt, die Salinge kamen ins Wasser." Wenn diese kurzen Streben in der Takelage hoch oben am Mast ins Wasser gerieten, hieß das, daß Dumonts Boot bis zu einem Winkel von 90° oder mehr auf die Seite geworfen worden war, unbehaglich nahe am Kenterwinkel. Am nächsten Abend aber war er dann am Kap Horn, dem gewaltigen, sagenhaften Vorgebirge, „dem Ende des unbekannten Landes, der Pforte zum Rückweg." Damit hörte all das alptraumhafte Surfen auf gigantischen, wilden Seen in unablässigen Stürmen auf. Außerdem hatte er nach der Umrundung des Kaps wie die alten Rahseglermatrosen, die es überlebt hatten, das Recht - zur Hölle mit den Gesetzen der Aerodynamik -, gegen den Wind zu pinkeln, ohne naß zu werden. Und das Recht, einen goldenen Ohrring am linken Ohr zu tragen, an der Seite, wo beim Vorbeisegeln der Felsen des Grauens gelegen hatte. Als Dumont dort ankam, hatte der launische Wind nachgelassen. Mit fünf Knoten schlich die Yacht unter einem großen, erdrunden Mond vorbei, während die schneebedeckten chilenischen Berggipfel hinter dem Kap im harten, bleichen Licht schimmerten.

Einige Tage später passierte auch der disqualifizierte Parlier das letzte der drei Sturmkaps. Er hatte eine schnelle Überquerung des Südpazifik von Fremantle aus hinter sich. Einmal war er dabei über den 60. Breitengrad hinaus weit nach Süden gegangen, um schweres Wetter zu umgehen. Damit hatte er gleichzeitig die Strecke verkürzt und gegenüber den vor ihm liegenden Rivalen viel Zeit aufgeholt. Er segelte am Kap zwei Meilen vor den senkrechten, rauhen Klippen vorbei. Als er nach Norden abdrehte, erstarb die lange Dünung des Südozeans, die jetzt endlich auf Land getroffen war. Im Vergleich war es wie das Segeln auf einem Binnensee. Parlier fühlte sich, als verlasse er ein Niemandsland, wo die Menschen nicht hingehörten; als hätte er gerade einen Berggipfel bestiegen (wie so oft in seiner Freizeit). Jetzt begann der Abstieg ins Tal.

„Ich habe eine letzte Botschaft an die Albatrosse gerichtet, die fast 60 Tage meine treuen Segelbegleiter gewesen waren," berichtete er. „Ich grüße euch, aber ich muß euch jetzt verlassen und weiter in den Norden, in die warmen Meere und zurück zur Zivilisation."

2.500 Meilen weiter hinten im Südozean kam Chabaud nach wie vor stetig voran. Sie war nach den Weihnachts- und Neujahrsunglücken wieder zur Ruhe gekommen.

„Ich war durch all die Kenterungen schockiert," räumte sie ein. „Ich hatte nicht geglaubt, daß es so viele Boote einfach so umhauen könnte. Andererseits ermutigten mich die gut organisierten, wirkungsvollen Rettungsaktionen. Ich hatte es nicht für möglich gehalten, einen schiffbrüchigen Skipper in diesem Seegang zu finden. Raphaël Dinellis Rettung durch Pete Goss ist eine fantastische Geschichte. Die schönste Geschichte."

„Ich fand dieses Zusammenstehen von Seeleuten bemerkenswert. Sicher werden die Leute an Land daraus etwas lernen. Dieses Vendée Globe hat mich so viel gelehrt. Wir wissen schon beim Auslaufen, wie gefährlich das Ganze ist, aber wir nehmen das Risiko bei klarem Bewußtsein und sehenden Auges auf uns. Nach 79 Tagen auf See kann ich sagen, daß diese Wettfahrt sehr schön und sehr schwierig ist. Wenn ich vorher gewußt hätte, wie hart es werden würde - ich bin nicht sicher, ob ich dann mitgemacht hätte. Jetzt aber, da ich hier bin, bin ich überglücklich."

Mittlerweile vermißte sie ihre Familie und Freunde. Sie würde alles für einen Landspaziergang geben. Und wieder war ein Tiefdruckgebiet unterwegs. Noch zehn Tage bis Kap Horn.

Was Goss betrifft, so hatte er Probleme mit der Elektrik, der Selbststeuerung, den Segellatten, dem Funkgerät und dem Radar. Abgesehen davon war alles bestens. Nur nicht sein Ellbogen. Er hatte sich zu Beginn der Wettfahrt entzündet und war noch weiter in Mitleidenschaft gezogen worden, als Goss auf dem Weg zu Dinelli in der Kajüte herumgeworfen worden war. Jetzt wurde der Arm schlimmer und schwoll an, so daß Goss ihn überhaupt nicht mehr benutzen konnte - Einhandsegeln im buchstäblichen Sinne. Während der letzten Januarwoche hielten Windstillen die AQUA QUORUM auf, und ohne Wind schlingerte sie in der schweren Dünung höllisch.

„Ich kann nur abwarten und Tee trinken," teilte Goss der Wettfahrtleitung mit. (Sein Tee, der Dinellis Wiedererweckung zum Leben eingeleitet hatte, war in Frankreich schon zur anrührenden Legende geworden.)

Am 25. Januar geschah das Unfaßliche. Die unsichere Heiterkeit der Skipper, die den Südozean hinter sich ließen, und die auch Jeantot zunehmend teilte, je mehr Tage ohne Zwischenfälle vorübergingen, brach plötzlich zusammen. Der Oberbefehlshaber des dritten chilenischen Marinebezirks in Punta Arenas gab in einem Presseinterview bekannt, daß weder die chilenische Luftwaffe noch die Marine Roufs offiziell als Urheber des UKW-Funkspruchs vom 16. Januar identifiziert hätten. Er umriß, was sich nach den jetzigen Angaben der chilenischen Behörden abgespielt hatte. Der Pilot des Suchflugzeugs hatte wiederholt die Worte „Groupe Lima Golf" auf Kanal 16, dem internationalen UKW-Anrufkanal, gesendet, während die Maschine ihr Suchschema flog. Nach anderthalb Stunden hatte ein Boot geantwortet: „Bitte kommen." Auf die Frage nach seiner Position hatte der unbekannte Segler Längen- und Breitenangaben durchgegeben, nach denen er fast 100 Meilen nordöstlich von Kap Horn stehen mußte (nicht nordwestlich, wie es in der ursprünglichen Mitteilung der chilenischen Seenotrettungsstelle geheißen hatte). Das Flugzeug hatte das Boot nicht sehen können. Die Wetterbedingungen umfaßten damals auch heftigen Regen und starken Wind mit schlechter Sicht. Nach der Rückkehr auf seinen Stützpunkt hatte der chilenische Pilot gemeldet, daß der Segler Englisch mit einem deutlichen französischen Akzent gesprochen hätte. Der perfekt zweisprachige Roufs sprach Englisch mit einem kanadischen Akzent, aber ohne die Spur einer französischen Färbung. Niemals, so sagte der hohe chilenische Offizier im Widerspruch zum früheren Bericht der Rettungsleitstelle, hätte der Skipper des Bootes die Worte „Groupe Lima Golf" gesagt. Der chilenische Befehlshaber gab keine Erklärung für die widersprüchlichen Meldungen ab, und auch niemand anders konnte den Widerspruch erklären. Roufs' Schicksal war plötzlich wieder völlig offen. Wenn es keine Funkverbindung mit ihm gegeben hatte, dann hatte es keinen Sinn, eine der verschiedenen Theorien, was ihm passiert sein könnte, für wahrscheinlicher zu halten als die anderen. Es war wieder ebenso denkbar, daß er vernichtend mit einem Eisberg kollidiert, gekentert und ertrunken oder über Bord gefallen war oder daß er in einer Rettungsinsel trieb. Er konnte ebenso gut unter einer Nottakelage segeln, oder mit intaktem Mast, aber ohne Funkverbindung noch im Rennen liegen. Eine Annahme war so gut wie alle anderen. Nur die Hoffnung beeinflußte die Wahl der Hypothese - und das Wissen, was es schon alles gegeben hatte: Les Powles zum Beispiel, der in England auftauchte, als er schon drei Monate überfällig war. Unglücklicherweise gab es aber auch entgegenstehende Präzedenzfälle.

Im BOC-Rennen 1994/95 befand sich ein englischer Teilnehmer, der siebzigjährige Harry Mitchell, der ein gut zwölf Meter langes Kunststoffboot segelte, etwa 1.450 Meilen westlich von Kap Horn, als ein Satellit auf polarer Umlaufbahn ein Signal von Mitchells 406er-EPIRB-Funkboje empfing. (Der Segler, der so fit war wie ein Fünfzigjähriger, war der älteste Teilnehmer aller BOC- oder Vendée Globe-Regatten.) Die Seenotfunkboje lieferte eine genaue Position nach Länge und Breite. Mitchells ARGOS-Positionsmelder verstummte ungefähr zur gleichen Zeit, als das EPIRB-Signal empfangen wurde. In jenem Rennen hatte es schon eine Anzahl Fehlalarme gegeben, wenn Wellen automatisch aktivierbare 406er-EPIRB-Bojen ausgelöst hatten. (Geräte, die auf Wasserdruck ansprachen, wozu die Überflutung durch eine hohe Welle schon ausreichen konnte.) Ein Brecher konnte bei Mitchells EPIRB dasselbe bewirkt und gleichzeitig seine ARGOS-Antenne zerstört haben. Andererseits konnte die Gleichzeitigkeit beider Vorgänge - der Notruf gesendet, das andere Signal verstummt - das Schlimmste bedeuten. Mitchell meldete sich auf Funkrufe nicht, obwohl das nicht ungewöhnlich war. Er war oft nicht erreichbar, weil er sein Gerät abstellte, um Strom zu sparen oder weil es nicht funktionierte. Wie im Falle von Roufs reichten die Möglichkeiten von begrenzten Schäden der Funkanlage durch eine überkommende See bis zum tödlichen Desaster.

Es mußte jedoch eine Suchaktion eingeleitet werden. Der ganze vertraute Apparat wurde in Bewegung gesetzt. Das schien von Anfang an wenig genug zu sein. Ein weiterer Teilnehmer 250 Meilen in Luv konnte nicht benachrichtigt werden, weil seine eigene Funkanlage defekt war. Der nächste segelte 500 Meilen leewärts unter einer Nottakelage, nachdem sein Mast gebrochen war. Auf der nächstliegenden Yacht, die die Wettfahrtleitung erreichen konnte, segelte die Engländerin Lisa Clayton. Sie gehörte nicht zum BOC, sondern war beim Versuch einer Nonstop-Einhandweltumsegelung. Auch sie lag in Lee, mehr als 400 Meilen weit weg, eine lange Strecke, um gegen Wind und See zurückzusegeln. Außerdem war sie bei einer Beinahe-Kenterung bewußtlos geworden und fand beim Erwachen einen Stoß Faxe über Mitchells Notsignal vor. Die Rettungsleitstelle befreite die benommene Seglerin von allen Verpflichtungen. Die Wetterbedingungen im Gebiet von Mitchells Notsignal waren nicht ungewöhnlich: Der Wind erreichte in Böen 70 Knoten, der Seegang war entsprechend. Kein Flugzeug konnte die Gegend überfliegen, bevor das Wetter sich etwas beruhigt hatte.

Selbst als es sich tatsächlich mäßigte, weigerten sich die Chilenen, ein Flugzeug zu schicken. Sie behaupteten, daß das EPIRB-Signal kräftig sei und ein Schiff das beste Rettungsmittel darstelle. Die chilenischen C 130-Maschinen, die an der Grenze ihrer Reichweite operieren würden, hatten keine Kameras oder Infrarotgeräte (um menschliche Körperwärme aufzuspüren), und das für ein Suchgebiet, wo die Sicht fast immer schlecht war. Inzwischen war tatsächlich ein Handelsschiff unterwegs, der Massengutfrachter FRANCISCA SCHULTE.

Der Regattaleiter, der Amerikaner Mark Schrader (wie Jeantot selbst ein alter Hase des Südozeans), der in Charleston saß, drängte die Chilenen, hinauszufliegen. Die Flieger würden eventuell feststellen können, ob das Schiff nach einer beschädigten Yacht oder einer Rettungsinsel zu suchen hätte. Auf jeden Fall würden die Batterien des EPIRB-Gerätes nicht viel länger halten. Ihre Betriebsdauer von zwei bis drei Tagen neigte sich dem Ende zu. Die Chilenen handelten aber, aus welchen Gründen auch immer, nicht wie die Australier. Die Entfernung von Punta Arenas bis zu Mitchell war etwa dieselbe wie die von Perth bis zu Dinellis sinkendem Boot. Doch anscheinend waren die Chilenen nicht bereit, nur wegen eines einzigen Seglers ihre Männer und Flugzeuge fast bis zur Grenze der Reichweite über den Südozean zu jagen, was die Australier für Dinelli getan hatten.

Später erzählte Schrader mir, daß ihm die chilenische Entscheidung damals nicht gefallen hätte und daß er noch immer nicht damit einverstanden sei. Wenn sich ein EPIRB-Gerät meldete, war es zwingend erforderlich, möglichst schnell möglichst viele Informationen über Standort und Zustand des Havaristen zu sammeln, und das hieß, ein Flugzeug hinzuschicken. Aber eine Kritik an Chiles Weigerung zu helfen fiel ihm schwer. Die chilenischen Gründe waren vertretbar, und es wäre eine sehr riskante Aktion geworden.

Als die FRANCISCA SCHULTE sich schließlich durch die grobe See bis zu der EPIRP-Position durchgekämpft hatte, waren sechsunddreißig Stunden vergangen. Als das Schiff seine Suchfahrt nach dem klassischen Planquadratschema begann, hörte die Seenotfunkboje auf zu senden. Das Schiff suchte 65 Stunden lang Tag und Nacht und hielt sich dabei an eine Driftanalyse, die Fachleute im englischen Falmouth ausgearbeitet hatten. Dann drehte der Kapitän der FRANCISCA SCHULTE in einem Seegang, der nach seiner Meinung das große Schiff selbst gefährden konnte, ab und nahm Kurs auf Kap Horn. „Meine Mannschaft und ich hoffen, daß Harry Mitchell wohlauf ist," funkte er. „Wir beten für ihn."

Zwei Tage später traf ein zweiter Frachter ein. Aber das Suchgebiet war inzwischen auf tausende von Quadratmeilen angewachsen. Nach sechsunddreißig Stunden mußte auch dieses Schiff die Suche einstellen. Nach Angabe seines Kapitäns führten die von elf Windstärken aufgepeitschten Seen zu „Überbeanspruchung des Rumpfes und Überlastung von Hauptmaschine und Ruderanlage." Acht Tage später wurde ein dritter Frachter in das Suchgebiet umgeleitet, fand aber auf Mitchells kalter Spur nichts mehr. Wie bei Roufs kam der Zeitpunkt, als man nichts mehr tun konnte. Die einzige Hoffnung bestand darin, daß Mitchell noch segelte, von der Welt abgeschnitten, und auf den Falklandinseln oder am Ende der Etappe in Uruguay aufkreuzen würde.

Aber er kam nirgendwo an, und niemand wird jemals erfahren, was passiert ist. Noch ein Name auf der langen Liste von Seeleuten und Seglern, die auf See geblieben sind, verschlungen vom Südozean. Jeantot konnte jetzt wie Michèle und Emma und die anderen Rennteilnehmer nur noch hoffen, daß Roufs irgendwie durchkommen würde, obwohl so viele es nicht geschafft hatten.

Joseph Conrad hatte eine zwiespältige Einstellung zum „zerstörerischen Element". Wie allen Seeleuten waren ihm alle Illusionen schon am Beginn seiner Seefahrtszeit vergangen. Der Ozean faszinierte und schreckte ihn. Er liebte seine Reinheit und die unverfälschte Natur, die so völlig anders waren als die metastasenartig wuchernden häßlichen Industriegebiete an Land. Die unwandelbare aristokratische Rangordnung an Bord sagte dem durch und durch konservativen Emigranten zu. Sobald er fern von der See war, schmachtete er nach ihr wie ein Süchtiger. Nachdem er sich vom Steuermannsberuf zurückgezogen hatte, um zu schreiben, blieb er der See als Yachtsegler treu. Mit leidenschaftlicher Nostalgie durchlebte er (wie der erste Einhandweltumsegler, der ehemalige Rahseglerkapitän Joshua Slocum) die letzten Jahre des Segelschiffzeitalters, als die grausamen, anmutigen, witwenmachenden Vollschiffe und Barken unter dem Druck von Kohle, Dampf und ozeanverbindenden Kanälen für immer verschwanden. Keine eisernen Männer mehr, nur noch eiserne Schiffe. Doch so sehr er den Ozean als die unverfälschteste Wildnis der Erde ansah, als die Verkörperung der Natur, machte Conrad sich über die beispiellose, bösartige Macht der See nichts vor.

„Der Ozean ist so gewissenlos wie ein wilder Despot, den ständige Lobhudelei verdorben hat. Er kann nicht den geringsten Trotz vertragen, und er ist immer der unversöhnliche Feind aller Schiffe und Männer gewesen, seit Schiffe und Männer zum ersten Male die unerhörte Kühnheit aufbrachten, sich trotz seiner finsteren Stirne auf seine Wasser zu begeben. Von dem Tage an hat er Flotten und Männer hinab in die Tiefe gerissen, ohne daß die Zahl der Opfer - so viele zerstörte Schiffe und zerstörte Leben - seinen Grimm gestillt hätten...

Das erstaunlichste Wunder der Tiefe ist ihre unergründliche Grausamkeit."

Für Segler hat sich seit Conrads Zeiten nicht viel geändert. Faszination und Angst, diese Dopamin erzeugenden Zwillinge, sind noch immer die Gefühle, die die See hervorruft. Wie immer bietet der Südozean auf der Route nach Kap Horn die Extremform dieser Erfahrung. In seiner „despotischen Gewissenlosigkeit" hat er Harry Mitchell ebenso in die Tiefe gerissen wie über Jahrhunderte hinweg die vielen Windjammermatrosen. All unsere Technik und alle ausgeklügelten Geräte haben daran nichts ändern können. Vielleicht war auch Gerry Roufs vernichtet worden; die Zeichen standen nicht gut. Aber für Conrad wie für die Vendée Globe-Skipper waren die Gefahren dieser unendlichen, wilden Einöde unausweichlich mit ihrer Anziehungskraft verbunden.

Bullimore kannte die Gefahren des Südozeans wie kein anderer. Dieses Meer hatte schon oft getötet und konnte es noch immer. Gleichzeitig aber war es erhaben. Es habe eine friedliche „vom Menschen unberührte" heitere Gelassenheit an sich, sagte er. „Also, man spürt wirklich, daß man dort in der Wildnis ist, in der Meereswildnis."

Autissier sprach davon, daß der Südozean die Natur verkörpere, wie sie früher überall war. Wie das Hochgebirge, wie der Everest ist der Süden sehr einsam, sehr ursprünglich. „Meilen, Meilen und noch mehr Meilen von Wildnis."

Am Kap Horn endet diese ganze ungezähmte Herrlichkeit. Das Kap gehört auch zu den gefährlichsten Ecken des Südozeans, und das hatte es schon immer getan - besonders für die nur schlecht kreuzenden Rahsegler, die sich herumquälen mußten. Jedesmal, wenn sie das Kap rundete, so sagte Autissier (wie David und Daniel Hays, die amerikanische Vater-Sohn-Crew auf dem 7,5-Meter-Boot), müsse sie an die vielen Toten dort unten, irgendwo tief unter ihren Füßen, denken. Es war Wahnsinn, was diese Männer unternommen hatten: Auf ihren primitiven Schiffen und ohne vernünftige Bekleidung oder Ernährung waren sie immer wieder in Wind und Schnee aufgeentert, um mit bloßen Händen den Kampf mit dem schweren Segeltuch aufzunehmen. Es war unglaublich, daß sie das fertiggebracht hatten. Wenn man dort ist, rührt es einen sehr an, man ist tief ergriffen, wenn man daran denkt - an die ertrunkenen Seeleute dreier Jahrhunderte.

„O Gott, wie qualvoll schien mir's, zu ertrinken!", rief Clarence in „König Richard der Dritte" aus: „Welch grauser Lärm des Wassers in den Ohren! Welch gräßlich Todesschauspiel mir vor Augen!"

Kap Horn gehört für die Vendée Globe-Yachten noch immer zu den schwierigsten Abschnitten der Durchquerung des Südozeans. Der Meeresgrund steigt steil an, wenn sie über den Ausläufer des Festlandsockels hinwegsegeln. In dem flacheren Wasser wird der Seegang kürzer und steiler. Der Wind verstärkt sich beim Auftreffen auf die Anden: „Williwaws", heftige Sturmböen, fegen durch die Hochgebirgstäler herab und weit auf See hinaus. Die Tiefs der Südbreiten werden in der Drake-Passage zwischen Kap Horn und der Antarktis wie in einem Blasebalg zusammengezwängt. Manchmal werden sie auch verwickelter und verzweigter und deshalb bedrohlicher, wenn sie mit den örtlichen Wettersystemen zusammentreffen, die sich über den nahegelegenen Landmassen gebildet haben.

Besonders für die in ihren engen Ländern eingepferchten Europäer ist die Vorstellung äußerster Abgeschiedenheit, die der Südozean verkörpert, nahezu unfaßlich, grauenvoll und atavistisch erregend. Goss empfand dieses Gebiet als die verlassenste Gegend auf Erden. Dort unten ist man wirklich ausgeliefert. „Man kann nirgends hingehen. Man kann kein Loch graben. Man kann nicht anhalten und sich hinsetzen. Man ist einfach dort. Man steckt mittendrin und läuft mit, man jagt dahin und gehört dazu. Man treibt es sehr weit."

„Es ist Mistwetter, und du frierst, wirst naß und hast Angst. Aber es ist eine ehrfurchteinflößende Wildnis - die ungezähmte Energie dort unten... Das ist die eigentliche Schwierigkeit: Sich diese Energie zunutze zu machen und dennoch die eigene Kraft zu erhalten, um ihr widerstehen zu können."

Schon die bloße Erinnerung daran, wie sie sich manchmal fühlte, als sie auf Kap Horn zusegelte, ließ Chabaud erzittern. Ihr wurde erneut schlagartig klar, wie katastrophal die Regatta gewesen war. Immerhin waren drei Menschen - Dinelli, Bullimore und Dubois - aus dem Südozean zurückgekommen, obwohl sie eigentlich ertrunken sein müßten.

„Wenn Sie mich bei Beginn des Rennens gefragt hätten, welche Rettungschancen ich einem Segler unter diesen Umständen geben würde, hätte ich gesagt ..." Sie zögerte.

„Keine großen," meinte ich.

„Keine großen," stimmte sie zu. „Und doch kamen drei Leute zurück."

„Es war verblüffend," sagte ich.

„Es war wunderbar," sagte Chabaud.

Für sie ist das wahre Sinnbild des Südozeans der ziehende Albatros. Als einer dieser Vögel, den sie an der auffälligen weißen Zeichnung seiner Flügel erkennen konnte, sich ihr südlich das Kaps der Guten Hoffnung anschloß und mehr als einen Monat bei ihrem Boot blieb, nannte sie ihn Bernard. Sie stellte sich vor, in dem Vogel sei Moitessier wiedergeboren. Während der ganzen Wettfahrt spürte Chabaud eine besonders starke Seelenverwandtschaft mit Moitessier. Zu Beginn der Regatta, als sie unter vielen technischen Problemen mit ihrer Ausrüstung litt, las sie lange in „Der verschenkte Sieg". Sie entdeckte, daß selbst dieser große Seefahrer sich zeitweise mit derselben Art von Schwierigkeiten herumgeschlagen und Angst und Sorgen durchlitten hatte. Es war ein Trost für sie, daß sie in dem Spiel „Südozeansegeln" vielleicht nicht die Beste, aber ebensowenig die Schlechteste war.

Es hat immer schon eine starke symbolische Beziehung zwischen den hohen Südbreiten und dem Albatros gegeben. Wie die rollenden Seen des Südens umkreist dieser Vogel südlich der drei Sturmkaps unentwegt die Erde. Zwischen seiner Kükenzeit und dem Beginn der Geschlechtsreife im Alter von etwa sieben Jahren verbringt dieser größte aller Vögel mit über dreieinhalb Metern Spannweite oft zwei Jahre auf hoher See, ohne jemals an Land zu kommen. Er kann bis zu 60 oder 70 Jahre alt werden. Er schläft während des Fliegens. Sein Flug ist ein müheloses Gleiten auf der Thermik und den Aufwinden, die durch die Reibung des Windes auf der Wasseroberfläche entstehen. Der Name, den Chabaud ihrem Begleiter gegeben hatte, erschien passend. Moitessiers Geist schwebte anscheinend wie der Albatros über dem Südmeer. Auch ihm war einer der Vögel lange Zeit gefolgt, während die JOSHUA albatrosgleich einundeinhalbmal ohne Aufenthalt um die Welt segelte. Der aschfarbene Vogel schwebte jedoch gleichgültig um Moitessier und sein Boot herum, die für das Tier nur einen einzigen, unverständlichen Gegenstand im Meer darstellten. Wenn man einige Zeit in der Wildnis zugebracht hat, sagte Parlier, ändert man dadurch seine Vorstellungen von der Erde und dem eigenen Leben auf ihrer Oberfläche. Dieses Erlebnis setzt die Dinge ins richtige Verhältnis. Jeder braucht diese Erfahrung, obwohl nur wenige je die Gelegenheit dazu bekommen. Wir alle haben das zutiefst menschliche Bedürfnis, auf jungfräulichen Flächen zu weiden, etwa auf dem von der menschlichen Zivilisation unberührten Südozean. „Es ist wahrhaftig ein Niemandsland, wo der Mensch nichts zu suchen hat. Es ist das Meer des Albatros, der anderen Vögel und der Wale."

Es ist der Teil der Erde, wo niemand sagen kann: „Dies Stück gehört mir."

Wie Laurent mir erzählte, hat er nach dem Rennen eine Woche lang die Sahara bereist. Er wollte in die echte Wüste - die aus Sand -, um den Unterschied zwischen Sandwüste und Seewüste herauszufinden. „Es ist genau dasselbe, wirklich dasselbe," berichtete er ungerührt. „Nur daß der Südozean größer ist."

Für Laurent als Ingenieur wurde die Abgelegenheit durch die Abwesenheit technischer Einflüsse definiert. Der Mensch hielt es nicht für nötig, sich mit den hohen Südbreiten zu befassen, deshalb gab es keine Wetterberichte dafür. Man konnte aus dem beinahe zufälligen Rohmaterial in Form von Satellitenfotos seine eigenen Wetterberichte zusammenstellen, aber niemand analysierte einem die Daten. Selbst der kanadische Satellit war nicht darauf eingerichtet, Fotos von diesem Teil der Erdoberfläche zu machen. Bis man nach Roufs suchen mußte, war das nicht nötig gewesen.

In diesem Vendée Globe-Rennen war Jeantot zu zermürbendem Schwanken zwischen großer Sorge und stellvertretend durchlebter Angst einerseits und kurzlebiger Hochstimmung andererseits verurteilt gewesen, während er an seinen Funk- und Faxgeräten saß und die Nachrichten von der neuesten Katastrophe, der anschließenden wundersamen Rettung, der nächsten Katastrophe und der Ungewißheit über Roufs' Schicksal erhielt. Aber dabei konnte er nie vergessen, wie es bei ihm gewesen war. Im stürmischen Süden hatte er immer gespürt, daß man dort nicht einfach lebte, sondern zugleich zu überleben versuchte. Die wirkliche Schwierigkeit dabei war, daß das 40, 50 Tage anhielt.

„Und die ganze Zeit friert man, ist einsam und verängstigt." Der harte Veteran sah mich an und lächelte. „Das muß man zugeben, wissen Sie."

Die Vendée Globe-Teilnehmer erfahren den Südozean als noch immer entlegene und unberührte Wildnis. Dem Segler, der sich dort in einem Tiefdrucksturm 2.000 Meilen vom nächsten Land entfernt bemüht, nicht abzusaufen, kommt die Beziehung zwischen Mensch und Natur ungebrochen vor - so eng und ursprünglich, so komplex und fesselnd wie von Anbeginn. Die Natur, wie sie einst war, so nannte Autissier den weiten, stürmischen Süden. Doch wenn er auch der urzeitlichen Wildheit so nahe kommt, wie es auf der Erdoberfläche nur möglich ist, so wurden in seine scheinbar unbezwingbare Natürlichkeit doch schon Breschen geschlagen. Wegen der weiträumigen Folgen menschlicher Betätigung, die auf jeden Winkel unseres Planeten einwirken, haben der Südozean und die anderen abgelegenen Gegenden der Welt ihre ursprüngliche Beschaffenheit nicht mehr völlig unverändert behalten. Weltweite Erwärmung, Umweltverschmutzung, Massentourismus, unsere eigene Fähigkeit, alles mit atomaren oder biologischen Waffen zu zerstören, all das hat - wie überall - seine Auswirkungen auch auf diese fernen Gefilde und unsere Einstellung zu ihnen gehabt.

Wert und Bedeutung dieser letzten großen Wildnisse werden von den Menschen selbst schleichend verdorben, von ihrem Drang, sie immer zahlreicher aufzusuchen. Doch was die Menschen dorthin zieht, wird immer flüchtig sein: Es verschwindet, sobald sie dort eindringen.

Viele der abgelegenen Regionen, die es auf der Erde noch gibt, haben sich als erstaunlich empfindlich erwiesen. Sie sind für die Auswirkungen von Besuchen sehr viel anfälliger, als wir uns vorgestellt hatten. Die Risiken, die mit der Reise in diese Gegenden und jedem längeren Aufenthalt dort verbunden sind, sollten ausreichen, so dachten wir, um sie nicht zu profanen, ausgebeuteten Touristenzielen werden zu lassen. Heute aber laufen Kreuzfahrtschiffe regelmäßig Häfen im südlichen Chile und Argentinien an, fahren in die Antarktis, zu den Falklandinseln und bis zum sagenumwobenen Kap selbst, zumindest im Sommer. Regelmäßig befahren Yachten die Umgebung von Kap Horn - die Magellanstraße, den Beaglekanal, die Falklandinseln und Südgeorgien. Eine Handvoll Yachten segelt sogar bis in die Antarktis und ankern dort riskant in den verlassenen, eisigen Buchten. Nur wenige Fahrtensegler haben den Nerv dazu. Man muß auch heute noch als Seefahrer sehr hart im Nehmen und tüchtig sein, um ein Boot in der Nähe von Kap Horn und über die Drakestraße zu führen, diesen Wetter-Blasebalg zwischen Südamerika und der Antarktis. Jeden Sommer wagen das nur einige wenige.

Und doch, schon die Anwesenheit dieser wenigen wandelt unsere Vorstellung von diesen Gebieten. Heute gibt es dort Menschen auf ihren kleinen Booten. Kap Horn ist nicht mehr ganz der entlegene, rauhe und unnahbare Ort, für den wir es einst hielten. Wenn ich in Segelzeitschriften Fotos von Fahrtenyachten sehe, die zum Vergnügen nach Kap Horn segeln, scheinen die gefährlichen Seen und Fahrwasser dieser Gegend bloßgestellt. Drei der Vendée Globe-Teilnehmer hatten am Kap so etwas wie Verabredungen: Auguin mit Véronique, Autissier mit den Crews dreier Fahrtenyachten, die hinauskamen, um sie zu treffen und ihr zuzuwinken, und Goss mit einem kleinen Kreuzfahrtschiff, dessen Passagiere ihm zuwinkten und ermutigend zuriefen. Alle drei Segler hatten Freude an diesen Treffen. Sie waren glücklich, nach einsamen Monaten auf See andere menschliche Wesen zu sehen. Irgendwie aber fühlte ich mich ein wenig enttäuscht, als ich darüber las.

Ich fragte mich, ob diese kurzen Treffen bedeuteten, daß Kap Horn etwas von der geheimnisvollen Bedeutung verloren hatte, mit der Moitessier oder auch mein Urgroßvater, der Vollmatrose, es umgeben hatten. Menschen mit dem Mut und den Fähigkeiten, dorthin zu segeln, so bewundernswert ihre Leistungen sind, entwerten es für uns alle. Es kann sein, daß wir etwas von der unvermeidlichen Unzufriedenheit des Eroberers spüren.

Wie anfällig selbst die feindseligste Region für den Vandalismus von Menschenhand ist, zeigt das Beispiel des Everest. In dem Buch „In eisige Höhen" beschreibt Jon Krakauer die Kommerzialisierung des Mount Everest, seine Wandlung zu einem ganz speziellen Touristenziel. Bei den gewerbsmäßigen Expeditionen von 1996 hatten die meisten der teilnehmenden Bergsteiger nur begrenzte Erfahrung. Gegen eine Gebühr von 65.000 Dollar oder mehr bekamen sie jedoch einen erfahrenen Alpinisten und Bergführer, der sie auf den Gipfel und zurück bringen würde, notfalls hinauf- und wieder herunterschleifen. Es war nicht nötig, Lehrgeld zu zahlen, die Fähigkeiten zu erwerben und die Erfahrungen zu sammeln, die man braucht, um ohne einen Fachmann als Klettergouvernante auszukommen. Es ist nicht schwer, sich für die Zukunft Charterfahrten durch den Südozean auf eigens dafür gebauten oder umgebauten schnellen Mehrrumpf- oder Einrumpfyachten vorzustellen, die regelmäßig den Südteil des Indischen Ozeans oder des Pazifik überqueren - das Ganze auf Plakaten als eines der letzten mühsamen Extremabenteuer angekündigt. Genau das Richtige für gutbetuchte, abgestumpfte Abenteuersucher unter den Touristen. Das würde unsere Vorstellungen von der Wildnis mit Sicherheit verändern.

Die Vendée Globe-Segler selbst räumen ein, daß es im Südozean in gewissen Hinsichten leichter wird. Durch die Funk- und Seenotausrüstung der Yachten ist die Sache ungleich sicherer als bei Moitessier, Knox-Johnston oder den Besatzungen der Rahsegler. Es ist etwas völlig anderes, wenn man täglich Stunden damit zubringen kann, über Satellitentelefon mit der Ehefrau oder dem Landteam zu plaudern, mit jedermann Faxe oder E-Mails auszutauschen und im weitreichenden Einseitenband-Funkverkehr mit der ganzen Welt zu sprechen. (Der gesellige Auguin gab zu, daß er oft zwei bis drei Stunden am Tag an seinem Inmarsat M-Satellitentelefon verbrachte, was seinen Sponsor dreieinhalb Dollar pro Minute kostete.) Die EPIRB-Funkbojen stecken als beruhigende, bewährte Lebensretter allzeit bereit in ihren Halterungen.

Sieht man von den EPIRBs ab, dachten die Skipper jedoch mit gemischten Gefühlen an diese leichte Erreichbarkeit. Autissier meinte, daß die Nachrichtentechnik viel Gutes habe. Es brachte Spaß, mit Familie und Freunden in Verbindung zu stehen; es war befriedigend, das unglaubliche Erlebnis des Südozeans mit der Öffentlichkeit zu teilen. Manchmal aber war das Ganze nur lästig, eine ungeheure Ablenkung. All die verschiedenen Möglichkeiten, Verbindung zu halten, gefährdeten die Verbindung, die in jener gefährlichen Gegend alles bedeutete: die Bindung der Seglerin zu sich selbst und ihrem Boot. Bei den vielen Ablenkungen verlor man manchmal die Konzentration. Der Kleinkram von zu Hause störte beim Kampf mit den Elementen.

„Ich meine, wir sind allein, und in gewisser Weise müssen wir es bleiben. Wir müssen uns auf das konzentrieren, was wir gerade tun. Ich mag kein Telefonklingeln, wenn ich allein an Bord und mit etwas beschäftigt bin."

Chabaud war froh, als ihr Faxgerät im Indischen Ozean ausfiel, und noch glücklicher, als nach Kap Horn ihr Funkgerät schlappmachte. Zu Beginn der Wettfahrt hatte sie mit Freuden an Land Faxe ausgetauscht, manchmal fünf- oder sechsmal am Tag. Sie war so aufgeregt, das Abenteuer ihres Lebens zu verwirklichen, daß sie das Bedürfnis hatte, darüber zu sprechen. Als sie aber allmählich in der schönen und gefahrvollen Seeroutine aufging, wollte Chabaud mehr und mehr allein sein. Als ihr Fax versagte, versuchte sie flüchtig, es zu reparieren, gab es aber bald auf. Es war eine Erleichterung, erst recht, als auch ihr Funkgerät hinüber war. Danach, so sagte sie, war das Rennen für sie völlig anders als für Auguin oder Autissier. Sie erlebte die See viel mehr wie Moitessier: Seglerin und Boot in ungestörter, symbiotischer Beziehung.

Goss war derselben Ansicht. Es war nützlich, oft angenehm, das ganze Kommunikationssystem an Bord zu haben. Aber man mußte überlegt damit umgehen. Man hatte die Pflicht, die eigenen Erlebnisse mit der Öffentlichkeit zu teilen, von der der Sponsor seine Investitionen zurückzuholen hoffte. Das gehörte zwingend zum Geschäft des Profisegelns. Und doch war Goss, als sein Funkgerät nicht mehr funktionierte, so glücklich wie Chabaud es gewesen war. Zwar hatte jedes Gerät einen „Aus"-Knopf, aber ein Defekt befreite einen von den Verpflichtungen gegenüber der Außenwelt. Es war ein dauerndes „Aus", das einem niemand vorwerfen konnte.

In einer Art waren diese Gefühle eine mildere Form des Abscheus, den Moitessier 1969 bei der Umrundung von Kap Horn erlebte, als er daran dachte, was ihm am Ziel des Golden Globe bevorstand - der ganze Lärm und Wirbel. Zum Teil beruhten diese Gedanken auf dem ganz eigenen Charakter des weltentrückten Dauerflüchtlings, aber während der allein auf See an Bord der JOSHUA verbrachten Monate hatte sich diese Tendenz noch verstärkt. Vor Moitessiers innerem Auge bestand die wirkliche Welt nur noch aus seinem Boot und der weiten See, die es zusammen mit ihm - anscheinend für immer - befuhr. Die Welt der Ziellinien, Zuschauerboote und Geldpreise kam ihm inzwischen unecht und belanglos vor. Es handelte sich nicht nur darum, daß er nicht zurück wollte. Es gab eigentlich nichts, wohin er hätte zurückkehren sollen. Also verließ Moitessier die Welt als Fahnenflüchtiger; er gehörte einfach nicht mehr zu ihrer Armee.

Als ich las, wie Moitessier diese Lossagung in „Der verschenkte Sieg" beschrieb, glaubte ich, er hätte einfach deshalb so gehandelt, weil er Moitessier war. Die Entscheidung schien allein seiner persönlichen Eigenart zu entspringen. Dann aber erinnerte ich mich daran, was ich über Francis Chichesters Reaktion auf ein kleines Presseflugzeug gelesen hatte, das die GIPSY MOTH IV überflog, als er 1967 bei seiner Rekordweltumsegelung mit nur einem Hafenaufenthalt Kap Horn rundete. Chichester haßte die störende Maschine maßlos. Wenn er gekonnt hätte, hätte er das lärmende kleine Mistding abgeschossen. Er beachtete es kaum und ging unter Deck in seine Kajüte, bis es endlich abschwirrte. Als ihm am Ende seiner Reise Schwärme von Booten und Flugzeugen entgegenkamen, deren Insassen seine Leistung feierten, reagierte Chichester darauf ebenso ungehalten.

Dann überraschte Knox-Johnston, der eiserne, unerschütterliche, nüchterne lebenslange Seefahrer mich, als ich mit ihm über das Golden Globe-Rennen sprach. Er verstand Moitessiers Entscheidung, die Wettfahrt aufzugeben, vollkommen. Er wußte genau, was der Franzose durchlebt und gedacht hatte. Nachdem Knox-Johnston Kap Horn gerundet hatte, verspürte auch er einen heftigen Drang, weiterzusegeln, zum Teil deshalb, weil er die Vorstellung, wieder mit der Außenwelt zu tun zu bekommen, wie Moitessier empfand. Auch glaubte er in einer Anwandlung törichter Überheblichkeit, daß er den Südozean besiegt hätte und vielleicht noch einmal herumsegeln sollte, einfach nur, um es ihm zu zeigen und ihm „eine lange Nase zu machen". Zum Glück, wie er sagte, hielten diese Gefühle nicht lange an, so daß er im Gegensatz zu Moitessier heimwärts auf Nordkurs ging. Dennoch war die Ankunft für ihn sehr schwer. Er steckte in einem tiefen Zwiespalt. Einerseits wollte er Familie und Freunde wiedersehen, andererseits bedeutete das alles eine lästige Störung. Er und sein Boot waren so lange in ihrer eigenen kleinen Welt gewesen, daß er nicht sicher war, ob er das zerstören sollte. (Dem Buch, das er später über seine Reise schrieb, gab er den passenden Titel „A World of My Own" - „Meine eigene Welt".)

Trotz der Technik, die den Vendée Globe-Teilnehmern zur Verfügung stand, blieb es eine beängstigend schwierige, anspruchsvolle Aufgabe, die Wettfahrt tatsächlich durchzustehen. Die Möglichkeit, mit anderen Menschen darüber zu sprechen, machte es nicht leichter, das Boot zu handhaben, zu reffen, zu steuern und in grauenvollem Wetter die Nerven zu behalten. Im Vendée Globe verbündeten sich noch immer Segler und Boot, sagte Parlier. Nach Autissiers Aussage macht es keinen Unterschied, wieviele Boote die Strecke zum Kap Horn segeln: „Das macht gar keinen Unterschied. Wenn man dort ist, ist man dort. Selbst wenn man den Südozean zehnmal befährt, wird es jedesmal wieder schwierig sein."

11

Der verwundete Chirurg

Was mich selbst betrifft - die wunderbare See bezauberte mich von Anfang an.
JOSHUA SLOCUM
Allein um die Welt

Du kannst doch einen Tag lang segeln, oder? Mehr ist es nicht - einen Tag nach dem anderen.
HARRY PIDGEON, dreimaliger Einhandweltumsegler

Als er etwa 1.000 Meilen westlich von Kap Horn bei verhältnismäßig gutem Wetter - 25 Knoten Nordwind und viereinhalb Meter Wellenhöhe - elf Knoten segelte, schnallte sich Pete Goss auf der AQUA QUORUM eine Taschenlampe an den Kopf und einen Spiegel ans Knie, nahm ein Skalpell und begann, seinen eigenen, riesenhaft angeschwollenen Ellbogen aufzuschneiden.

Der Schleimbeutel des Gelenks hatte sich schon Monate vorher entzündet, gleich nachdem Goss auf der Fahrt nach Süden im Atlantik den Äquator überquert hatte. Eine Ursache stand nicht fest. Er wachte einfach eines Morgens mit einem verflucht schmerzenden Ellenbogen auf. Auf den Rat des Regattaarztes Jean-Yves Chauve hin behandelte er das Gelenk mit Antibiotika und einer schmerzlindernden Salbe aus der Bordapotheke. Bei grobem Wetter mußte er eine schützende Bandage um den Ellenbogen wickeln, um den heftigen Schmerz beim Anstoßen an Einrichtungsteile oder Decksausrüstung möglichst zu vermeiden. Er hatte sich damit abgefunden, gute und schlechte Tage zu haben und damit bis zum Ende der Wettfahrt leben zu müssen.

Seit Ende Dezember aber, als er auf den Ellbogen gefallen war, während er sich durch den Sturm zurückgekämpft hatte, um Dinelli zu retten, verschlimmerte der Arm sich unaufhörlich. Einen Monat lang ließ er sich überhaupt nicht beugen. Während Goss einsam den Südpazifik überquerte, nahm die Schwellung zu, so daß er den Arm überhaupt nicht mehr benutzen konnte. Er mußte ihn an den Leib bandagieren, um ihn bei schlechtem Wetter nicht zu strapazieren. Wegen des Schmerzes konnte Goss nicht schlafen und war fast buchstäblich zum Einhandsegler geworden. Er klagte darüber, wie frustrierend es sei, die AQUA QUORUM nicht richtig segeln zu können. Seitdem er Neuseeland südlich passiert hatte, war er kaum noch in der Lage gewesen, seine große Genua auszurollen und richtig dichtzuholen. Er mußte sich auf das Großsegel und die kleinere Fock beschränken, so daß seine Geschwindigkeit weit hinter der Fahrt zurückblieb, die sein „fantastisches Boot" laufen konnte. Am 2. Februar meldete er, daß er gerade eine scheußliche Nacht lang gegen stürmische Winde gekreuzt sei, die - ganz untypisch - von Osten kamen. Inzwischen aber lief es besser (nach den eigenartigen, sehr relativen Maßstäben des Südozeans): Der Wind war wieder auf West gegangen, und die Yacht lief vor einem Sturm von 55 Knoten (Windstärke 10).

Dann brach die große, krebsrote Schwellung auf. Weiche Gewebeteile quollen hervor, und „eine hübsche Schmiere" kam heraus. Eine Operation war nur der letzte Ausweg, teils weil der Regattaarzt eine möglicherweise tödliche nachoperative Infektion befürchtete, teils weil es selbst zähen ehemaligen Mitgliedern der Royal Marines nicht leichtfällt, fröhlich an ihrem eigenen Fleisch herumzuschnippeln. Aber es gab keine Wahl. Chauve entschied, daß Goss sofort operieren sollte. Im kalten Süden war eine Infektion weniger wahrscheinlich. Und sollte sich doch eine entwickeln, würde Goss es wahrscheinlich in etwa zehn Tagen bis zu den Falklandinseln schaffen, um sich dort behandeln zu lassen. Bis dahin würde er wissen, ob die Operation gelungen war.

Goss befolgte Chauves gefaxte Anweisungen: Kajüte keimfrei machen, Instrumente bereitlegen, Handschuhe anziehen, Ellbogen sterilisieren und so weiter. Mit einigen Probeläufen vergewisserte der Selbstoperateur sich, daß alles gut vorbereitet war. Er besaß eine Betäubungssalbe, die er aber nicht auf das offene Fleisch der aufgeplatzten Wunde auftragen konnte. Also ließ er es bleiben und begann einfach zu schneiden.

„Und sobald ich angefangen hatte, kam es mir vor, als arbeitete ich an jemand anders," sagte Goss. „Jeder will doch Chirurg sein, oder? Und dann wurde es zur Farce, denn ich legte los, und schon tropfte Blut über den ganzen Spiegel, so daß ich nicht mehr sehen konnte, was ich machte. Also säubere ich den blutigen Spiegel, schneide weiter und erwarte, daß eine Menge Flüssigkeit herauskommt, aber es kam nichts. Ich schnitt tiefer und tiefer und dachte, Scheiße, ich werde jeden Augenblick eine Sehne durchschneiden oder meinen Arm abtrennen, also nehme ich das Skalpell zwischen die Zähne, nehme einen Lappen - das Blut tropfte überall hin - und faxe an Jean-Yves. Ich dachte: Also, bevor ich weitermache, hätte ich gern etwas Feedback."

Zwei Monate lang hatte er immer wieder problemlos an Chauve gefaxt, aber in diesem Augenblick versagte das Faxgerät des Arztes. Goss faxte an die Regattaleitung und bat, Chauve zu fragen, was zum Teufel er jetzt tun solle. Während er auf eine Antwort wartete, wischte er Blut auf. Da er keine Tasse Tee machen konnte und der aufgeschlitzte Ellenbogen ziemlich wehtat, beschloß er, einige Schmerztabletten zu nehmen. Die Gebrauchsanweisung war auf Französisch, das Goss nicht lesen konnte. Aber da waren zwei „verdammt große Tabletten," die er hinunterschluckte.

„Und während ich mit all dem beschäftigt bin, frischt der Wind auf, das Boot legt sich über, das ganze Arztbesteck fällt vom Kartentisch, und dann stellt sich heraus, daß die Tabletten aufschäumen und zum Auflösen in Wasser gedacht waren. Ich habe also Schaum vor dem Mund. Das war wirklich ganz schön lustig."

Während Goss sich in der ersten Februarwoche 1997 auf solche Weise amüsierte, bildete er noch immer das Schlußlicht des offiziellen Vendée Globe-Feldes. De Radiguès auf AFIBEL mit seinen vertrauten Problemen lag weit zurück. Jetzt saß er in Dunedin auf der Südinsel Neuseelands fest, nachdem er in diesen Hafen eingelaufen war, um wieder einmal zu versuchen, seine Bordelektrik in Ordnung zu bringen. Am gleichen Tag, als Goss sich selbst operierte, brach die Schleppleine, mit der die AFIBEL seewärts aus dem Hafen geschleppt wurde, um das Rennen wieder aufzunehmen, und der entschlossene, aber glücklose de Radiguès fand sich auf den Felsen in der Nähe der Hafeneinfahrt wieder. Erst nach Wochen würde er weitersegeln können.

Als Goss an seinem Ellenbogen herumschnitt, lag er fast 6.000 Meilen hinter Auguin, der noch immer beständig führte, und über 1.000 Meilen hinter Chabaud, der zweitnächsten Seglerin. Sie hatte nur noch wenige Tage bis zur Rundung von Kap Horn. Während Goss und Chabaud noch immer mit dem Südozean kämpften, hatten alle anderen Teilnehmer einschließlich der disqualifizierten das letzte stürmische Kap schon umrundet. Je nach ihrem Standort in den verwickelten Wettersystemen des Atlantik hatten sie es jetzt mit unterschiedlichen Bedingungen zu tun. Von den ursprünglich 16 Teilnehmern waren offiziell noch sieben im Rennen. Dabei war Gerry Roufs noch mitgezählt, der seit fast einem Monat verstummt war.

Noch immer war es denkbar, daß er nach wie vor segelte und nur seine Funkgeräte defekt waren. Doch dieser Handlungsstrang mit einem Happy End in Les Sables-d'Olonne sah eher romanhaft aus. Ein weiteres Wunder des Südozeans wurde von Tag zu Tag unwahrscheinlicher. Bei der Wettfahrtleitung und den anderen Seglern waren die Zweifel an Roufs' Überleben sehr stark geworden. Eigentlich hatten die meisten Skipper schon ihre eigenen Schlüsse gezogen: Der Kanadier war verloren, unwiederbringlich ins Reich des Unbekannten gestoßen worden. Höchstwahrscheinlich war er sehr bald ums Leben gekommen, nachdem sein ARGOS aufgehört hatte zu senden. Die Tatsache, daß er es nicht mehr geschafft hatte, eines seiner EPIRB-Geräte anzuschalten, sprach für ein schnelles, gewaltsames Ende. Nach allgemeiner Ansicht war die GROUPE LG 2 vermutlich blindlings gegen einen Eisberg gekracht und fast augenblicklich in Stücke gegangen, Roufs in dem Chaos rasch ertrunken - sein Schutzrahmen innerhalb von Sekunden auseinandergerissen. Laurent, der einige Tage, nachdem Roufs ARGOS verstummt war, dicht südlich des Suchgebiets vorbeigesegelt war, erinnerte sich daran, wieviel Eis dort umhertrieb. Die MASS ENTERPRISE, der Frachter, der zwei Tage nach Roufs gesucht hatte, sah viele Eisberge und faxte ihre Positionen an die Vendée Globe-Yachten. Als das Wetter aufklarte und wieder die übliche Sichtweite von etwa einer Meile herrschte, sah Laurent, wie er berichtete, täglich Eis.

Chabaud sagte lakonisch:„Ein Eisberg, da bin ich sicher. Es ging schnell."

Parlier stimmte zu: Eis. Der erste Anprall und gleich danach die Brecher am Eisberg müßten Roufs' Schiff schnell in Stücke geschlagen haben.

Isabell Autissiers PRB

Autissier, die sich abgemüht hatte, zurück zu Roufs' Position zu kommen und es nicht geschafft hatte, sich selbst und ihr Boot dazu zu zwingen, war redseliger. Sie ließ das Gespräch mehrere Minuten um Roufs und sein Schicksal kreisen. Anscheinend war sie noch dabei, das

Thema zu bewältigen, und dachte beim Weitersprechen über ihre Einstellung dazu nach. Sie wollte, daß ich einsah, wie schlimm das Wetter und wie schwierig es gewesen war, ohne eine Position als Ziel der Suche zurückzusegeln. Es hatte von Anfang an so hoffnungslos ausgesehen. Goss hatte Dinelli retten können, weil es einen bestimmten EPIRB-Standort gab, zu dem er sein Boot hinknüppelte. Für sie aber hatte es nur ein ausgedehntes, unbestimmtes und immer größer werdendes Gebiet gegeben. Sie betonte, wieviel Prügel sie und ihr Boot in demselben Sturm hätten einstecken müssen, wie schwierig es gewesen sei, ohne Großsegel gegen den Wind anzukommen.

Autissier war, was Roufs' Verschwinden betraf, mehr oder weniger eine Anhängerin der Eisbergtheorie. Sie spekulierte auch über die nächstwahrscheinliche Möglichkeit: Überbordfallen. Roufs hatte ihr in einem der letzten Gespräche erzählt, daß er unter Deck bleibe. Aber vielleicht hatte er wegen irgendetwas an Deck gehen müssen, wegen irgendeines Problems. Sollte er sich nicht die Mühe gemacht haben, seinen Sicherheitsgurt einzuhaken, hätte ein Stolpern an Deck schon genügt, oder eine große See hätte den Gurt am Befestigungspunkt abreißen können. Kein Material konnte dem gewaltigen Anprall hunderter Tonnen Wasser widerstehen.

Bullimore, der urplötzlich zuschlagende Katastrophen im Südozean aus erster Hand kannte, akzeptierte die gängigen Hypothesen. Das Boot konnte gekentert oder über Kopf gegangen sein, während Roufs an Deck war; er konnte über Bord gefallen sein. Am ehesten aber war es Eis gewesen, ein Growler, dachte Bullimore. Die GROUPE LG 2 konnte ihn mit 20 Knoten direkt überrannt haben: Der Rumpf wurde aufgeschlitzt wie Käse auf der Raspel, der Schiffsboden platzte auseinander, der Rumpf zerbrach, lief voll, ging unter. Roufs hatte nicht die geringste Chance, den Schalter eines seiner EPIRB-Geräte umzulegen. Keine Technik konnte einen bei so einer vernichtenden Begegnung retten.

Die Antworten der Skipper auf meine Frage, was Roufs nach ihrer Ansicht passiert sei, waren so nachdenklich, so rücksichtsvoll und hilfreich wie es bei den unbekannten Umständen, unter denen der Kanadier verschwunden war, nur möglich war. Aber interessanter war die

Art, wie sie die Fragen beantworteten, die unauffälligen Eigenheiten und Gesten ihrer Körpersprache.

Wie soll man es beschreiben? Ein gedämpfter Ton, ein leichter, argwöhnischer Rückzug, kurzer Blickkontakt und dann rasche Abwendung, überlegt gewählte Worte, schützend vor dem Körper verschränkte Arme, eine leichte Drehung des Körpers weg von mir, weg von der plötzlichen, aufdringlichen Frage. Jedesmal, wenn ich fragte, was Roufs passiert sei, sah ich genau hin. Jedesmal erkannte ich den Schmerz, den die Frage hervorrief.

Das war recht auffällig, denn die Art, in der diese Menschen antworten, wenn sie über ihre Arbeit ausgefragt werden, hat eine eingeübte Lässigkeit. Zum Teil ist es das geübte Benehmen von Profis, die schon viele Male interviewt wurden - im Falle von Leuten wie Autissier, Jeantot oder Parlier über Jahre hinweg. Zum Teil haben sich diese Elitesegler als schützendes Gebaren für das Gespräch über die Gefahren, denen sie gegenüberstehen, eine locker gespielte Kühnheit angewöhnt. Aber die Frage nach Roufs durchstieß diese Schale.

Es war schwer, darüber zu sprechen, weil er ein Freund gewesen und jung und gewaltsam umgekommen war. Aber Roufs' Verschwinden und meine Fragen danach weckten bei jedem der Alleinsegler auch die Angst und Sorge wegen der eigenen furchtbaren Verwundbarkeit in der Wildnis des Südozeans.

Drei von ihnen wurden durch unwahrscheinliche Wunder gerettet, aber so geht es nicht immer aus. Ohne die Australier, ohne Pete Goss, Härte und Glück hätte es in diesem Rennen vier Tote geben können. Dieses Wissen um Gerrys plötzliches, brutales Verschwinden vom Antlitz der See würden sie jetzt jedesmal, wenn sie in den hohen Südbreiten segelten, fest im Hinterkopf haben.

Vielleicht gab es noch etwas, eine unbewußte Ebene des Selbstschutzes. Wie die Mitglieder jeder Elite, für die die Gefahr eines plötzlichen Todes zur Geschäftsgrundlage gehört, sind sich diese Segler ihrer eigenen außergewöhnlichen Fähigkeiten sehr genau bewußt. Das hatte nichts mit Übertreibung zu tun. Es war ihnen einfach klar, daß sie mit ihren Yachten Leistungen zuwege bringen konnten wie nur wenige andere Segler. Sie konnten auf See physischen und psychischen Belastungen widerstehen, mit denen die meisten anderen Segler nicht fertigwürden. Wie Tom Wolfes Kampfflieger hatten sie einfach das Zeug dazu. Es kann sein, daß die Vendée Globe-Segler sich

Thema zu bewältigen, und dachte beim Weitersprechen über ihre Einstellung dazu nach. Sie wollte, daß ich einsah, wie schlimm das Wetter und wie schwierig es gewesen war, ohne eine Position als Ziel der Suche zurückzusegeln. Es hatte von Anfang an so hoffnungslos ausgesehen. Goss hatte Dinelli retten können, weil es einen bestimmten EPIRB-Standort gab, zu dem er sein Boot hinknüppelte. Für sie aber hatte es nur ein ausgedehntes, unbestimmtes und immer größer werdendes Gebiet gegeben. Sie betonte, wieviel Prügel sie und ihr Boot in demselben Sturm hätten einstecken müssen, wie schwierig es gewesen sei, ohne Großsegel gegen den Wind anzukommen.

Autissier war, was Roufs' Verschwinden betraf, mehr oder weniger eine Anhängerin der Eisbergtheorie. Sie spekulierte auch über die nächstwahrscheinliche Möglichkeit: Überbordfallen. Roufs hatte ihr in einem der letzten Gespräche erzählt, daß er unter Deck bleibe. Aber vielleicht hatte er wegen irgendetwas an Deck gehen müssen, wegen irgendeines Problems. Sollte er sich nicht die Mühe gemacht haben, seinen Sicherheitsgurt einzuhaken, hätte ein Stolpern an Deck schon genügt, oder eine große See hätte den Gurt am Befestigungspunkt abreißen können. Kein Material konnte dem gewaltigen Anprall hunderter Tonnen Wasser widerstehen.

Bullimore, der urplötzlich zuschlagende Katastrophen im Südozean aus erster Hand kannte, akzeptierte die gängigen Hypothesen. Das Boot konnte gekentert oder über Kopf gegangen sein, während Roufs an Deck war; er konnte über Bord gefallen sein. Am ehesten aber war es Eis gewesen, ein Growler, dachte Bullimore. Die GROUPE LG 2 konnte ihn mit 20 Knoten direkt überrannt haben: Der Rumpf wurde aufgeschlitzt wie Käse auf der Raspel, der Schiffsboden platzte auseinander, der Rumpf zerbrach, lief voll, ging unter. Roufs hatte nicht die geringste Chance, den Schalter eines seiner EPIRB-Geräte umzulegen. Keine Technik konnte einen bei so einer vernichtenden Begegnung retten.

Die Antworten der Skipper auf meine Frage, was Roufs nach ihrer Ansicht passiert sei, waren so nachdenklich, so rücksichtsvoll und hilfreich wie es bei den unbekannten Umständen, unter denen der Kanadier verschwunden war, nur möglich war. Aber interessanter war die

Art, wie sie die Fragen beantworteten, die unauffälligen Eigenheiten und Gesten ihrer Körpersprache.
　Wie soll man es beschreiben? Ein gedämpfter Ton, ein leichter, argwöhnischer Rückzug, kurzer Blickkontakt und dann rasche Abwendung, überlegt gewählte Worte, schützend vor dem Körper verschränkte Arme, eine leichte Drehung des Körpers weg von mir, weg von der plötzlichen, aufdringlichen Frage. Jedesmal, wenn ich fragte, was Roufs passiert sei, sah ich genau hin. Jedesmal erkannte ich den Schmerz, den die Frage hervorrief.
　Das war recht auffällig, denn die Art, in der diese Menschen antworten, wenn sie über ihre Arbeit ausgefragt werden, hat eine eingeübte Lässigkeit. Zum Teil ist es das geübte Benehmen von Profis, die schon viele Male interviewt wurden - im Falle von Leuten wie Autissier, Jeantot oder Parlier über Jahre hinweg. Zum Teil haben sich diese Elitesegler als schützendes Gebaren für das Gespräch über die Gefahren, denen sie gegenüberstehen, eine locker gespielte Kühnheit angewöhnt. Aber die Frage nach Roufs durchstieß diese Schale.
　Es war schwer, darüber zu sprechen, weil er ein Freund gewesen und jung und gewaltsam umgekommen war. Aber Roufs' Verschwinden und meine Fragen danach weckten bei jedem der Alleinsegler auch die Angst und Sorge wegen der eigenen furchtbaren Verwundbarkeit in der Wildnis des Südozeans.
　Drei von ihnen wurden durch unwahrscheinliche Wunder gerettet, aber so geht es nicht immer aus. Ohne die Australier, ohne Pete Goss, Härte und Glück hätte es in diesem Rennen vier Tote geben können. Dieses Wissen um Gerrys plötzliches, brutales Verschwinden vom Antlitz der See würden sie jetzt jedesmal, wenn sie in den hohen Südbreiten segelten, fest im Hinterkopf haben.
　Vielleicht gab es noch etwas, eine unbewußte Ebene des Selbstschutzes. Wie die Mitglieder jeder Elite, für die die Gefahr eines plötzlichen Todes zur Geschäftsgrundlage gehört, sind sich diese Segler ihrer eigenen außergewöhnlichen Fähigkeiten sehr genau bewußt. Das hatte nichts mit Übertreibung zu tun. Es war ihnen einfach klar, daß sie mit ihren Yachten Leistungen zuwege bringen konnten wie nur wenige andere Segler. Sie konnten auf See physischen und psychischen Belastungen widerstehen, mit denen die meisten anderen Segler nicht fertigwürden. Wie Tom Wolfes Kampfflieger hatten sie einfach das Zeug dazu. Es kann sein, daß die Vendée Globe-Segler sich

um der Selbsterhaltung willen auf dieselbe verquere Beschönigungslogik verließen wie die Kampfpiloten. Diese Gedankengänge bestanden aus einer Reihe einfacher Annahmen. Roufs' Tod (angenommen, er war tot) beruhte darauf, daß er versagt hatte. Ja, sein Tod war das Versagen. Tief in ihrem Inneren konnten die Segler sich sagen, daß es keine Unfälle gibt. Wer auf See umkam, hatte Mist gebaut, hatte es nicht gepackt. Die Konsequenz war zwingend und diente zur Ermutigung: Wer gut ist, wer es wirklich packt, kommt nicht um.

Das Unbehagen, das die Skipper erkennen ließen, wenn sie über Roufs nachdenken und sprechen mußten, muß verwickelte Ursachen haben. Ihre Einstellung zu seinem Tod und dazu, was er für ihr eigenes Leben bedeutete, muß kompliziert, ja sogar verworren sein. Weil es ihm passierte, könnte es auch mir passieren. Unter welchem inneren Zwang müssen die Segler stehen, die Folgerungen aus Roufs' Tod (oder aus dem Tod von Harry Mitchell, Jaques de Roux, Nigel Tetley, Mike Plant) abzuwehren.

Michael Herr beschreibt das Verhalten einiger junger Soldaten in Vietnam, die in einem großen Chinook-Hubschrauber fliegen, der auch ein Dutzend Plastiksäcke mit Leichen transportiert. Dadurch waren die lebendigen Soldaten mit ihrer eigenen denkbaren Zukunft konfrontiert. Also machten sie sich über die Toten lustig: „Was für Arschlöcher! Guckt sie euch an, 'n Haufen blöder toter Wichser!" Selbst schuld, daß sie tot waren. Wenn ich selbst nicht solchen Mist baue, wie sie es getan haben müssen, dann bleibe ich am Leben. Wirklich kein Grund zur Beunruhigung.

Bis Anfang Februar machte Auguin sich Hoffnung, das Ziel in weniger als 100 Tagen zu erreichen - die letzte runde Zahl in einer Reihe von Rekordzeiten, die die Alleinsegler zu unterbieten suchten. Doch plötzlich kam er aus dem Nordostpassat heraus und geriet in leichten, unbeständigen Wind, der ihm ungefähr von der Ziellinie her entgegenwehte. Die 100 Tage wurden bald zum unmöglichen Ziel. Aber noch hatte er gute Aussichten, Lamazous 109-Tage-Wettfahrtrekord zu unterbieten.

Auguin, der nahe den Kapverdischen Inseln tausend Meilen vor der afrikanischen Küste gegen steilen Seegang ankreuzte, als einziger wieder auf der Nordhalbkugel, beklagte gegenüber der Wettfahrtleitung, daß das Wetter nicht schlechter sein konnte. „GÉODIS und der Mann an Bord leiden."

Kreuzkurse sind beim Segeln immer ermüdend und gehen furchtbar auf die Knochen, besonders bei den speziell für Vendée Globe- oder BOC-Rennen entworfenen Yachten - den Raumschotsschlitten, die sich gar nicht wohl fühlen, wenn sie gezwungen werden, gegen vorlichen Seegang anzuboxen. In jener Nacht mußte Auguin den Kurs ändern, um die Seen nicht ganz so spitz zu nehmen und etwas Ruhe zu bekommen. Der Lärm und die Erschütterung durch den Anprall der Wellen waren unerträglich.

Die Wetterberichte, die er bekam, sagten bis zur Nordwestspitze Spaniens Gegenwinde voraus. Das bedeutete, er mußte kreuzen, also immer wieder wenden. Für jede Wende brauchte er 45 Minuten, weil es dabei immer soviel zu tun gab: Backstagen durchsetzen, Wasserballast auf die neue Luvseite pumpen, den Schwingkiel auf die andere Seite schwenken, Segelstellung und Segelfläche der wechselnden Windstärke anpassen. Oft änderte sich die Windrichtung, nachdem Auguin gerade gewendet hatte, um auf dem günstigsten Kurs zu liegen, und alle Mühe war vergebens. Weil jede Wende soviel Zeit kostete, brauchte er drei Stunden mit gleichbleibender Windrichtung, damit sich das Manöver lohnte. Aber daran fehlte es. Er verschenkte Meilen und wurde sehr müde.

Die disqualifizierte Autissier arbeitete sich 1.500 Meilen hinter Auguin durch die Kalmen. Bald würde sie den Äquator überqueren. Trotz ihrer Zwangspause in Kapstadt hatte sie alle überholt, die vor ihr gelegen hatten, als sie wieder ins Rennen ging, nur nicht den Hexer Auguin. Wie die anderen Segler, die außer Konkurrenz segelten und nicht mehr im Blickpunkt der Öffentlichkeit standen, war auch Autissier verhältnismäßig schweigsam. Nur die tägliche Positionsmeldung nach Länge und Breite und ab und zu eine knappe Mitteilung an die Regattaleitung bezeugten, wie beharrlich sie vorankam. Für die disqualifizierten Teilnehmer war das rauhe, zermürbende Segeln im Wetterlabyrinth des Atlantik ungleich schwerer zu ertragen (oder auch die Bedingungen im Südozean), weil sie wußten, daß ihre Mühen im Wettfahrtergebnis nicht zählen würden. Offiziell waren sie fast unsichtbar geworden. Für das Publikum jedoch, das ihr

Vorwärtskommen verfolgte und eine Reise in die Vendée plante, um die Yachten am Ziel willkommen zu heißen, machte es keinen großen Unterschied, wer noch im Rennen lag und wer nicht.

„Es ist den Leuten gleich, ob man noch im Rennen ist," sagte Autissier. „Es reicht ihnen, daß man nach der Umrundung zurückkommt. Das ist etwas Schönes beim Vendée Globe." Außerdem ging es noch um die persönliche Ehre, das Ziel des einzelnen, den Knoten zu knüpfen („tie the knot"), wie im Englischen die Weltumsegelung beschrieben wird, oder „boucler la boucle" (die Schleife binden, den Rundtörn legen), wie die Franzosen es ausdrücken.

Thiercelin und Laurent, die 2.000 Meilen hinter Auguin lagen, segelten offiziell an zweiter und dritter Stelle. Laurent hatte mit seinem älteren und verhältnismäßig schweren Boot über das ganze Rennen hinweg eindrucksvolle Leistungen gezeigt. Ich sprach mit ihm an Bord der GROUPE LG TRAITMAT, die in einem Allerweltsyachthafen in seiner Heimatstadt Lorient festgemacht war. Neben der konservativen Form der Yacht im Vergleich mit den neueren Konstruktionen fiel mir auf, wie robust sie aussah und sich anfühlte. (Denselben vertrauenerweckenden Eindruck machte später in Southampton die AQUA QUORUM auf mich.) Laurents Boot sah aus, als sei es einige Male durch die Mangel gedreht worden, und so war es auch gewesen. Aber weder am Boot noch am Rigg hatte es ernsthaften Bruch gegeben. Das bedeutete, daß er vom Pech anderer profitiert hatte, wenn sie gestoppt hatten oder langsamer gesegelt waren, um Segel, Takelage oder Geräte zu reparieren. Möglicherweise war das ältere Boot durch schwerere Werkstoffe und Bauweise weniger schadensanfällig; vielleicht hatte er auch einfach nur Glück gehabt. Auch seine Taktik hatte dazu beigetragen, wenn sie ihn auch in größere Gefahr gebracht hatte. Als ich ihn fragte, wann er während der Wettfahrt besonders große Angst gehabt hätte, bestritt er, sich jemals gefürchtet zu haben. Dann eine Pause. „Also, ja, ich fürchtete die Eisberge, weil ich kein Radar hatte; die Antenne war kaputt."

Sie hatte schon in der Biskaya bald nach dem Start versagt. Dennoch ließ Laurent sich durch seine Furcht nicht davon abhalten, über die Eisgrenze hinweg und bis über den 55. Breitengrad hinaus zu segeln, um die Strecke zu verkürzen und damit die geringere Geschwindigkeit seines Schiffs wettzumachen. Oft sichtete er Eisberge; manchmal waren sie ringsum, während er blind weitersegelte.

Und sonst: „Ich konnte auf einer ziemlich kurzen Route stetige Fahrt halten, ohne bei flauem Wetter allzu langsam zu werden," sagte er. „Ich bin ein beständiges und flüssiges Rennen gefahren."

Anfang Februar war Laurent sehr erschöpft. Er segelte bei wechselhaftem, böigen Wetter und suchte den Südostpassat, der ihn zügig an den Äquator und die Mallungen heranbringen sollte. Er war froh, daß es ihm gelungen war, sich ohne unnötig weiten Umweg um das südatlantische Hochdruckgebiet herumzumogeln.

Thiercelin, der nordwestlich von Laurent stand, mußte heftige Böen über sich ergehen lassen, die ihm mit ihrem Westwind aber halfen, etwas mehr Abstand von der allzu nahen brasilianischen Küste zu gewinnen. Thiercelin achtete genau auf Laurent, der nach 24.000 Meilen nur 200 Meilen hinter ihm lag.

Thiercelin war müder als sonst, denn am Tag zuvor war er gezwungen gewesen, trotz seiner Ohrprobleme und Schwindelgefühle fünfmal seinen 26 Meter hohen Mast zu erklettern, um Reparaturen durchzuführen. Es war der Notfall, den er erwartet und befürchtet hatte. Jetzt hatte er keine Wahl mehr, er mußte hinauf. Und er merkte, daß er es schaffte, weil es notwendig war. Auch das gehört zum Segeln, wie es einen manchmal zwingt, die Angst zu überwinden. Heldentum besteht eigentlich nur darin, etwas zu tun, obwohl es einem entsetzliche Angst einjagt. Diese erhabenen Augenblicke des Hinauswachsens über sich selbst kann das Segeln herbeiführen. Wenn er durch seine Grenzen nicht mehr begrenzt wird, ist jeder Mensch ein Held.

Sowohl de Broc, der nach seinem Aufenthalt in Chile disqualifiziert wurde, als auch Eric Dumont, der auf dem vierten Platz noch offiziell im Rennen war, arbeiteten sich langsam durch das unbeständige Wetter der südlichen Roßbreiten. Dumont berichtete der Wettfahrtleitung, daß sein Speedometer „0,00" zeigte. Aber das war vielleicht ganz gut so, denn zwei Tage davor hatte er sich einen Daumen gebrochen, als das Boot heftig in eine Welle krachte. Bei dem sehr sprunghaften Wetter dort hatte Dumont Windstärke neun oder zehn (Wind bis 55 Knoten) durchgemacht. Bei starkem Regen unter bloßen Masten laufend, war die Yacht wiederholt auf die Seite geworfen worden. Gegen solches Wetter anzukreuzen war im Atlantik anders als im Südozean - nicht so furchterregend, aber unangenehmer und ermüdender.

„Der Rumpf ist voller Wasser, und ich springe auf jeder Welle über einen Meter hoch," hatte er gemeldet.

Weit hinter Auguin und den anderen, noch immer in der Einöde des Südozeans, kam Catherine Chabaud weiter langsam aber stetig voran. Da die Yachten vor ihr allerdings kreuzten oder in den Roßbreiten durch leichte Winde glitten, war sie der einzige Teilnehmer, der mit mehr als zehn Knoten segelte. Kurz bevor sie mit ihrem ziemlich zurückhaltenden, vorsichtigen Segelstil Kap Horn erreichte (wenn man es überhaupt als vorsichtig bezeichnen kann, nach Kap Horn zu segeln), drehte sie 24 Stunden lang bei, um eine heftige Sturmfront über sich hinwegziehen zu lassen. Die Regattaleitung begann sich schon Sorgen zu machen, als Chabaud sich nicht über Funk meldete, nachdem der Sturm vorübergezogen war. Jeantot konnte auf seinen Wetterfax-Satellitenbildern erkennen, wie heftig die Front gewesen war. Es hätte ihn emotional sehr belastet, einen weiteren Notfall bewältigen zu müssen. Aber zu seiner Erleichterung schaltete Chabaud kurz ihren zweiten ARGOS-Positionsmelder an, den ohne GPS-Zusatz. Das war das für den Fall von Funkproblemen vereinbarte Signal, daß an Bord alles wohlauf war. Als sie am nächsten Tag bei 35 bis 40 Knoten Windgeschwindigkeit in dem schweren Seegang, den das Tief zurückgelassen hatte, Kap Horn passierte, öffnete sie eine Flasche Champagner. „Ich bin glücklich, zur Bruderschaft der Kap Horniers zu gehören," sagte sie. „Ich will diese wunderbare Landschaft genießen. Das Licht ist sehr schön. (Es war nach 23.00 Uhr Ortszeit, aber an dem Sommerabend in den hohen Breiten noch hell.) Es ist eine verzauberte Zeit."

Später erzählte sie mir: „Vor Kap Horn hatte ich das Gefühl, als sei ich auf dem Gipfel des Everest. Ich wollte dort eine Flagge aufstellen. Es war der schönste Tag meines Lebens."

Bei Goss stellte sich heraus, daß seine sechsstündige Selbstoperation geglückt war und der Patient weder sterben würde noch seinen Arm amputiert hatte. Seine Amateurquacksalberei hatte fast umgehend für unglaubliche Erleichterung gesorgt. Es kamen fünf sorgenvolle Tage, an denen er täglich den Verband wechselte und darauf achtete, ob sich eine Infektion entwickelte. Aber das war nicht der Fall. Fünf Monate nach der Operation schmerzte der Ellenbogen noch immer ziemlich, wenn Goss den Arm häufig gebrauchte. Aber das besserte sich allmählich. Die ganze Erfahrung sei recht interessant gewesen, sagte er. „Es läuft alles darauf hinaus: Wenn niemand anders da ist, um es zu tun, macht man sich selbst daran."

Goss war nicht als erster Einhandsegler sein eigener Chirurg. Der argentinische Weltumsegler Vito Dumas geriet auf seiner Südozean-Weltumsegelung 1942 wenige Tage nach dem Auslaufen aus Montevideo in einen Sturm. Einige Plankennähte seiner kleinen hölzernen Ketsch (die in Form und Größe Knox-Johnstons Golden Globe-Siegeryacht ähnelte) begannen zu lecken. Diese Nähte sind bei einem Holzboot die kalfaterten (gedichteten) Fugen zwischen den Außenhautplanken. Die Verwindungen der Yacht durch die Gewalt der Wellen hatten das Holz überbeansprucht und die Kalfaterung gelockert. Um nicht unterzugehen, stopfte Dumas (der nichts als die Ketsch selbst hatte, kein Funkgerät, keine EPIRB-Boje, keine Rettungsinsel) Segeltuch und Bleimennige in das Leck. Dabei schnitt er sich am Arm. Das Boot war gerettet, aber sein Arm entzündete sich. Er bekam eine Blutvergiftung und wurde über Tage hinweg immer schwächer. Die ganze Zeit mußte Dumas die schwere Besegelung bedienen und das Boot in dem groben Wetter der Brüllenden Vierziger in Fahrt halten. Dann platzte die entzündete Schwellung auf, und Eiter ergoß sich daraus. Dumas half noch nach, indem er mit einem der Bordmesser den ganzen Entzündungsherd herausschälte - alles ohne Skalpelle, Betäubung, Antibiotika oder gefaxte Anleitungen. Seine Behandlung schien für die Blutvergiftung der Wendepunkt zu sein. Er erholte sich allmählich und segelte weiter auf Kapstadt zu.

Noch schwieriger als diese Art Selbstverarztung ist beim Einhandsegeln, daß man dabei über längere Zeiträume hinweg Angst um das nackte Leben hat und sie allein aushalten muß. Vendée Globe und BOC sind einsame Höchstleistungen an Selbstbeherrschung und systematischem, überlegten Einsatz von psychischer und physischer Energie. Der Einhandsegler muß angesichts der Gefahr für Leib und Leben die gemeinsame Kraft und Tapferkeit entbehren, die eine gemeinschaftlich handelnde Gruppe von Menschen bietet - eine Schar von Jägern, eine kleine Kampfeinheit, eine Arbeitsgruppe, eine Bootsbesatzung.

Knox-Johnston, der als erster Einhandsegler die Welt ohne Aufenthalt umrundet hat, ist auch schon mit einer Mannschaft durch den Südozean gesegelt. Beides unterscheidet sich erheblich voneinander. 1994 war er zweiter Skipper auf dem Katamaran ENZA (der ehemaligen, von Mike Birch und Roufs gesegelten FORMULE TAG) bei einem Versuch, in weniger als 80 Tagen um die Welt zu segeln und damit die neckischerweise nach Jule Verne benannte Trophäe zu gewinnen. Die ENZA schaffte die Reise in erstaunlichen 74 Tagen. (Eine Zeit, die der französische Segler und Medienstar Olivier de Kersauson allerdings später unterbot.) Als die ENZA zwischen den Längengraden von Kapstadt und Adelaide durch den Südozean lief, legte sie innerhalb von zehn Tagen 4.480 Meilen zurück, das ist ein Durchschnitt von 18,5 Knoten (fast 35 km/h). Wie jeder weiß, der einmal mit einem schnellen Motorboot gefahren ist, nehmen wir die Geschwindigkeit auf dem Wasser völlig anders wahr als an Land. 18 Knoten kommen einem vor wie Autofahren mit Rennwagengeschwindigkeit. Wie die Vendée Globe-Segler hatte auch Knox-Johnston Mühe, zu beschreiben, wie es ist, ununterbrochen mit solcher Fahrt zu segeln. Es bedeutet unaufhörlich Wind, Wellen, fliegende Gischt und sehr starken Lärm. „Es ist, als ob man mit der U-Bahn fährt und dabei von der Feuerwehr mit einem Hochdruckschlauch besprizt wird."

Das war wahrhaftig Segeln im Grenzbereich, wobei sich das Boot kaum beherrschen ließ. Aber die harte, erfahrene achtköpfige Mannschaft gewöhnte sich nach einer Weile daran. „Du vertraust deinen Mitseglern einfach. Alle wissen, daß ein Risiko dabei ist. Doch du denkst, wir haben hier lauter gute Leute. Es wird alles klargehen."

Der Einhandsegler im Vendée Globe aber hat niemanden bei sich, der ihn unterstützen oder Gefahr und Angst mit ihm teilen könnte. Wenn die brüllende See tobt, steht der Einhandsegler mit der anstrengenden Bootsbedienung und der Furcht letztlich allein da.

„Jungen Leuten, die über eine solche Reise nachdenken, möchte ich sagen: Tut es!"
Und sie taten es. Mit diesen Worten und dem ganzen Rest seines bescheidenen, untertreibenden Berichts „Allein um die Welt" schickte Joshua Slocum Generationen von Fahrtenseglern hinaus, besonders Einhandsegler. Slocum vollendete seine Weltumsegelung 1898, und in den darauffolgenden 90 Jahren sind 83 Männer und 7 Frauen allein um die Welt gesegelt, die etwa zwei Dutzend Weltumsegelungen bei Regatten (in den beiden BOC-Rennen vor 1988) sind dabei

noch nicht mitgezählt. Seit 1988 ist die Anzahl der Einhand-Weltumsegelungen sprunghaft gestiegen, vor allem, wenn man die BOC- und Vendée Globe-Teilnehmer mitrechnet. Die meisten Fahrtensegler wählten die herkömmliche Route: Raumschots oder vor dem Wind mit dem Passat über Atlantik und Pazifik, dann durch den Indischen Ozean und südlich um das Kap der Guten Hoffnung herum in den Südatlantik oder durch den Suez-Kanal und das Mittelmeer. Der Panama-Kanal war die eigentliche Ursache der vielen Weltumsegelungen: Man umging damit Kap Horn. Tatsächlich wurde die nächste Einhandreise um die Welt erst 1925 vollendet, und zwar von dem Amerikaner Harry Pidgeon, der den Kanal benutzte und damit Kap Horn mied. Wenn man noch immer gezwungen wäre, das gefürchtete Kap zu umrunden, wären Weltumsegler dünn gesät. Auch heute noch sind Slocum und sein klassisches Buch eine Quelle der Anregungen für Einhandsegler. Kunststoff- und Stahlnachbauten seines Bootes, der SPRAY, segeln auf den Passatrouten „bergab" - raumschots - um die Welt.

Der zähe, in Neuschottland (Kanada) geborene und in Amerika eingebürgerte Kapitän war vierundfünfzig, als er in New Bedford, dem Heimathafen der PEQUOD (das Walfangschiff aus Melvilles Buch „Moby Dick"), seine Reise antrat. Er war als Junge von zu Hause weggelaufen, um zur See zu fahren, und hatte sich bis zum Kapitän und Reeder seines eigenen Rahseglers, einer Bark, hochgearbeitet. Er hatte, wie er gern betonte, „vor dem Mast" angefangen, statt „durchs Kajütfenster einzusteigen". Slocum konnte auf jedem beliebigen Schiff jede Arbeit verrichten und es auf allen sieben Meeren segeln. Aber sein Schicksal ist uns allen heute bekannt. Er wurde von der technischen Entwicklung überholt und ins Abseits gestellt. Als die Zeit der Frachtsegler zu Ende ging, wurden auch viele ihrer Kapitäne und Offiziere überflüssig. Slocum „saß auf dem Trockenen". Wie Conrad haßte er das, was die wunderbaren Windjammer, die Klipper und Frachtsegler der Welt verdrängte. Er konnte es auch nicht ertragen, an Land in einer Bootswerft zu arbeiten, die einzige Tätigkeit, die ihm offengestanden hätte. Er hatte so lange alle Weltmeere befahren, daß es ihm sonderbar und unbehaglich vorkam, an Land zu leben. Slocums Lösung war es, eine alte 11-Meter-Sloop zu überholen - praktisch neu zu bauen - und damit wieder in See zu gehen. Er beschloß, um die Welt zu segeln.

Sein Buch über diese Reise ist ein klassischer See-Abenteuerbericht. Slocum beschreibt darin sachlich, wie er Stürme, Einsamkeit und bedrohliche Verfolgungen durch Piraten überstand, alle Gefahren, die das Meer an der Schwelle zum 20. Jahrhundert bereithielt. Mit seiner lebenslangen Erfahrung konnte Slocum mit wahrhaftig allem fertig werden. Bemerkenswert aber war an seinem Buch die seelenruhige Gelassenheit. Die gutmütige, „wundervolle" und vor allem zu bewältigende See war nur ein angenehmes, stärkendes Intermezzo zwischen Begegnungen an Land, die immer aufwendiger wurden und bei denen der Einhandsegler mit zunehmender Berühmtheit immer mehr gefeiert wurde. Gewiß, der Seemann durfte niemals mit den Elementen spaßen. Es war „keine leichte Sache, wenn die See sich von ihrer schlimmsten Seite zeigt." Aber eigentlich war die Gefahr nicht übermäßig groß. Der geduldige, umsichtige Seefahrer konnte mit allem fertig werden. Außerdem war es eine wunderbare Art, die Welt kennenzulernen.

Die Vorstellung vom Meer als anspruchsvolle und doch ergiebige Quelle von Freude und Befriedigung unterschied sich völlig von Conrads Sicht der See als bedrohliches, zerstörerisches Element und ebenso von Melvilles Bild ihrer „unbarmherzigen Fänge". Englische Sportsegler, die Mitte bis Ende des 19. Jahrhunderts Bücher über ihre abenteuerlichen Küstentörns schrieben - John MacGregor, R.T. McMullen, E.E. Middleton - hatten die Sichtweise Conrads. Das Seesegeln, selbst in den engen Gewässern rund um die Britischen Inseln, war ein schrecklicher Ausflug in die feindselige Wildnis. Als Schriftsteller standen sie in der Tradition der romantischen Dichter Byron und Shelley, für die das Meer ein unheimliches Schlachtfeld zwischen dem Menschen und der ungezähmten, unbändigen Natur war.

Im Gegensatz dazu erschien Slocums wohltuend beruhigende Schilderung für jeden einigermaßen tatkräftigen Menschen einladend: Ein gutes Boot in kundigen Händen gleitet zielstrebig durch flaue Winde, schäumt im angenehmen Passat fröhlich dahin, wettert einen gelegentlichen Sturm mit ordentlicher Sturmtaktik ab und kommt in einem neuen Hafen zur Ruhe, vor Anker in einer palmenumsäumten, paradiesischen Lagune mit Korallenköpfen. Und wirklich, mit dem Bau des Panamakanals wurde Slocums verlockende Zukunft wahr. Hundert Jahre lang hat seine friedvolle Vision die Fahrtensegler inspiriert. Besonders Einhandsegler sind dem Meister gefolgt und, durch sein Beispiel angeregt, unvermeidlich in seinem Kielwasser gesegelt. Das führte, vielleicht ebenso unvermeidlich, zur Idee von Einhandrennen, Haslers und Chichesters Erfindung, die später rund um die Welt führten und schließlich in dem äußerst schwierigen Vendée Globe gipfelten- kein Zwischenstop, keine Hilfe von außen.

An einem bestimmten Punkt dieser Entwicklung jedoch bricht Slocums Lesart zusammen. Man könnte sagen, daß in seinem Paradigma der gütigen und fügsamen See in dem Augenblick kritische Abweichungen auftraten, als Segler mit dem Ziel, die drei Sturmkaps südlich zu passieren, in den Südozean vorstießen. Dort wird der Segler wieder in die Vorstellungswelt Conrads und Melvilles zurückversetzt. Diese Gegend zu durchsegeln wird zum gefahrvollen Selbstzweck, denn an den Rändern des Südozeans liegen keine erstrebenswerten Häfen. Den Ozean in den hohen Südbreiten zu erleben, mag packend sein, kann aber auch tödlich werden. Es paßt mit Sicherheit nicht zu Slocums Version, zu seiner Sicht der See. Der zähe Handelsschiffskapitän wäre auf seiner SPRAY mit der See dort unten fertig geworden, wie er es eine Zeitlang in der Nähe von Kap Horn geschafft hat und viele Male auch auf seinen aussterbenden Windjammern - vor dem Mast wie auf dem Achterdeck. Wenn er die Erde aber dort, tief unten im Südozean, mit Ostkurs umsegelt hätte, hätte er eine völlig andere Geschichte erzählt, die zu ganz anderen Dingen angeregt hätte.

Auf unserer Überfahrt zu den Jungferninseln halluzinierte ich nach drei Tagen ohne Schlaf, daß die zwergenartige Gestalt auf unserem Heckkorb es auf mich abgesehen hätte. 500 Meilen von der Küste entfernt bildete ich mir ein, nur wenige Meilen querab die Lichter einer Großstadt glitzern zu sehen. Das erlebte ich ganz eindringlich, wußte aber immerhin, daß es nicht die Wirklichkeit war. Mein Gehirn befahl mir, solche Nebensächlichkeiten, wie unser Boot zu den Jungferninseln zu segeln, zu vergessen. Statt dessen mußte ich sofort etwas wirklich Wichtiges tun: schlafen. Sonst würde es Ärger geben. Halluzinationen sind die Art, wie die Natur uns befiehlt, ein wenig an der Matratze zu horchen.

„Ach, Schlaf! Welch süße Sache, /geliebt von Pol zu Pol," sagte der alte Seefahrer des Dichters Coleridge.

Genug Schlaf zu bekommen ist schon für Menschen, die bequem und sicher an Land leben, schwer genug. Wahrscheinlich leiden die meisten von uns in gewissem Umfang an Schlafmangel. Auf einem Boot in See kann es sehr mühsam sein, auch nur das Mindestmaß an Schlaf zu bekommen, das man braucht, um psychisch gesund zu bleiben und soviel Grips zu bewahren, daß man behält, wie man den Propangaskocher anzündet, ohne sich in die Luft zu jagen, oder wie man die GPS-Koordinaten richtig auf das Papier der Seekarte überträgt. Immerhin sind heute, da die Segler sich auf elektronische Navigationsmittel stützen, Beobachtungen mit dem Sextanten und die anschließenden genauen Berechnungen mit ihren vielen Fehlerquellen nicht mehr nötig. (Die Navigation mit dem Sextanten ist heute so überholt wie das Astrolabium, außer für Nostalgiker, die sie als Hobby betreiben, wie andere Enthusiasten mit Dampflokomotiven fahren.) Alles hängt vom Wetter, von der Anzahl und Erfahrung der Besatzung und dem eigenen mentalen Zustand ab. Aus offensichtlichen Gründen ist es für Einhandsegler noch schwieriger.

Viele der Vendée Globe-Skipper hatten Schlafexperten befragt und sich Tests unterzogen, um etwas über ihren eigenen biologischen Tagesrhythmus zu erfahren (den 24stündigen Wach- und Schlafrhythmus aller Säugetiere). Im Laufe einer langen, furchtbar schlauchenden Wettfahrt genügend Schlaf zu bekommen, ist ganz offensichtlich so schwierig, daß es für die Teilnehmer zu den wichtigsten technischen Problemen gehörte, die es durch Forschung und Fachkenntnis zu lösen galt. Auguin und Autissier zum Beispiel unterzogen sich Versuchen und entwickelten einen Plan, wann sie im Laufe des Tages am besten schlafen konnten und was für jede einzelne Schlafphase die günstigste Länge war. Auguin versuchte, im Idealfall sechs bis sieben Stunden Schlaf in 24 Stunden zu bekommen, der in Kurzschlafperioden von eineinhalb Stunden oder Nickerchen von weniger als einer halben Stunde zerfiel. Autissier versuchte, jeden Morgen zwischen 3.00 Uhr und 6.00 Uhr zu schlafen, danach von 11.00 Uhr bis 12.30 Uhr und von 16.00 Uhr bis 17.30 Uhr, was im ganzen sechs Stunden pro Tag ergab. Ihre Schlafspezialisten hatten das als beste Schlafzeiten für sie ermittelt. Auch Laurent strebte sechs Stunden Schlaf pro Tag in unterschiedlich langen Schläfchen an: eine halbe Stunde, eine Stunde oder anderthalb Stunden. Er versuchte auch, seine Schlafzeiten durch Yoga-Übungen wirkungsvoller zu machen. Damit hatte er zwei Jahre vor der Regatta eigens begonnen, um sich besser beruhigen und nahezu auf der Stelle einschlafen zu können. Alle Skipper hatten irgendeine persönliche Schlafroutine, um ihre verschlissene Wachsamkeit wiederherzustellen, wie man ausgefranste Ärmel anstrickt.

Soweit die Planung. Auf See kam aber alles anders. Fast alles konnte den Plan über den Haufen werfen. Bei leichtem oder wechselhaftem Wind mußten die Segler Kurs und Segelstellung im Auge behalten. Im Atlantik mußten sie auf den Schiffahrtswegen, oder wo Fischereiflotten arbeiteten, auf Schiffe achten. Die Vendée Globe-Yachten fraßen mit ihrer hohen Geschwindigkeit in kurzer Zeit den Sicherheitsabstand bis zum begrenzten Horizont der Segler auf. Bei grobem Wetter konnten der Lärm, die Bewegungen, die Notwendigkeit, zu reffen oder Segel zu bergen, und die Angst das Schlafen erschweren. In den hohen Breiten empfanden die Segler zumindest eine gewisse Verpflichtung, auf Eis zu achten, selbst wenn sie wußten, daß es sich im Radar nicht zeigen würde, oder wenn die Sicht draußen an Deck durch Regen, Schnee oder tiefhängende Wolken beeinträchtigt war. Beim Kreuzen konnten diese spezialisierten Raumschotsyachten sich so ruckartig und heftig bewegen, daß es schwerfiel, sich hinzulegen, vom Schlafen ganz zu schweigen. Auch versteht es sich von selbst, daß Wind und Seegang sich um keinen wissenschaftlich festgelegten Kurzschlafplan kümmern. Auch wenn du das verdammte Barometer zerschlägst, hältst du das Wetter nicht auf. Wenn das neueste Südozeantief Isabelle Autissier um halb fünf überfiel, konnte sie ihr Nachmittagsschläfchen vergessen. Zusätzlich zur Bedienung des Bootes mußten die Segler das Wetter analysieren und danach ihren taktischen Kurs wählen. Wenn man das gut machen wollte, was für den Wettbewerb sehr wichtig war, brauchte man dafür täglich mehrere Stunden. Die Teilnehmer mußten mit jedermann in Verbindung bleiben. Es war sinnlos, Telefon und Funk an Bord zu haben, Faxe und E-Mails senden und empfangen zu können, wenn man diese Möglichkeiten nicht nutzte. Auf jeden Fall erwarteten es die Sponsoren und die Öffentlichkeit. Und dann alles übrige: Kochen und Essen, Körperpflege, hinderliches, salzsteifes Schlechtwetterzeug an- und ausziehen. Jede dieser Tätigkeiten dauerte in dem tanzenden, taumelnden Aufruhr der engen Kajüte oft unglaublich lange. Tatsächlich beanspruchte durch die Schiffsbewegungen fast alles viel mehr Zeit. Die natürlichsten Verrichtungen wurden zu Willensakten. Es brauchte z.B. Übung, bis man gelernt hatte, einige Muskeln anzuspannen, um das Gleichgewicht zu behalten, und gleichzeitig diejenigen Muskeln zu entspannen, die eine Darmbewegung zuließen - besonders, wenn man dabei wackelig auf einem Eimer hockte. Die Segler mußten sich ständig hier und da einkeilen oder abstützen und sich in den gewaltigen Seen der Südbreiten auf Leben und Tod festhalten. An Bord konnte man schon erschöpft sein, wenn man den ganzen Tag nichts getan hatte als darauf zu achten, nicht plötzlich wie eine menschliche Kanonenkugel quer durch die Kajüte geschleudert zu werden und schmerzhaft auf irgendein Ausrüstungsteil oder bösartig vorstehendes Stück Kohlefaser zu fliegen.

Und dann die Reparaturen. Sie sind auf jedem Boot ein nie abreißender, zeitraubender Bestandteil des Bordlebens - weil die Feuchtigkeit und das Salz für jedes Ausrüstungsteil oder Gerät an Bord Gift sind, weil die Bewegungen die Werkstoffe unsichtbar ermüden lassen - und wegen Murphys Gesetz. Auf Yachten, die oft an ihre konstruktionsbedingten Belastungsgrenzen stießen und in den „roten Bereich" gerieten, konnten Reparaturen zum Hauptzeitvertreib des Skippers werden. (Es gab allerdings eine weite Spanne zwischen Auguins erstaunlich problemlosen dreieinhalb Monaten bis hin zu den Sysiphusmühen eines de Radiguès.)

Kurz, für die Vendée Globe-Teilnehmer war es reine Theorie, genug Schlaf zu bekommen. In der Praxis gab es oft wenig oder gar keinen Schlaf. Jeder kennt die Folgen von zu wenig Schlaf: Man fühlt sich „wie ausgekotzt". Das Gehirn ist wie Zement, nicht mehr lebendig wie sonst, sondern stumpf, langsam und unbeweglich. Doch ein wenig Schlaf ist immer noch besser als gar keiner. Schlafstudien haben eindeutig ergeben, daß Menschen schon mit zwei Stunden Schlaf in 24 Stunden halbwegs funktionsfähig bleiben. Nach den ersten beiden Tagen aber fällt ihre Leistungsfähigkeit rapide ab, noch schneller als ganz ohne Schlaf. Nach wenigen Tagen mit vollständigem Schlafentzug beginnt der Mensch zu halluzinieren, wird zunehmend unvernünftig bis hin zu Wahnvorstellungen, kann sich nicht auf die einfachsten Aufgaben konzentrieren, wie etwa das Aufsagen des Alphabets. Anspruchsvollere Überlegungen oder Entscheidungen sind ausgeschlossen. Dieser Abstieg in einen Zustand, der irrem Dahinvegetieren ähnelt, kann überraschend lange hinausgeschoben werden, wenn der Mensch zu bestimmten Aufgaben sehr motiviert ist. Am

Ende aber stirbt der Mensch ohne Schlaf. Paradox ist, daß sich nach all den Jahrhunderten, in denen Tyrannen und Folterer ausgeklügelte, komplizierte Methoden ersonnen haben, Schmerz zuzufügen, herausstellt, daß das vorzüglichste und unfehlbare Mittel, den menschlichen Willen zu brechen, von Anfang an mühelos zu haben war: Die Opfer wachzuhalten. (Allerdings verbinden Folterer, die eine aktivere Beteiligung vorziehen, Schlafentzug üblicherweise mit anderen, fantasievolleren Qualen.)

Fest steht, daß die Vendée Globe-Teilnehmer Zeiten erleben, in denen Schlaf fast ausgeschlossen ist: Goss, als er heroisch gegen den Sturm ankreuzte, um Dinelli zu suchen; Autissier bei ihrem Versuch, gegen den Wind in die Nähe von Roufs' letzter Position zu kommen; jedes Mal bei besonders grobem Wetter. Selbst unter solchen Umständen können die Segler aber immer noch kurze Schläfchen einlegen - ein paar Minuten hier und da, bis hin zum „Blitzschlaf" von wenigen Sekunden. Beim Schlaf nützt schon das kleinste Bißchen. In der Regel kommt der Schlafentzug eher in Form einschneidend verringerter Schlafzeit vor (viel weniger Schlaf als die eingeplanten, schon sehr knappen fünf bis sechs Stunden täglich), und das manchmal tagelang. Das beeinträchtigt bei den Seglern die Fähigkeit zu navigieren, die Wetterangaben zu deuten und Entscheidungen über den Umgang mit dem Boot bei bedrohlichem Seegang zu treffen.

Wenigstens brauchten sich die Vendée Globe-Segler während des größten Teils der Wettfahrt keine Sorgen zu machen, auf die Küste zu laufen, die häufigste tödliche Gefahr für Segelboote. Sicher gehen auch Boote auf hoher See verloren, bei diesen Rund-um-die-Welt-Regatten häufig. Allgemein gesagt kommen aber auf jede verhängnisvolle Kenterung, auf jedes Sinken auf offener See hunderte von Strandungen auf Felsen oder Sand und Boote, die von Korallen oder trügerisch überspülten Felsen aufgeschlitzt werden. Dieses Risiko vergrößert sich noch, wenn der ermüdete Einhandsegler vor einer Küste steht. Die Vendée Globe-Skipper, die nahezu während des ganzen Rennens weit von Land entfernt sind, können ziemlich gefahrlos schlafen oder zu schlafen versuchen, wenn die See nicht allzu bedrohlich ist und kein Eis in der Nähe treibt. Die Minderung der geistigen Leistungsfähigkeit durch Schlafmangel bringt sie selten in so unmittelbare Gefahr wie Segler in Landnähe oder bei Regatten in engeren Gewässern.

In den BOC-Rennen mußten die Boote am Ende jeder der vier Etappen Land ansteuern und einen Hafen anlaufen. Sie bekamen es also dreimal öfter als die Vendée Globe-Teilnehmer mit engen Gewässern, anderen Fahrzeugen, Tidenströmen und den Anforderungen genauer Küstennavigation zu tun. Die Segler näherten sich der Küste bei Kapstadt, Sydney und Punta del Este, wenn sie am müdesten waren und am wenigsten in der Lage, klar zu denken. Manchmal verlangte das seinen Tribut.

Chabaud hatte Vertrauen in die Yacht, die sie für das Vendée Globe gechartert hatte, weil das Boot es in der BOC-Wettfahrt 1994 überlebt hatte, einen Tag lang in der Brandung auf einen australischen Strand zu hämmern. Das Schiff war überhaupt nur dorthin geraten, weil der Skipper Jean-Luc van den Heede eingeschlafen war. Er hatte seine Yacht nur deshalb nicht verloren, weil er das Glück hatte, daß ein Polizeiboot in der Nähe war, das stark genug war, ihn aus der Brandung zu schleppen. Auch konnte er am Strand einige stämmige Australier zum Helfen zusammentrommeln. Und der Wind war nicht allzu stark. Höhere Wellen - wie die Brandung bei Cabo San Lucas, die Moitessiers JOSHUA in wenigen Stunden beinahe zum Wrack geschlagen hatte - hätten das Schiff in kurzer Zeit zertrümmert. Van den Heede hatte es auch fertig gebracht, das letzte Stück Sandstrand vor den 50 Meilen felsiger Küste zu erwischen, die bis zum Hafen von Sydney reichte.

Er war sich seiner Erschöpfung und der Gefahr durchaus bewußt gewesen. Im Cockpit hatte er sich für ein kurzes Nickerchen über eine große Winsch gelegt, während sein Boot einige Meilen vor der Küste segelte. Er dachte, daß der Metallklumpen, der schmerzhaft in seine Rippen drückte, Tiefschlaf verhindern und ihn nach kurzem Dösen wecken würde. Das war zum Teil nur eine Rationalisierung durch ein Hirn, das unter schwerem Schlafentzug litt. Aber er war so müde, daß er überall hätte schlafen können. Innerhalb einer halben Stunde lief das Boot auf den Strand.

Wenn Alleinsegler dann schlafen, geht das nur in kurzen, über den Tag verteilten Häppchen. Die Einteilung dafür kann auf einer fachmännischen Auswertung des individuellen Biorhythmus beruhen, aber das Schema weicht völlig von dem in den meisten menschlichen Gesellschaften überlieferten Muster des Einmalschlafs ab, des sogenannten einphasigen Schlafs. Die Segler haben sich etwas angewöhnt, was eigentlich ein mehrphasiger Schlafzyklus ist. Einige Schlafforscher glauben, daß sich der einphasige Schlaf als Ergebnis der gesellschaftlichen Anforderungen der Landwirtschaft entwickelt hat und später durch die Abläufe der Industriearbeit gefestigt wurde. Sie argumentieren, daß der Mensch wie die meisten Tiere von Natur aus mehrphasig schlafe. Die Biologie stützt sicherlich die Neigung zum zweiphasigen Schlaf, eine Gewohnheit, an die sich die „Siesta-Kulturen" halten, wenn auch mit abnehmender Tendenz. Unser Körper neigt zweimal am Tag zur Schläfrigkeit: mitten in der Nacht, besonders zwischen 3.00 Uhr und 6.00 Uhr morgens, und am Nachmittag, in der Regel zwischen 15.00 Uhr und 17.30 Uhr. (Beide Zeitspannen decken sich annähernd mit zwei der bevorzugten Schlafzeiten von Isabelle Autissier.)

Ein Teil der bedeutendsten Forschung über die Auswirkungen von mehrphasigem Schlaf auf die Wachsamkeit und Leistungsfähigkeit beruht auf Studien an Langstrecken-Einhandseglern. Claudio Stampi, ein italienischer Arzt, untersuchte die Schlafmuster der Einhandsegler, die am OSTAR 1980 (einer Neuauflage von Blondie Haslers ursprünglichem Rennen) und am MiniTransat 1983 teilnahmen. Er bezog die unterschiedlichen Schlafmuster der Segler auf ihre Leistungen in den Wettfahrten. Es handelte sich dabei um verhältnismäßig kurze Veranstaltungen. Das OSTAR dauerte zwischen 17 und 69 Tagen, das MiniTransat von 31 bis zu 40 Tagen. Das wirkt sich so aus, daß die Rivalen ständig hart segeln müssen. Jede Meile zählt. Es kann Plätze kosten, wenn man einige Minuten zögert, auszureffen oder nach einer Winddrehung den Kurs zu ändern. Daher stückelten viele Teilnehmer am OSTAR ihren Schlaf in Abschnitte von weniger als zwei Stunden. Manche schliefen jeweils nur etwa eine Stunde, andere zwischen 10 und 30 Minuten. Diese Einteilung erlaubte es, häufig den Kurs und das Segelverhalten des Bootes zu überprüfen. Stampi fand eine eindeutige Wechselbeziehung zwischen kurzen Schlafzeiten und guten Ergebnissen. Diejenigen, die durchschnittlich zwischen 10 und 20 Minuten bis zu einer Stunde schliefen, schnitten am besten ab, und Segler, die über zwei Stunden am Stück schliefen, am schlechtesten.

Die meisten der Skipper paßten sich diesem unterbrochenen Schlafschema gut an. Stampi schloß daraus, daß jeder Mensch eine optimale Schlafdauer habe, wobei es darauf ankomme, zwischen der Erholung von der Erschöpfung einerseits und der Vermeidung von Schlafträgheit andererseits abzuwägen. Schlafträgheit ist die Folge, wenn man aus dem besonders erholsamen Tiefschlaf aufwacht, der in der Regel 30 bis 45 Minuten nach dem Einschlafen einsetzt und anscheinend die notwendigste der verschiedenen Schlafphasen ist, sogar noch wichtiger als die R.E.M.-Phase, der Traumschlaf. Wer aus dem sehr tiefen Schlaf aufwacht, ist zerschlagen und verwirrt, oft einige Minuten oder noch länger. Segler müssen so etwas möglichst vermeiden. In der Zeit, die sie brauchen, um zu sich zu kommen, könnte eine Menge schiefgehen. Dieses Phänomen wird manchmal als Grund dafür angeführt, Berufspiloten keine kurzen Schläfchen zu gestatten. Besser ein müder Pilot als einer, dessen Gehirn auf einem anderen Planeten ist.

Stampis letzte Schlußfolgerung war, daß die Leistungen der Segler sehr stark von ihrem Wettkampfgeist und ihrer Motivation abhingen. Selbst bei harter körperlicher Arbeit und schwierigen Berechnungen bei der Standortbestimmung und Wetternavigation konnten die Segler mit dieser häppchenweise rationierten Schlafzeit von insgesamt vier bis fünf Stunden in 24 Stunden sehr lange durchhalten, selbst wenn dazwischen lange Zeiten mit wenig oder ganz ohne Schlaf lagen.

Das Vendée Globe, das in jeder Hinsicht extremer ist als alle anderen Hochseeregatten, ist wahrscheinlich der radikalste Großversuch zu den Auswirkungen verminderten und zerstückelten Schlafs über längere Zeiträume. Einerseits scheinen die Segler den Schlafmangel gut zu vertragen. Die meisten erreichen das Ziel. Sie handhaben ihre Boote gekonnt und stellen neue Wettfahrtrekorde auf. Sie bleiben bei klarem Verstand und konzentriert. Bis zum Schluß halten sie verbissene Motivation und Kampfgeist aufrecht. Andererseits wissen nur die Segler selbst (und vielleicht können oder wollen sie es sich nicht eingestehen), wie weit der Schlafmangel zu den Schwierigkeiten beiträgt, in die sie manchmal bei schwerem Wetter geraten. Es kann durchaus sein, daß ein hundemüdes Gehirn im Angesicht einer herannahenden Wetterfront keine guten taktischen Entscheidungen trifft oder Kursänderungen aufschiebt, die erforderlich werden, wenn der Wind zurückdreht und sich heikle Kreuzseen aufbauen. Natürlich lassen sich diese Hypothesen nicht überprüfen. So oder so können es selbst ausgeruhte Skipper nicht vermeiden, daß ihre Yacht im Südozean querschlägt, flachgelegt wird oder kentert, von Kollisionen ganz zu schweigen, wenn es sich so ergibt.

Heute wie zu Slocums Zeiten ist das wahre, unausweichliche Problem des Einhandsegelns, daß es sowohl im überlieferten als auch im rechtlichen Sinn des Wortes unseemännisch ist. Nach der Tradition muß der ideale Segler mit der „Sorgfalt eines guten Seemanns" vorsichtig und überlegt seinen Weg über die See suchen, dabei alles nehmen, wie es kommt, aber Risiken soweit wie möglich vermeiden, um sein Fahrzeug und seine Mannschaft mit der geringstmöglichen Hektik an den Bestimmungsort zu bringen. Dabei erinnert man sich an den Forscher und Seefahrer James Cook im 18. Jahrhundert. Mit einem Schiff, das von seiner Bauart her weniger seetüchtig war als unsere 9,5-Meter-Yacht, und mit einfachster Navigationsausrüstung, ohne Kenntnis der großräumigen Wetterverhältnisse und der Wirbelsturmzeiten befuhr und kartierte er bei jedem Wetter unbekannte Meere und Küsten, ohne je ein einziges Besatzungsmitglied oder sein Schiff durch Krankheiten oder die Gefahren der See zu verlieren. Heutige Fahrtensegler haben im Großen und Ganzen dasselbe Ziel: mit möglichst geringen Strapazen für Schiff und Besatzung die See so schnell wie möglich zu überqueren.

Zu den wichtigsten Sorgfaltsanforderungen an den heutigen Seefahrer gehört, daß ein erfahrener Rudergänger steuert, wenn es notwendig ist, um eine Kenterung oder ein „Knockdown" zu vermeiden (z.B. wenn die Selbststeueranlage das Boot bei schwerem Wetter nicht beherrschen kann). Außerdem braucht jedes Fahrzeug eine starke Besatzung, die mit den Segeln und der Ausrüstung unter allen Umständen ohne Übermüdung fertigwird und Ausguck nach großen Schiffen halten kann, die kleine Segelboote überlaufen könnten, und nach Eis oder Treibgut, das den Rumpf leckschlagen, den Kiel oder ein Ruder abreißen könnte.

Der Einhandsegler kann die meiste Zeit nichts von alledem tun. Darum ist Einhandsegeln unseemännisch. Es verstößt auch gegen die von den seefahrenden Nationen in verschiedenen Verträgen vereinbarten internationalen Kollisionsverhütungsregeln. Nach der einleitenden Bestimmung dieser Ausweich- und Fahrregeln müssen alle

Fahrzeuge unter Beachtung der „allgemeinen seemännischen Praxis" geführt werden. Dazu gehört es, ordnungsgemäß Ausguck zu halten und alle Vorkehrungen zu treffen, „welche allgemeine seemännische Praxis oder besondere Umstände des Falles erfordern".

Die meisten Kollisionen, Knockdowns oder Entmastungen passierten den Einhandseglern im Vendée Globe- oder BOC-Rennen, wenn sie sich unter Deck aufhielten, um zu schlafen, auszuruhen, irgendeine gefriergetrocknete Einheitspampe auf dem einflammigen Kocher zu bereiten oder zu versuchen, durch Analyse der Fax-Wetterkarten auszuknobeln, wie sie das unausweichlich anstürmende nächste Südozeantief abwettern sollten. Manchmal war der Skipper auch in der Kajüte, weil es an Deck einfach zu nervenaufreibend und gefährlich war: die psychische Belastung durch die halsbrecherische Geschwindigkeit und den grauenhaften Lärm von Wind und Seegang, die Eiswasserduschen, die ständig höchst ungemütlich über Deck waschenden Seen, die Gefahr, durch einen Brecher über Bord gespült zu werden oder an Deck zu sein, wenn das Boot auf die Seite geworfen würde, das annähernd sichere Todesurteil, das es bedeutete, bei einer Kenterung draußen zu sein.

Die Vorstellung, wie Autissier oder Auguin in ihren Kojen schlafen, während die PRB oder die GÉODIS mit 20 Knoten vom Autopiloten gesteuert, neun Meter hohe Wellen hinabrasen, läßt nicht gerade an gute Seemannschaft denken. Sie halten keinen Ausguck, und niemand ist am Ruder. Eigentlich liegt schon das Rennen als solches, die Tatsache, daß Auguin und Autissier einsam im Südozean herumsegeln, außerhalb der „allgemeinen seemännischen Praxis", auf die die Regeln abstellen. Natürlich kümmern sich die Teilnehmer nicht um diese Nörgeleien der Gesetzestreuen. In Wirklichkeit gehört es zur Anziehungskraft dieser Veranstaltung, daß sie am Rande der Legalität stattfindet. Die Skipper segeln nicht zuletzt deshalb auf hoher See, um der übertriebenen Bevormundung und Gängelung durch Regeln und Vorschriften zu entgehen. Einhandseglern, die den Südozean einfach als Fahrtensegler befahren und nach ihrem eigenen Zeitplan von Hafen zu Hafen segeln, stehen immer mehr Möglichkeiten zur Wahl als den einsamen Rennseglern. Selbstverständlich müssen auch sie mit dem manchmal grauenhaften Wetter klarkommen. Auch ist Geschwindigkeit immer günstig, selbst für den ungezwungenen Fahrtensegler: Man hat den stürmischen Süden schneller hinter sich; man vermeidet bei manchen Wettergebilden den schlimmsten Teil, die Fahrt nähert sich der Geschwindigkeit der überholenden Wellen an, wodurch die Gefahr geringer wird, daß ein schnellaufender Brecher das Schiff überwältigt. Fahrtensegler können aber beidrehen oder in beliebiger Richtung vor schwerem Wetter ablaufen, ohne sich Gedanken darüber machen zu müssen, daß sie gegenüber Rivalen zurückfallen. Sie können sich ohne schlechtes Gewissen umsichtig nördlich der Eisberggrenze und weit nördlich der schlimmsten Bereiche der Tiefdruckgebiete halten. Wenn ihnen danach ist, eine Ruhepause in Australien, Neuseeland oder einem chilenischen Hafen einzulegen oder einen Abstecher nach Tahiti zu unternehmen, macht ihnen niemand einen Vorwurf. Sie brauchen sich weder um nörgelnde Sponsoren noch um Journalisten oder Fans zu kümmern, die das Gefühl haben, von ihren Helden oder Heldinnen gelinkt worden zu sein.

In Wettfahrten rund um die Welt jedoch verstärkt die scharfe Konkurrenz und die Geschwindigkeit der Boote die Anforderungen und Gefahren des Einhandseglens. Beide Faktoren fördern - oder verlangen - ein Verhalten, das die normalen Risiken des Alleinsegelns eher steigert als einschränkt.

Es gehört unvermeidlich zum Einhandsegeln, daß das Schiff lange Zeit sich selbst und seinen Selbststeuervorrichtungen überlassen bleibt. Wenn kein Mensch das Boot mit scharfem Auge und geschickter Hand im Sturm über jede Welle führt, muß sich der Einhandsegler auf die Festigkeit seiner Yacht verlassen, auf die ungewissen Launen des Seegangs, die Lage des Bootes beim Anprall von Wellen - und auf pures Glück.

12

Dunkle, traurige Zeit

Mit der großen Weisheit, die du erworben hast, und mit so viel Erfahrung
mußt du inzwischen gewiß begriffen haben, was Ithakas bedeuten.
CONSTANTINE CAVAFY
Ithaca

Getrennt werden wir sein, Freunde,
für immer getrennt wie Wildgänse,
die sich in fernen Wolken verlieren.
BASHŌ
The Narrow Road to the Deep North

Der letzte Teil des Vendée Globe verlief durch Nord- und Südatlantik. Nach dem langen Crescendo von Anspannung und Angst im Südozean mit der Umrundung Kap Horns als Höhepunkt erschien die bevorstehende Atlantikpassage als die langwierige Auflösung des Dramas, das Monate vorher begonnen hatte. Während die erschöpften Segler die ungeheuren Gefahren des Südozeans hinter sich hatten, aber auch seine mörderische Einfachheit - man brauchte nur nach Osten zu jagen und aufzupassen, daß das Boot zusammenhielt und nicht umschlug -, standen sie jetzt wieder den verworrenen Wetterlagen des Atlantik und den Gefahren starken Schiffsverkehrs gegenüber. Wenn sie nach Monaten auf See in Booten, die oft unter ihnen auseinanderzufallen schienen, das letzte stürmische Kap passierten, tauschten sie die im Süden erlebte Angst und Verlassenheit gegen die langen Strapazen der Heimreise ein.

Natürlich waren sie auch auf der Anreise, bei ihrer berauschenden wilden Jagd von Les Sables-d'Olonne über die Biskaya, durch den Westwindgürtel und die Roßbreiten bis zum Äquator und weiter in den Süden durch den Atlantik gekommen. Damals aber waren die Wettfahrt und die See neu und aufregend gewesen, und die Segler waren endlich von den geschäftlichen und familiären Fesseln an Land befreit. Mit grimmiger Entschlossenheit hatten sie wie beutegierige Raubtiere ihre Zähne in das Vendée Globe geschlagen. Der Rückweg jedoch, mit dem Südozean und Kap Horn hinter ihnen, aber noch über siebentausend Meilen vor ihnen, war etwas anderes. Die Skipper waren lange am Abgrund gewandelt. Sie waren müde Veteranen, die ihre Kräfte behutsam einteilten und ihre Yachten sorgenvoll auf Anzeichen von Verschleiß beobachteten.

Anscheinend mußte Thiercelin sich die größten Sorgen machen. Am 12. Februar, er lag über fünfzehnhundert Meilen hinter dem führenden Auguin, hatte er den Nordostpassat erreicht. In diesem verläßlichen tropischen Windsystem segelt es sich normalerweise wundervoll, der Unterschied zum Südozean könnte nicht größer sein. Dabei kommt es jedoch entscheidend auf den Kurs des Bootes zur Windrichtung an. Thiercelin kreuzte gegen den Passat, er versuchte also, ungefähr in die Richtung zu segeln, aus der der Wind kam. Das war in gewisser Weise übler als in einem durchschnittlichen Sturm der Südbreiten vor dem Wind zu laufen. Das Boot klapperte und krachte, und der Skipper mußte viele Ängste ausstehen, weil er nicht völlig sicher sein konnte, daß sein Schiff heil bleiben und ihn in den Hafen bringen würde.

„Was für eine Hölle!" rief er aus. „Ich habe 25 bis 30 Knoten Wind mit drei bis viereinhalb Meter tiefen Wellentälern und keine zehn Meter zwischen den Wellenkämmen. Das Boot steigt auf jede See und fällt dahinter ins Tal. Es tut weh!"

Die kurzen, steilen Seen, auf denen er mit Westkurs, Richtung Karibik, wunderbar hätte surfen können, überspülten unaufhörlich das Deck. Thiercelin band zwei Reffs ins Großsegel und setzte seine kleine Sturmfock, um die Fahrt und damit die Wucht des Seeschlags zu vermindern. Und doch warfen die schwereren Stöße ihn geradewegs aus der Koje. Er mußte sich in den Stuhl am Kartentisch klemmen, um zu versuchen, etwas Ruhe zu bekommen. Diese Tortur würde zwei bis drei Tage anhalten.

„Ich habe nie geglaubt, daß der Rückweg durch den Passat mit zehn Knoten hoch am Wind so schwer sein könnte," klagte er. „Glaubt mir, die Stürme des Südozeans sind mir lieber. Aber natürlich finden Segler immer etwas zum Nörgeln," fügte er hinzu.

Echte Sorgen machte Thiercelin sich über das Vorschiff, das er kurz nach der Umrundung von Kap Horn mit Hölzern ausgesteift hatte, die er aus der Inneneinrichtung der Yacht herausgerissen hatte. Wie es kommen mußte, begann es bald zu lecken. Stündlich mußte er erst um die 100 Liter Wasser aus der Bugabteilung lenzen, später 150 Liter. Seine elektrische Pumpe wurde vorläufig damit fertig, aber er war auf eine einzige Pumpe angewiesen und auf ein oft unzuverlässiges Bordnetz. Notfalls würde er das Seewasser von Hand auspumpen können, zumindest eine Weile. Es würde ihm aber schwerfallen, das bis zum Ziel durchzuhalten, und das Leck würde sich womöglich noch verschlimmern.

Niemand hatte es leicht. Auguin, der sich durch die nördlichen Roßbreiten arbeitete, knüppelte an einem Tag qualvoll gegen Wind und See an, während er am nächsten Tag durch frustrierende Flauten schlich. Obwohl er zu weit vorn lag, um sich einholen zu lassen, war sein Vorsprung durch die ungewöhnlich leichten Winde doch geschrumpft. Am 101. Tag seiner Einsamkeit verbrachte er die Nacht schon wieder mit flappenden Segeln in einer Flaute. Am Vormittag kam die Brise jedoch zurück, und das aus der richtigen Richtung. Zum ersten Mal seit Monaten zog er seinen großen, leichten „Gennaker" aus dem Segelsack und setzte diese Kreuzung aus Spinnaker und Genua zusammen mit dem Großsegel. Unter mehr als 460 Quadratmetern Segelfläche (unglaublich viel, eine erheblich schwerere Fahrtenyacht von 18 Metern würde vielleicht die Hälfte dieser Fläche tragen) galoppierte die GÉODIS mit elf Knoten voran, die beste Fahrt seit zwei Wochen. Am Tag zuvor hatte Auguin ein Frachtschiff gesehen, das erste, seit er im vorangegangenen November die Kanarischen Inseln passiert hatte. Der gesellige Auguin freute sich über das Schiff, wie er sich über das Treffen vor Kap Horn gefreut hatte.

„Es war der Beweis, daß es noch anderes Leben auf der Erde gibt. Ich habe genug vom Alleinsegeln. Diese drei Einhandwettfahrten haben mich zehn Jahre meines Lebens gekostet. Das reicht. Von jetzt an würde ich gern mit einer Mannschaft segeln - vielleicht ein Whitbread-Rennen. Ich versuche, nicht an die Ziellinie zu denken, aber ich wäre wirklich gern dort."

Er hatte seine Wetterfax-Ausdrucke studiert und beschlossen, die Azoren südlich zu passieren. Bei der herrschenden Großwetterlage rechnete er für diesen Kurs mit idealem Nordwestwind von 15 bis 25 Knoten während der Annäherung an die französische Küste. Er versuchte, die GÉODIS nicht zu hart heranzunehmen. Sollte jetzt etwas Entscheidendes zu Bruch gehen, wäre das eine grausame Enttäuschung. Um den Sieg betrogen zu werden, nachdem er so lange in Führung gelegen hatte, wäre etwa so, wie fünf Minuten vor der Waffenruhe erschossen zu werden. Gerade jetzt, auf den stark befahrenen Schiffahrtswegen des Nordatlantik, wo er sein Radargerät am dringendsten benötigte, war es ausgefallen. Er würde nach Frachtern und Fischereifahrzeugen Ausguck halten müssen und dadurch noch weniger und noch zerstückelteren Schlaf bekommen als sonst.

Während Auguin noch etwa eine Woche bis zum Ziel hatte, rundete Goss Kap Horn. Im vorigen Vendée Globe hatte der Sieger die Ziellinie am selben Tag überquert, als das letzte Boot das Kap passierte. Diesmal war der Abstand nicht so groß. Im offiziellen Ergebnis würde er sich noch verringern, weil Goss 318 Stunden dafür gutgeschrieben bekam, daß er Dinelli gerettet und nach Hobart gebracht hatte. Goss war freudig erregt, das Kap zu passieren, und hatte sich seit Monaten nicht so wohlgefühlt. Die Wunde an seinem selbst verarzteten Ellenbogen näßte noch, ließ aber keine Anzeichen einer Infektion erkennen. Die Stelle war eher störend als schmerzhaft, und zum ersten Mal seit über einem Monat konnte er seinen linken Arm wieder richtig benutzen.

Kap Horn passierte er mit drei Meilen Abstand bei idealem Wetter: 15 Knoten Westwind und Sonne. Er hatte sein Treffen mit dem Antarktis-Kreuzfahrtschiff, dessen Passagiere ihn anfeuerten und fotografierten. Natürlich trank er Champagner. Eines seiner tiefsten Gefühle war nach seinen Worten Dankbarkeit, daß die Mitglieder seines Landteams ihm dazu verholfen hatten, einen der großen und wichtigen Augenblicke seines Lebens zu erfahren. Es war ebenso ihr Triumph wie seiner. „Ich wünschte mir nur, daß sie alle hier sein könnten, um diesen Moment mitzuerleben - etwas ganz Besonderes. Ich würde vorschlagen, daß die Leute im Wettfahrtbüro als wichtige Mitglieder des Teams auch etwas Schampus schlucken."

Goss als ehemaliger Soldat schätzte sein Team, diese lebenserhaltende kleine Gruppe, die alles erst möglich machte. Zeigte seine Würdigung vielleicht auch eine jener nebelhaften Eigenschaften, die wir anmaßend als angelsächsisch im Gegensatz zu französisch oder romanisch bezeichnen? Keiner der französischen Segler hatte beim Passieren des Kaps die dienstbaren Geister an Land erwähnt. Kap Horn war nur für den Segler und sein Boot da. Das war wahrscheinlich die einleuchtendere Auffassung. Der Unterschied zwischen dem, was die Unterstützungsmannschaft an Land leistete und was die Skipper vollbrachten, war zu groß. Es war eine Sache, eine Yacht zusammenzubasteln und auszurüsten, aber eine andere Sache, durch den stürmischen Süden zu segeln, und etwas ganz anderes, den Tod herauszufordern, um einem Mitmenschen das Leben zu retten, wie Goss es getan hatte.

An diesem Abend aß der Brite ein Festessen - Speisen von Leclerc, seinem einzigen französischen Sponsor. Angelsachsen mögen Teamgeist haben, aber für einen Festschmaus tut es nur das echte französische Zeug. Die größte Schwierigkeit für Goss war jetzt, daß die Kühlwasserpumpe seines Generators den Geist aufgegeben hatte. Er hatte als Ersatz eine seiner Handlenzpumpen umgebaut, und das funktionierte gut. Nur, daß er täglich vier Stunden dasitzen und den Pumpenschwengel hin- und herschieben mußte, um seinen Generator zu kühlen und in Gang zu halten und so die Stromversorgung aufrechtzuerhalten. Er nannte sich „Pete the pump". Es war höchst eintönig und ermüdend.

Zwischen Auguin und Goss verteilten sich die weiteren Yachten über zwei Erdhalbkugeln (abgesehen von de Radiguès, der noch in Neuseeland im Hafen festsaß). Einige der Boote, die sich vor Monaten, als das Feld die südlichen Roßbreiten verließ, zu einer Gruppe zusammengeschoben hatten - Thiercelin, Laurent, de Broc und Dumont - hatten sich unter dem Druck der harten Segelei im Südozean wieder getrennt. Thiercelin, der offiziell den zweiten Platz einnahm und Stunde um Stunde seine Bugabteilung auspumpte, lag 300 Meilen vor Laurent, dem Dritten, und 800 Meilen vor Dumont, dem Vierten. Dumont jedoch segelte noch fast Kopf an Kopf mit de Broc, der nach seinem Aufenthalt in Ushuaia außer Konkurrenz lief. Die beiden Yachten waren nur 15 Meilen voneinander entfernt, wieder ein Beispiel für die in diesen Regatten häufig vorkommende Boot-gegen-Boot-Segelei. Vor dem Schluß dieses Vendée Globe sollte es noch zwei unwahrscheinlich knappe Zielkämpfe geben.

Laurent hatte die Mallungen hinter sich und begann gegen den Nordostpassat anzukreuzen. Dabei machte sich das Alter der GROUPE LG TRAITMAT und wie bei Thiercelins Schiff die Überbeanspruchung durch das Rennen bemerkbar. Laurent sah, wie sich die Außenhaut bog und verformte, wenn das Boot auf die Wellen schlug. An den Querschotten zeigten sich feine, spinnwebenförmige Belastungsbrüche, die sich fast zusehends ausdehnten. Die Naht zwischen Rumpf und Kiel leckte, bis jetzt nicht viel, aber kein Segler fühlt sich wohl, wenn der Ozean in sein Boot hineinsickert. Zu allem Überfluß wurde alles an Bord rot und sandig. Feiner Sand, den Stürme aus der Sahara angesaugt und 1.000 Meilen auf See hinausgeblasen hatten, drang an Deck und unter Deck überall hin. Boote, die im Atlantik westwärts in die Karibik unterwegs sind, werden häufig von Wüstensand und -staub eingedeckt, wenn sie die Kanarischen Inseln passieren. Wenigstens hatte Laurent Frischproviant. Nachts fielen Fliegende Fische an Deck. Sie blieben dort liegen und erstickten, so daß er sie zum Frühstück zubereiten konnte, eines Morgens fand er zwölf Stück.

Zur gleichen Zeit kreuzte Dumont den Äquator. Der Südostpassat war ihm bis ungewöhnlich weit nach Norden treu geblieben, bis zum Äquator und darüber hinaus. Weil dem Segler der Champagner ausgegangen war, goß er stattdessen eine Tasse vom Kaffee seines Sponsors für Neptun und Äolus ins Wasser. „Jetzt, wo ich wieder auf der Nordhalbkugel bin, komme ich mir wie im eigenen Hinterhof vor." Er erreichte die Kalmen und brachte anderthalb Tage damit zu, in Flauten und leichten, umlaufenden Winden umherzudümpeln. Per Radar spürte er die heftigen Regenschauer auf, die in der Regel Flaute bedeuteten. Er umsegelte sie slalomartig auf meilenweiten Umwegen, quälte sich aber schließlich aus dem „pot au noir" heraus und erreichte die ersten Ausläufer des Nordostpassats. Dann mußte auch er die unerwartet heftigen Mißhandlungen durch diesen Wind über sich ergehen lassen. Der sogenannte Weihnachtspassat konnte stark sein - im späten Dezember und im Januar wochenlang bis zu 30 Knoten. Im Februar aber war er meist bis auf die normale winterliche Stärke von ungefähr 20 Knoten zurückgegangen. In diesem Jahr hielt der kräftigere Wind viel länger an als üblich. Sobald sich Dumont im eigentlichen Passatgebiet befand, mußte er gegen 35 Knoten Wind mit häufigen Regenböen ankreuzen. Besorgt beobachtete er die zugepflasterten Wunden der CAFÉ LEGAL LE GOÛT. Der Spinnakerbaum, den er mitten im Südpazifik an seinen Großbaum gelascht hatte, sah aus, als würde er sich jeden Moment lösen. Der Baum bog sich jedesmal durch, wenn das Boot gegen eine See anrannte. Dumont zurrte ihn zur Verstärkung mit zusätzlich herumgewickelten Leinen fest. Das stehende Gut war locker, aber der Skipper konnte es nicht durchsetzen (spannen), weil eine Pütting (einer der Verbindungsbeschläge zwischen Rigg und Rumpf) beschädigt war. Er fürchtete gleichermaßen, den Beschlag durch übermäßiges Spannen des Riggs auszureißen, wie ihn die zermürbende Art ängstigte, in der beide Masten seiner ketschgetakelten Yacht herumpeitschten, weil das Gut zu viel Lose hatte.

Fünfzehn Meilen entfernt führte de Brocs Kurs ihn durch annähernd gleiche Wetterbedingungen. Die geschwächte Verbindung zwischen dem Rumpf und dem Kiel seiner Yacht (der Hauptgrund für das Anlaufen eines Hafens, wodurch er disqualifiziert war) schien gut zu halten. Ohne das Boot aus dem Wasser zu holen gab es jedoch keine Möglichkeit, sich darüber zu vergewissern. Immerhin aber schien die erste Regel der Seemannschaft - den Ozean nicht ins Boot lassen - gewahrt zu sein. Trotzdem, ein Kielschaden war immer ein Grund zur Besorgnis, und es sollte sich tatsächlich herausstellen, daß de Brocs Abenteuer noch nicht ganz vorüber waren. Sein wahres Problem war erst einmal Trinkwassermangel, weil der Wasserbereiter nicht mehr richtig mitmachte. Es gelang de Broc jedoch, Regenwasser aufzufangen, während er durch die Mallungen schlich - genug für weitere zwei Wochen.

Parlier, der wie Autissier offiziell aus dem Rennen war und relativ wenig von sich hören ließ, setzte seine Aufholjagd nach Norden fort. Den Äquator überquerte er zwei Tage nach Dumont. Am Tag zuvor hatte er den Mast erstiegen, beinahe nur aus Spaß an der Freude, und dabei ein abgenutztes Genuafall entdeckt und ersetzt. Seit der Überholung seiner leicht gebauten AQUITAINE INNOVATIONS in Fremantle hatte Parlier keine Probleme der Art mehr gemeldet, wie sie ihn auf der Hinreise geplagt hatten. Auch das deutete offenbar darauf hin, daß mit einigen Monaten oder auch nur Wochen zusätzlicher Vorbereitung vor dem Start alles anders gelaufen wäre. Wie viele seiner Rivalen steckte er schon seinen Claim für die nächste Wettfahrt ab. „In vier Jahren bin ich wieder dabei," faxte er. „Wenn ich genügend Vorbereitungszeit habe, wird mein Schiff gewinnen."

Inzwischen überschritt Chabaud die unsichtbare Grenze des Südozeans und verließ die Brüllenden Vierziger. „Ich werde sie nicht vermissen! Noch immer begleitet mich ein Albatros (nicht Bernard), und die Sturmschwalben sind überall. Vielleicht schaffe ich es, am 21. März, bei Frühlingsanfang, in Les Sables zu sein." Sie hatte nach wie vor Schwierigkeiten mit ihrer Bordelektrik. Diesel- und Windgenerator waren noch immer außer Gefecht, so daß sie nur die Solarmodule hatte, um die Batterien zu laden. Mit dieser nur zeitweiligen Energiequelle waren Funk- und Faxgerät praktisch nicht zu benutzen. Im übrigen lief es an Bord der WHIRLPOOL EUROPE 2 gut, abgesehen von der üblichen haarsträubenden Instandhaltungsarbeit. Die Seglerin war gezwungen gewesen, auf den Mast zu steigen, um das gebrochene Sturmfockfall zu ersetzen. Beim schnellen Segeln in 35 Knoten Wind trug sie noch immer ihre Thermokleidung und Ölzeug. Seit zwei Wochen hatte sie nicht duschen können. Bald würde es wärmer werden, dann würde sie das eisige Waschwasser verkraften können.

Endlich kam jetzt einer nach dem anderen nach Hause. Begonnen hatte das Rennen in einem Herbststurm in der Biskaya. Um es zu Ende zu bringen, mußten die Teilnehmer jetzt durch die letzten Winterstürme und ersten Frühjahrsstürme dieser Meeresbucht segeln. Solange die Boote auf dem Weg um die Welt waren, hatte die Biskaya mit gewohntem winterlichen Ingrimm vor sich hin getobt. Die Rückkehr zur Küste der Vendée war etwas einfacher als das Verlassen der Küste, denn durch ihren nordöstlichen Generalkurs bekamen die Yachten jetzt die westlichen Winde der winterlichen Tiefs mehr von hinten. Sie konnten dadurch raumschots laufen statt zu kreuzen. Dadurch verringerte sich der scheinbare Wind und, was äußerst hilfreich war, auch die Gewalt, mit der die Seen die strapazierten Rümpfe trafen.

Im Südozean schien es, als könne kein Meer und kein Ozean der Welt die Segler härter auf die Probe stellen oder ihnen mehr Angst einjagen als der stürmische Süden. Auch wenn die Teilnehmer sich vielleicht beklagten, daß die Kreuzstrecke durch den Nordostpassat schlimmer sei als die stürmischen Südbreiten, meinten sie es nicht ernst. Es war zwar sehr ungemütlich, und die mitgenommenen Vendée Globe-Yachten konnten dabei beschädigt werden, aber es war nach wenigen Tagen vorüber. Die Kalmen? Nur eine ärgerliche Verzögerung von achtundvierzig Stunden oder so. In Wirklichkeit glich nichts dem Südozean, obwohl die Biskaya ihm bei verhältnismäßig kurzen Ausbrüchen nahekommen konnte.

Knox-Johnston beschreibt einen Sturmtag in der Biskaya gegen Ende des Um-die-Welt-Rekordspurts des Katamarans ENZA. Das Schiff wurde im späten März von einem ausgeprägten Tief überfallen. Während das Mehrrumpfboot in Richtung auf das Ziel vor dem bretonischen Kap Ouessant über den Golf lief, überschritt der Wind in Böen die Orkangrenze, und der durcheinanderlaufende Seegang wuchs auf 12 bis 15 Meter Höhe. Knox-Johnston berichtet, wie die Mannschaft das Boot klarmachte, als segelte es vor Kap Horn. Man brachte vom Heck beider Rümpfe Trossen und Ketten aus, um das Boot zu verlangsamen und halbwegs in der Gewalt zu behalten. Selbst dabei waren die kurzen, steilen Brecher, denen die majestätische Ordnung der rollenden See des Südozeans fehlte, nach seiner Einschätzung äußerst bedrohlich. Ab und zu schleuderten die Wellen die halbe Tonne nachgeschleppter Ketten durch die Luft. Mehrmals surfte der Katamaran vom Kamm einer See hinab und stürzte in das dahinterliegende Wellental. Wenn er in den Rücken der nächsten Welle donnerte, wurde seine Fahrt schlagartig mindestens halbiert, und Besatzungsmitglieder flogen aus ihren Kojen wie Piloten, die mit dem Schleudersitz aus dem Cockpit eines abstürzenden Kampfflugzeugs aussteigen. Die Rudergänger mußten ohne Vorbereitung in der Praxis lernen und ausprobieren, wie die über 28 Meter lange, fast 13 Meter breite ENZA die See am besten abritt. An diesem Frühlingstag in der Biskaya ging es ums Überleben. „Wir hatten eine steile Lernkurve," sagte Knox-Johnston.

Zum Glück mußte Auguin keinen solchen Sturm abwettern, als er sich Les Sables-d'Olonne näherte. Er mußte jedoch mit einer vertrackten Wetterlage fertig werden: zwei Tiefs zogen in schneller Folge über den Golf. Er konnte sich bei 35 Knoten Wind an die Rückseite des ersten anhängen. Einige Stunden nach dem Abzug des ersten Tiefs würde das zweite Gebilde ihn mit 30 Knoten Südwestwind erwischen und überholen. Der Wind würde beim Durchzug des Tiefs während der anschließenden 24 Stunden stetig zunehmen. Auguin mußte seine Fahrt darauf einrichten, kurz vor oder nach Hochwasser vor Les Sables anzukommen, um mit der GÉODIS in den Hafen einlaufen zu können. Der Kiel seiner Yacht ging ungefähr viereinhalb Meter tief. Obwohl die Hafenverwaltung das Fahrwasser für den großen Tiefgang der Vendée Globe-Boote ausgebaggert hatte, war es dort bei Niedrigwasser noch immer zu flach. Nichts konnte Auguin schlechter gebrauchen, als die Tide zu verpassen und vor der Hafeneinfahrt beidrehen zu müssen, um dort enttäuscht herumzulungern und auf das nächste

Hochwasser zu warten.

Tatsächlich paßte er es gut ab. Er hätte hart segeln und die letzten 335 Meilen in 24 Stunden schaffen können, um am 16. Februar, seinem 104. Seetag, einzulaufen. Aber er war noch immer besorgt, daß irgendetwas zu Bruch gehen könnte. Er fürchtete sich davor, den Sieg im letzten Moment durch Überbeanspruchung seiner Yacht zu verpatzen. Mit seinem dahingeschiedenen Radar und bei dem starken Schiffsverkehr in der Biskaya (vor allem Fischereifahrzeuge) mußte er seine letzten Reserven an Wachsamkeit mobilisieren. Nichts leichter, als Fehler zu machen. Also segelte er verhaltener, um seine Ankunft bis zum nächsten Tag hinauszuschieben.

Christophe Auguin auf der GÉODIS.

„Ich bin bis jetzt überlegt an das Rennen herangegangen," sagte er. „Ich will diese Einstellung nicht bloß wegen des letzten Tages ändern. Ich werde den Sieg, von dem ich so lange geträumt habe, nicht aufs Spiel setzen."

In seiner vorletzten Nacht auf See schaltete Auguin alle Lichter der GÉODIS an, um die Yacht so gut sichtbar zu machen wie möglich, und gönnte sich ein paar Stunden Schlaf, den letzten, bis die Regatta dreißig Stunden später für ihn zu Ende war.

Am nächsten Tag überflog ein Hubschrauber das Boot, und ein Fischtrawler fuhr dicht vorbei. Auguin war sehr glücklich darüber. Da war nichts von der Verärgerung eines Chichester, der Zurückgezogenheit Moitessiers, als die Außenwelt plötzlich in das Einsiedlerleben auf See einbrach. Auguin würde die letzten Augenblicke allein an Bord seines Bootes genießen, doch er war bereit, seine Einsamkeit zu beenden. Er konnte es nicht erwarten, seine Familie und seine Freunde wiederzusehen, wieder gut zu essen und all das zu erleben, was er auf See entbehren mußte. Und doch würde nicht mehr alles so sein wie vorher. Er würde die gefühlsmäßigen Verletzungen, die er in diesem Rennen erlitten hatte, noch einige Zeit spüren. Das war unvermeidlich. „Niemand kann von einem Vendée Globe heimkehren, ohne sich tiefgreifend verändert zu haben. Von einem solchen Rennen kommen wir nicht unversehrt zurück."

Am Morgen des 17. Februar überquerte Auguin kurz nach 9.30 Uhr inmitten eines Schwarms von Zuschauer- und Pressebooten die Ziellinie. Er war 105 Tage, 20 Stunden und 31 Minuten auf See gewesen und hatte Lamazous Rekord um gut dreieinhalb Tage unterboten.

Sobald er die Linie passiert hatte, barg er Großsegel und Genua. Ein Wettfahrtfunktionär reichte ihm ein Kopfhörermikrofon, das an Dutzende von Lautsprechern auf den Hafenkais angeschlossen war, so daß die 80.000 Menschen, die gekommen waren, um ihm ihre Reverenz zu erweisen, Auguins Antworten auf die Journalistenfragen bei einer sofortigen Pressekonferenz hörten. Im Yachthafen Port Olona begrüßten Véronique und Erwan den Sieger zusammen mit einer Horde von Persönlichkeiten aus Politik und Medien. An Deck seiner Yacht hob Auguin seinen Sohn hoch, hielt ihn fest und wollte ihn gar nicht wieder loslassen. Als die Pressekonferenz, die an der Ziellinie begonnen hatte, hier im Hafen fortgesetzt wurde, las Auguin eine Glückwunschbotschaft des Staatspräsidenten Jaques Chirac und eine weitere vom Sportminister. Eine dritte kam vom Premierminister Alain Juppé und feierte nichts weniger als die existentielle Kraft von Auguins Leistung, ihre hohe moralische Bedeutung.

„Ihre Weltumsegelung gehört zu den Ereignissen, die die Menschen überzeugen, daß sie die Kraft haben, ihr Schicksal selbst in die Hand zu nehmen. Sie geben einer ganzen Generation ein Beispiel. Ich bin sicher, daß ihr Sieg all jenen Menschen in unserer Gesellschaft Hoffnung geben wird, die von Zweifeln befallen sind und die etwas suchen, das ihrem Leben Bedeutung gibt."

Auguin, der erlösende Held, der so lange draußen, im Reich des Unbekannten in Gefahr gewesen war, war wohlbehalten heimgekehrt.

Am 21. Februar, vier Tage nach Auguins Ankunft, segelte Autissier um 13.00 Uhr über die Ziellinie, mitten in eine kurze, aber böse Auseinandersetzung hinein, die mit Roufs zu tun hatte. Offiziell vertrat Jeantot noch immer die Auffassung, daß Roufs noch unterwegs sein könne. Es sah zwar nicht gut aus, aber es gab eine Chance, ihn jetzt jederzeit zu sichten, wie er vielleicht durch die Biskaya knüppelte und sich der Vendée-Küste näherte. Inoffiziell jedoch stimmte Jeantot mit der bedrückenden Ansicht überein, zu der die übrigen Skipper und die Medien einhellig gekommen waren: Roufs war gar nicht um Kap Horn herum in den Atlantik gelangt; die wirren chilenischen Berichte über einen Funkspruch hatten falsche Hoffnung geweckt; der Kanadier war im entlegensten Teil des Südozeans dort umgekommen, wo sein ARGOS-Gerät verstummt war oder ganz in der Nähe.

Dieses Szenario ließ jedoch die wichtigen Fragen offen, was der GROUPE LG 2 auf dem Höhepunkt des grauenhaften Sturms wirklich zugestoßen war und wie lange Roufs' Sterben gedauert hatte. Falls es über kürzere oder längere Zeit möglich gewesen sein sollte, ihn zu retten - etwa aus seinem gekenterten Boot oder seiner Rettungsinsel -, hatte man sich dann ausreichend darum bemüht? Hier kam Autissier ins Spiel. Sie war bei der Suche die Hauptperson gewesen, mit dem geringsten Abstand von Roufs' Position und den besten Aussichten, ihn rasch zu erreichen.

Nachdem Autissier die Suche schließlich aufgegeben hatte und erneut auf Ostkurs Richtung Kap Horn gegangen war, hatte die französische Presse etwas gemurrt, daß sie sich nicht genügend angestrengt hätte. Goss – „l'héro Pete Goss", wie die Medien ihn ausnahmslos nannten – hatte Dinelli erreicht. Weshalb hatte Isabelle Autissier es nicht geschafft, näher an Roufs' letzte ARGOS-Position heranzukommen? Das Wetter in dem Gebiet hatte sich damals endlich gemäßigt, der Wind hatte nur noch mit 30 oder 40 Knoten geweht. Sie hätte dabei in der Lage sein müssen, gegen den Wind anzukommen, selbst ohne Großsegel. Es wurde berichtet, daß Jeantot, erschöpft und entmutigt durch das letzte Unglück einer ganzen Kette, gesagt habe, daß er enttäuscht gewesen sei, weil Autissier zu früh aufgegeben hätte. Am Tag nach diesen Bemerkungen erklärte Jeantot dem „Figaro", daß er schneller geredet als nachgedacht habe. Ich erinnerte mich aber, was er mir gegenüber angemerkt hatte, als er über Goss' Leistung sprach. Er sagte dabei, er wünsche sich, daß jeder Regattateilnehmer die gleiche Entschlossenheit und das gleiche Können gezeigt hätte wie der Engländer. Dachte er an Autissier? Oder an Laurent und de Broc, die angesichts einer üblen Wettervorhersage beschlossen hatten, weiter nach Osten zu laufen, ohne sich an der Suche zu beteiligen? Jeantot wollte nicht genauer werden.

Bei ihrer Heimkehr wurde Autissier so überschwenglich begrüßt wie üblich. Es gab hunderte von Zuschauerbooten, Menschenmengen von zigtausenden an Land, Musikbands, Champagner, Blumen, das ganze Gepränge einer offiziellen Begrüßung. Die Seglerin war offenkundig in stolzer Hochstimmung. Sie hatte so viel Gewicht verloren, daß sie bei den Begrüßungsbooten als erstes scherzhaft um einen Gürtel bat, damit ihre Hose nicht herunterrutsche. Ihre Mutter kam an Bord der PRB, und beide umarmten sich freudig. Wie Autissier gesagt hatte: Die Öffentlichkeit scherte sich nicht darum, ob ein Teilnehmer offiziell oder außer Konkurrenz über die Ziellinie ging. Es genügte schon, daß man ans Ziel kam.

Für Autissier wurde die ganze Feier leider durch das Thema ihrer Suche nach Roufs überschattet. Sie hatte gerade erst drei Tage vor dem Ziel von den Presseberichten erfahren. Es war das erste, worüber sie bei ihrer Pressekonferenz am Hafen sprach. Jeantots Andeutungen hatten sie „entsetzt".

„Das ist die schwerste Anschuldigung, die man gegen einen Seemann oder Segler vorbringen kann. Ich hätte gedacht, daß der Wettfahrtleiter in solchen Zeiten Besseres zu tun gehabt hätte, als die Ehre eines Teilnehmers in Zweifel zu ziehen. Die ganze Sache ist so unwürdig. Ich weigere mich absolut, in einen Streit darüber einzutreten. Ich werde das alles nur einmal sagen."

Die zwei Tage, die sie nach Roufs suchte, waren in ihren Worten „die schwierigsten meines Lebens. Ich war durch den Sturm in einem Schockzustand. Ich war erschöpft, körperlich wie seelisch. Mein Boot war in schlechtem Zustand. Ich konnte das Suchgebiet nicht verlassen, wußte aber gleichzeitig, daß ich nichts Nützliches ausrichten konnte. Ich war in einem Zustand, in dem ich nichts entscheiden konnte."

Schließlich hatte sie aufgegeben und den Suchbereich auf das Drängen des CROSS hin verlassen, das ihr gesagt hatte, sie solle wieder auf Kurs gehen, weil eine weitere Suche sinnlos sei.

Als Jeantot über seine Kritik befragt wurde, machte er auch die Presse verantwortlich. Manche Reporter hätten sich auf einige wenige seiner Bemerkungen gestürzt und sie verfälscht. Es gäbe nicht die geringste Verstimmung zwischen ihm und Autissier, die er sehr bewundere. Und tatsächlich schien ihr Verhältnis freundschaftlich zu sein, als Jeantot Autissier gemeinsam mit der Menschenmenge am Hafen begrüßte.

Als ich im Juli 1997 mit Roufs' Ehefrau Michèle Cartier sprach, verwarf sie alle Rettungsanstrengungen verbittert als ungenügend. Die Suche sei vorzeitig abgebrochen worden. Autissier habe zu früh aufgegeben. Laurent und de Broc hätten sich beteiligen sollen. Das CROSS hätte mehr tun sollen. Das große, luftige Haus, das Roufs und Cartier gemeinsam bewohnt hatten, strahlte furchtbare Sorge und entsetzlichen Kummer aus. Die Frau hatte so lange warten müssen, bevor sie sicher sein konnte, daß es für Gerry keine Hoffnung mehr gab. So viele Wochen, in denen sie glaubte, daß er mit ausgefallener Funkausrüstung noch segelte. Sie hatte die niederschmetternde Enttäuschung ertragen müssen, als die Chilenen den Funkspruch dementierten, den man Roufs zugeschrieben hatte. Für Michèle war ihr Mann drei Monate lang gestorben - Jeantot gab alle Hoffnung offiziell erst am 24. März auf. Bis dahin hatte sie an eine Wiederkehr geglaubt, Monate länger als alle anderen. Ihr Zorn war verständlich. Alle übrigen waren zurückgekommen, warum nicht Gerry? Sie konnte ihm nicht vorwerfen, daß er das Rennen überhaupt mitsegelte. Es war sein Leben, und das schon lange bevor die beiden sich kennengelernt hatten. Auch den Südozean konnte sie nicht verantwortlich machen. Er war einfach so, wie er war, hatte Bullimore gesagt. Der Schlüssel mußte bei den anderen Seglern, bei Jeantot und dem CROSS liegen, die man irgendwie zur Verantwortung ziehen mußte. Goss hatte Dinelli gerettet. Bullimore und Dubois waren gerettet worden. Warum hatte niemand Gerry gerettet? Es war auch grauenhaft, nicht zu wissen, wie es passiert war und wie lange es gedauert hatte.

Während ich Frau Cartier an diesem warmen Sommertag zuhörte, war ihre achtjährige Tochter Emma bei Freunden. Cartier fragte, ob ich mitkommen würde, um sie zum Mittagessen abzuholen. Ich hatte später im Laufe des Tages viele Kilometer entfernt ein weiteres Interview. Ich hätte noch Zeit gehabt zu bleiben, benutzte dieses Interview (mit Dinelli) aber als Vorwand zum Aufbruch. Der Kummer im Haus war erdrückend. Ich ertrug ihn einfach nicht mehr. Also fuhr ich weg und rollte über schöne bretonische Alleen zur Autobahn nach Süden, ohne Emma kennengelernt zu haben.

Als ich den Vendée Globe-Skippern, die ich später interviewte, Cartiers kritische Anmerkungen schilderte, reagierten sie fast gleich. Sie verstanden, warum Cartier so redete. Aber sie war keine Seglerin. Sie konnte nicht begreifen, wie schwierig die Dinge im Südozean bei schwerem Wetter waren, wie selbst die leichtesten und einfachsten Manöver schier unüberwindliche Hürden darstellen konnten. Hin und wieder war es einfach ausgeschlossen, etwas zu tun, selbst wenn man es wirklich wollte und sich noch so sehr bemühte. Niemand, der noch nie dort gewesen war, konnte je wirklich wissen, wie es in einem heftigen Sturm zuging (konnte allerdings versuchen, es sich vorzustellen). Manchmal war das Beste, was man mit der größten Anstrengung erreichen konnte, selbst mit dem Leben davonzukommen. Es war schwer, sich damit abzufinden, aber manchmal hatte einem die Stunde geschlagen, wie Moitessier gesagt hatte, und niemand konnte irgend etwas dagegen unternehmen. All das stimmte, und so verständlich Cartiers Empfindungen waren, hatte sie mit ihrer Meinung über die Suchaktion Unrecht. Der entscheidende Punkt bei Roufs' Verschwinden war, daß es kein EPIRB-Signal gegeben hatte. Dadurch wurde sein Schweigen mehrdeutig - es konnte sein, daß er wohlauf war -, und es bedeutete, daß man auf keinen bestimmten Standort zuhalten konnte, wodurch Autissiers Aufgabe nahezu unlösbar war und auch die Anstrengungen der anderen Sucher kaum etwas bringen konnten. Auch bei gutem Wetter war es schon schwer genug, ein Boot zu finden, selbst wenn es exakte Längen- und Breitenkoordinaten gab. Wenn es aber bei schwerer See, schlechter Sicht und Sturm in einem Gebiet von dutzenden, dann hunderten und schließlich tausenden von Quadratmeilen überall sein konnte und keine Suche aus der Luft möglich war, dann war das Boot so gut wie verloren.

Autissier ging außer Konkurrenz durchs Ziel. Der Wettlauf um den zweiten und dritten Platz zwischen Thiercelin und Laurent war noch im Gange. Thiercelin hatte noch eine Karte in der Hinterhand, eine Vergütung von 34 Stunden für die Zeit, in der er nach Roufs gesucht hatte. Es schien, als würde er sie brauchen. Obwohl er am 12. Februar 300 Meilen vor Laurent lag - wenig genug Vorsprung bei der Geschwindigkeit, die diese Yachten erreichen konnten -, lag Thiercelin fünf Tage später, als Auguin in der Hafeneinfahrt von Les Sables-d'Olonne Champagner trank, 70 Meilen zurück. Es hing alles davon ab, wie man um das Azorenhoch herum oder durch es hindurch kam. Thiercelin hatte sich dafür entschieden, den Hochdruckkern westlich zu umgehen. Diese Route war beträchtlich länger als Laurents direkter Kurs zum Ziel, aber Thiercelin hoffte, am Rand des Hochs stärkeren und günstigeren Wind zu bekommen. Die neuere CRÉDIT IMMOBILIER DE FRANCE war vor dem Wind schneller als Laurents Boot.

Laurent für seinen Teil hatte darauf gesetzt, genug Wind zu haben, um selbst in dem wahrscheinlichen Fall von Gegenwinden genügend Fahrt zu behalten und den Vorteil der kürzeren Distanz zu nutzen. Die ehrwürdige GROUPE LG TRAITMAT leistete an der Kreuz mehr. Ihre geringere Breite und größere Verdrängung halfen ihr, von vorn kommenden Seegang leichter zu durchstoßen, ohne so zu stampfen und aufzuschlagen wie die neueren „Flugzeugträger", die durch diese Plage verlangsamt wurden. Laurent mußte einen Tag mit frustrierenden Flauten im Wechsel mit leichten Brisen ertragen, die oft jede halbe Stunde um 180° umsprangen. Der Wind frischte bis auf 18 Knoten auf, um plötzlich mit nur vier Knoten aus der entgegengesetzten Richtung zu wehen. Jedesmal, wenn der Skipper zu schlafen versuchte, drehte der Wind, und Laurent mußte an Deck, um an den Schoten und dem Autopiloten herumzufummeln. Ohne Wind schlingerte das Boot in der Dünung wie ein Faß. Die Segel klatschten und knallten, wenn sie von einer Seite auf die andere schlugen. Ein einziger windloser Tag mit Dünung konnte das Tuch stärker abnutzen als wochenlanges Segeln. Indessen gelang es Laurent, in Fahrt zu bleiben, und seine Strategie ging auf. Am 22. Februar hatte er noch immer dreißig Meilen Vorsprung vor Thiercelin, und beide standen tausend Meilen vor Les Sables-d'Olonne.

Thiercelin plagte sich noch immer mit seinem beunruhigenden Leck. Seine Elektropumpe war ausgefallen, so daß er das Wasser von Hand hinausbefördern mußte. „Ich kann die eigentliche Leckstelle nicht finden," meldete er. „Aber es scheint bei 150 Litern pro Stunde zu bleiben. Also pumpe ich und pumpe und pumpe."

Die Segler ließen die Roßbreiten hinter sich und erreichten die kräftigen, günstigen Winde des nördlichen Westwindgürtels. Jetzt kam der Endspurt. Thiercelin legte das beste Etmal (Tagesstrecke) der Wettfahrt zurück: 332 Meilen, also einen Durchschnitt von 13,8 Knoten. Das ist stürmisches, rasantes Segeln, ganz gleich auf welchem Ozean, und bei dem stärkeren Wind in einer Bö wurde die Yacht einmal auf die Seite geworfen. Sie blieb unbeschädigt, aber je schneller sie lief, desto mehr leckte sie. Thiercelin mußte noch länger pumpen, um die Oberhand über das Wasser in seiner Bugabteilung zu behalten.

Laurent verbrachte auf seiner GROUPE LG TRAITMAT den größten Teil des Tages am Ruder, um das größere Geschwindigkeitspotential von Thiercelins Boot wettzumachen, indem er sorgfältig, ja minutiös auf jede große Welle, jeden Windstoß achtete und sein 18-Meter-Schiff wie eine Jolle segelte. In diesen nördlichen Gewässern war es kalt. Er mußte unter dem Ölzeug seine vliesgefütterte Polarkleidung anziehen.

Dann blieb nur noch die Biskaya zu durchqueren. Nach einigen Stunden fast ohne Wind kam eine Front mit stürmischem Wind über die beiden Boote, die nie weiter als 40 Meilen auseinanderlagen. (Windstärke 8 - „Mäßig hohe Wellenberge von beträchtlicher Länge. Die Kanten der Kämme beginnen zu Gischt zu verwehen. Der Schaum legt sich in gut ausgeprägten Streifen in Windrichtung," hatte Admiral Beaufort leidenschaftslos notiert.) Sechs Stunden lang segelte und surfte Thiercelin mit einer Durchschnittsgeschwindigkeit von fast 17 Knoten unter Sturmfock und vierfach gerefftem Großsegel. Er mußte das Boot bedienen, schlafen und pumpen - keine Zeit für irgend etwas anderes. Laurent versuchte nachmittags zu schlafen, weil er in der vorherigen Nacht beim Durchzug der Front nicht dazu gekommen war. Da er aber vor dem Wind lief, mußte er den ganzen Tag aufbleiben, um das Boot im Auge zu behalten. Schon eine geringe Winddrehung konnte zur „Patenthalse" mit Bruch in der Takelage führen. Mehr als sonst etwas wünschte Laurent sich, wie er sagte, etwas klares Süßwasser zum Trinken. Während der letzten zwei Monate hatte es sein Wasserbereiter nicht geschafft, völlig salzloses Trinkwasser herzustellen. Laurent war den salzigen Geschmack leid. Er freute sich auch darauf, an einem Tisch zu essen und nicht aus dem Topf. Er meinte, daß er mit ein paar Crêpes beginnen würde.

Während des schweren Wetters berichtete Thiercelin, daß das Leck viel schlimmer geworden sei. Die Erschütterungen durch den Seegang hatten das wasserdichte Schott zwischen der Bugabteilung und dem Mittelteil der Yacht beschädigt, so daß Wasser in die Kajüte eindrang. Um den Kartentisch und die Maschine herum stand es schon fast einen halben Meter hoch. (Thiercelin benutzte den Dieselmotor, um die Batterien zu laden. Entsprechend den Regeln waren Schraube und Welle für die Dauer der Wettfahrt entfernt worden.) Er mußte langsamer segeln und benutzte für die Bugabteilung seine elektrische Hauptbilgepumpe und auch die Handpumpe. Zum Glück konnte er die Batterien geladen halten, weil er genügend Treibstoff hatte, den Motor ständig laufen zu lassen. Um sich über Wasser zu halten, würde er die Maschine bis zum Schluß brauchen. „Unter diesen Bedingungen wird der Kampf mit Hervé zweitrangig. Ich will das Schiff jetzt nur noch durchs Ziel bringen."

Marc Thiercelin

Trotzdem gelang es Thiercelin in der vorletzten Nacht, bei einem Biskayasturm von 50 Knoten, schnell genug zu segeln, um Laurent zu überholen. Im Morgengrauen standen die Boote nach 113 Tagen auf See nur acht Meilen voneinander entfernt. Bei besserem Wetter hätten sie einander in Sicht gehabt. (Zweieinhalb Monate vorher waren sie im südlichen Indischen Ozean mehrere Tage in acht bis zehn Meilen Abstand gesegelt.) Als der Wind während der letzten 24 Stunden nachließ und die See sich legte, zog Thiercelin weiter nach vorn. Am 26. Februar überquerte CRÉDIT IMMOBILIER DE FRANCE um 7.30 Uhr, kurz vor Sonnenaufgang, bei leichter Brise die Ziellinie. 47 Minuten später traf Laurent ein. Nach berechneter Zeit vergrößerte sich Thiercelins Vorsprung jedoch um die Vergütung von 34 Stunden.

Während ihrer gemeinsamen Pressekonferenz sagten beide Segler zu, im Jahre 2000 beim Vendée Globe wieder dabei zu sein. Laurent war zu Recht stolz auf den dritten Platz mit seinem langbewährten Boot. Nächstes Mal aber „hoffe ich, ein Schiff zu haben, das mich zeigen läßt, was ich kann."

Beide Skipper drückten die Hoffnung aus, daß Roufs irgendwo in der Nähe sei. Laurent sagte, daß Roufs' Verschwinden ihm unheimlich sei. Für Thiercelin war es noch schwierig, über das alles zu sprechen. „Ich widme Gerry meinen zweiten Platz," sagte er. „Für mich ist er noch hier. Er lag vor mir; ich hoffe, daß er jetzt hinter mir ist."

Zwei Tage später ging Dumont durchs Ziel. Sein gesamtes Bordnetz war zusammengebrochen. Mehrere Tage lang hatte er keinen elektrischen Strom und damit weder Elektronik noch Radar. Dadurch wäre er in der Biskaya beinahe von einem Frachtschiff überrannt worden, das ihn um weniger als 50 Meter verfehlte. Er hatte sein ARGOS-Gerät mit GPS-Zusatz angestellt, so daß die Wettfahrtleitung seinen Standort laufend verfolgen und seine Ankunftszeit ermitteln konnte. Auch seine Autopiloten waren durch den Zusammenbruch des Bordnetzes ausgefallen, so daß er trotz seiner starken Ermüdung wach bleiben und die ganzen letzten 48 Stunden von Hand steuern mußte.

Selbst als relativ unbekannter Vierter brachte er auf den Molen und Hafenanlagen von Les Sables-d'Olonne eine Menschenmenge von 10.000 bis 15.000 Leuten auf die Beine. Dumont zog für sich eine knappe Bilanz aus dem Rennen: Das Ergebnis habe praktisch schon im vorigen Dezember festgestanden, als die Yachten auf dem Weg in den Südozean am Rand des Südatlantikhochs entlangsegelten. Damals hätten die Spitzenreiter Auguin, Autissier, Parlier und Roufs die zweite Gruppe so weit zurückgelassen. Thiercelin und Laurent seien bis in die stürmischen Südbreiten in Dumonts Nähe geblieben. Dann hätten sie ihn aber innerhalb von zwei Tagen um 400 Meilen abgehängt, bevor er seinen Bammel vor dem Seegang des Südozeans überwunden habe. Das Vendée Globe sei keine Wettfahrt, sondern eine Strapaze, eine Quälerei.

Er habe technische Probleme mit seinem Schiff gehabt, aber das sei nichts im Vergleich zu dem Schock über Roufs' Verschwinden.

„Ich vermisse ihn wie einen Bruder," sagte Dumont. „Ich hatte ihm täglich Faxe geschickt. Ich blieb dabei, obwohl er nicht mehr antwortete. Ich habe geweint und bin noch nie im Leben so niedergeschlagen gewesen. Ich nahm nicht mehr am Rennen teil. Das Boot fiel auseinander, und ich reparierte es ... aber so ein langes Schweigen, es machte das Weiterleben schwer."

Jetzt wollte er einfach nur leben und Zeit mit seinen Kindern verbringen.

„Ich bin glücklich, am Leben zu sein, zu atmen und zu gehen. Alles hier ist wunderbar, wenn man gesehen hat, wie es am Ende der Welt aussieht."

Am 27. Februar lief de Broc weniger als 30 Meilen hinter Dumont. Auch das sah aus wie ein erstaunliches Kopf-an-Kopf-Rennen (offiziell allerdings nicht, weil de Broc disqualifiziert war). Die Wetterbedingungen waren für den Februar in der Biskaya durchschnittlich: Stürmischer Wind von 35 Knoten und steiler Seegang. In einem Funkspruch an Jeantot sagte de Broc, wie sehr er es jetzt bedauere, in Ushuaia eingelaufen zu sein. Es sei ganz wie mit Neuseeland bei seinem ersten Rennen gewesen, ein unnötiger Hafenaufenthalt. Jetzt stehe er hier einen Tag vor der Ziellinie und es würde nicht zählen. Er würde ein drittes Vendée Globe brauchen, um die Angelegenheit zum Abschluß zu bringen, meinte er.

Wenige Stunden später brachen die starken Bolzen, mit denen die

Kielflosse am Rumpf befestigt war - ein höchst absonderliches Timing. Der tiefe, schlanke Kiel mit seinem Bleiwulst von dreieinhalb Tonnen am unteren Ende sank 3.500 Meter tief auf den Grund der Biskaya. (De Broc befand sich noch auf den größeren Tiefen westlich des Festlandsockels.) Wie es Bullimores Boot weit unten im Südozean vorgemacht hatte, drehte sich VOTRE NOM AUTOUR DU MONDE augenblicklich auf den Kopf. Nur 280 Meilen trennten de Broc von der Ziellinie.

Seine Rettung schien nach den heroischen Aktionen am anderen Ende der Welt eine Routineangelegenheit zu sein. Aber für die Bergung eines Schiffbrüchigen aus kaltem Wasser bei schwerem Wetter gab es keine Erfolgsgarantie. De Broc brauchte 15 Minuten, um in dem Durcheinander seiner umgedrehten, vollgelaufenen Kajüte eine EPIRB-Boje zu finden. Zum Glück war es ein SARSAT-Gerät, das der Rettungsleitstelle schnell eine genaue Position übermittelte. Als er aber versuchte, seine Rettungsinsel aus der Plicht herauszuzerren, blies sie sich plötzlich auf. An den Plichtboden gedrückt, rührte sie sich nicht vom Fleck. Wie Dubois hatte de Broc keine andere Wahl, als sich auf den glitschigen gekenterten Rumpf zu ziehen und sich auf dem in kalten, hohen Seen heftig schlingernden Wrack festzuhalten. Genauer gesagt wartete er, bis ihn eine Welle auf den Rumpf spülte. Innerhalb weniger Stunden flog ein französischer Marinehubschrauber die EPIRB-Position an, winschte den Schiffbrüchigen hoch und setzte ihn in der Nähe auf dem nach Brest bestimmten Tanker LA DURANCE ab.

Am nächsten Tag wurde de Broc dort an Land gesetzt.

„Es ist völliger Irrsinn, 24 Stunden vor dem Ziel den Kiel zu verlieren," sagte er den Reportern. „Aber trotz meines Zwischenstopps in Argentinien habe ich ein gutes Rennen gehabt. Ich habe mein Meilenkonto aufgefüllt."

Seine Kenterung hätte viel schlimmer ausgehen können, und er fühlte sich gut in Form.

„Ich fühle mich fit genug, heute nachmittag im Stadion eine olympische Strecke zu laufen, aber es ist wahrscheinlich vernünftiger, stattdessen einfach meine Freunde in Les Sables-d'Olonne zu besuchen."

De Broc machte sich in Zusammenarbeit mit der Marine sofort daran, eine Bergung zu versuchen. Er wollte das Boot holen, an Land setzen und einen neuen Kiel anbringen, um die Yacht dann dorthin hinausschleppen zu lassen, wo der Kiel abgefallen war, und anschließend über die verdammte Ziellinie segeln. Doch das Wetter war schlecht. Die erste Schlepptrosse brach, so daß VOTRE NOM AUTOUR DU MONDE wegtrieb, hinein in die Schiffahrtswege der Biskaya, wo bis zu 150 Schiffe täglich verkehren. Das Boot hatte gute Aussichten, von einem davon untergepflügt zu werden. Ein zweites Bergungsfahrzeug aber konnte den kieloben liegenden Rumpf in einen Hafen am Fluß Odet an der Südküste der bretonischen Halbinsel einschleppen. Leider konnte de Broc nicht das Geld auftreiben, um sein Boot instandzusetzen, und er konnte es nicht mehr über die Ziellinie bringen.

Am frühen Abend des 1. März hatte Parlier das Ziel erreicht, seine Familie umarmt, seinen Champagner getrunken und seine Pressekonferenz gegeben. 40.000 Menschen hatten ihm beim Einaufen in den Hafen zugejubelt. De Broc, ein enger Freund, war auf einem Zuschauerboot herausgekommen und an Bord der AQUITAINE INNOVATIONS gegangen. Die beiden Männer hatten sich umarmt und waren dann die letzten paar Meilen von der Ziellinie bis zur Hafeneinfahrt gemeinsam gesegelt. Dies war Parliers zweites Vendée Globe. Nur zwei andere Segler haben dieses Rennen zweimal bis zum Ziel durchgestanden: Alain Gautier, der 1992/93 gewann, und Jean Luc van den Heede, dessen Boot Chabaud diesmal für das Rennen gechartert hatte. Sowohl Gautier als auch van den Heede sagten nach ihrer zweiten Umrundung nachdrücklich, daß damit Schluß sei. Sie hätten vom Segeln im Südozean mehr als genug gehabt. (Jeder von ihnen hatte außerdem ein BOC mitgesegelt.) Von nun an würden sie mit Mannschaft segeln und in den niedrigeren Breiten bleiben. Aber Parliers Gier nach dem Süden und dem harten Leben im einsamen Wettkampf dort unten hatte nicht nachgelassen. Er bestätigte, was er schon früher im Laufe der Regatta gesagt hatte: Er würde beim Vendée Globe 2000 mit einer gut vorbereiteten, bewährten AQUITAINE INNOVATIONS wieder dabei sein.

Nur zwei waren jetzt noch auf See. Goss hatte bei der Operation seines Ellenbogens am 4. Februar 1.000 Meilen hinter Chabaud gelegen, hatte ihr gegenüber seit dem Auslaufen aus Hobart Mitte Januar aber stetig aufgeholt. Als der März begann, war er nur 200 Meilen hinter ihr. Beide hatten jetzt, 4.000 Meilen vor Les Sables-d'Olonne, Probleme mit ihrer Nachrichtentechnik: Goss' Funkgerät war seit zwei Monaten ausgefallen (worüber er insgeheim erleichtert war), er konnte allerdings noch faxen, während Chabauds desolates Bordnetz keinerlei Verbindungsaufnahme mehr erlaubte. Jeantot verfolgte ihr Vorankommen, indem er beobachtete, wie ihre ARGOS-Schiffsorte über seine Übersichtskarte des Atlanik krochen.

Goss holte gegenüber Chabaud weiter auf, und am 4. März überquerten beide Boote den Äquator mit wenigen Minuten Abstand (allerdings auf etwas unterschiedlicher Länge, so daß sie zu weit auseinander waren, um UKW-Verbindung aufzunehmen). Zufällig ergab sich in dieser Wettfahrt für die beiden eine Symmetrie: Auf der Ausreise hatten sie den Äquator in weniger als einer Stunde Abstand gekreuzt.

„Die AQUA QUORUM und ihre gesamte Ausrüstung sind sehr mitgenommen," berichtete Goss. „Ich habe 20 Stunden am Tag mit der Instandhaltung zu tun."

Sein Generator machte Schwierigkeiten, und Goss mußte noch immer jeden Tag stundenlang per Hand Kühlwasser hindurchpumpen. Er übte sich auch in der alten Seemannskunst, zerrissene Segel zu nähen. Dabei drückte er die dreikantig geschliffene Spitze der Segelnadel mit einem einfachen Segelmacherhandschuh aus Leder und Horn durch das Tuch - viele Stunden mühevoller Arbeit.

Goss überholte Chabaud ein paar Tage nach der Äquatorüberquerung. Als die beiden Boote sich dann aber durch die Mallungen schoben und den Nordostpassat erreichten, behauptete Chabaud sich allmählich. Der Passat begann gerade, sein Erscheinungsbild von Frühjahr und Sommer anzunehmen, und hatte weiter nach Osten gedreht. Dadurch konnten die Skipper direkten Kurs auf das Ziel nehmen. Die nächsten zehn Tage segelten Goss und Chabaud wie in einer Dreiecksregatta. Er hatte 100 Meilen Vorsprung, geriet dann aber in eine Flaute. Dann übernahm sie wieder die Führung und hängte ihn zehn Meilen ab. Er holte auf und gewann 20 Meilen Vorsprung. Nach vier Monaten auf See blieben die Boote hartnäckig weniger als zwei Stunden voneinander entfernt.

Zum ersten Mal seit Monaten konnte Chabaud Funkverbindung mit der Außenwelt aufnehmen, ein UKW-Gespräch mit einem Frachter. Der Kapitän des Schiffs meldete an die Wettfahrtleitung, daß die Seglerin und ihr Boot in guter Verfassung seien.

Goss und sie mußten sich durch die Biskaya quälen, indem sie zwei Tage lang beschwerlich gegen leichte Gegenwinde ankreuzten, wodurch sich die tatsächlich gesegelte Distanz fast verdoppelte. Dabei mußten sie wach bleiben, um auf den Schiffsverkehr zu achten. Die letzten paar Meilen liefen sie mit 15 Knoten Westwind bei ruhiger See. Am 24. März, einem sonnigen Sonntag, überquerten sie - noch immer weniger als zwei Stunden auseinander - die Ziellinie, Goss unter Spinnaker als Erster, danach Chabaud.

Mit der Ankunft dieser beiden war das Vendée Globe 1996/97 beendet. Ihre Begrüßung hatte etwas von einem Höhepunkt, einer Abschlußfeier. Wie üblich umringte ein Schwarm von Booten die Ziellinie, und an Land standen Menschenmassen. Daß Wochenende war und das Wetter warm und sonnig, trug dazu bei. Die Zuschauerzahlen spiegelten aber auch die besondere Bedeutung dieser zweifachen Heimkehr wieder. Am Hafen und am Yachthafen Port Olona waren schätzungsweise 120.000 Zuschauer („nur" 80.000 hatten Auguin begrüßt). Es kamen auch viele der anderen Teilnehmer, prominente Mitglieder der „großen Vendée Globe-Familie", wie Jeantot sie nannte: Auguin, Autissier, Laurent, de Broc sowie die Pechvögel Nandor Fa und Didier Munduteguy. Ein Grund für das Erscheinen der Segler und der großen Menschenmenge bestand darin, daß es das letzte Hurra für das diesjährige Rennen war, aber der Hauptgrund für all diese Aufmerksamkeit waren Goss und Chabaud selbst.

Es kam einem seltsam vor, daß nach all den Jahren, in denen Autissier allein um die Welt gejagt war, Chabaud als Neuling die erste Frau geworden war, die es ohne Aufenthalt und ohne Hilfe geschafft hatte. Ein Platz in der Elite der Einhandsegler neben Autissier war ihr sicher. Sie hatte die Wettfahrt mit einer Verbindung von Hartnäckigkeit und Anmut gesegelt, die nach Ansicht der Medien nur eine Frau einbringen konnte. Sie war hart gewesen, wenn es nötig war - als sie ihr Boot durch den Südozean führte und auch durchkam, wenn auch langsam -, aber sie hatte ihre Fähigkeiten realistisch eingeschätzt und sich entschlossen und beharrlich innerhalb der Grenzen dieser Fähigkeiten gehalten. Auch einige liebenswerte Züge hatte sie zur Wettfahrt beigesteuert. Sie hatte es fertiggebracht, in abgedeckten Kästen mit Erde, die sie in einer Ecke der Plicht festgezurrt hatte, kleine Linsen und andere Grünpflanzen zu ziehen. Sie hatte sie geerntet und damit vitaminreiche Salate zubereitet. Ihre kleine Gartenecke konnte das Wetter im stürmischen Süden nicht überdauern, aber die einsame Frau auf See, die ihre Pflanzen hegte und gepflegte frische Salate zubereitete, um ihre abgepackten Trockenmahlzeiten anzureichern, war eine bezaubernde Vorstellung.

Mit ihrem Sinn für Romantik hatte Chabaud auch die richtige Saite beim Publikum angeschlagen. Ihre Wertschätzung für Moitessier (der erst zwei Jahre vor diesem Rennen gestorben war) als Quelle von Anregung und fachlichem Rat wurde von der Öffentlichkeit ebenso herzlich aufgenommen wie Chabauds Phantasievorstellung, daß ihr Begleiter, der Albatros Bernard, eine Reinkarnation Moitessiers gewesen sei, der als vollkommenes Sinnbild für die Freiheit und die Wildnis über sie gewacht habe. Daß sie ihn in Erinnerung rief, fand in einem Land Anklang, für das er den charismatischen, mutigen Außenseiter symbolisierte - den Inbegriff des einsamen Seglers. Sie sagte, daß er bei dem, was sie lebte, ständig gegenwärtig gewesen sei. Durch ihn sei sie zu den großen Fragen des Lebens gekommen, über die der Mensch nur in der Einsamkeit nachdenken kann. Es waren ernsthafte, kluge Aussagen wie die Äußerungen des Premierministers, der Auguins Sieg eine moralische Bedeutung zugesprochen hatte. Chabaud bestätigte damit, was jeder vom Vendée Globe hielt: Es war weit mehr als eine rauhe, männliche Hetzjagd um die Welt in den Brüllenden Vierzigern. Die lebhafte, gut aussehende, offene Frau schien so viel von der wahren Bedeutung des Einhandsegelns im stürmischen Süden zu verkörpern.

„Das ist das Glück!" sagte sie, als sie nach 140 Tagen zum ersten Mal festen Boden betrat. „Ich hatte ein gutes Rennen, aber es war sehr schwer. Ein paar Dinge bedaure ich: Ich habe nie einen Eisberg zu sehen bekommen; ich konnte Isabelle nicht mehr per Fax und Pete nicht mehr über Funk erreichen. Aber Kap Horn! Es war wirklich wundervoll. Das Licht war großartig. Am Kap war ich schon 60 Tage durch den Südozean unterwegs gewesen. Es kam mir vor, als würde es nie aufhören. Zum Schluß wollte ich die Wettfahrt nur noch hinter mir haben und von Bord kommen. Sie dauerte mir etwa einen Monat zu lange."

Chabaud erzählte mir, sie erinnere sich daran, beim Anlandgehen gedacht zu haben: „Ich bin im Leben meinen eigenen Weg gegangen und mir treu geblieben. Wenn man sein persönliches Ziel erreicht, hat man etwas Großartiges vollbracht. Was man dabei empfindet, gehört zum Besten, das man erleben kann, ein Gefühl, das nie vergeht."

Bei aller Anziehungskraft, die Chabaud ausübte, stand Goss aber im Mittelpunkt der Aufmerksamkeit. Ein kleiner Teil der Menschenmenge bestand aus Engländern. Sie waren auf einen Sprung über den Kanal gekommen, um ein paar Tage lang einen ihrer eigenen Segler zu bejubeln, der wie Bullimore in diesen von Franzosen beherrschten Wettfahrten endlich etwas Bemerkenswertes vollbracht hatte. An diesem Tag in Les Sables-d'Olonne tat es gut, Engländer zu sein. Dinellis Rettung durch Goss war zu einem der Dreh- und Angelpunkte dieses Vendée Globe geworden und schien den Geist des Rennens zu versinnbildlichen. Ein fachkundiges Publikum und eine ebensolche Presse konnten sich gut vorstellen, was der Engländer auf dem Weg zurück zu dem Franzosen durchgemacht hatte. Dafür hatte die ausgiebige und oft sensationelle Berichterstattung der Medien über diese Rettung gesorgt. Jedermann benutzte das Wort „Held" ohne die leiseste Ironie und ohne groß darüber nachzudenken. Wenn jemand wie Philippe Jeantot mit seiner großen Erfahrung im Südozean Goss für die „Légion d'honneur" vorschlug, dann mußte es Hand und Fuß haben. Was Goss geleistet hatte, ließ so viele uralte, halb vergessene oder in Mißkredit geratene Tugenden anklingen. Goss hatte gehandelt wie ein Ritter: Er hatte seinen Mut und seine große körperliche Stärke tagelang allein um der guten Sache willen eingesetzt, jemanden zu retten - ein Mann gegen den Südozean, einen furchterregenden Drachen. „Niemand hat größere Liebe denn die, daß er sein Leben läßt für seine Freunde!" Wohl hatte Goss dem Gesetz der See gehorcht, daß Seefahrer ihr eigenes Leben einsetzen müssen, um andere Seeleute zu retten. Das ist eine sehr weitgehende Forderung, auf gefahrvoller hoher See aber die einzig sinnvolle und ehrenvolle. Aber niemand konnte sich des Gefühls erwehren, daß Goss sogar

Pete Goss und Raphaël Dinelli, die sich nach dem Rennen in einer Kneipe „ein paar hinter die Binde kippen".

noch weit über seine Seemannspflicht hinausgegangen war. Für die Franzosen war er einfach „le courageux" - der Mutige.

Auch die Freundschaft, die sich zwischen Goss und Dinelli entwickelt hatte, sprach stark die Gefühle an. Es war paradox: Von einer Einhandregatta waren die beiden Segler als Freunde fürs Leben zurückgekommen - „wie Brüder", sagte Goss. Daß es dazu zwischen einem Franzosen und einem Engländer gekommen war und das bei all den alten Spannungen und Rivalitäten der Völker Europas, empfand man als herzerwärmend. Auf See hatten Nationalitäten ohnehin nichts zu bedeuten, aber Goss und Dinelli hatten ihr Weltbürgertum auch an Land mitgebracht. Der Champagner, den der halbtote Dinelli mit an Bord der AQUA QUORUM gebracht hatte, und die Tasse Tee, mit der Goss ihn neu belebt hatte, waren so haarsträubende Klischees, daß es niemand gewagt hätte, sie sich auszudenken. Die ausgetauschten unbedeutenden Geschenke - das eine lebensspendend, das andere als Dank - schienen anspruchslose und doch geheiligte Weihegaben für Ausdauer und Mut zu sein. Deswegen ziehen Segler in den Südozean. In dieser einfachen, reinen Wildnis werden sonst verderbte Menschen gereinigt. Das gewöhnliche Leben - das Leben an Land - ist unübersichtlich, unvollkommen, voller Kompromisse und Zweifelsfälle. Im Südozean ist es einfach und ehrenvoll. Der Weg vor einem ist niemals sicher, aber immer klar und deutlich zu erkennen.

Als Goss sich der Ziellinie näherte, hatte er keine Ahnung, welche Sensation die Rettung und wie sehr er zum Gesprächsstoff geworden war. 60 Meilen vor der Küste saß er bei sanfter Brise und ruhiger See zufrieden in der Plicht, trank die unvermeidliche Tasse Tee, freute sich auf den Schluß der Wettfahrt und dachte über die Bedeutung des Ganzen nach, als ihn das erste Flugzeug überflog.

„Das störte, war aber nicht schlimm," erzählte er mir. „Dann kamen 30 Meilen vor der Küste die ersten Hubschrauber und danach 10 Meilen vor der Küste die ersten Boote. Daraus wurden hunderte. Was empfindet man, wenn man durchs Ziel geht? Nun, wegen all der Boote konnte ich die verdammte Linie nicht finden. Als ich dann doch reinkam, waren da 120.000 Menschen. Es war außergewöhnlich."

„Manche Leute haben mich gefragt: Wie war die Umstellung? Mußte es dich nicht umhauen? Nichts da. Ich war viereinhalb Monate für mich allein gewesen. Man konnte mir nicht den Mund stopfen. Es war großartig. Alles war gut organisiert. Ich erinnere mich daran, daß ich, umringt von so großen, stämmigen Bodyguards, vom Boot geholt und zwischen tausenden von Menschen hindurchgezerrt wurde. Die Leibwächter wehrten die Presse ab. Und, na ja ... Erst bin ich allein und dann, von einer Minute auf die andere bin ich ... Wahnsinn! Es war ganz witzig. Aber man nimmt es, wie es kommt. Habe mir im Pub ein paar hinter die Binde gekippt, und es war prima."

Zur Rettung Dinellis erklärte Goss bei seiner Pressekonferenz: „Das waren die schlimmsten und auch die besten Augenblicke meines Lebens."

Wie Dinellis Rettung der begeisternde, freudige Augenblick war, der diese Wettfahrt prägte, so wurde sie von Gerry Roufs' Abwesenheit düster überschattet. Sein Verschwinden blieb das grauenvolle, schleierhafte Rätsel des Rennens. Die Ankunft von Goss und Chabaud war das Zeichen, daß es keine Hoffnung für Roufs mehr gab. Am 24. März glaubte allein Michèle Cartier noch daran, daß er in Les Sables-d'Olonne einlaufen würde. Und selbst ihre verzweifelte Zuversicht war von Tag zu Tag qualvoll geschwunden. Am Vierundzwanzigsten gab Jeantot eine förmliche Erklärung ab, es gäbe keine Zweifel mehr, daß man Roufs „auf die lange Liste der unerklärlich auf See verschollenen Seeleute und Segler setzen" müsse.

„Es war möglich, bis zur Ankunft des letzten Teilnehmers die Hoffnung zu behalten," sagte er. „Es ist schwer, sich damit abzufinden, weil

Gerry Roufs in Les Sables-d'Olonne.

es für sein Verschwinden keine greifbaren Beweise gibt. Jetzt aber, nach drei Monaten Schweigen, bin ich überzeugt, daß Gerry Roufs nie wieder heimkehren wird."

In seiner letzten Logbucheintragung, die er am Tag vor dem Verstummen seines ARGOS-Gerätes als E-Mail gesendet hatte, während der gewaltige Südozeansturm auf ihn zukam, hatte Roufs geschrieben: „Es ist höchste Zeit, nach Kap Horn zu kommen. In diesen Gewässern ist man immer im Streß. Wenn man es zu lange hinzieht, kann man sicher sein, zu Schaden zu kommen."

Bei der feierlichen Preisverleihung des Vendée Globe am 3. Mai 1997 in Les Sables-d'Olonne wurde auch Roufs geehrt. Ein Bild von ihm am Steuerrad seines Bootes wurde auf zwei riesige Fernsehbildschirme projiziert. Boote im Hafen zündeten Dutzende roter Signalraketen, die gleißend und flackernd den Nachthimmel erhellten. Über einen Lautsprecher sagte eine Frauenstimme: „Sieh nur, Gerry, all diese Lichter über der Bucht. Sie sind wie unsere Herzen, die für dich schlagen."

Epilog

Am 28. März 1997, vier Tage nachdem Goss und Chabaud durchs Ziel gegangen waren, womit das Vendée Globe offiziell beendet war, lief Patrick de Radigues endlich aus Dunedin in Neuseeland aus. Er segelte zur falschen Jahreszeit über den Südpazifik. Auf der Südhalbkugel hatte längst der Herbst begonnen und brachte häufigere und schwerere Stürme als der Sommer. Die Yacht wurde mehrmals flachgelegt, erlitt weitere Schäden und mußte in der Nähe von Kap Horn nochmals kurz einen Hafen anlaufen. Mitgenommen, aber triumphierend erreichte der Skipper am 9. Juni Les Sables-d'Olonne.

Am 17. Juli 1997, zehn Tage nach meinem Interview mit Cartier, sichtete ein Frachter das Wrack einer Yacht, das etwa 260 Meilen vor der Küste Chiles trieb. Das Schiff benachrichtigte die chilenischen Behörden. Am nächsten Tag überflog ein Marineflugzeug die Reste des Bootes und machte Videoaufnahmen davon. Die Flieger konnten einen kieloben treibenden Rumpf mit unbeschädigter schmaler Kielflosse einschließlich Ballastwulst erkennen. Mit seinem blaugrünen Unterwasserschiff und malvenfarbigen Bordwänden ähnelte das Boot sehr einem aufgetauchten Wal. Kurz danach setzte in dem Gebiet schweres Wetter ein und hielt vier Tage an. Das Wrack verschwand, und eine anschließende Suche durch chilenische Schiffe und Flugzeuge blieb erfolglos.

Fünf Wochen später schickte der Marineattaché bei der chilenischen Botschaft in Paris vier Fotos des Wracks aus dem Marinevideo an Groupe LG. Die Fotos wurden Pascal Conq von der Groupe Finot und Michèle Cartier gezeigt. Beide identifizierten das Wrack offiziell als Roufs' Boot GROUPE LG 2. Zweifel waren ausgeschlossen. Der Name der Yacht war auf den Bildern ebenso deutlich zu sehen wie ihre charakteristische Form und die auffälligen Farben.

Franck Oppermann erklärte für die Firma Groupe LG, daß sofort eine Gruppe von Fachleuten nach Chile aufbrechen würde, um eine

Bergung zu versuchen, falls das Boot gesichtet würde. Cartier bemerkte jedoch, daß die Chilenen anscheinend nicht nach dem Wrack suchten und ihre Bitte um Informationen nicht beantwortet hatten. „Es ist bedauerlich, daß man uns erst nach mehr als einem Monat über die Entdeckung des Wracks informiert hat," sagte sie. „Wenn wir Mitte Juli davon erfahren hätten, hätten wir die Zeit gehabt, sobald wie möglich Vorbereitungen zu treffen und die erforderliche Genehmigung zu beschaffen. Wir warten und warten, aber einstweilen können wir nicht mehr tun als abzuwarten und uns bereitzuhalten."

Nachdem ihr Mann amtlich als verloren aufgegeben worden war, gründete Cartier die „Association on the Track of Gerry Roufs" („Vereinigung für die Suche nach Gerry Roufs"), und leitete sie von ihrem Haus in Locmariaquer aus. Sie bat um Spenden, um bei der chilenischen Regierung vorstellig zu werden und sie aufzufordern, weiter nach der GROUPE LG 2 zu suchen, und um in ganz Südchile Plakate zu verteilen, die Schiffe und Küstenbewohner aufforderten, nach dem Wrack Ausschau zu halten. Die Vereinigung richtete auch eine Website ein, auf der die Umstände von Roufs' Verschwinden und Neuigkeiten über die Suche angegeben waren. Als ich mit Cartier sprach, gab sie mir einen Stoß dieser Plakate zur Weitergabe an die Vendée Globe-Teilnehmer, die ich noch interviewen mußte. Ich verteilte die Plakate auch, war aber mit den Seglern der Ansicht, daß die Organisation nur zu Cartiers Bemühungen gehörte, mit dem furchtbaren Kummer fertig zu werden. Die Suche war sinnlos, darin stimmten wir überein; die GROUPE LG 2 war längst verloren - höchstwahrscheinlich weit draußen im Südozean in Stücke geschlagen worden oder gesunken. Doch wir hatten Unrecht. Roufs' Boot war heil geblieben, und allen Erwartungen zum Trotz war der Frachter direkt darüber gestolpert.

Die chilenischen Behörden gaben nie eine Erklärung ab, warum sie mehr als einen Monat gezögert hatten, bevor sie irgendjemanden davon benachrichtigten, daß das Boot gesichtet und gefilmt worden war. Anfang Juni 1998 erzählte Cartier mir, daß ein chilenischer Fischer behaupte, die Überreste der GROUPE LG 2 an einem Strand irgendwo an der öden Küste nordwestlich von Kap Horn entdeckt zu haben. Bis diese Zeilen geschrieben wurden, war Cartier noch nicht in der Lage gewesen, diese Nachricht zu bestätigen. Obwohl Roufs' Yacht identifiziert worden war, blieben die meisten Fragen, was ihm zugestoßen war, offen. Allerdings schied jetzt die Möglichkeit aus, die die meisten Skipper für die wahrscheinlichste gehalten hatten: daß Roufs mit voller Fahrt Eis gerammt habe. Auf den chilenischen Fotos sah der Bootsrumpf intakt aus. Es war nicht zu erkennen, ob das Schiff noch seinen Mast hatte. Wenn die GROUPE LG 2 jedoch so viele Monate kieloben liegengeblieben war, war es wahrscheinlich, daß der Mast noch an seinem Platz war und die Yacht gegen die aufrichtende Kraft des Ballastkiels in umgedrehter Lage festhielt. Im Blick auf das Verhalten von Dubois' POUR AMNESTY INTERNATIONAL konnte die GROUPE LG 2 durchaus auch nach einer Entmastung kieloben liegengeblieben sein.

Es ließ sich nicht feststellen, welche der anderen Erklärungen für Roufs' Tod die größte Wahrscheinlichkeit für sich hatte. Er konnte über Bord gefallen oder bei einer Kenterung an Deck gewesen sein. In beiden Fällen wäre er rasch ertrunken. Weniger wahrscheinlich war, daß er sich im Augenblick der Kenterung unter Deck aufgehalten hatte. Da der Rumpf intakt war, ist es schwer vorstellbar, daß er keine Möglichkeit gefunden haben sollte, eine seiner EPIRB-Bojen zu aktivieren und sie - wie Bullimore - irgendwie an die Wasseroberfläche zu bringen, damit sie senden konnte, es sei denn, die heftige Kenterung hätte ihn so schwer verletzt, daß er keine EPIRB erreichen oder aufschwimmen lassen konnte. Eine Suche nach Roufs' Überresten in den Wrackteilen würde diese Frage beantworten.

Am 14. Februar 1997, als das Vendée Globe noch lief, kündigte Jean-Pierre Champion, der Vorsitzende des französischen Seglerverbandes, die Gründung eines Ausschusses an, der die Wettfahrt und die offene 60-Fuß-Klasse untersuchen sollte, um Empfehlungen zur Verbesserung der Sicherheit zu geben. Die Mitglieder des Komitees würden aus derjenigen Gruppe kommen, die sich mit dieser Art des Segelns am besten auskannte: die Vendée Globe-Teilnehmer und andere Veteranen des Südozeans. Wie Champion sagte, wollte der Seglerverband sich nicht in die lautstarke und manchmal ungehörige öffentliche Diskussion über die Tollkühnheit der Veranstaltung hineinziehen lassen. Stattdessen wollte er die „Hauptakteure des Wettbewerbs" an einem konstruktiven Meinungsaustausch beteiligen.

Der Organisator des Around Alone-Rennens (und BOC-Teilnehmer) Mark Schrader wurde der inoffizielle Vorsitzenden des Ausschusses, zu dem Sir Robin Knox-Johnston, Philippe Jeantot, Christophe Auguin, Nandor Fa und Jean-Luc van den Heede gehörten. Bei einem Interview im April 1998 faßte Schrader die Empfehlungen des Komitees, die sowohl für das Vendée Globe als auch für das Around Alone gelten, für mich zusammen.

Die Organisatoren und Leiter der Regatten müssen die Überprüfung der Boote auf strikte Einhaltung aller Wettfahrtregeln ebenso ernstnehmen wie die Qualifizierungsanforderungen an Yacht und Skipper - die 2.000 Meilen bleiben als Vorbedingung in Kraft.

Die Boote müssen selbstaufrichtend sein. Die Kommission lehnte es ab, sich festzulegen, wie das erreicht werden sollte. Sie befürchtete für den Fall einer zu genauen Festlegung Haftungsprobleme. Die Verantwortung, sicherzustellen, daß die Yacht sich nach einer vollständigen oder teilweisen Kenterung immer wieder aufrichten würde, sollte bei Konstrukteur, Bauwerft und Skipper liegen, die eine dahingehende schriftliche Erklärung zu unterzeichnen haben. Der Ausschuß fügte jedoch hinzu, daß die Schiffe sich nicht selbsttätig aufzurichten brauchten, sondern daß es genüge, wenn der Segler dazu etwas tun müsse - z.B. den Kiel kippen oder Ballastwasser auf eine Seite pumpen. Das alles müsse sich aber vom Bootsinneren aus machen lassen.

Nachdem die Kommission ihren Bericht abgeliefert hatte, brachte die Skippervereinigung der offenen 60-Fuß-Klasse eigene Empfehlungen für die Stabilität und das Aufrichtvermögen heraus, zu denen die konkrete Forderung nach einer Endstabilität von mindestens 120° gehörte. Das heißt, das Schiff muß sich wieder aufrichten können, selbst wenn es soweit herumgeworfen wurde, daß der Mast 30° unterhalb der Waagerechten liegt. Die Ansichten unter den Seglern sind geteilt. Die einen meinen, daß der Ausschuß sich genauer hätte festlegen müssen, die anderen glauben, daß die Bestimmungen der Skippervereinigung aufregende und innovative Konstruktionsentwicklungen in der Open 60-Klasse beschränken werden.

Der Kommissionsbericht bekräftigte die vorhandenen Regelungen über wasserdichte Schotten: Drei Querschotten müssen das Schiff in vier etwa gleich große Abschnitte teilen. Der Durchgang durch diese Schotten sollte jedoch durch die Verwendung wasserdichter Türen verbessert werden. Die serienmäßigen Decksluken, die man dafür in der Regel verwendet hatte, platzten durch den Wasserdruck oft auf. Zusätzlich empfahl der Ausschuß, zwei Kollisionsschotten einzubauen, eines 5 Prozent der Bootslänge hinter dem Vorsteven (einige Vendée Globe-Yachten hatten dieses Schott schon) und ein weiteres direkt vor dem Ruder.

Der Mast muß im Mastfuß (dem verstärkten Sockel, in dem der Mast steht) befestigt werden, um sich bei einer Kenterung nicht zu lösen. Damit würde vermieden, was Dinelli passiert war, als der Mast der ALGIMOUSS das Deck durchstoßen hatte. Wenn der Mast an seinem Platz bleibt, vermindert sich auch die Gefahr, daß der Baum umherschlägt und Schaden anrichtet.

Die Segler müssen den Wettfahrtinspektoren einen schriftlichen Plan vorlegen, wie sie in ihre kieloben treibende Yacht hineinkommen und aus ihr herauskommen würden, wie sie ihren „Paniksack" mit Überlebensausrüstung holen, die Rettungsinsel finden und auslösen würden. Diesen Plan muß der Segler an Bord seiner Yacht praktisch vorführen (mit auf der Hand liegenden Einschränkungen). Auch hier vermied es die Kommission, Einzelheiten wie Fluchtluken im Spiegel zu nennen. Einige Konstruktionen könnten andere Lösungen erfordern.

Allen Teilnehmern wird empfohlen, Lehrgänge der Küstenwache oder Rettungsinstitution ihres Landes zu besuchen und einen Befähigungsnachweis für Sicherheit und Überleben auf See zu erwerben. Beim Start der einzelnen Etappen im Around Alone-Rennen, sagte Schrader, würden die Segler aufgefordert, einer Vorführung des örtlichen Seerettungsdienstes über dessen Verfahrensweisen beizuwohnen. Als Autissier im BOC 1994 von den Australiern gerettet wurde, war sie, vorsichtig ausgedrückt, beunruhigt, als ein Flugzeug sie mit 200 Stundenkilometern in dreißig Meter Höhe überflog und nacheinander sechs schwere Rettungsinseln abwarf. Falls eine davon sie getroffen hätte, hätte sie ums Leben kommen können. Der schiffbrüchige Segler muß wissen, womit er zu rechnen hat.

Die Unterwasserschiffe der Yachten sollten mit roter oder reflektierender Antifoulingfarbe gestrichen werden. Auch sollte mindestens ein Drittel der Bordwandfläche in solchen Farben lackiert sein und das Deck mit Leuchtfarben.

Weder am Kiel, noch am Mast, an Wasser-, Brennstoff- und Ballasttanks sollte ohne Zustimmung des Konstrukteurs der Yacht oder, wenn dieser nicht erreichbar ist, eines anderen voll ausgebildeten Konstrukteurs etwas geändert werden. Der Ausschuß bestätigte die bestehende Regel für die statische Stabilität, daß ein Boot, wenn alles bewegliche Gewicht einschließlich Schwenkkiel und Ballast an einer Seite ist, nicht weiter als 10° zu dieser Seite (Vendée Globe) oder insgesamt 20° von einer Seite zur anderen (Around Alone) krängen darf.

Im Südozean sollten Wegpunkte (Positionen nach Länge und Breite) festgelegt werden, um die Boote daran zu hindern, zu weit nach Süden zu gehen. Dabei sollten, wie es im Kommissionsbericht hieß, „die bekannten Eisgrenzen und Großwetterlagen sowie die Such- und Rettungsmöglichkeiten der in Frage kommenden Staaten zusammen mit anderen maßgeblichen Sicherheitsfaktoren vollständig berücksichtigt werden." Im Around Alone-Rennen wird einer der beiden BOC-Wegpunkte - südlich von Australien - weiter nach Norden verlegt, so daß die Yachten in der zweiten Etappe (von Kapstadt nach Auckland) innerhalb eines Gebiets 1.000 Meilen südlich der wichtigsten australischen Häfen Perth, Adelaide und Melbourne bleiben und damit eindeutig in Reichweite von Rettungsflugzeugen. Der zweite Wegpunkt, der sich im Südpazifik, auf halbem Weg nach Kap Horn befindet, liegt weit außerhalb des Aktionsradius' von Flugzeugen. Schrader erklärte jedoch, daß er sich das Recht vorbehalte, diesen Punkt vor dem Start der dritten Etappe von Auckland nach Punta del Este je nach den Eisberichten und langfristigen Wettervorhersagen festzulegen. Während ich dies schreibe, hat Philippe Jeantot noch nicht bekannt gegeben, ob und wie die Wegpunkte für das Vendée Globe 2000 verlegt werden.

Nach unserer sechzehntägigen Überfahrt von Charleston zu den Jungferninseln segelten wir fast zwei Jahre in der Karibik herum. Wir wanderten zwischen den Jungferninseln und Grenada an der Kette der Kleinen Antillen entlang und hinunter nach Venezuela, um in den schlimmsten Monaten der Saison, zwischen August und November, aus dem Hurrikan-Gebiet herauszukommen. Am Anfang unserer langen Reise nach Norden zurück nach Kanada segelten wir drei Wochen lang durch die Bahamas. Gegen Ende dieser Zeit motorten wir fast zwei Tage bei stickiger Totenflaute von Nassau nach West End auf Grand Bahama Island. Dort war der Absprungpunkt für die Rückreise in die USA über die Floridastraße. Wegen des Golfstroms, der zwischen den Inseln und dem Festland zusammengedrängt wird und dort mit drei bis vier Knoten nach Norden fließt, kann das eine heikle Überfahrt sein. Strömungen, ganz gleich, ob es Tidenströme sind oder einer dieser gewaltigen Flüsse in der See, lassen, selbst wenn nur mäßiger Wind gegen den Strom steht, Wellen aufkommen, die gefährlich werden können. Bei dem richtigen Wetter ist die Überfahrt - über eine Nacht hinweg - ziemlich gefahrlos. Wir waren sicher, daß unsere letzten paar Tage auf den Bahamas heiter und angenehm sein würden. Stattdessen erhielten wir wieder einmal die alte Lektion, daß man sich auf See auf nichts verlassen kann.

Während wir uns am späten Nachmittag West End näherten, zog von Westen ein Sturm heran. Eine schwarz und grau brodelnde Wolkenwand erstreckte sich quer über den Horizont. Überall in den Wolken, die sich majestätisch und in aller Seelenruhe auf uns zuwälzten, flackerten ununterbrochen Blitze. Wir änderten den Kurs, um dem Gewitter nach Möglichkeit auszuweichen, aber es war zu ausgedehnt. Wir sahen es drei Stunden lang herannahen. Es erwischte uns kurz nach Dunkelwerden. Mit den 35 Knoten Wind wurden wir leicht fertig, indem wir unter Fock und Maschine motorsegelten. Es kam wolkenbruchartiger, warmer Regen. Aber die Blitze versetzten uns in Angst und Schrecken. Sie hörten 20 Minuten lang nicht auf, überall um uns herum blitzte es. Es war längere Zeit hell als dunkel. Manchmal schlugen die Blitze so dicht am Boot ein, daß wir sie kommen hörten - wie Granaten, die mit zischendem Brüllen über unsere Köpfe jagten. Sie schlugen mit krachenden Explosionen ins Wasser. Im vieltausendvoltigen Licht sah ich mehrere Blitze kaum 30 Meter von uns entfernt einschlagen. Wir konnten das Ozon riechen. Wir verkrochen uns vor dem Trommelfeuer in der Plicht wie Infanteristen im Schützengraben und versuchten, kein Metallteil der Yacht anzufassen. Aber wir wußten, daß ein Blitzeinschlag uns töten oder unsere bronzenen Seeventile herausbrennen und das Boot versenken konnte. Wir kamen uns vor wie ohnmächtige Steinzeitmenschen, die sich unter der Gewalt des Regens und den fast ununterbrochenen blendenden Entladungen duckten, den vernichtenden Elementen des Prometheus völlig ausgeliefert. Plötzlich zog die Rückseite der gewaltigen Bö über uns hinweg, und wir hatten es hinter uns. Wir konnten zurückblicken und sie mit Blitz und Donner wie eine apokalyptische Wolke abziehen sehen. Hinter dem Sturm wehte eine mäßige Brise. Das Unwetter hatte die stickige Hitze und Windstille vertrieben. Wir setzten etwas mehr Tuch und segelten bis zum Morgen hoch am Wind unter einem klaren Sternenhimmel. In Schützengräben gibt es keine Atheisten, sagt eine alte Redensart. Auf Booten im Sturm ebensowenig. Wir fühlten uns, als hätten die Götter uns heimgesucht, aber verschont. Ich glaubte nicht an Gott, aber ich dankte irgendjemandem oder irgendetwas dafür, uns diesmal davonkommen lassen zu haben.

Als ich Jahre später an meinem ruhigen Schreibtisch saß und das Getöse des Vendée Globe-Rennens auf meinem Computerbildschirm verfolgte, meinte ich, den Hauch einer Ahnung davon zu bekommen, was diese Segler bei ihrer Durchquerung des Südozeans durchmachten. Und dieser verschwommene Einblick verdeutlichte sich später, als ich mit den Skippern selbst sprach. Als ich ihre Stärke erkannte und doch einen Schatten der Furcht wahrnahm, die sie dort unten empfunden hatten, glaubte ich nachzuempfinden, wenn auch schwach und unvollkommen, wie es dort unten am Ende der Welt zugegangen war.

Der kurze Sturm in den engen, geschützten Gewässern der Bahamas war damit nicht zu vergleichen, hat uns aber anscheinend eine Vorahnung vom Südozean gegeben. Es ist gar nicht nötig, dorthin zu segeln, um eine Kostprobe davon und von der überwältigenden Macht der Natur zu bekommen. Das konnte ebenso inmitten einer freundlichen, bevölkerten tropischen Inselgruppe passieren, selbst wenn das Unwetter nur 20 Minuten dauerte, statt sich sechs Wochen hinzuziehen. Seither denke ich oft, daß es so ähnlich im Südozean sein muß - die alle Vorstellungskraft sprengende Macht der Natur, der Mensch nicht Herr der Erde, sondern nur ein Winzling in der endlosen Wildnis aus Wind und Wellen, das Überleben reine Glückssache, ein Würfelspiel, durchhalten und hoffen, davonzukommen.

Danksagungen

Ohne die Segler hätte ich es nicht zustande gebracht. Das meiste verdankt dieses Buch den Männern und Frauen, die den Mut haben, im stürmischen Süden zu segeln und besonders denjenigen, die sich großzügig die Zeit nahmen, mit mir darüber zu sprechen. Ausnahmslos haben sie beredt, ehrlich und humorvoll über ihre Erlebnisse berichtet. Mein herzlichster Dank an: David Adams, Christophe Auguin, Isabelle Autissier, Mike Birch, Tony Bullimore, Catherine Chabaud, Raphaël Dinelli, Bruno Dubois, Yves Gélinas, Pete Goss, Philippe Jeantot, Sir Robin Knox-Johnston, Hervé Laurent, Philippe Ouhlen, Yves Parlier und Mark Schrader. Mein Dank auch an Raphaël und Virginie für ihre Gastfreundschaft in dem Haus, in das sie gerade erst am Tag zuvor eingezogen waren.

Adrian Thompson und Jean-Marie Finot halfen mir, zu verstehen, wie diese schönen Boote geschaffen werden. Wichtige Informationen und Unterstützung bekam ich von Caroline Adams, Jim Cavers, Marie Gendron, Louis Hardy, Andrée Joffroy, John Kerr, Heather Ormerod und Michael Sacco. Vivien Lepper, Christine Mauro, Willie Walker und Eric Wredenhagen lasen das Manuskript und berichtigten mich hinsichtlich einer Reihe von Fakten und Stilfragen.

Die Idee, daß die Vendée Globe-Wettfahrt und die Geschichte von Gerry Roufs ein gutes Buch ergeben würden, kam von Jack David. Ich danke dem Verleger, der das Projekt angenommen hat, aber Louise Dennys und Diane Martin bei Knopf Canada haben mich auch angespornt und mein Konzept von der gröbsten Skizze bis zur endgültigen Form wohlwollend aber gründlich zurechtgefeilt. Janice Weaver nahm weitere notwendige Ergänzungen vor.

Besonders dankbar bin ich meiner Frau Christine Mauro und meiner Tochter Sarah für ihre Liebe und Unterstützung. Und schließlich danke ich Michèle Cartier dafür, daß sie einem Interview zustimmte, als ihr Kummer und ihre Verzweiflung noch so stark waren. Und Gerry - er wußte, daß man etwas riskiert, wenn man im unendlichen Süden segelt, daß Lebensgefahr der Preis für die berauschende Schönheit des Segelns am Ende der Welt ist. Obwohl wir uns nie kennengelernt haben, werde ich ihn immer in Erinnerung behalten.